THE SOCIOLOGY BOOK

"人类的思想"百科丛书
精品书目

经济学百科	心理学百科	哲学百科	科学百科	商业百科
政治学百科	莎士比亚百科	DK社会学百科	DK文学百科	DK福尔摩斯百科
电影百科	历史百科	艺术百科	罪案百科	宗教学百科
天文学百科	生态学百科	数学百科	DK古典音乐百科	DK法律百科
DK神话百科	DK化学百科			

更多精品图书陆续出版，
敬请期待！

DK

"人类的思想"百科丛书

DK社会学百科（典藏版）

英国DK出版社 ◎ 著

郭娜 ◎ 译

徐吉鹏 ◎ 审校

电子工业出版社
Publishing House of Electronics Industry
北京·BEIJING

Original Title: The Sociology Book
Copyright ©2015 Dorling Kindersley Limited
A Penguin Random House Company

本书中文简体版专有出版权由 Dorling Kindersley Limited 授予电子工业出版社。未经许可，不得以任何方式复制或抄袭本书的任何部分。

版权贸易合同登记号　图字：01-2015-1604

图书在版编目（CIP）数据

DK 社会学百科：典藏版 / 英国 DK 出版社著；郭娜译 . —北京：电子工业出版社，2024.3
（"人类的思想"百科丛书）
书名原文：The Sociology Book
ISBN 978-7-121-47239-8

Ⅰ . ①D… Ⅱ . ①英… ②郭… Ⅲ . ①社会学－通俗读物 Ⅳ . ① C91-49

中国国家版本馆 CIP 数据核字（2024）第 023659 号

审图号：GS 京（2023）2495 号
本书插图系原文插图。

责任编辑：郭景瑶
文字编辑：刘　晓　特约编辑：张　昱
印　　刷：鸿博昊天科技有限公司
装　　订：鸿博昊天科技有限公司
出版发行：电子工业出版社
　　　　　北京市海淀区万寿路 173 信箱　邮编：100036
开　　本：850×1168　1/16　印张：22　字数：704 千字
版　　次：2024 年 3 月第 1 版
印　　次：2024 年 3 月第 1 次印刷
定　　价：168.00 元

凡所购买电子工业出版社图书有缺损问题，请向购买书店调换。若书店售缺，请与本社发行部联系，联系及邮购电话：（010）88254888，88258888。
质量投诉请发邮件至 zlts@phei.com.cn，盗版侵权举报请发邮件至 dbqq@phei.com.cn。
本书咨询联系方式：（010）88254210，influence@phei.com.cn，微信号：yingxianglibook。

www.dk.com

扫码免费收听DK"人类的思想"
百科丛书导读

"人类的思想"百科丛书

本丛书由著名的英国DK出版社授权电子工业出版社出版，是介绍全人类思想的百科丛书。本丛书以人类从古至今各领域的重要人物和事件为线索，全面解读各学科领域的经典思想，是了解人类文明发展历程的不二之选。

无论你还未涉足某类学科，或有志于踏足某领域并向深度和广度发展，还是已经成为专业人士，这套书都会给你以智慧上的引领和思想上的启发。读这套书就像与人类历史上的伟大灵魂对话，让你不由得惊叹与感慨。

本丛书包罗万象的内容、科学严谨的结构、精准细致的解读，以及全彩的印刷、易读的文风、精美的插图、优质的装帧，无不带给你一种全新的阅读体验，是一套独具收藏价值的人文社科类经典读物。

"人类的思想"百科丛书适合10岁以上人群阅读。

《DK社会学百科》的主要贡献者有Christopher Thorpe, Chris Yuill, Mitchell Hobbs, Megan Todd, Sarah Tomley, Marcus Weeks等人。

目 录

10 前言

社会学的基础

20 **身体的挫败绝不意味着民族的灭亡**
伊本·赫勒敦

21 **在军队和公司中，人类总是徘徊或安定，同意或争吵**
亚当·弗格森

22 **科学可以被用来建设一个更好的世界**
奥古斯特·孔德

26 **《独立宣言》与一半的人类无关**
哈丽雅特·马蒂诺

28 **资产阶级的灭亡和无产阶级的胜利都是不可避免的**
卡尔·马克思

32 **共同体与社会**
费迪南·滕尼斯

34 **社会，就如同人的身体，具有相互关联的部分、需求和功能**
埃米尔·迪尔凯姆

38 **理性的铁笼**
马克斯·韦伯

46 **许多个人困惑必须从公共议题的角度来理解**
查尔斯·怀特·米尔斯

50 **像关注重大事件一样关注日常活动**
哈罗德·加芬克尔

52 **有权力的地方就有反抗**
米歇尔·福柯

56 **性别是没有原型的模仿**
朱迪斯·巴特勒

社会不平等

66 **我谴责资产阶级的"社会谋杀"**
弗里德里希·恩格斯

68 **20世纪的问题是肤色界线问题**
W. E. B. 杜波伊斯

74 **穷人被排斥在日常生活模式、习俗和活动之外**
彼得·汤森

75 **英国的国旗下没有黑人**
保罗·吉尔罗伊

76 **地位感**
皮埃尔·布迪厄

80 **东方是整个东方世界被幽禁其中的舞台**
爱德华·萨义德

82 **贫民区就是"黑人居住区"**
以利亚·安德森

84 **自由之手段变成了侮辱之根源**
理查德·桑内特

88 **男人对父权制的兴趣凝结在霸权式男性气质中**
R. W. 康奈尔

90	白人女性已经成为白人至上的资本主义父权制帝国主义的同谋 贝尔·胡克斯	
96	"父权制"的概念对分析性别不平等必不可少 希尔维亚·沃尔比	

现代生活

104	陌生人并不是作为个体，而是作为某种特定类型被感知的 乔治·齐美尔
106	自由地重塑我们的城市与我们自身 亨利·列斐伏尔
108	街上一定要有很多双眼睛 简·雅各布斯
110	只有沟通才能够沟通 尼克拉斯·卢曼
112	社会应该清楚指出什么是善 阿米泰·埃齐奥尼
120	麦当劳化几乎影响了社会的各个方面 乔治·瑞泽尔
124	社区中的联结已经衰落了 罗伯特·D. 普特南
126	迪士尼化用绚烂的经历替代世俗的平凡 艾伦·布莱曼
128	住在阁楼上就好像住在陈列柜里一样 莎伦·佐金

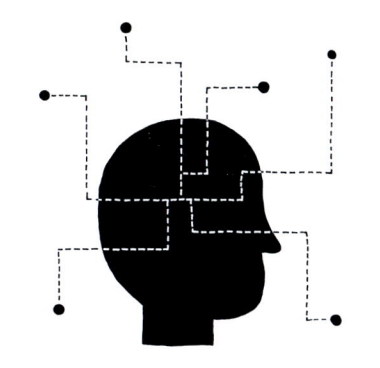

生活在全球化世界中

136	在"流动的现代性"世界中，必须放弃所有总体性/整体性希望 齐格蒙特·鲍曼
144	现代世界体系 伊曼纽尔·沃勒斯坦
146	全球问题，本土视角 罗兰·罗伯逊
148	气候变化是一个必须考虑的问题 安东尼·吉登斯
150	没有全球认知公正，就没有社会公正 博温托·迪·苏萨·桑托斯
152	思维力所释放的生产力 曼纽尔·卡斯特
156	我们正生活在一个失控的世界中 乌尔里希·贝克
162	有时候全世界似乎都在移动 约翰·厄里
163	民族不需要通过太多的"历史稻草"来想象和建构 戴维·麦克隆
164	全球城市是新型运作的战略地点 萨斯基娅·萨森
166	不同社会的现代性表现各不相同 阿尔君·阿帕杜莱
170	变迁过程改变了人们和社区之间的关系 戴维·赫尔德

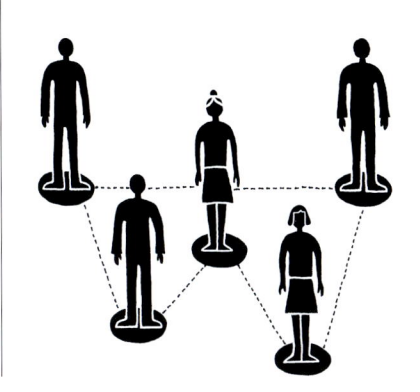

文化与认同

176 主我和客我
乔治·赫伯特·米德

178 现代性的挑战是无幻象地生活和无法摆脱幻象地生活
安东尼奥·葛兰西

180 文明化的过程持续地"向前"推进
诺贝特·埃利亚斯

182 大众文化强化了政治压制
赫伯特·马尔库塞

188 未来的威胁在于人可能会变成机器人
埃里希·弗罗姆

189 文化是通俗的
雷蒙·威廉斯

190 污名指的是一种非常丢脸的印记
欧文·戈夫曼

196 我们生活在一个信息越来越多而意义越来越少的世界里
让·鲍德里亚

200 现代认同正在去中心化
斯图尔特·霍尔

202 所有共同体都是想象的
本尼迪克·安德森

204 文化正坚定地将自己推向舞台中心
杰弗里·亚历山大

劳动与消费主义

214 对贵重物品的炫耀性消费是有闲绅士取得名声的手段
托斯丹·凡勃伦

220 新教徒是应"天职"而主动去工作的,我们是被迫工作的
马克斯·韦伯

224 技术,如同艺术,是人类想象力的翱翔
丹尼尔·贝尔

226 机器越精密,工人所需技能就越少
哈里·布雷弗曼

232 自动化增加了工人对劳动过程的控制
罗伯特·布劳纳

234 浪漫伦理促进了消费主义精神
柯林·坎贝尔

236 对人进行加工,产品是一种精神状态
阿利·霍克希尔德

244 自发的同意中包含强制
麦克·布洛维

246 事物塑造我们,就如同我们制造它们一般
丹尼尔·米勒

248 女性化在减少性别不平等方面只带来有限的影响
泰瑞·琳·凯拉韦

制度的角色

254 宗教是被压迫生灵的叹息
卡尔·马克思

260 寡头统治铁律
罗伯特·米歇尔斯

261 健康的人结婚、生育和死亡不需要官僚机构
伊凡·伊里奇

262 犯罪是某些人对某种社会情境的反应
罗伯特·K. 默顿

264 总体机构剥夺了人们的社会支持系统以及他们的自我感
欧文·戈夫曼

270 治理是对事物的正确处理
米歇尔·福柯

278 宗教已经丧失了其合理性和社会意义
布莱恩·威尔逊

280 我们的身份和行为是由他人对我们的描述和分类来决定的
霍华德·贝克尔

286 经济危机随即转化为社会危机
尤尔根·哈贝马斯

288 学校教育可以被看作一种社会控制形式
塞缪尔·鲍尔斯
赫伯特·金蒂斯

290 社会时不时地遭遇道德恐慌
斯坦利·科恩

291 部落时代
米歇尔·马费索利

292 工人阶级子弟为何继承父业
保罗·威利斯

家庭与亲密关系

298 性别差异是文化的产物
玛格丽特·米德

300 家庭是生产人的性格的工厂
塔尔科特·帕森斯

302 西方人变成了一种忏悔的动物
米歇尔·福柯

304 异性恋必须被当作一种制度来认识和研究
艾德里安娜·里奇

310 西方家庭设置是多元的、流动的和没有定论的
朱迪斯·斯泰西

312 婚姻契约是一种工作契约
克里斯汀·德尔菲

318 家务劳动与自我实现直接对立
安·奥克利

320 当爱情最终取得胜利时,它不得不面对各种挫折
乌尔里希·贝克
伊丽莎白·贝克-格恩斯海姆

324 性就像关乎肉体那般关乎信仰与意识形态
杰弗瑞·威克斯

326 酷儿理论质疑认同的基础
史蒂文·赛德曼

332 人名录

340 术语表

344 原著索引

351 致谢

INTRODUCTION

前言

人类是社会性生物。在我们的进化过程中，从开始觅食和狩猎起，我们就已经倾向于在日渐庞杂的社会群体中生活和工作。这些群体包括简单的家庭单元、氏族和部落、村庄和城镇，以及城市和民族国家。人类集体生活和工作的自然天性促进了文明社会的形成，这源于人类知识的增长和技术的进步。反过来，我们居于其中的社会的性质，影响着我们的社会行为，实质上影响着我们生活的各个方面。

> **社会学源于改善社会的现代激情。**
> 阿尔比恩·斯莫尔
> 美国学者

社会学是关于个体如何在群体中行动，以及群体如何形塑这些个体行为的研究。其中包括：群体是如何形成的；其内在的动力机制是什么；这些动力是如何维持和改变群体，或者带来社会变迁的。如今，社会学涵盖关于社会过程、结构和体系的理论研究，以及由这些理论转化而成的社会政策。同时，由于社会是由个体组成的，社会的整体结构与其个体成员的行为之间存在着不可避免的联系。因此，社会学家们可能聚焦于社会制度和组织、各种社会群体及其内部分层，或是个体的互动和经验。

或许令人惊讶的是，社会学是一门相对现代的学科。尽管古代中国和古希腊的哲学家们承认公民社会的存在及社会秩序的重要性，但他们关注更多的是政治学而非社会学，即社会应当被如何组织和治理，而不是对社会本身的研究。但是，正如政治哲学产生于这些文明中一样，社会学是启蒙运动时期西方社会深刻变迁的结果。

这些变迁有几个方面。最明显的是，技术进步推动了以机器生产为特征的工业革命，彻底地改变了生产方式，带来了工业城市的繁荣。启蒙运动使那些基于宗教信仰的传统信念遭到质疑。所谓的理性时代不仅削弱了教会的权威，也威胁了君主政体和贵族政体的旧秩序，对代议制政府的呼唤导致了美国和法国的革命。

社会和现代性

启蒙时代创造了一个新的现代社会。作为对这一转型的回应，社会学在18世纪末应运而生，哲学家和思想家们试图去理解现代性的本质及其对社会的影响。不可避免地，一些人哀叹传统社会凝聚形式的瓦解，诸如小型农村社会中的家庭纽带和社区精神，以及宗教提供的共享价值和信仰的瓦解。但是，也有一些人认识到，新的社会力量正在运作，由此出现的社会变革既

可能建构社会秩序，也可能造成社会失序。

与启蒙运动的精神一致，这些早期社会思想家们试图使他们的社会研究客观化，创造一门不同于哲学、历史学和政治学的科学学科。自然科学（物理学、化学、天文学和生物学等）已经建立，研究人类及其行为的时机已经成熟。

由于工业革命和它所促进的资本主义的性质，首先产生的新"社会科学"是经济学，以亚当·斯密1776年的《国民财富的性质和原因的研究》，即为人熟知的《国富论》为先驱。然而，与此同时，社会学的基础也由哲学家和理论家们（如亚当·弗格森和亨利·圣西门等人）奠定。在随后的一个世纪的早期，奥古斯特·孔德采用科学方法研究社会，为社会学作为一门独立学科奠定了坚实基础。

继孔德之后，出现了三位开拓性的社会学家，卡尔·马克思、埃米尔·迪尔凯姆及马克斯·韦伯，他们对社会行为的不同分析和诠释方法，为20世纪及之后的社会学主题定下了基调。他们各自侧重于现代性的不同方面，并将其作为建构社会秩序、造成社会失序及促进社会变迁的主要因素。作为一名唯物主义哲学家和经济学家，马克思聚焦于资本主义的发展及随之而来的阶级斗争；迪尔凯姆专注于由工业化带来的社会分工；韦伯则聚焦于现代社会的世俗化和理性化。他们三位各自拥有一大批追随者，至今仍影响着社会学的主要思想流派。

社会科学

当科学和理性思维占据主导地位时，社会学作为理性时代的产物诞生了。因此，为了使这一学科受到重视，早期社会学家们主张其研究方法应该具有严格的科学性——考虑到其研究对象即人类社会行为的本性，要做到这一点绝非易事。通过如自然科学般获得经验证据，孔德为这一新学科确定了基本原则。同样，马克思坚持认为应当科学地探究社会主题，而迪尔凯姆或许是因社会学作为一门社会科学而被学术界所认可的第一个人。（注：迪尔凯姆是有史以来第一位社会学教授。）

为了具有科学性，任何研究必须是定量的，也就是说，具有可测量的结果。马克思和迪尔凯姆运用事实、图表和数据来支撑他们的理论，而另一些人则坚持认为，社会研究应该更加定性。韦伯尤其倡导

> " 人性……具有极强的可塑性……它能准确而又各异地响应不同的文化传统。"
> 玛格丽特·米德

一种诠释方法，考察现代社会的生活图景及社会聚合所必需的社会互动和关系。

尽管这一观点最初被许多人视为非科学而不予理会，但在20世纪后半叶，社会学已经越来越具有诠释性特色，在方法论上强调定量和定性研究技术相结合。

社会改革

对于许多社会学家来说，社会学不仅是对社会的客观研究，也是对社会结构和系统的分析和描述。与自然科学理论一样，社会学理论也拥有实践意义，能够被用来改进我们所生活的社会。19世纪，孔德和马克思将社会学看作一种理解社会运作的方式，以推动社会变迁。马克思有句名言："哲学家们只是以各种不同的方式解释世界，然而，问题在于改变它。"他的许多追随者（社会学家和政治活动家）都将这一点铭记在心。

迪尔凯姆在政治上远不及马克思激进，他对推动社会学作为一门科学学科做出了巨大贡献。为了获得政府的支持，他不仅要论证这一学科的科学性，还要论证其客观性，特别是考虑到法国大革命以来欧洲业已存在了一个多世纪的政治动乱。这一与现实世界脱节的"象牙塔式"的路径，在20世纪前半叶主宰了社会学。但是，随着社会学家们逐渐采纳一种更具诠释性的立场，他们同样倡导将社会学作为一种社会改革的工具。

> **社会学的功能，与其他科学一样，都是揭示那些隐藏的东西。**
>
> 皮埃尔·布迪厄

这一点在马克思主义社会学家及具有其他政治立场的社会学家中尤为突出。第二次世界大战后，包括查尔斯·怀特·米尔斯和米歇尔·福柯在内的社会学家们考察了社会中权力的性质及其对个体的影响、社会形塑我们生活的方式（而不是我们塑造社会的方式），以及我们如何抵制这些力量。即使是在更主流的社会学中，氛围也在不断改变，研究主题的范围也在不断扩展，从对社会本身的学术研究，到提供公共政策和推动社会变迁的实践应用。1972年，美国极负盛名的社会学理论家霍华德·贝克尔写道："好的社会学……创造关于组织和事件的有意义描述，对它们的产生和存续给出有效解释，并对它们的改进或消除提出现实性的方案。"

制度和个体

随着社会学的广泛渗入，社会学在20世纪后半叶获得了更多认

可，甚至公众关注。越来越多的思想家开始关注社会问题，因此社会学扩展了其研究范围。在对现代社会的结构和系统、社会凝聚力及社会失序原因的传统研究的基础上，社会学开始考察这些领域之间的联系及个体与群体之间的互动。

大约一个世纪以前，社会学家们被划分为两派，一派从宏观层面分析（将社会看作一个由各种制度组成的整体），另一派从微观层面分析（聚焦于社会中个体的生活经验）。这种划分至今仍然存在，现在社会学家们认识到两者之间的紧密关联，更多的研究者将其研究集中在两种路径之间的群体——社会阶层、种族、宗教或文化群体、家庭，以及以性别或性取向划分的群体上。

社会学也对加速的社会变迁做出回应。第二次世界大战以来，许多社会传统受到挑战，新的社会规范已经取而代之。西方社会在民权和妇女运动、种族和性别平等方面已经做出了很多努力，社会学理论也在帮助改变对性取向和家庭生活的态度。齐格蒙特·鲍曼指出，"社会学的任务是帮助个人，我们必须服务于自由"。

全球化时代

技术革新带来的社会变迁可以比拟甚至可以说是超越了工业革命的影响。自动化和计算机化的增长，服务业的兴起及消费社会的壮大，一起形塑了我们今天所生活的社会。一些社会学家将这种现象看作现代性过程的延续，也有人相信我们正在进入一个后现代、后工业时代。

交通与通信方面的进步同样使这个世界变得越来越小。近期，社会学家们开始关注文化和民族身份的重要性及全球化的影响，特别是对本土社会。伴随着新的沟通方式——特别是互联网和快速跨国旅行——而来的是全新的社会网络。它不依赖面对面沟通，而是以一种50年前的人们都无法想象的方式将个体和群体连接起来。现代技术同样为社会学提供了研究和分析这些新社会结构演变的精致工具。■

> 一个社会，如我们的社会的真正政治任务，在于批判那些看似中性而独立的制度的运作……批判并攻击它们……因而我们能够与之相抗。
>
> 米歇尔·福柯

FOUNDATIONS OF SOCIOLOGY

社会学的基础

约1377年：在《历史绪论》中，伊本·赫勒敦用阿拉伯语"阿萨比亚"描绘了"团结"或社会凝聚力的概念。

1813年：昂利·圣西门在《人类科学概论》中提出了关于社会的科学。

1837年：在《美国社会》中，哈丽雅特·马蒂诺通过奴隶、妇女及工人阶级所遭受的压迫来描述社会不平等。

1867年：卡尔·马克思完成了其对资本主义的全面分析，即《资本论》的第一卷。

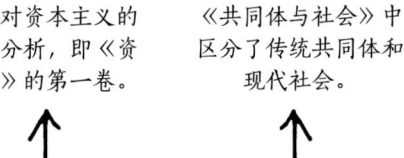

1887年：费迪南·滕尼斯在《共同体与社会》中区分了传统共同体和现代社会。

1767年：亚当·弗格森在《文明社会史论》中论述了在社会中对抗资本主义所带来的毁灭性影响中，公民精神所具有的重要性。

1830—1842年：奥古斯特·孔德在《实证哲学教程》中细述了社会学作为一门科学的演进。

1848年：在《共产党宣言》中，卡尔·马克思和弗里德里希·恩格斯预言无产阶级革命将会带来社会变革。

1874—1885年：赫伯特·斯宾塞在多卷本《合成哲学系统》中指出，社会就如同生物体一般演进，强者生存。

虽然直到20世纪，社会学作为一门学科才获得广泛认可，但它的许多思想传统、研究方法及研究领域却植根于几个世纪以来的历史学家和哲学家们的著作中。

尽管第一个被认可的社会学研究源自14世纪的伊本·赫勒敦，但我们今天所熟知的那些社会学先驱直到18世纪末才出现。当时的西欧社会正经历着一场巨变：启蒙思想正逐渐取代传统信念，工业革命正逐渐改变人们生活和工作方式。那些观察家将这场社会变迁的动力归因于所谓的现代性，包括工业化的影响、资本主义的增长及世俗化和理性化的潜移默化（但同样重要）的结果。

一门社会科学

现代社会是理性时代的产物：理性思维和科学发现的应用。沿着这样一条路径，社会学先驱，如法国哲学家昂利·圣西门及他的门徒奥古斯特·孔德，试图提供可证实的证据来支持理论。孔德相信，不仅社会秩序的力量可以用与物理和化学相同的法则来解释，应用社会学也能带来社会变革，就如同应用科学带来了技术进步一样。

与孔德一样，卡尔·马克思相信研究社会的目的并不仅仅是描述和解释它，还应该要改造它。他同样热衷于科学范式，不过他选择从经济学的角度入手，将资本主义看作导致社会变迁的现代性的一股主要力量。

先于马克思近一个世纪的苏格兰哲学家亚当·弗格森，就已经指出了资本主义的利己主义对传统社会团结的威胁。哈丽雅特·马蒂诺和马克思的伙伴弗里德里希·恩格斯都描述了19世纪中期工业资本主义社会中存在的不平等。另一位社会学先驱费迪南·滕尼斯，回应了弗格森的思想，他描述了传统社会和现代社会中两种截然不同的社会团结方式——这一概念被后世的许多社会学家以不同方式进行解读。

到了19世纪末，社会学作为一个独立的研究领域，与历史、哲学、政治学及经济学区分开来，这在很大程度上要归功于埃米尔·迪

社会学的基础

1895年 ↑ 埃米尔·迪尔凯姆在波尔多大学（University of Bordeaux）建立了欧洲第一个社会学系，并出版了《社会学方法的准则》。

1946年 ↑ 查尔斯·怀特·米尔斯和汉斯·格斯在《马克斯·韦伯以来：社会学论文集》一书中，将韦伯的思想引入英语世界。

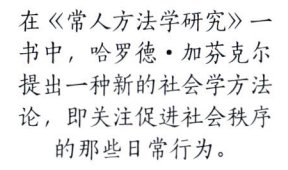

1967年 ↑ 在《常人方法学研究》一书中，哈罗德·加芬克尔提出一种新的社会学方法论，即关注促进社会秩序的那些日常行为。

1990年 ↑ 在《性别麻烦：女性主义与身份的颠覆》一书中，朱迪斯·巴特勒挑战了关于性别和性的传统观念。

1893年 ↓ 在《社会分工论》中，埃米尔·迪尔凯姆描述了独立个体之间的有机团结。

1904—1905年 ↓ 马克斯·韦伯在《新教伦理与资本主义精神》一书中为分析现代社会的演进提供了一种崭新的视角。

1959年 ↓ 在《社会学的想象力》一书中，查尔斯·怀特·米尔斯认为社会学家应该提供改进社会的方法。

1975年 ↓ 米歇尔·福柯在《规训与惩罚：监狱的诞生》中研究了社会中权力的性质。

尔凯姆。他采纳了孔德将科学研究方法应用于社会的思想，以生物学为模型。与他的前辈赫伯特·斯宾塞一样，迪尔凯姆将社会看作一个拥有不同"器官"的"有机体"，每个"器官"都有自己独特的功能。

诠释的方法

尽管迪尔凯姆的客观精神使他在学术界获得认可，但并不是所有社会学家都认同"用自然科学的方法来研究社会是可行的"或者社会是有"规律"可循的。马克斯·韦伯倡导一种更主观的——"诠释的"方法。作为现代性的主要动力，马克思称之为资本主义，迪尔凯姆称之为工业化，而韦伯则聚焦于理性化和世俗化对个人的影响。

一门严格的科学学科逐渐被定性研究的社会学所取代：诸如文化、身份、权力这类不可测量的观念。到20世纪中叶，社会学家已经从对社会的宏观研究转向基于个体经验的微观视角。查尔斯·怀特·米尔斯主张社会学家应当在社会制度（特别是他所称的"权力精英"）以及它们是如何影响普通人的生活之间建立联系。第二次世界大战后，其他社会学家也提出了类似主张：哈罗德·加芬克尔倡导一种社会学研究方法的彻底变革，通过对常人日常生活的观察研究社会秩序；米歇尔·福柯则分析了权力关系是如何迫使个人遵循社会规范，特别是性规范的——这一思想在朱迪斯·巴特勒关于社会性别和性的研究中得到了进一步发展。

到20世纪末，在对社会总体的客观研究和对个体经验的诠释性理解之间已经达成一种平衡。一些具有创新精神的社会学家已经设定下议程，他们所使用的不同的方法正被用于对这个日益全球化的后现代世界的研究中。■

身体的挫败绝不意味着民族的灭亡

伊本·赫勒敦（1332—1406）

背景介绍

聚焦
团结

主要事件

约622年 第一个伊斯兰国家在麦地那建立。

约1377年 伊本·赫勒敦完成了《历史绪论》（或《绪论篇》）——其世界史著作的引论。

1835年 阿历克西·托克维尔在《论美国的民主》第一卷中，描述了追求共同目标的个人结社是如何有利于政治和公民社会的。

1887年 费迪南德·藤尼斯创作了《共同体与社会》。

1995年 罗伯特·D.普特南在《独自打保龄球》一文中，解释了"社会资本"的概念，并于2000年在此文的基础上出版了图书。

1996年 米歇尔·马费索利在《游牧生活》中继续他的新部落主义研究。

阿拉伯哲学家、历史学家伊本·赫勒敦着迷于"某些社会达到繁荣并征服其他社会"的群体动力机制研究。他最为有名的是其多卷本世界史著作：《阿拉伯人、波斯人、柏柏尔人历史的殷鉴和原委》（简称《殷鉴书》），特别是其中被叫作《历史绪论》的引论。鉴于其对柏柏尔人和阿拉伯人社会的分析，《殷鉴书》被看作社会学的先驱。

赫勒敦关于社会兴衰的解释的核心概念来自阿拉伯语的"阿萨比亚"，即社会团结。起初，"阿萨比亚"指的是在宗族或游牧部落中存在的家庭联系。后来，它逐渐变成一种归属感，就是"团结"。在赫勒敦看来，"阿萨比亚"既存在于小如宗族的社会中，也存在于大的帝国中。随着社会的扩大与成长，人们之间的共同目标和命运逐渐减弱，文明也就衰落了。最终，这种文明将会被另一种更小、更年轻、具有更强团结性的文明取代——一个民族可能会经历身体的挫败，但绝不会就此被打倒；但当"一个国家被从心理上击败了……它就会走向灭亡"。

团结和社会凝聚力在社会中的重要性暗含了现代社会学中关于共同体和公民精神的许多研究，包括罗伯特·D.普特南关于"当代社会正经历着社区参与的土崩瓦解"的理论。■

伊本·赫勒敦在其群体动力学理论中，引用沙漠贝多因人部落个案，指出社会的和心理的因素有助于理解文明的兴衰。

参见：费迪南·滕尼斯 32~33页，罗伯特·D.普特南 124~125页，阿尔君·阿帕杜莱 166~169页，戴维·赫尔德 170~171页，米歇尔·马费索利 291页。

在军队和公司中，人类总是徘徊或安定，同意或争吵

亚当·弗格森（1723—1816）

背景介绍

聚焦
公民精神

主要事件

1748年 孟德斯鸠出版了《论法的精神》，指出政治制度应该发源于集体的社会风俗习惯。

1767年 亚当·弗格森在其《文明社会史论》一书中勾勒了他的基本理论思想。

1776年 亚当·斯密以《国富论》开启了现代经济学。

1876年 卡尔·马克思在《资本论》第一卷中分析了资本主义。

1893年 在《社会分工论》中，埃米尔·迪尔凯姆研究了信仰和价值在联结社会中的重要性。

1993年 阿米泰·埃齐奥尼建立了"社群主义网络"，以加强社会的道德和社交基础。

进步既是不可避免的，也是值得的，但是我们必须时刻谨记进步可能带来的社会成本。哲学家和历史学家亚当·弗格森就曾经如此警告我们，他是苏格兰启蒙运动中爱丁堡知识界"上流社会"中的一员，这一群体还包括哲学家大卫·休谟和经济学家亚当·斯密。

与斯密一样，弗格森相信，利己主义是商业增长的动力。但与斯密不同的是，他分析了这一发展的后果，发现它是以牺牲合作、同胞之谊这些传统价值为代价的。过去，社会建立在家庭或共同体之上，荣誉和忠诚带来社区精神。然而，资本主义所需要的利己主义"削弱"了这些精神，并最终导致社会崩溃。为了防止商业资本主义埋下毁灭的种子，弗格森倡议提升公民精神感，鼓励人们为社会公共利益而非私利行动。

弗格森对资本主义和商业主义

> 人在文明社会中诞生，并在那里存活。
>
> 孟德斯鸠
> 法国哲学家

的批评意味着他的理论被如休谟和斯密这样的主流思想家拒绝，但这些理论后来影响了黑格尔和马克思的政治思想。因为他从社会而非政治或经济的视角看待问题，他的研究也有助于为现代社会学奠定基础。■

参见：费迪南·滕尼斯 32~33页，卡尔·马克思 28~31页，埃米尔·迪尔凯姆 34~37页，阿米泰·埃齐奥尼 112~119页，诺贝特·埃利亚斯 180~181页，马克斯·韦伯 220~223页。

科学可以被用来建设一个更好的世界

奥古斯特·孔德（1798—1857）

背景介绍

聚焦
实证主义和社会研究

主要事件

1813年 法国思想家昂利·圣西门提出一种关于社会的科学的思想。

19世纪40年代 卡尔·马克思指出，经济问题是历史变迁的根源。

1853年 哈丽雅特·马蒂诺的译本《孔德实证哲学的节译》将孔德的思想介绍给大众。

1865年 英国哲学家约翰·穆勒将孔德的早期社会学思想和晚期政治思想分别称为"好孔德"和"坏孔德"。

1895年 在《社会学方法的准则》一书中，埃米尔·迪尔凯姆试图建立一个社会学体系。

社会学的基础 23

参见：哈丽雅特·马蒂诺 26~27页，卡尔·马克思 28~31页、254~259页，费迪南·滕尼斯 32~33页，埃米尔·迪尔凯姆 34~37页，马克斯·韦伯 38~45页、220~223页。

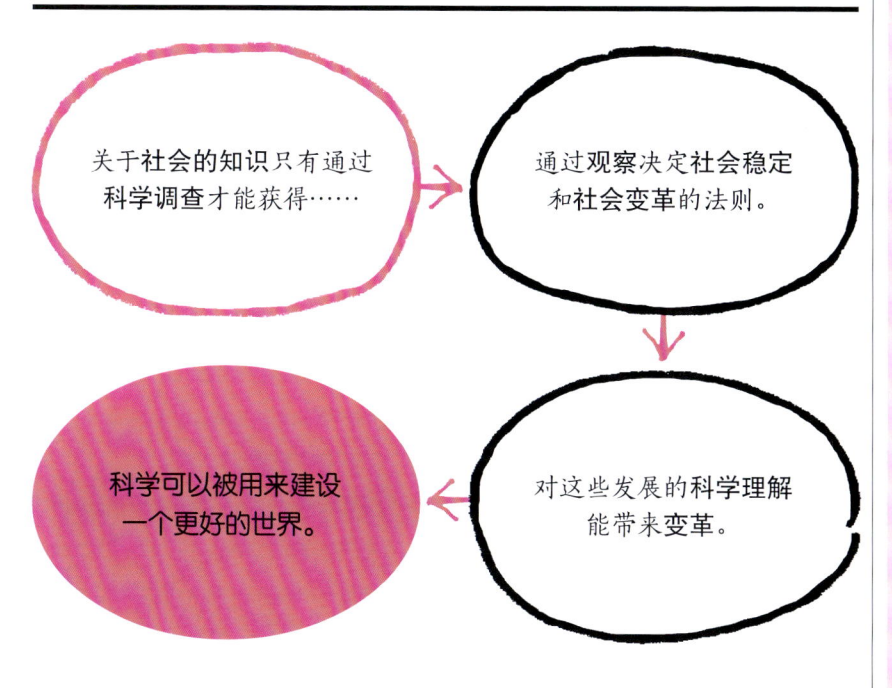

- 关于社会的知识只有通过科学调查才能获得……
- 通过观察决定社会稳定和社会变革的法则。
- 对这些发展的科学理解能带来变革。
- 科学可以被用来建设一个更好的世界。

奥古斯特·孔德

奥古斯特·孔德出生在法国的蒙波利埃。他的父母是天主教徒和君主制度的拥护者，但奥古斯特拒绝了宗教而选择共和主义。1817年，他成为昂利·圣西门的秘书，后者对他运用科学方法研究社会的思想产生了重要影响。由于两人出现分歧，孔德于1824年离开了圣西门，在约翰·穆勒的支持下，开始创作《实证哲学教程》等著作。

这一时期孔德饱受精神崩溃的困扰，他与卡罗列娜·马森的婚姻最终以离婚结束。接着他疯狂地爱上了克洛蒂尔德·德沃克斯（她和丈夫分居），但他们并没有确立关系。德沃克斯于1846年去世。此后，孔德献身于写作和建立实证主义的"人道教"。1857年，孔德在巴黎去世。

主要作品

1830—1842年　《实证哲学教程》（共六卷）

1848年　《实证主义总论》

1851—1854年　《实证政治体系》（四卷）

到了18世纪末，日益加剧的工业化已经给欧洲传统社会带来了巨变。与此同时，在法国大革命之后，法国正努力建立一种新的社会秩序。一些思想家，如亚当·斯密，试图用经济术语解释社会的飞速变迁。另一些人，如让·雅克·卢梭，则从政治哲学的角度入手。亚当·弗格森曾经描述过现代化的社会后果，但还没有人能从政治和经济理论的角度解释社会进步。然而，相比法国的社会不稳定，社会主义者昂利·圣西门试图分析社会变革的原因，以及如何建立社会秩序。他认为，社会进步有一个模式，社会要经历一系列不同的阶段。他的门生孔德将这一思想发展成一套完整的体系，根据科学原则来研究社会。孔德最初称之为"社会物理学"，后来改称"社会学"。

理解与改变

孔德作为"启蒙之子"，其思想扎根于启蒙时代的理念中，强调理性和客观。启蒙运动中出现的科学方法影响了孔德的哲学路径。他详细分析了自然科学及其方法论，提议所有的知识分支都应该采用科学原则，将理论建立在观察的基础之上。孔德实证主义哲学的核心观点是：任何有效知识都只能来源于实证的、科学的探究。他已经见证了科学的改变力量——科学发现带来技术进步，进而带来工业革命，创造了他所生活的现代世界。

他认为，社会科学的时代已经来临，它不仅要能解释社会秩序和社会变革的机制，还应该为我们提供改变社会的方式，就如同自然科学帮助我们改变我们的自然环境一样。他将关于人类社会的研究或社会学看作最具挑战性和复杂性的学科，因此它应该是"科学之后"。

孔德关于"对社会的科学研究是人类探究知识过程的顶峰"的论断受到昂利·圣西门提出的"三阶段法则"的影响。他认为我们对现象的理解经过三个阶段：神学阶段，认为上帝或众神是事物的原因；形而上学阶段，用抽象本质解释现象；实证阶段，用科学方法来验证知识。

孔德关于社会进化的宏大理论也是对社会进步的分析——不同于对捕猎-采集、游牧、农业及工业-商业不同社会阶段的简单描述。孔德认为，启蒙运动之前的法国社会根植于神学阶段，社会秩序建立在宗教原则之上。1789年，法国大革命之后，法国社会进入了

孔德定义了人类理解世界的"三阶段"法则。随着18世纪末启蒙运动的到来，神学阶段结束。在理性思考的形而上学阶段，焦点从神转变为人；社会进而发展到最后一个阶段——实证阶段，用科学验证知识。

神学阶段	形而上学阶段	实证阶段

人类社会早期　　1790　1800　1810　1820　1830　　当今

形而上学阶段，社会由世俗原则和理念（特别是自由和平等权）所引导。孔德相信，在认识到后革命社会的不足后，现在有可能进入实证阶段，科学地决定社会秩序。

关于社会的科学

在现有的"硬"科学的基础上，孔德提出了一个社会学新科学的框架。他设定了一个科学等级，在有逻辑的安排下，每一门科学都是它下一门科学的基石。从数学开始，这个等级体系依次是天文学、物理学、化学、生物学。这个实证主义升序的顶点就是社会学。因此，孔德觉得在试图运用这些知识来研究社会之前，有必要彻底掌握其他科学和它们的方法。

最重要的是基于观察的可证实原则：用事实证据来支持理论，但孔德也指出了用假设来指导科学论证的方向、决定观察的范围的必要性。他把社会学划分为两个研究领域：社会静力学，即决定社会秩序、促进社会团结的力量；社会动力学，即决定社会变革的力量。对这些力量的科学理解有助于将社会带入社会进化的终极实证阶段。

尽管孔德不是第一个试图分析人类社会的思想家，但他却是确立用科学方法研究社会的先驱。另外，他的实证主义哲学既提供了对世俗工业社会的解释，也提供了实现社会改革的途径。他相信，如同科学已经解决现实世界的问题一般，社会学——作为终极科学和其他科学的统一者——可以被用来解决社会问题，从而创造一个更好的社会。

> " 那么，社会学就不是任何其他学科的辅助。它本身就是一门独特的、自主的学科。
>
> 埃米利·迪尔凯姆

> " 科学带来预言，预言产生行动。
>
> 奥古斯特·孔德

从理论到实践

孔德在法国大革命之后的混乱中形成了他的思想,并在其六卷本的《实证哲学教程》中将其展现出来;其中,第一卷的面世与法国的七月革命同年(1830年)。

在君主制被推翻和复辟之后,法国的社会意见主要分为两大阵营:主张社会秩序和主张社会进步。孔德相信,他的实证主义提供了第三条道路:一个基于对社会的客观研究的、理性而非意识形态的行动路线。

他的理论为他在法国的同时代人中赢得了同样多的批评者和崇拜者。他的一些伟大支持者来自英国,包括自由主义思想家约翰·穆勒,他为孔德提供经济支持,使他能够继续自己的研究;还有哈丽雅特·马蒂诺,她将孔德的著作翻译成了英文。

遗憾的是,孔德所建立的声誉被他晚期的作品玷污了。在那些作品中,他描述了实证主义是如何被应用到政治体系中的。不幸的私生活(离婚、抑郁、悲惨的外遇)通常被看作他思想转变的原因:从对社会实然的客观、科学研究转向了对其应然状态的一种主观的准宗教式的解释。

孔德的作品从理论到如何将理论应用于实践的转变使他失去了许多追随者。穆勒及其他英国思想家认为他对实证主义的应用方式近乎独裁,将他倡导的政府体系看作对自由的侵犯。

此时,一种对社会的科学研究的替代范式已经出现。在同样的社会动荡背景下,卡尔·马克思在经济学和基于政治行动而非理性主义的变革模式的基础上,提出了一种对社会进步的分析。从这点不难看出,为什么在被革命充斥的欧洲,在社会主义和资本主义两种主张的夹击中,孔德的实证主义社会学会逐渐没落。然而,正是孔德(在某种程度上还有其导师圣西门)基于科学原则而不仅仅是理论化,最早将社会学作为一门学科创立了起来。更为特别的是,他建立了一套观察的方法论,以及直接借鉴物理学的社会科学理论。虽然以后的社会学家,特别是埃米尔·迪尔凯姆,不认同孔德的实证主义内容及其应用,但孔德为以后的研究奠定了坚实的基础。尽管现在看来孔德关于"科学之后"的社会学之梦有些天真,但他所倡导的客观性仍是一个指导性原则。■

> 哲学家只是以不同的方式解释世界,关键在于改变它。
>
> 卡尔·马克思

1830年,法国七月革命爆发。几乎同一时间,孔德出版了其实证主义著作,开启了一个他一直期待的社会进步时代。

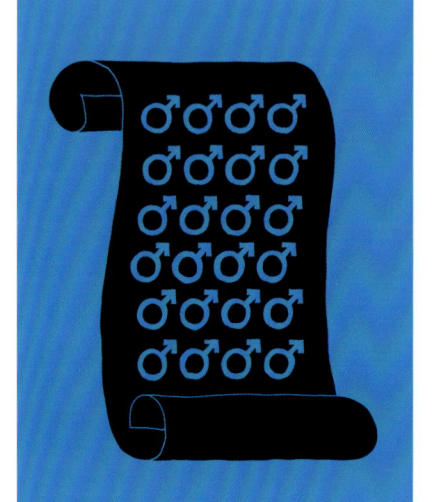

《独立宣言》与一半的人类无关

哈丽雅特·马蒂诺（1802—1876）

基于平等权利的原则，美利坚合众国建立。 → ……然而，这些权利只被授予男性…… → ……女性被当作二等公民对待…… → 《独立宣言》与一半的人类无关。

背景介绍

聚焦
女性主义和社会不公正

主要事件

1791年 法国剧作家、政治活动家奥兰普·德古热出版了《女权和女公民权宣言》（简称《女权宣言》），以回应1789年的《人权和公民权宣言》（简称《人权宣言》）。

1807—1834年 英国废除了奴隶制。

1869年 哈里特·泰勒和约翰·斯图尔特·穆勒合著了《妇女的屈从地位》一书。

1949年 西蒙娜·德·波伏娃的《第二性》为20世纪60—80年代的第二波女性主义奠定了基础。

1981年 《消除对妇女一切形式歧视公约》（CEDAW）生效。

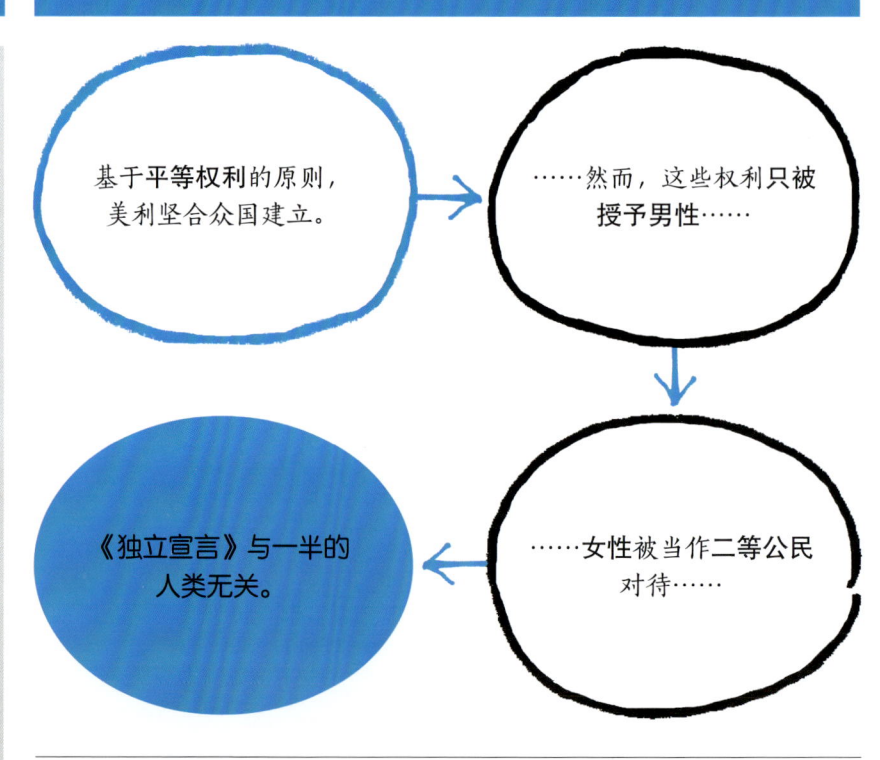

1776年，美国《独立宣言》声明："我们认为下述真理是不言而喻的：人人生而平等，造物主赋予他们若干不可让与的权利，其中包括生存权、自由权和追求幸福的权利。"五六十年以后，哈丽雅特·马蒂诺环游美国，记录了一个完全不同的美国社会图景。她所看到的是平等、民主的理想与美国现实生活之间的显著差异。

旅行之前，马蒂诺是一名撰写关于政治经济和社会问题的记者，因此，她在旅行中，以书本的形式

参见：朱迪斯·巴特勒 56~61页，R. W. 康奈尔 88~89页，希尔维亚·沃尔比 96~99页，泰瑞·琳·凯拉韦 248~249页，克里斯汀·德尔菲 312~317页，安·奥克利 318~319页。

记下了其关于美国社会的印象。然而，《美国社会》一书不仅仅是描述，马蒂诺还在其中分析了她所见到的社会不平等的形式。

社会解放者

在马蒂诺看来，一个社会的文明程度是由其人口的生活条件决定的。如果不能适用于每一个人，那么理论观念就无法衡量一个社会的文明程度。美国社会的理想观念，特别是对自由的鼓吹，因奴隶制的继续存在而变成一个"笑柄"。马蒂诺认为，奴隶制是社会中的一部分人统治另一部分人的典型。

马蒂诺的一生都在为美国奴隶制的废除而抗争，然而，她同样运用其关于文明社会的准则来界定和反对其他形式的剥削和社会压迫。比如，在工业化的英国社会中工人阶级遭受的不公正待遇，以及西方世界中女性的从属地位。

马蒂诺强调了一边以自由沾沾自喜，一边继续压迫女性的社会的伪善。她指出，这种态度是一种侮辱，因为女性构成了人类的另一半："如果要测试文明的话，当人类中的一半对另一半拥有权力的时候，结论就很难确定了。"然而，与许多同时代的人不同，马蒂诺不仅为女性教育权和投票权而斗争，她还描述了社会是如何在私人和公共生活中限制女性自由的。

马蒂诺生前就已名声在外，但直到近期，她对社会学发展的贡献才被承认。今天，她不仅被看作第一个对社会进行系统研究的女性，也被看作采用女性主义社会学视角的第一人。∎

1776年7月4日，大陆议会通过了关于政府的极具道德性的构想。但是，马蒂诺质疑，在一个不公正的社会中，社会美德是否可能存在。

哈丽雅特·马蒂诺

哈丽雅特·马蒂诺出生在英国的诺里奇，父母的开明确保她受到了良好的教育。她很早就展露出了对政治和经济的兴趣，1825年她的父亲去世之后，她以记者这一职业为生。作为作家的成功使她能够搬到伦敦，并在1834—1836年周游美国。她回到英国之后，出版了一部关于美国的三卷本社会学著作。她在那里的经历坚定了她以废除奴隶制和解放妇女为己任的信念。

尽管自青少年时期她就完全失聪，但马蒂诺坚持工作和抗争直到19世纪60年代。那时，她已经搬到湖泊地区，因为健康问题足不出户，最终于1876年去世。

主要作品

1832—1834年 《图解政治经济学》
1837年 《美国社会》
1837—1838年 《道德与习俗之观察》

资产阶级的灭亡和无产阶级的胜利都是不可避免的

卡尔·马克思（1818—1883）

背景介绍

聚焦
阶级冲突

主要事件

1755年 日内瓦裔法国哲学家让·雅克·卢梭认为人类的不平等起源于财产的私有。

1819年 法国社会理论家昂利·圣西门创办了周刊《组织者》，用来宣传自己的社会主义理想。

1807年 格奥尔格·黑格尔在《精神现象学》中阐述了自己的历史发展观。

1845年 弗里德里希·恩格斯在《英国工人阶级状况》一书中将资本主义社会划分为两大社会阶级。

1923年 德国法兰克福大学社会研究所成立，吸引了一大批马克思主义学者，之后形成了法兰克福学派。

社会学的基础

参见： 奥古斯特·孔德 22~25页，马克斯·韦伯 38~45页，米歇尔·福柯 52~55页，弗里德里希·恩格斯 66~67页，理查德·桑内特 84~87页，赫伯特·马尔库塞 182~187页，罗伯特·布劳纳 232~233页，克里斯汀·德尔菲 312~317页。

19世纪中叶，欧洲大陆弥漫着由法国大革命带来的政治动荡。起义和革命随处可见，要求推翻君主政治和贵族统治的旧制度、建立民主共和制的呼声越来越强烈。与此同时，欧洲大部分地区正承受着工业化带来的社会变迁。一些哲学家已经开始用政治术语来解释现代工业世界的问题并提出政治性解决方式；另一些人，如亚当·斯密，将经济状况看作带来问题的原因和解决问题的出路，但他们都极少研究社会结构。

1830—1842年，法国哲学家奥古斯特·孔德倡议，对社会的科学研究是可能的甚至是必要的。卡尔·马克思也认为，对社会客观的、系统的分析早该出现，并且是当务之急。然而，马克思没有对此进行专门的社会学研究，而是通过观察和分析社会不平等的根源，用历史的和经济的视角来解释现代社会。孔德将科学看作社会变迁之路，而马克思则指出了社会变迁中政治行动的不可避免。

历史发展

在当时，对社会发展的传统解释是一个逐步演进的过程，从狩猎，到游牧、放牧和农业社会，再到现代工商业社会。作为一个哲学家，马克思特别关注社会进步以及工业社会的经济根源，并建立了他自己关于这一过程的解释。

马克思主要受到德国哲学家格奥尔格·黑格尔的影响，后者提出了一种历史发展的辩证观点：对立双方的综合将带来变迁，其中相互对立的观念将得到和解。马克思接受了黑格尔的辩证主义框架，然而，他将历史视为物质条件而非精神的演进，从而摒弃了黑格尔的哲学。马克思同样受到法国社会主义思想家的影响，例如，让·雅克·卢梭将"文明社会"的不平等归咎于财产私有观念的出现。

马克思提供了一种分析历史发展的新方法。他认为，人类生存的物质条件决定了社会组织的形态，生产资料（指用来创造财富的工具和机器）的变革带来了社会经济的变革。历史唯物主义，作为一种解释历史发展的视角，被用来解释由新的经济生产方式带来的、从封建社会向现代资本主义社会的转型。在封建社会，贵族作为由农民或农奴耕种的土地的所有者，控制了农

流程图：

- 现代社会被划分为两大阶级：占有生产资料的**资产阶级**和处于劳动地位的**无产阶级**（工人）。
  - 对生产资料的控制，使资产阶级得以壮大，并支配私有财产。
    - 自私自利削弱了资产阶级内部的团结，而无止境的竞争加剧了周期性的经济危机。
  - 由于被剥削，占大多数的无产阶级拥有的极少，不得不出卖劳动力，却依然难以摆脱贫困。
    - 这种非人性的地位带来劳动的异化和群体意识，无产阶级开始为本阶级的共同利益而斗争。
- **资产阶级的灭亡和无产阶级的胜利都是不可避免的。**

按照生产力的条件和水平,马克思将人类历史的发展划分为五个阶段。在马克思看来,历史发展的动力在于占支配地位的生产方式,它形塑了社会中的阶级。历史从人类社会早期共有生产资料,发展到马克思所处的、拥有两大阶级的资本主义社会,未来也必将朝着无阶级的共产主义社会前进。

- 生产方式的占有
- 占人口中的大多数
- 集体所有和支配

无阶级的社会
（原始共产主义社会）
人类历史早期

社会精英
奴隶
古代社会

贵族精英
农民（少有权利的农民和农业劳动者）
封建社会

资产阶级（资本主义社会中的统治阶级）
无产阶级（不占有生产资料的工人）
资本主义社会

无阶级的社会（共产主义——无产阶级专政,消灭阶级冲突,实现生产资料共有）
历史的终结

业生产资料。在机器时代,一个新的阶级——资产阶级诞生,他们是新的生产资料的拥有者。随着技术的推广,资产阶级不断冲击贵族的地位,并且带来了社会经济结构的变迁。封建社会的对立元素中已经孕育了将取代它的资本主义社会的种子。

正如他和弗里德里希·恩格斯在《共产党宣言》中所描述的那样,"到目前为止的一切社会的历史都是阶级斗争的历史"。封建社会由两个阶级组成:地主（或贵族）和农民（或农奴）。同样,现代工业社会也造就了两个阶级:占有生产资料的资产阶级和处于劳动地位的无产阶级。

阶级冲突

在马克思看来,任何社会中的阶级紧张和冲突都是不可避免的。因此,正如封建社会会灭亡那样,资产阶级和资本主义社会也终将被取代。他坚信,无产阶级将会推翻现存的社会体制,并实现当家作主。

马克思认为,物质需求的生产方式决定了资本主义社会结构:资本和劳动的对立。一方面,资产阶级拥有物质生产资料,从工人劳动生产的商品的剩余价值中获利;另一方面,无产阶级一无所有,仅仅靠向资本家出卖劳动力获得生存。

这种阶级关系是具有剥削性质的,它使得资本家越来越富有,而劳动者越来越贫困。另外,工人在工厂和磨坊中劳动的非技术性本性导致了"非人化"的感觉和生产过程中的"异化",而生产过剩带来的失业风险使这一情况更加恶化。

然而,阶级压迫也提升了无产阶级的阶级意识——工人阶级可以联合起来为争取共同利益而行动。资本主义与生俱来的自私自利使得资产阶级很难联合起来,同时,持续不断的生产竞争带来越来越频繁的经济危机。工人阶级的团结及资产阶级的衰退终将导致无产阶级掌

1917年,卡尔·马克思关于共产主义革命的预言变为现实。然而,革命并未如他所预言的那样发生在某个先进的工业国家,而是爆发在沙皇俄国。

握生产资料，建立一个无阶级的社会。

重要贡献

马克思对工业社会中资本主义是如何创造出社会-经济阶级的分析并不局限在理论上，它也是用科学方法对社会进行分析的最早尝试之一，以期对现代社会提供一种完整的经济、政治和社会的解释。在这个过程中，马克思提供了一些对后来的社会学研究具有重要意义的概念，特别是在社会阶级领域，如阶级冲突和阶级意识，以及剥削和异化的概念。

马克思的思想启发了无数的革命家，以至于在20世纪很长一段时间内，世界上大约有三分之一的人口生活在支持马克思主义思想的国家里。但并不是所有人都同意马克思根据经济状况划分社会阶级的做法，以及社会变迁是阶级斗争的必然结果这一观点。在马克思之后的下一代哲学家中，同被视为"现代社会学之父"的埃米尔·迪尔凯姆和马克斯·韦伯提出了有针对性的不同观点。

迪尔凯姆承认工业改变了现代社会，但他认为，社会问题的根源是工业化本身，而非资本主义。

韦伯接受马克思的部分观点，即阶级冲突背后存在经济原因，但他又指出，马克思仅仅依据经济基础将社会划分为资产阶级和无产阶级的做法过于简单。他坚信，除了经济因素，资本主义的发展还有赖于文化和宗教的因素，决定阶层划分的因素除了经济地位，还有声望和权力。

尽管在20世纪上半叶，马克思对西方社会学的影响逐渐减弱，但法兰克福学派中的社会学家和哲学家（包括尤尔根·哈贝马斯、埃里希·弗洛姆、赫伯特·马尔库塞）仍然是马克思的坚定追随者。第二次世界大战后，伴随着冷战的到来，各种思想更加分化。特别是在美国，各种类型的马克思主义思想都受到广泛的质疑；而在欧洲，尤其是法国，一批哲学家和社会学家进一步发展了马克思的社会思想。

今天，新技术又一次改变了我们的世界，同时，人们越来越意识到正在扩大的经济不平等，马克思的一些基本观点开始被社会、经济和政治的思想家们再次讨论。■

> 马克思是当之无愧的'现代社会学之父'，如果有人能配得上这个头衔的话。
>
> 以赛亚·柏林
> 俄裔英国哲学家

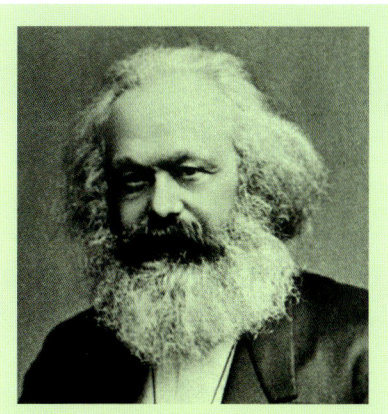

卡尔·马克思

作为"现代社会学之父"之一，马克思同时也是一位影响广泛的经济学家、政治哲学家和历史学家。马克思出生在德国特里尔城的一个律师家庭，在律师父亲的坚持下，他在波恩大学（后来转学到柏林大学）学习法律，而不是他更感兴趣的哲学和文学。在那里，他对黑格尔产生了浓厚的兴趣，并于1841年在耶拿大学获得哲学博士学位。

在科隆成为一名记者后，马克思来到了巴黎；在那里，他遇到了弗里德里希·恩格斯，并与之合作，形成了他的经济的、社会的和政治的思想。1845年，他们共同创作了《共产党宣言》。随着1848年欧洲一系列革命的失败，马克思迁居伦敦。1881年，他的妻子去世后，马克思的健康每况愈下，两年之后他与世长辞，终年64岁。

主要作品

1848年 《共产党宣言》
1859年 《〈政治经济学批判〉序言》
1867年 《资本论（第一卷）》

共同体与社会
费迪南·滕尼斯（1855—1936）

背景介绍

聚焦
共同体与社会

主要事件

1651年 在《利维坦》中，英国哲学家托马斯·霍布斯描述了人性与社会结构之间的关系。

1848年 在《共产党宣言》中，卡尔·马克思和弗里德里希·恩格斯阐述了资本主义对社会的影响。

1893年 在《社会分工论》中，社会学家埃米尔·迪尔凯姆将维系社会的方式分为"机械团结"和"有机团结"。

1904—1905年 马克斯·韦伯出版了《新教伦理与资本主义精神》。

2000年 齐格蒙特·鲍曼将"流动现代性"的概念引入日益全球化的社会中。

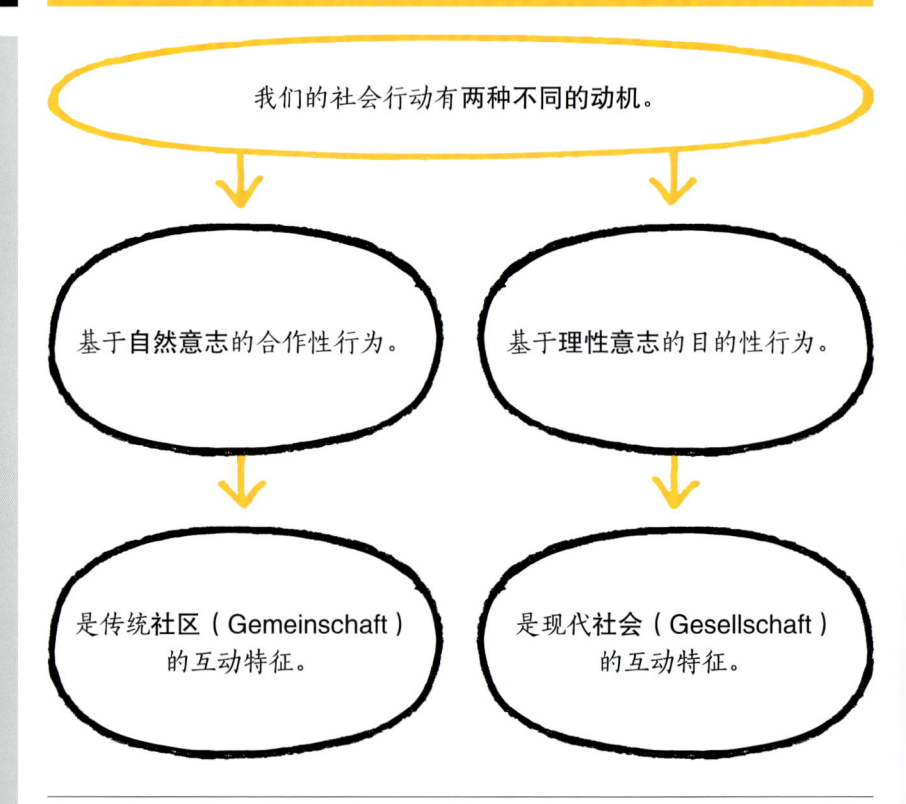

我们的社会行动有**两种**不同的动机。

↓ ↓

基于**自然意志**的合作性行为。 　　 基于**理性意志**的目的性行为。

↓ ↓

是传统社区（Gemeinschaft）的互动特征。 　　 是现代社会（Gesellschaft）的互动特征。

19世纪末，一大批社会思想家开始关注现代性的社会意义，特别是资本主义工业社会的发展。费迪南·滕尼斯对社会学最重要的贡献是他在1887年出版的《共同体与社会》一书中区分了两种不同的社会群体类型。

在这本著作中，他指出了传统农村社区与现代工业社会的区别。在他看来，前者以共同体为特征，是基于家庭或其他社会群体（如教会）联结起来的社区。小规模社区

社会学的基础

参见：亚当·弗格森 21页，埃米尔·迪尔凯姆 34~37页，马克斯·韦伯 38~45页，阿米泰·埃齐奥尼 112~119页，齐格蒙特·鲍曼 136~143页，卡尔·马克思 254~259页，布莱恩·威尔逊 278~279页，米歇尔·马费索利 291页。

意志的胜利

在现代城市这种大规模的社会中，劳动分工和劳动力流动削弱了传统联结。社会或结社取代了共同体，这种社会中的关系更加没有人情味且更加肤浅，它基于个人的自我利益而非互助。

每个社会群体中都或多或少地存在着这两种极端形式的共同体和社会，但滕尼斯指出，资本主义气质和竞争导致结社在他所生活的工业社会中处于绝对的主导地位。

滕尼斯理论的基础概念是意志——人们行动的动机。他区分了两种意志：自然意志（Wesenwille）和理性意志（Kürwille）。自然意志表现为基于本能意愿，为做某事本身，或基于习惯、风俗及道义责任而做某事。这是共同体中

> 从本质上来说，共同体在起源上要早于其成员或主体。
>
> 费迪南·滕尼斯

社会秩序的潜在动机。

另一方面，理性意志促使我们纯粹基于理性，为实现某一特定目标而行动。这是大型组织（特别是商业组织）决策背后的意志类型。理性意志是资本主义城市社会的重要特征。

滕尼斯本质上被看作一个保守主义者，他总是在感伤现代性中共同体的丧失，而非倡导社会变迁。尽管他赢得了社会学同事们的尊敬，但他的思想直到很多年后才得到重视。

滕尼斯的理论和方法论为20世纪社会学的发展铺平了道路。韦伯进一步发展了滕尼斯关于社会行动的意志和动机的概念，而迪尔凯姆关于"机械团结"和"有机团结"的思想则是对滕尼斯"共同体与社会"区分的回应。■

费迪南·滕尼斯

费迪南·滕尼斯出生于北弗里斯兰的石勒苏益格州（今德国石勒苏益格-荷尔斯泰因州的北弗里斯兰州）。他先后在斯特拉斯堡、耶拿、波恩、莱比锡等大学学习，并最终于1877年在图宾根大学获得博士学位。

在柏林和伦敦的博士后学习期间，滕尼斯的研究兴趣从哲学转向政治和社会问题。1881年，他在基尔大学取得授课资格，而遗产的继承使他得以继续专注于自己的研究。他也是德国社会学会的创始人之一。由于他坦诚地宣布自己的政治观点，直到1913年他才在基尔大学获得教授职位。他对社会民主主义的同情及对纳粹的公开谴责，使他在1931年被大学解雇。滕尼斯于1934年去世。

主要作品

1887年　《共同体与社会》
1926年　《进步和社会发展》
1931年　《社会学导论》

社会，就如同人的身体，具有相互关联的部分、需求和功能

埃米尔·迪尔凯姆（1858—1917）

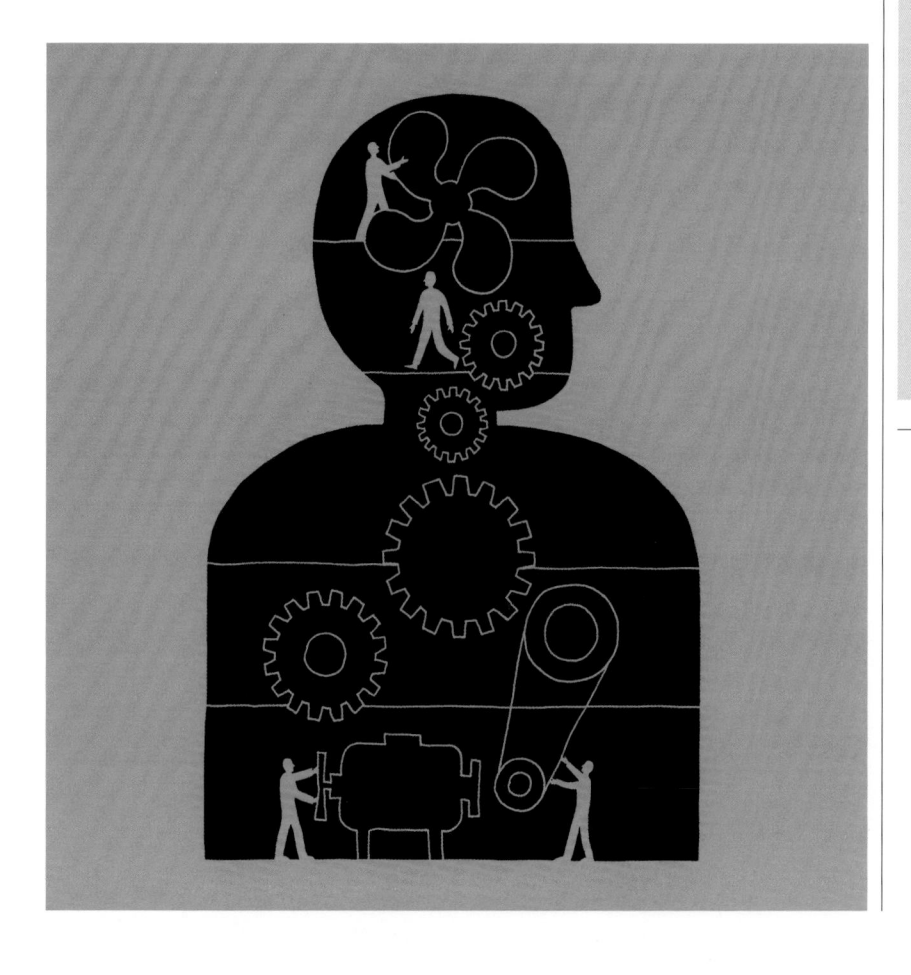

背景介绍

聚焦
功能主义

主要事件

1830—1842年 在《实证哲学教程》一书中，奥古斯特·孔德提出了用科学方法研究社会的观点。

1874—1877年 在《社会学原理》第一卷中，赫伯特·斯宾塞指出，社会是一个不断进化的"社会有机体"。

1937年 在《社会行动的结构》一书中，塔尔科特·帕森斯在其行动理论中重新强调了功能主义范式。

1949年 在《社会理论与社会结构》一书中，罗伯特·默顿发展了迪尔凯姆的"失范"概念，用于研究社会的功能失调。

1976年 在《社会学方法的新规则》一书中，安东尼·吉登斯为结构功能主义提供了另一个替代范式。

直到19世纪后半叶，社会学才逐渐从哲学中分离出来，被看作一门独立的社会科学学科。当时的学术氛围意味着，社会学要想成为一门学科，就必须出具其科学依据。

在那些受到哲学训练但同时对新知识着迷的学者中，埃米尔·迪尔凯姆坚信，社会学应当远离宏大理论，关注方法，并通过方法从不同角度去理解现代社会的发展。他

社会学的基础 35

参见: 奥古斯特·孔德 22~25页,卡尔·马克思 28~31页,马克斯·韦伯 38~45页,杰弗里·亚历山大 204~209页,罗伯特·K.默顿 262~263页,赫伯特·斯宾塞 334页。

> 人类从同质性的小型共同体中的聚合进化为复杂的大型社会。

↓

> 在传统社会中,宗教和文化创造了集体意识,带来了团结。

↓

> 在现代社会,劳动分工带来日益增长的专门化,更多地关注个体而非集体。

↓

> 现今,**团结**的产生有赖于具有**特定功能**的、**相互依存**的个体。

↓

> 社会,就如同人的身体,具有相互关联的部分、需求和功能。

与卡尔·马克思和马克斯·韦伯一道,被看作社会学主要奠基人。迪尔凯姆并不是第一个为这一学科进行科学奠基的学者,他的思想不可避免地受到了其他早期思想家的影响。

打造一种科学模式

奥古斯特·孔德已经用他的理论为这一学科奠定基础,他认为对人类社会的研究是自然科学等级体系的顶峰。并且,由于社会是人类的集合体,所以在所有的自然科学中,生物学是与社会科学最相近的模式。并不是所有人都同意这一观点,如马克思的社会学思想基于经济学而非生物学。然而,查尔斯·达尔文关于物种起源的理论激发了学者们对传统思想的彻底再思考。英国尤其如此,在那里,达尔文的工作提供了一种可被运用到其他学科中的有机体进化模式。

哲学家和生物学家赫伯特·斯宾塞便是其中一位,他受到达尔文的启发,将现代社会的发展与不断进化的有机体联系起来:不同组成部分具有不同功能。他的著作奠定了社会科学中的有机体模式。迪尔

埃米尔·迪尔凯姆

埃米尔·迪尔凯姆出生在法国东部的埃皮纳勒,他背离家族传统,离开希伯来学校寻求一种世俗的职业。他就读于巴黎高等师范学院,1882年毕业于哲学专业,当时他在奥古斯特·孔德和赫伯特·斯宾塞的影响下已经对社会科学产生了兴趣。

接着,迪尔凯姆前往德国学习社会学。1887年,他回到法国,在波尔多大学教书,并在那里教授法国第一个社会学课程。后来,他又创立了法国第一个社会科学期刊。1902年,他执教于巴黎大学,于1906年获得教授职位,并在那里度过了余生。第一次世界大战期间,右翼民族主义政治的崛起使他感到越来越被边缘化。1916年,他的儿子安德烈死于战场之后,他的身体状况开始恶化,他于1917年死于卒中。

主要作品

1893年 《社会分工论》
1895年 《社会学方法的准则》
1897年 《自杀论》

迪尔凯姆认为，宗教（特别是那些历史悠久的信仰，如犹太教）是最基本的社会制度，有助于人们产生一种强烈的集体意识。

迪尔凯姆支持斯宾塞关于"不同部分具有不同功能"的功能论及"社会大于其个体成员总和"的观点。孔德的实证主义（他坚信，只有科学调查才能产生真知识）塑造了迪尔凯姆认为能够揭示现代社会运作方式的科学方法论。

迪尔凯姆关注作为整体的社会及其制度设置，而非社会中的个体的动机和行动。他尤其关注社会聚合的动力及社会秩序是如何维持的。他宣称，社会学研究的基础应当是他所称的"社会事实"或"外在于个体的现实"，它可以通过经验获得证实。

与其他先驱社会学家一样，迪尔凯姆试图理解和解释那些塑造现代社会的因素，即那些被称为"现代性"的各种力量。马克思将现代性的动力与资本主义联系起来，韦伯将其归因于合理性，而迪尔凯姆则将现代社会的发展与工业化联系在一起，特别是由此产生的劳动分工。

功能有机体

迪尔凯姆认为，现代社会与传统社会的区别在于社会聚合形式的根本变迁，工业化的到来产生了一种新的团结形式。在他的博士论文《社会分工论》中，迪尔凯姆论述了他关于不同的社会团结形式的理论。

在原始社会中，如在捕猎-采集者群体中，个体从事大致相同的工作。尽管每个人都能自给自足，但社会因为个体间共同的目标和经验，以及共同的信仰和价值观得以形成。这种社会中个体的相似性带来了迪尔凯姆所称的"集体意识"，这是其社会团结的基础。

随着社会规模和复杂性的增长，人们开始发展出更专门的技能，相互依赖替代了自力更生。例如，农民依靠铁匠钉马掌，而铁匠依靠农民提供粮食。传统社会的"机械团结"逐渐被"有机团结"所取代，后者基于个体间的互补性差异，而非彼此间的相似性。

工业化使劳动分工达到顶峰，社会已经进化为一个复杂的有机体。其中，个体承担各自专门的功能，每一个功能对整体的良好运作都是必需的。将社会看成如生物有机体一般，由具有专门功能的不同部分组成，这种观点逐渐成为社会学研究中的重要范式，即功能主义。

作为从"机械团结"进化为"有机团结"的动力，迪尔凯姆的"社会事实"——那些不受任何个

> 我们的职责到底在于成为一个……完整的自我满足的人……还是只成为整体的一部分、有机体的一个器官？
>
> 埃米尔·迪尔凯姆

社会学的基础

人意志影响而存在的事实——指的是"动态密度"的增加、人口的增长和集中。虽然对资源的竞争更加激烈，但伴随人口密度增加而来的是人口内部更为频繁的社会互动，引发了劳动分工，从而使社会更有效地应对社会需求。

在现代社会，个体之间的相互依赖是社会凝聚的基础。但同时迪尔凯姆也意识到，伴随快速工业化而来的劳动分工也会带来社会问题。由于这种分工基于个体之间的互补性差异，"有机团结"将重心从共同体转移到个体，从而取代了原有的集体意识——那些产生凝聚力的共同信仰和价值观。没有这些集体意识，个人变得晕头转向，社会变得不稳定。只有在保留"机械团结"的要素及社会成员拥有共同目标感的条件下，"有机团结"才能起作用。

在迪尔凯姆看来，工业化的速度迫使现代社会劳动分工的速度过快，以至于社会互动还未充分发展以替代日益递减的集体意识。个体越来越觉得与社会脱节，特别是"机械团结"中曾经给予的那种道德指引。迪尔凯姆用"失范"一词来描述这一集体标准和价值的丧失，以及随之而来的个体道德沦丧。通过研究不同领域的自杀类型，他揭示了失范在导致个体结束生命的绝望中的重要性。在那些集体信仰较强的社区中，自杀率普遍较低。在迪尔凯姆看来，这也证明了团结对于社会健康的价值。

创立社会学学科

迪尔凯姆的思想完全建立在经验研究基础之上，如个案研究和统计数据。他的主要遗产在于，沿着孔德的实证主义传统，把社会学作为一门学科创立起来。社会科学的研究方法与自然科学并无二致。

然而，迪尔凯姆的实证主义方法也遭到了质疑。马克思之后的社会学思想家一直反对将对复杂而又难以预测的人类社会的研究与科学研究等同起来。迪尔凯姆也与当时的知识氛围背道而驰，他将社会看作一个整体，而不基于个体经验，后者是韦伯所采用的研究范式的基础。他关于"社会事实"的概念也遭到了抵制，即社会是与个体无关的、客观的独立实体。学者也批评他的客观范式只解释了社会秩序的基础，并未对改变秩序给出什么建议。

然而，将社会看作由互不相同而又相互关联的部分组成，每一部分都有各自独特的功能这一观点，有助于将功能主义构建为社会学的一种重要研究范式，并影响了后来的帕森斯和默顿。

迪尔凯姆关于"团结"的解释是对马克思和韦伯理论的一种替代，不过功能主义的全盛时期只延续到20世纪60年代。尽管迪尔凯姆的实证主义不再受欢迎，但他创立的概念，如失范、集体意识（假借"文化"之名），仍在当代社会学中占有一席之地。■

> 社会并不只是个体的简单总和。相反，由各部分连接而成的系统代表了一个特殊的整体，具有自己独特的属性。
>
> 埃米尔·迪尔凯姆

蜂巢是由勤劳的蜜蜂分工劳动建成的。为了整体的良好运作，蜜蜂和植物保持着共生关系。

理性的铁笼
马克斯·韦伯(1864—1920)

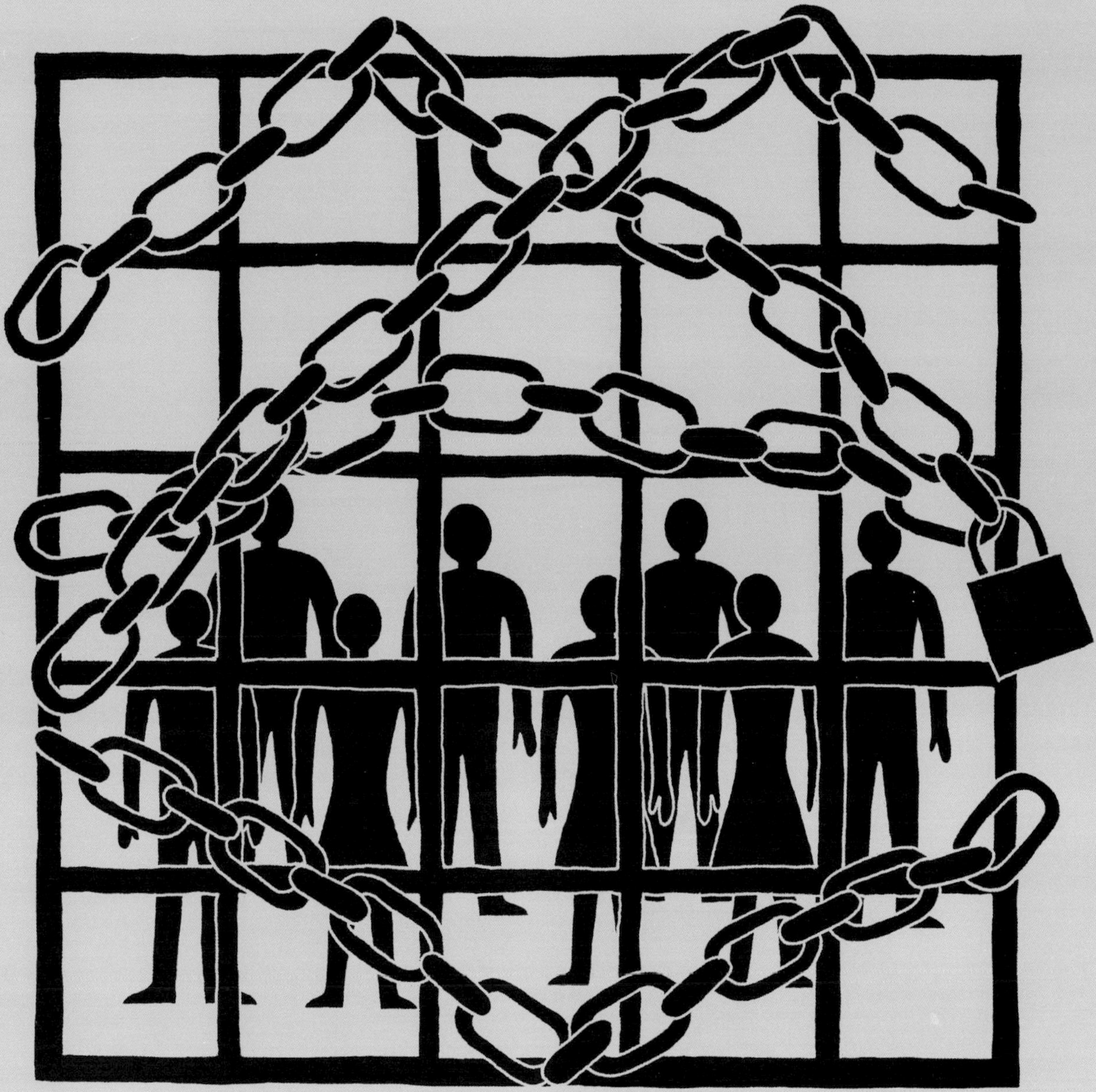

背景介绍

聚焦
理性现代性

主要事件

1845年 卡尔·马克思写成《关于费尔巴哈的提纲》，提出了历史唯物主义的观点，即经济而非意识是社会发展的动力。

1903年 德国社会学家乔治·齐美尔在《大都市与精神生活》这本书中，考察了现代城市生活对个人的影响。

1937年 在《社会行动的结构》中，塔尔科特·帕森斯提出了社会行动理论，试图整合两种来自韦伯和迪尔凯姆的对立（主观-客观）途径。

1956年 在《权力精英》中，查尔斯·赖特·米尔斯将军事-工业统治阶级的出现看作理性化的结果。

> 现代工业社会带来**技术和经济进步**。
>
> ↓
>
> 同时也带来了**理性化的增长和官僚制**……
>
> ↓
>
> 它们强加了新的控制，限制了个人自由，侵蚀了社区和亲属关系。
>
> ↓
>
> 官僚制的效率破坏了传统人际互动，把人类困在理性的"铁笼"中。

直到19世纪后半叶，德国的经济增长都是建立在贸易而非生产之上的。然而，当德国开始向大规模制造业工业转变时，就像英国和法国的城市化那样，变化来得如此迅速，而且是戏剧性的。这在普鲁士地区尤为明显，在那里，自然资源和军事组织传统帮助它在非常短的时间里建成了高效的工业社会。

现代性及其影响在德国还属于新鲜事，意味着德国还未能发展出一种社会学思想传统。卡尔·马克思出生在德国，但他的社会学和经济学思想主要得益于他在其他工业社会的经历。然而，自19世纪末起，一系列德国思想家开始将注意力转移到对德国现代社会的研究上。马克斯·韦伯就是其中一位，他可能也是最有影响力的"现代社会学之父"。韦伯构建社会学的方式与法国的奥古斯特·孔德和埃米

社会学的基础

参见：奥古斯特·孔德 22~25页，埃米尔·迪尔凯姆 34~37页，查尔斯·怀特·米尔斯 46~49页，乔治·齐美尔 104~105页，乔治·瑞泽尔 120~123页，马克斯·韦伯 220~223页，卡尔·马克思 254~259页，尤尔根·哈贝马斯 286~287页，塔尔科特·帕森斯 300~301页。

尔·迪尔凯姆截然不同，后两位主张为社会寻求普遍的"科学法则"（相信科学有助于建构更好的社会）。

韦伯承认，任何关于社会的研究都应该是严谨的；同时他又指出，研究不可能做到真正的客观。因为它研究的不是社会行为，而是社会行动，即社会中的个人是如何互动的。这种行动必须是主观的，必须通过考察行动者赋予其行动的主观意义来理解。

这种诠释方法，也被称为"理解"（Verstehen），与对社会的客观研究是对立的。迪尔凯姆的方法将社会结构看作一个整体，着重研究其中相互依赖的社会成员的"有机"联系，而韦伯试图研究个体的经验。

韦伯深受马克思理论的影响，坚信现代资本主义社会的"非人化"和"异化"。然而，他反对马克思的唯物主义方法及对经济而非文化和观念的强调，也不同意马克思关于无产阶级革命终将来临的论断。相反，韦伯综合了马克思和迪尔凯姆的观点，发展出了一套自己的社会学分析，研究了现代性中最普遍的一面——理性化。

"铁笼"

在其颇具争议而又广具盛名的《新教伦理与资本主义精神》一书中，韦伯描述了西方从基于部落风俗或宗教义务的社会向基于经济成就的日益世俗化的社会演进的过程。

科学和技术的进步带来了工业化，伴随而来的资本主义要求基于

> **我们这个时代的命运，首先是对世界的祛魅。**
> ——马克斯·韦伯

1936年，电影《摩登时代》将查理·卓别林塑造成了一个受现代性和理性的"去人性化"影响的流水线工人。

> **终有一天，这个世界除小齿轮及做着微不足道的职业却奋力向上攀爬的微不足道的人外，一无所有。**
> ——马克斯·韦伯

效率和成本-收益分析（评估成本和收益）的纯粹理性决策。资本主义发展带来许多物质利益的同时，也带来了一系列社会弊病。传统文化和精神价值被理性化取代，后者带来了一种被韦伯称为"祛魅"的后果，即人类日常生活中那些无形的、神秘的方面被冰冷的计算所取代。

韦伯认同知识增长带来的积极变化，也认同由逻辑决策而非过时的宗教权威的专断带来的繁荣。但是，理性化也正在改变社会中的行政体系，不断提高各类组织中的官僚制（又称"科层制"）水平。普鲁士的军队效率是新兴工业国家的典范，对于在那里长大的韦伯来说，那种发展非常值得关注。

韦伯认为，在现代工业社会中，官僚制既是无可避免的，也是必要的。它机器一般的效率带来了经济繁荣，这也同时表明，无论是在范围还是在强度上，它的增长都明显是不可阻挡的。然而，尽管宗教的没落意味着人们从非理性的社会规范中解放了出来，但官僚制结构强加了一种新的控制形式，威胁到并可能会扼杀那种促使人们拒绝教条式的宗教权威的个人主义。现代社会中的个人越来越感觉受制于官僚制的僵硬规则，就好像被困在理性化的"铁笼"中。此外，官僚制还会带来去人格化的科层组织，用标准化的程序对个人施加影响。

"非人化"

韦伯关注官僚制对"工业机器

> **成熟的官僚体系与其他组织的区别，就如同机器与非机械化生产方式的差别。**
> 马克斯·韦伯

齿轮"上的个人的影响。资本主义向个体许诺了一种技术乌托邦，却只创造了一种充斥着工作和金钱、受强硬的官僚制监管的社会。一个僵硬的、基于规则的社会，不仅会限制个人，还会带来非人化的后果，使人们感到自己好像任由一个只有逻辑、毫无信仰的系统摆布。理性官僚制的权力和权威同样会影响个体之间的关系和互动，即其社会行动。这些行动不再基于家庭或社区的纽带，也不再基于传统价值观和信仰，而是为了达到效率或某种特殊目的。

理性化的首要目标就是提高做

位于柏林的德国总理府是德国政府总部所在地。在那里工作的公务员构成了一个以实施政府政策为目的的官僚体系。

事的效率，因此，个人的需求就从属于组织目标，进而导致个体自主性的丧失。尽管随着职位越来越细化，人们之间的互相依赖也越来越深，但个人会感到他在社会中的价值是由其他人而不是他自己的技能或手艺决定的。追求更好职位、更多金钱或更高社会地位的野心取代了自我完善的需求，重生产力而轻创造力。

在韦伯看来，祛魅是现代社会为由官僚制理性带来的物质繁荣所付出的代价。它所带来的社会变迁很深远，不仅影响我们的道德体系，还对我们的心理和文化构成产生影响。精神价值的腐蚀意味着社会行动已经基于对成本和收益的计算，更多地成为一种行政管理而非道德或社会引导的对象。

社会行动和阶级

尽管韦伯时常对现代社会的冷漠感到绝望，但他并非完全是一个悲观主义者。官僚制可能难以摧毁，但正如它们是现代社会的产物，它的弊端同样可以由现代社会来克服。马克思曾预测，资本主义的剥削和异化将最终导致无产阶级革命。韦伯则认为，与资本主义相比，共产主义可能带来更深的官僚制控制。因此，他主张，在自由民主的社会中，官僚制只应拥有社会成员准备给予它的权威。也就是说，这是由个体的社会行动决定的，做出这些行动是为了改善其生活和"生活机会"。

正如社会从亲属联系和宗教的"克里斯玛"权威，经过封建社会的家长式权威，发展到现代社会的理性化和官僚制权威一般，个体行为同样从传统的、基于情感和价值的行动，发展到"工具性行动"——基于对成本和结果的评估的行动，韦伯称之为理性行动的顶点。此外，他定义了这些社会行动所处的社会分层的三个基本要素，它们影响着一个人的"生活机会"的不同方面。除了由经济决定的社会阶层，也存在着由其他无形因素（如荣誉和特权）决定的身份阶层和由政治身份决定的党派阶层。所有这些都有助于个体在社会中建构一个独一无二的位置。

逐渐获得认可

韦伯的创造性视角形成了20世

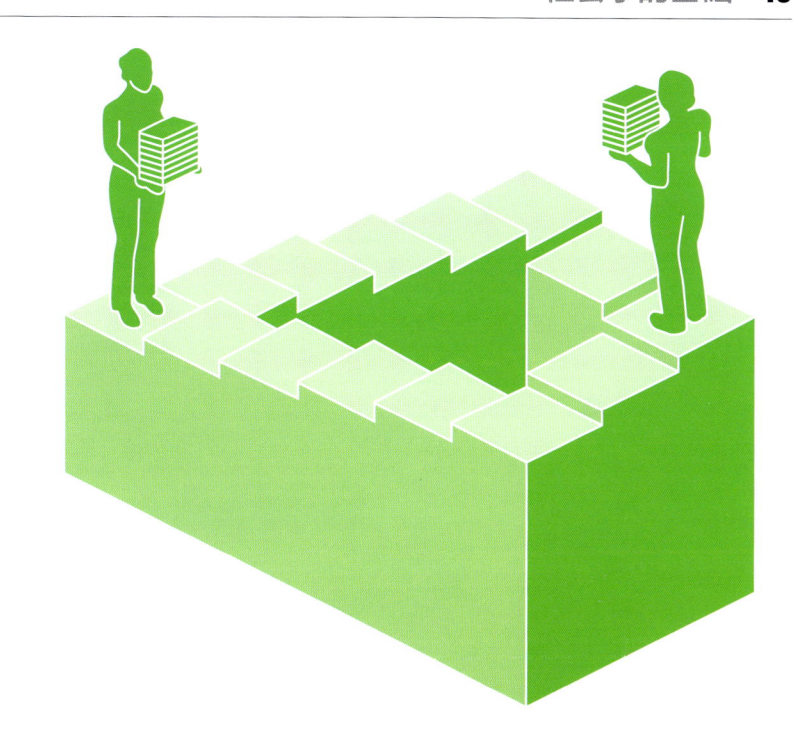

韦伯认为，不断增长的官僚制是理性化的产物，为社会提供一套提升效率的机械化组织。然而，在行政机构内工作会带来个人的祛魅：个人创新和创造力将一无是处，会感到他们只是在做单调而又重复的文书工作。

> 要反抗这种机器，让一部分人远离这种官僚式生活的绝对掌控。
>
> 马克斯·韦伯

纪社会学主要研究方法之一。通过引入对个体社会行动的主观的诠释性研究，他在迪尔凯姆的实证主义之外提供了另外一种选择，指出自然科学的方法论并不适合研究社会科学。同时，对于马克思的唯物论，韦伯更多地强调观念和文化而非经济因素的重要性。

尽管他的思想在其他德国同辈（如维尔纳·桑巴特和乔治·齐美尔）当中影响颇大，但他的那些思想并未被广泛接受。韦伯在有生之年被看作历史学家和经济学家，而非社会学家，直到多年之后，他的著作才受到应有的重视。他的大多数著作是在其死后出版的，并且很少被翻译成英文。20世纪初的社会学家们反感韦伯的分析路径，他们更致力于将社会学建设成为一门科学。韦伯的主观理解概念，以及对个体经验而非社会整体的关注，被认为缺乏一定的严谨性和客观性。另外，还有一些批评者，特别是那些坚定的经济决定论者，质疑韦伯关于西方资本主义演进的解释。

然而，随着迪尔凯姆实证主义影响的衰落，韦伯的思想开始被广为接受。例如，韦伯对位于德国法兰克福歌德大学的法兰克福学派的批判理论产生了影响。法兰克福学派的学者认为，传统马克思主义理论不能完全解释西方资本主义社会的发展，因此他们试图借鉴韦伯的反实证主义社会学路径及他对理性化的分析。在逃离纳粹的过程中，法兰克福学派的学者们将这些思想带到了美国。在那里，韦伯的思想受到了极大的欢迎，在第二次世界大战结束后的一段时期内，韦伯的思想最具影响力。尤其是美国社会学家塔尔科特·帕森斯，他试图将韦伯的思想与当时由迪尔凯姆开创的、社会学主流的实证主义传统调和起来，并将其整合进自己的理论中。帕森斯还努力在美国社会学界推广韦伯及其思想，查尔斯·怀特·米尔斯和海因里希·格特在1946年通过翻译和评论将韦伯最重要的作品引入英语世界，并引起了世人对韦伯思想的关注。怀特·米尔斯受到韦伯关于现代性的"铁笼"思想的影响，并在他自己关于社会结构的分析中发展了这一理论，他认为韦伯思想所具有的意义远比以前人们所理解的要深远得多。

理性化走向全球

到20世纪60年代，韦伯的思想已经成为社会学的主流，他的解释范式几乎取代了迪尔凯姆以来一直主导社会学的实证主义。在20世纪的最后几十年中，韦伯对个体的社会行动，以及他们跟现代社会中理性化权力的关系的强调，为当代社会学奠定了研究框架。

近年来，社会学家（如英国理论家安东尼·吉登斯）关注了迪尔凯姆与韦伯之间的对立，前者将社会看作一个整体，而后者则将个体作为基本的分析单位。吉登斯指出，这两种研究路径都不是全对或全错的，而是展示了两种不同的研究视角——宏观和微观。韦伯思想的另外一个方面——相对于经济条件，文化和思想对于形塑社会结构更重要——被英国思想学派接受，产生了后来的文化研究。

> 没有人知道未来谁会生活在'铁笼'中，也无法预知未来是否会有传统思想和理想的伟大复苏。
>
> 马克斯·韦伯

弗兰兹·卡夫卡，被看作**当代韦伯**，其作品描述了一种乌托邦式的官僚制。

社会学的基础

在半导体制造工厂中，工人必须戴口罩并穿上"兔子外套"。这些工作条件本身就是理性化和被窒息的人类互动的可视症状。

韦伯和马克思

从许多方面来说，韦伯的分析比马克思的更具预见性。他不认同马克思关于历史变迁的不可阻挡性的解释，韦伯预测，理性化使得资本主义经济终将战胜传统模式，并获得全球胜利。他同样预测，现代技术社会将越来越依赖有效的官僚制；任何问题都不在于结构，而在于管理和能力：过度僵化的官僚制反过来将会降低而非提高效率。

更重要的是，韦伯意识到，唯物主义和理性化创造了一个毫无灵魂的"铁笼"，如果不加以控制，将会导致暴政。马克思预见了无产阶级的解放及共产主义国家的建立。而韦伯认为，在现代工业社会中，所有人的生活——包括雇主和工人——都受到非个人的、组织的效率与个人的需求和愿望之间矛盾的影响。在最近的几十年中，这一预言已经成为现实，经济的"理性计算"已经带来了超级市场和购物商城对专营店的挤占，以及制造业和文职工作在世界范围内从西方国家向低收入国家的转移。在许多情况下，个体的需求和愿望已经被理性的"铁笼"抑制了。■

马克斯·韦伯

马克斯·韦伯、卡尔·马克思和埃米尔·迪尔凯姆一起并称为现代社会学三人奠基人。韦伯出生在德国埃尔富特市的一个中产阶级家庭，于1888年获得博士学位，并在柏林、弗赖堡、海德堡等大学中获得职位。他在经济、历史、政治、宗教及哲学等领域的丰富知识，为其社会学思想的形成和发展提供了丰富的养分。

尽管韦伯的学术成就斐然，但他的私人生活却一直麻烦重重。随着1897年他父亲的去世，韦伯陷入了精神崩溃。他关于宗教在资本主义兴起过程中的作用的精彩分析一直是社会学的经典。

主要作品

1904—1905年 《新教伦理与资本主义精神》
1919—1920年 《经济通史》
1921—1922年 《经济与社会：理解社会学大纲》

许多个人困惑必须从公共议题的角度来理解

查尔斯·怀特·米尔斯（1916—1962）

背景介绍

聚焦
社会学的想象力

主要事件

1848年 在《共产党宣言》中，卡尔·马克思和弗里德里希·恩格斯运用阶级斗争的概念，将资本主义社会描述成资产阶级和无产阶级之间的冲突。

1899年 在《有闲阶级论》中，托斯丹·凡勃伦指出，工商业阶级以社会进步或社会福利为代价追求利润。

1904—1905年 在《新教伦理与资本主义精神》中，马克斯·韦伯描述了一个按照财富、身份和权力分层的社会。

1975年 米歇尔·福柯在《规训与惩罚：监狱的诞生》中，考察了权力和反抗。

社会学的基础

参见：卡尔·马克思 28~31页，马克斯·韦伯 38~45页，米歇尔·福柯 52~55页，弗里德里希·恩格斯 66~67页，理查德·桑内特 84~87页，赫伯特·马尔库塞 182~187页，托斯丹·凡勃伦 214~219页。

许多个人困惑必须从公共议题的角度来理解。

但是，普通人并不会把他们自己的困惑与整个社会的问题联系起来。

运用"社会学的想象力"建立这种联系，通过解决社会问题来改变个体生活。

社会学家有道德责任运用他们所掌握的知识去客观地揭示个体和社会的关系。

在第二次世界大战结束之后的冷战期间，很少有美国社会学家公开使用社会主义的观点，特别是在以麦卡锡主义闻名的反共产主义政治迫害期间。然而，查尔斯·怀特·米尔斯反其道而行，他在其最负盛名的著作中批判了同时代的军事和商业精英。

怀特·米尔斯不仅冒着与20世纪四五十年代的"红色恐怖"时代相悖的风险，还面临着主流社会学家的排斥。然而，他并不是马克思主义的辩护者，相反，通过对现代性的后果的批判，他指出，正是知识分子们的自满默许了"大众社会"的压迫。

怀特·米尔斯特立独行的姿态掩盖了其思想所依据的基础。他曾经是一名优秀的、不屈不挠的社会学学生，尤其崇尚马克斯·韦伯的著作，后者关于理性化的概念给他主要的社会理论主题带来了启发。

非人化社会

在韦伯看来，现代社会用理性决策取代传统习俗和价值观，这是一个非人化的过程，不仅影响文化，还影响社会结构。他指出，理性的社会组织未必建立在理性之上，也未必是为了所有人的福利。相对于马克思的经济决定论，韦伯为米尔斯提供了一套更为复杂的阶级概念，引入了身份、权力及财富这三个要素。

在通读完韦伯的理论，并坚信这些理论应该比以前人们认为的更为激进之后，米尔斯开始尝试把韦伯的思想融入自己对20世纪中期西方社会的理性化后果的分析中。

他首先将焦点集中于美国的工人阶级，批判工人组织与资产阶级的合作，认为这会带来持续的压迫。但是，他并非以马克思主义立场来批评资本主义。他认为，马克思主义没能指出与商业统治相关的社会和文化问题。

接着，他考察了理性化最明显的产物：官僚中产阶级。他指出，由于生产过程中的异化，20世纪中

> 让每个人成为自己的方法论者，让每个人成为自己的理论家。
> ——查尔斯·怀特·米尔斯

在美国底特律，汽车制造厂破产给城市带来了毁灭。然而，许多工人并没有把他们的贫困与权力精英（包括工会领袖）的所作所为联系起来。

期美国社会中的中产阶级已经脱离了传统价值观，如对手工技术的自豪，在日益合理化的过程中变得非人化。在他看来，他们现在是"快乐的机器人"——在物质世界中寻找快乐，却在情感、政治及社会方面无比冷漠——对他们自身的处境毫无控制力。

工人阶级的失败和中产阶级的无能导致社会被权力精英所控制。他强调，这不一定全是经济精英，同时也包括军事、政治精英及工会领袖。虽然半个世纪之前韦伯就指出理性化意味着商业精英处于决策地位，但米尔斯认为一个新的军事-工业统治阶级已经产生。他坚信，这是一个标志着从现代社会进入他所称的"第四纪元"的转折点。理性化，曾经被认为会带来自由和社会进步，如今已日益凸显其反面效果。

在掌控社会变迁方面的无力感，不仅是自由民主社会可能要面临的问题，一些共产主义国家也同样存在此类问题。根据怀特·米尔斯的观点，问题的核心在于"大众社会"中的普通人没有意识到他们的生活是受政治和社会权力集中的影响的。他们照旧生活，并没有意识到他们周围的一切与更广的社会环境联系在一起。每个人的困难，如失业、无家可归或欠债等，仍然被看作个人问题，而非被从历史变迁的角度来理解。正如怀特·米尔斯所言，"他们不具有某些重要的思想品质，这些品质是掌握人与社会、传记与历史，以及自我与世界的关键"。他称这种品质为"社会学的想象力"。

权力精英的出现归咎于社会学想象力的缺乏。在1959年出版的《社会学的想象力》一书中，怀特·米尔斯将研究视野从社会转向社会学和社会科学本身。对于普通人来说，让他们从更大的社会议题方面思考自己的困境是一件困难的事情，这就需要社会学家们去启蒙、激发、指导他们——提供必要的知识和信息。

应该是什么？

怀特·米尔斯对这一时期的学院派社会学持高度批评的态度，认为这一流派远离日常经验，过多地关注建构"宏大理论"，而忽略了社会变迁。米尔斯从实用主义出发，认为知识应当是有用的，社会学家的道德责任应首先做出表率。他呼吁，思想家们是时候走出象牙塔，为公众建构更好的社会提供武器，并且鼓励公众参与政治和社会议题，进而改变他们的个人生活。

他对于社会学的攻击引发了对于"社会学究竟是什么"的讨论。在当时，社会学家努力成为一个中

> "要想理解个体生活或社会历史二者中的任何一个，就必须同时理解它们。"
> ——查尔斯·怀特·米尔斯

立的观察者，客观地描述和分析社会、政治和经济体系。但是，米尔斯呼吁他们也要关注理性化及精英社会控制的转变在个体层面上对人们的影响。对"社会学的想象力"的采纳，意味着社会学从客观地研究"是什么"转向对"应该是什么"的主观回答。他主张，权力应该有效地转移到知识精英的手中。

开创性精神

不出所料，米尔斯对社会学的批评遭到抵制，他也被孤立在主流之外。他对阶级斗争可变性的解释也被摒弃。保守的当局也避开他，不接受他关于权力集中在军事、经济和政治精英手中的论断，认为这是对西方冷战政策的一种直接攻击。

然而，怀特·米尔斯的书籍和文章仍被广泛传阅，并在社会科学领域之外产生了较大影响力。麦卡锡主义时期涌现的哲学家和政治活动家对权力精英的描述尤其

人们可以将失业问题归咎于自己。但是，根据怀特·米尔斯的观点，社会学的想象力会促使人们寻找更广泛的因果关系。

感兴趣。他的许多思想被美国"新左派"（1960年，怀特·米尔斯的"致新左派的一封信"使这一词流行起来）社会运动所采纳，这反过来为社会学家（如德国学者赫伯特·马尔库塞）在20世纪60年代采用"新左派"主义路径铺平了道路。从许多方面讲，米尔斯的思想都是超前于当时的时代的。他于1962年英年早逝，没能亲眼见证其主要思想被人们广为接受。在20世纪60年代的反文化浪潮中，他的思想预示了新社会主义思想家的出现，特别是在法国。米歇尔·福柯对于权力概念的强调与怀特·米尔斯最先提出的观点尤为相似。

当今，所谓的反恐战争（美国"9·11"袭击的灾后衍生物）及21世纪初的灾难性金融危机使我们越来越意识到，我们大部分的日常生活会受到社会和历史事件的影响。美国城市政策分析家彼得·德赖尔教授在2012年宣称，如果怀特·米尔斯还活着，他一定会爱上美国的那场反对社会和经济不平等的"占领华尔街"运动。在寻求社会变迁的运动中，公众反对权力精英，认为这些精英控制社会，影响了公众生活，由此，社会学的想象力得以付诸实践。■

查尔斯·怀特·米尔斯

查尔斯·怀特·米尔斯具有极强的独立性和对权威的批判态度，他将自己的非传统态度归因于其被孤立并很孤独的童年，因为他的家庭总是频繁搬家。他出生在美国得克萨斯州瓦科（Waco）市，最初进入那里的农业机械学院学习。但是，他发现那里的环境令人窒息，于是于一年后离开了那里。米尔斯转到了位于奥斯丁的得州大学，获得了社会学学士和哲学硕士学位。作为一名颇具天赋又很难相处的学生，他进入威斯康星大学继续攻读博士学位。在那里，他与教授们争吵，并拒绝修改自己的博士论文。他最终在1942年获得了博士学位。此时，他已经在马里兰大学获得教职，并与他的一位导师汉斯·格斯一起撰写了《马克斯·韦伯以来：社会学论文集》一书。

1945年，怀特·米尔斯获得古根海姆奖学金（Guggenheim Fellowship），后来他搬到哥伦比亚大学，并终身在那里工作。尽管对社会科学界的直率批评使他被置于主流之外，但他在社会大众中仍广受欢迎。1962年，他因心脏病发作去世，年仅45岁。

主要作品

1948年　《权力的新人：美国劳工领袖》
1956年　《权力精英》
1959年　《社会学的想象力》

像关注重大事件一样关注日常活动
哈罗德·加芬克尔（1917—2011）

背景介绍

聚焦
常人方法学

主要事件

1895年 在《社会学方法的准则》一书中，埃米尔·迪尔凯姆主张用严格的科学方法来研究社会科学。

1921—1922年 《经济与社会：理解社会学大纲》在马克斯·韦伯去世后出版。在书中，他阐述了其方法论上的个人主义。

1937年 在《社会行动的结构》一书中，塔尔科特·帕森斯试图建构一个宏大的、统一的社会理论体系。

1967年 哈罗德·加芬克尔出版了《常人方法学研究》一书。

1976年 在《社会学方法的新规则》一书中，安东尼·吉登斯将加芬克尔的常人方法学整合到主流社会学中。

> 社会结构并不是由一套有限的一般规则"自上而下"地决定的。
>
> ↓
>
> 相反，规则是通过我们的日常交换和互动"自下而上"建构的。
>
> ↓
>
> 这些规则可以在我们日常生活的**自发行为**中寻到，而不是在社会结构和设置中发现。
>
> ↓
>
> 像关注重大事件一样关注日常活动。

20世纪30年代，美国社会学家塔尔科特·帕森斯着手整合各种不同的社会学流派，建立一个宏大的、统一的理论体系。在其1937年出版的《社会行动的结构》一书中，他整合了来自韦伯、迪尔凯姆及其他社会学家的观点，试图阐释一套社会学的普遍方法论。在第二次世界大战后的若干年中，帕森斯的思想为他赢得了一大批支持者。

这批支持者就包括哈罗德·加芬克尔，他当时在哈佛大学师从帕森斯。当帕森斯的诸多追随者被其所谓的社会学"宏大理论"所吸引时，加芬克尔重新拾起帕森斯关于考察社会秩序（而非社会变迁）的基础的观点，特别是关于研究这一主题的方法的探讨。

社会的运作

帕森斯提出了一种"自下而上"而非"自上而下"的路径来分析社会秩序的基础。这意味着，要分析社会秩序是如何实现的，我们

参见: 埃米尔·迪尔凯姆 34~37页,马克斯·韦伯 38~45页,安东尼·吉登斯 148~149页,欧文·戈夫曼 190~195页,264~269页,塔尔科特·帕森斯 300~301页。

应该考察微观层面的互动和交换,而不是社会结构和制度。这一路径颠覆了传统社会学研究方法:一直以来,学界都认为应该通过揭示社会潜在规则来预测人类行为。

加芬克尔在此基础上进一步发展这一思想,并提出了一种替代传统社会学研究的路径,他称之为常人方法学。社会秩序的潜在规则建立在人们对不同情境的反应行为中,通过对日常互动的观察,我们就能看透社会秩序的机制。

新视角

加芬克尔倡导的社会实验方法被称为"破坏实验"(breaching experiment)。通过实验设计,揭示社会规范——正是基于那些可预期却往往被忽视的规范,人们建构了对现实世界的共同理解。打破那些规范——例如,要求学生正式地称他们的父母为"X先生"或"X女士",或者要求学生在家里扮演房客的角色——往往会激起人们的恼怒,因为社会秩序的基础受到了挑战。

常人方法学不仅为社会研究提供了一种可供选择的方法,也指出了传统方法论中的缺陷。在加芬克尔看来,社会研究者从特殊案例中寻找证据以支持他们的理论,但同时,他们也在用这些理论来解释案例——这是一种循环论证。反之,社会学家应该单独研究某一特定社会互动,而不是着手建立宏大范式或理论。他把陪审团的审议和排队称作"熟悉的场景",其中,人们知晓如何以可理解的方式组织行动。他强调,任何社会场景都"可以被看作自组织的,拥有自己独有的特征和表象,要么是社会秩序的表现,要么是社会秩序存在的证据"。

在1967年《常人方法学研究》一书中,加芬克尔详细阐明了自己的研究路径。在那个"替代"思想盛行的年代,尽管加芬克尔的文字晦涩,但他还是吸引了一大批追随者。他的思想最初受到主流社会学家的排斥,但到20世纪末,已经获得广泛的接受,这或许并非由于其论述作为替代性的方法论,而是因为他的思想为社会秩序研究提供了一种更宽泛的视角。∎

> **"** 正常来说,我往往先从熟悉的场景开始,然后思考如何制造麻烦。**"**
>
> 哈罗德·加芬克尔

哈罗德·加分克尔

哈罗德·加芬克尔出生在美国新泽西州纽瓦克市,曾经在纽瓦克大学学习商业和会计,之后在北卡罗来纳大学获得硕士学位。与此同时,他开始了他的写作生涯,其短篇故事《彩色麻烦》(*Color Trouble*)入选《1941年最佳短篇小说选集》。

在结束了第二次世界大战期间的非战斗人员军队服务后,他来到哈佛大学,师从塔尔科特·帕森斯,并在那里获得了博士学位。他接着在普林斯顿大学和俄亥俄州立大学任教,直到1954年到了加利福尼亚大学执教。加芬克尔于1987年退休,但是他作为荣休教授继续在那里执教,直到2011年去世。

主要作品

1967年 《常人方法学研究》
2002年 《常人方法学纲领》
2008年 《迈向关于信息的社会学理论》

有序排队是一种集体协作的、由个体产生的组织现象,它基于公共空间中的不言而喻的社会互动规则。

有权力的地方就有反抗

米歇尔·福柯（1926—1984）

背景介绍

聚焦
权力/反抗

主要事件

1848年 在《共产党宣言》中，卡尔·马克思和弗里德里希·恩格斯描述了资产阶级对无产阶级的压迫。

1883年 在《查拉图斯特拉如是说》中，弗里德里希·尼采引入了"权力意志"的概念。

1997年 朱迪斯·巴特勒在《令人兴奋的言辞：表演的政治》中，将福柯的权力/知识概念与审查制度和仇恨言论联系起来。

2000年 在《帝国》中，意大利马克思主义社会学家安东尼奥·奈格里和美国学者迈克尔·哈特描述了一种"总体的"帝国主义权力的演变，而唯一的抗争就是否定。

社会学的基础

参见: 卡尔·马克思 28~31页, 马克斯·韦伯 38~45页, 查尔斯·怀特·米尔斯 46~49页, 赫伯特·马尔库塞 182~187页, 埃里希·弗罗姆 188页, 尤尔根·哈贝马斯 286~287页。

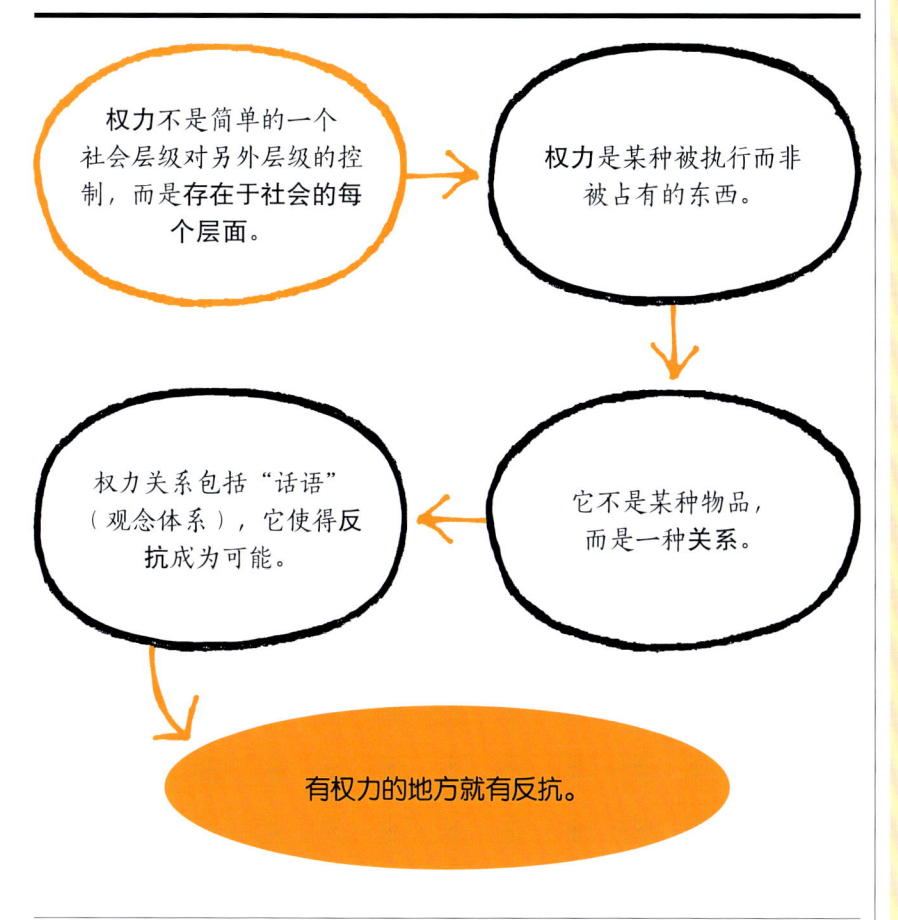

- 权力不是简单的一个社会层级对另外层级的控制,而是**存在于社会的每个层面**。
- 权力是某种被执行而非被占有的东西。
- 它不是某种物品,而是一种关系。
- 权力关系包括"话语"(观念体系),它使得反抗成为可能。

有权力的地方就有反抗。

米歇尔·福柯

作为一个在哲学、心理学、政治学、文艺评论及社会学领域博学多识且影响广泛的学者,米歇尔·福柯经常与法国的结构主义或后结构主义运动联系在一起,尽管他自己并不喜欢被如此贴标签。米歇尔·福柯出生在法国普瓦泰,曾经在巴黎高等师范学院学习哲学和心理学。20世纪50年代,他曾在瑞典、波兰、德国任教,1959年获得博士学位。1966—1968年,他在突尼斯任教;返回巴黎之后,他被任命为巴黎第八大学哲学系主任。两年以后,他在法兰西学院认识论史系任教授。福柯于1984年去世。

主要作品

1969年 《知识考古学》
1975年 《规训与惩罚:监狱的诞生》
1976—1984年 《性史》(共三卷)

当人们提到维持社会秩序或带来社会变革的时候,人们总会想到政治权力或经济权力。20世纪60年代以前,权力的理论通常被分为两类:政府对公民的权力的理论以及马克思主义关于资产阶级和无产阶级权力斗争的理论。然而,这些理论都倾向于聚焦宏观层面的权力,要么忽视了社会关系层面上的权力运作,要么仅仅将其看作主要权力运作的结果(或仅具有次级重要性)。米歇尔·福柯认为,在当今西方自由社会中,这些理论都过于简单化了。他认为,权力不仅是由国家和资产阶级行使的,还存在于社会的每个层面:从个体到群体和组织,再到社会整体。用他的话说,"权力无处不在,权力无处不有"。他也不赞成传统观点中将权力看作被占有和控制的武器。他认为,这不是权力,而是一种执行权力的能力——只有采取某种行动,权力才会产生。因此,权力不是某人拥有的某种东西,而是某种能影响别人的东西或某种能影响他人行动的行动。

权力关系

福柯将权力看作一种"关系"，而非一种"物品"，他通过考察现代社会各个层面上的权力关系来解释权力的性质。例如，一个人和他所生活的国家之间存在某种权力关系。不仅如此，在他和他的雇主、他的孩子及他所属的某个组织之间都存在不同形式的权力关系。

福柯承认，权力曾经是并将继续是塑造社会秩序的主要动力，但他描绘了从中世纪至今权力关系性质的变迁。统治权力的行使，如公开拷打或处决，在福柯看来，是封建社会强迫臣民服从的一种方式。然而，随着欧洲启蒙运动的到来，暴力和武力被认为是残忍的，更重要的是，它们被看作权力运作的低效手段。

监视和控制

规训，作为一种更普遍的行为控制方式，取代了严酷的身体惩罚。监狱、精神病院、医院及学校这些机构的设立，标志着权力从简单的惩罚转向规训实践，特别是在防止人们出现某种行为方式方面。这些机构不仅杜绝了违规的可能性，还为规训提供了条件：在其中，人们的行为可以被纠正、规范，更重要的是可以被监视和控制。

在现代社会权力运作方式的演进中，监视尤其重要。福柯尤其着迷于"圆形监狱"——一种由英国哲学家杰里米·边沁提出的监狱设计，站在中央塔楼便可以监视所有囚室。福柯指出，这种监狱具有背光功能，能防止囚犯躲藏在阴暗角落。囚犯永远不知道自己是否被监视，因此他们时时刻刻迫使自己循规蹈矩。权力不再需要强制他人去遵从，而是通过建立某种机制来确保他人服从。

规制行为

从此，权力运作机制，即"权力技术"，变成了社会必不可少的一部分。在现代西方社会，社会规范与其说是通过强制执行，不如说是通过"牧领权力"（pastoral power）的行使来指引人们的行为。相比被政府强迫着以某种方式行动或预防某种行动，人们更倾向于通过加入不同层面的权力关系的复杂体系，来规制社会成员的行为。

这种普遍存在的权力取决于社会对其成员的态度、信仰及行为的控制能力，福柯称之为"话语"的思想体系。任何社会的信仰体系都

> "福柯在《性史》中警告我们不要妄想一种脱离权力的完全自由。永远不可能有脱离权力的完全自由。"
> ——朱迪斯·巴特勒

对福柯来说，边沁所提出的"圆形监狱"是权力之眼的最高体现。环形囚室使监视无处不在，引导囚犯遵从自我规训和控制。福柯指出，除了监狱，所有的等级结构体系（如医院、工厂和学校）都已经演化为这一相似的模型。

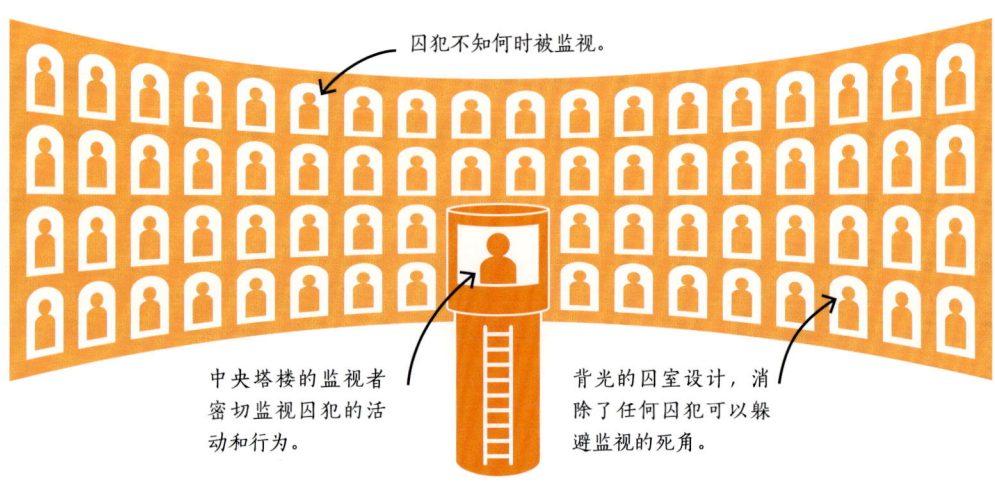

囚犯不知何时被监视。

中央塔楼的监视者密切监视囚犯的活动和行为。

背光的囚室设计，消除了任何囚犯可以躲避监视的死角。

社会学的基础

福柯使用牧羊者牧羊的例子类比其"牧领权力",人们在这种权力之下被引导着按照某种方式行动,并允许自己被统治。

是不断进化的:人们总是在不断接受某种观点,直到这些观点被嵌入其社会中,界定好与坏、正常与异常。生活在这一社会中的个体根据这些规范来规制自己的行为,他们很大程度上并没有意识到正是这些"话语"指导了他们的行动,使其他对立的思想和行为成为不可想象的。

"话语"体系

"话语"不断得到加强,它不仅是权力的工具,也是权力的结果:它控制着思想和行为,也反塑了信仰体系。因为"话语"定义了对与错,所以它变成了一种"真实体系",创造了无可辩驳的共同知识体系。

福柯质疑"知识就是力量"的观点,认为这两者的联系更微妙。他创造了"权力-知识"这一术语来指代这种关系,指出知识创造权力,同时也被权力创造。当前,权力的实现依靠控制那些可以被接受的知识,将它们视作真理,排斥其他形式的知识。与此同时,权力也是在权力的运作过程中被创造出来的。

与传统的强迫或威胁他人按照某种既定方式行动的权力不同,这种"权力-知识"没有直接可辨的行动者或结构。因为它无处不在,似乎无可阻挡。事实上,福柯指出,政治反抗(如革命)可能不会带来社会变革,因为它只挑战政府的权力,而不是对今日无处不在的、日常生活中的权力运作的挑战。

然而,福柯也承认,反抗是可能的:可以反抗的是"话语"本身,即用其他的、对立的"话语"反抗现存的"话语"体系。权力的共谋性意味着臣服于其下的个体拥有限的自由。要想将话语变成一种权力工具,臣服于其中的个体就必须卷入某种权力关系中。福柯认为,只要存在权力关系,就存在反抗的可能——如果没有反抗,权力也就没有存在的必要了。

权力的展开

福柯关于"权力-知识"和"话语"的概念是微妙的,因为其推测性和模糊性被当时许多学者拒绝,但是,他的讲座和作品却极受欢迎,尽管其概念和论述风格艰深晦涩。他在《规训与惩罚:监狱的诞生》和《性史》中所描述的权力逐渐被主流社会学中的一些学者(历史学家和哲学家之外)接受,并最终影响到对"话语"作为一种权力工具在社会不同领域中被使用的方式的分析。

现代女性主义、酷儿理论及文化研究的发展要归功于福柯对于"行为规范是如何被实施的"这一问题的解释。当下,对于该将福柯的理论视为某种缺乏学术研究的含糊其词的结论,还是将福柯看作20世纪社会科学领域最具原创性和影响力的思想家之一,人们仍然存在争议。■

> "话语"可以传递和产生权力,还可以增强权力,但也可以侵蚀和背弃权力。
>
> 米歇尔·福柯

性别是没有原型的模仿

朱迪斯·巴特勒（1956— ）

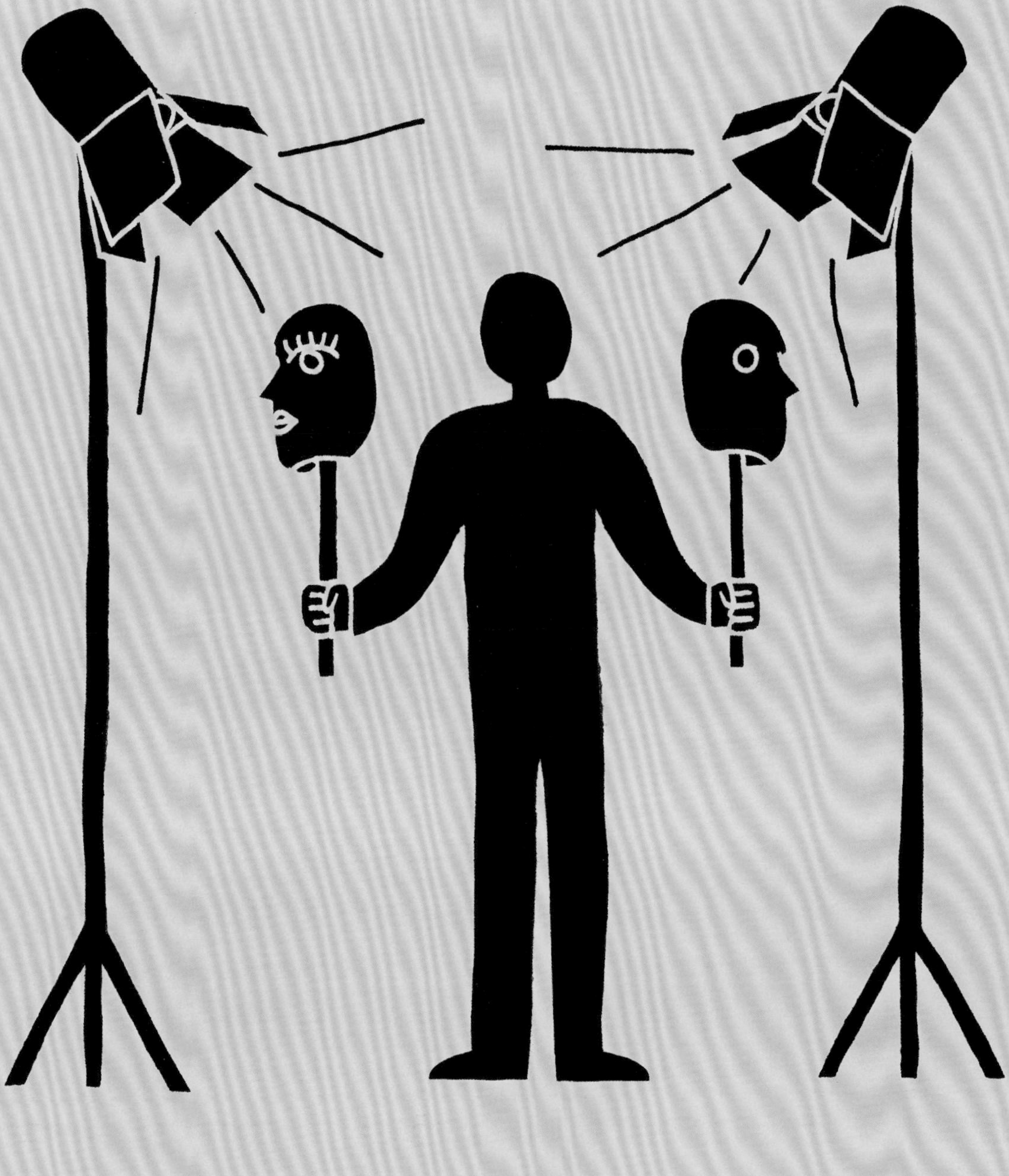

背景介绍

聚焦
性别扮演

主要事件

1905年 奥地利精神分析学家西格蒙德·弗洛伊德在《性学三论》中描述了婴儿期性欲的形成。

1951年 法国精神分析学家雅克·拉康在巴黎开始了他的每周研讨会,进一步发展了弗洛伊德的"性驱力"和"性行为"思想。

20世纪70年代中期 米歇尔·福柯在《规训与惩罚:监狱的诞生》一书中讨论了规训制度,在《性史》一书中讨论了性别、权力和性的社会建构。

1996年 史蒂文·赛德曼在《酷儿理论/社会学》一书中探讨了酷儿理论出现的社会学含义。

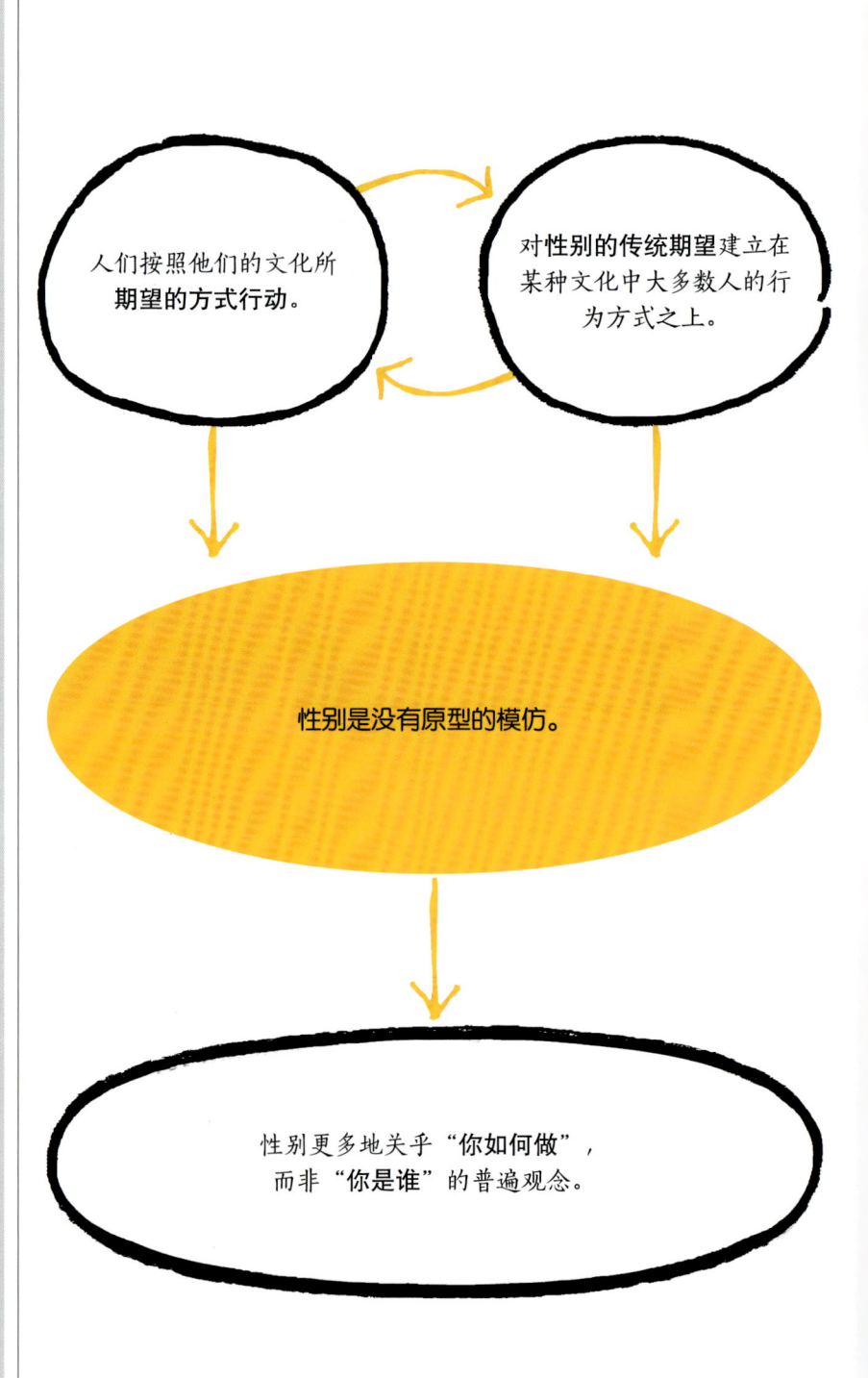

人们按照他们的文化所**期望的方式行动**。

对**性别的传统期望**建立在某种文化中大多数人的行为方式之上。

性别是没有原型的模仿。

性别更多地关乎"你如何做",而非"你是谁"的普遍观念。

参见： 米歇尔·福柯 52~55页，302~303页，玛格丽特·米德 298~299页，艾德里安娜·里奇 304~309页，杰弗瑞·威克斯 324~325页，史蒂文·赛德曼 326~331页。

社会学的基础 59

> 性别是一种模仿……被性别化意味着要模仿一个并不真实的典型。
>
> 朱迪斯·巴特勒

直到第二次世界大战后，性别和性才成为社会学研究的主题。法国女性主义者西蒙娜·德·波伏娃在《第二性》（1949）中提出"女人不是天生的，而是被造就的"以来，20世纪60—80年代所谓的第二波女性主义迅速发展起来。

波伏娃认为，性（从生物学上决定了一个人是女人还是男人）和性别（决定一个人是女性或男性的社会力量）是有区别的。这为重新评估社会中性别的角色铺平了道路，也吹响了随后数十年女性解放运动的号角。

西方社会对性的态度也被人类学家（如玛格丽特·米德）重塑。她对南太平洋和东南亚地区部落群体的研究表明，男性和女性之间的许多行为差异是由文化而非生物性决定的。这些发现在20世纪30年代刚刚面世时引起了震惊，随后在战后一代中变得热门起来。战后一代开始将以前的那些禁忌话题，如乱交和婚外性行为，看作社会现象而非越轨行为。

挑战传统

西方社会研究性传统的先锋是米歇尔·福柯，他在1976年的《性史》中正面回应了这一问题。贯串该文的是他关于社会中权力通过强加的社会规范而运作的核心理论，尤其是性别和性都受到我们所生活的文化的形塑的理论。就如同德·波伏娃将性别议题带入社会领域一般，福柯将讨论范围扩展到性取向和整个性行为。

福柯之后的一代人成长在一个性道德宽松的时代：20世纪60年代的"自由性爱"和由妇女解放运动带来的性解放。

性别身份

作为战后"婴儿潮"中的一员，朱迪斯·巴特勒进一步发展了这些思想。在接受德·波伏娃的"性别是一种社会建构"主要观点的同时，巴特勒认为，传统女性主义忽视了这一概念的更广泛含义，而只强化了关于男人和女人的刻板印象。

她争辩道，性别不像男性气质和女性气质那样简单，性也不单是同性恋和异性恋。性别和性既不是这种两极划分，也不是我们所认为的固定的和一成不变的；它是流动的，覆盖了整个性别身份的"光谱"。

朱迪斯·巴特勒

20世纪90年代以来，朱迪斯·巴特勒是女性主义领域最有影响的人物之一，同样也是一位杰出的反战、反资本主义和反种族主义运动的社会活动家。她的父母是俄国和匈牙利犹太人后裔。她在美国耶鲁大学就读，并于1984年获得哲学博士学位。1993年，在多所大学任教后，她在美国加利福尼亚大学伯克利分校获得教职。1998年，她被任命为马克辛·埃利奥特（Maxine Elliot）修辞学与比较文学教授。2012年，她被授予西奥多·W. 阿多诺奖。巴特勒和她的伴侣、政治理论家温迪·布朗生活在美国加利福尼亚州。

主要作品

1990年 《性别麻烦：女性主义与身份的颠覆》

1993年 《身体之重：论"性别"的话语界限》

2004年 《解构性别》

> ……当意识到所有的原型都是衍生物时，人们便会捧腹大笑。
>
> 朱迪斯·巴特勒

巴特勒指出，性和性别都是由社会性而非生物性决定的。她的核心观点是，"性别不关乎一个人是什么，而关乎一个人做什么……它是一种'行为'而非一种'存在'"。

传统上，解剖学中的性（女人或男人）被看作性别（女性或男性）的原因是不同的文化规范附着于其上。然而，巴特勒挑战了这一稳定的、连贯的性别身份观念。在她看来，正是我们所做的事情——我们的"性别行为"决定了我们的性别，以及我们对生物学中的性的理解。

当我们以一种"合乎"性别的方式行动时，我们在模仿基于不同性别行为方式的性别身份规范。我们在扮演一个实际上并不存在的角色。事实上，并不存在关于"女性"或"男性"的原始模板——原型本身就是衍生物。

在巴特勒看来，性别身份不是一个人本质的一部分，而是行动和行为的产物。正是这些行动和行为的不断重复——结合社会强加的禁忌——产生了我们所认为的本质上的男性和女性身份。

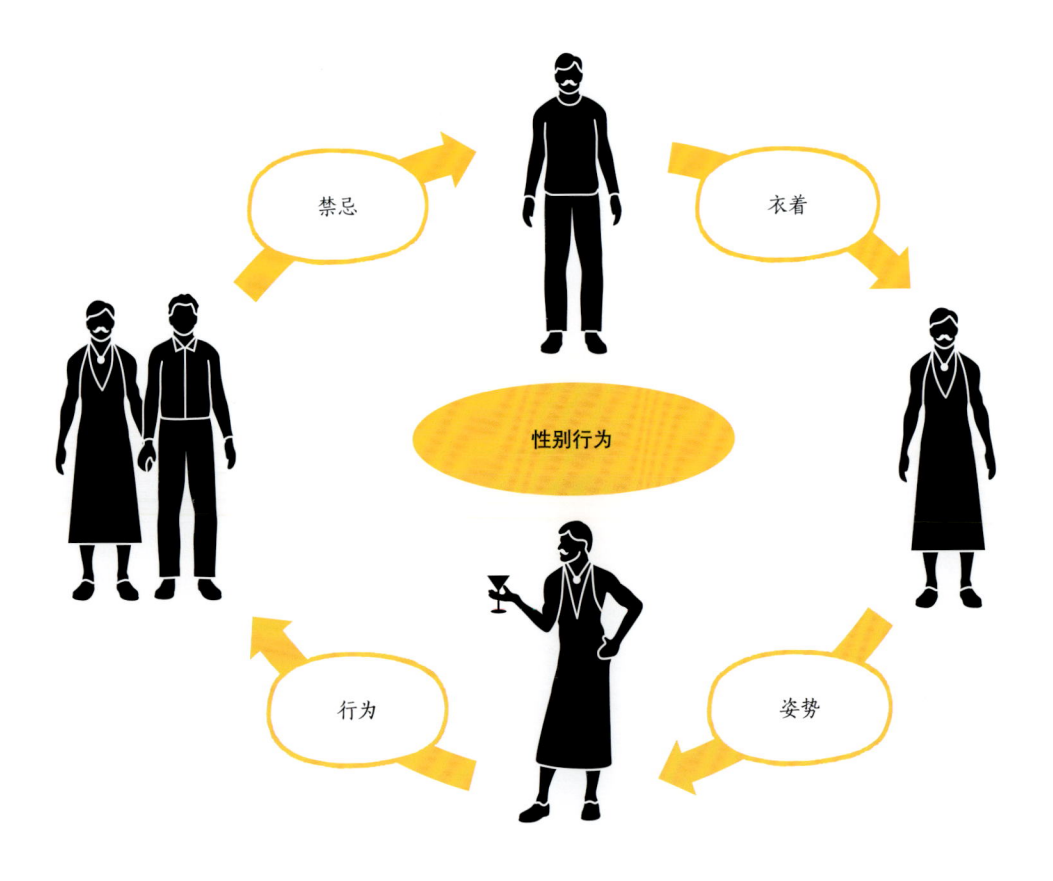

性别行为

- 禁忌
- 衣着
- 姿势
- 行为

社会学的基础

因此，如果一个人生而为女人，她就会以一种被看作"女性的"方式行动（例如，渴望一个男性伴侣），并接受"与男性做爱对女性而言是自然的"这一事实。

巴特勒认为，是这些"性别行为"——包括衣着、举止、各种日常活动、性行为和性伴侣的选择——决定了我们如何看待自己的性别，甚至是我们使用的语言都加强了社会规范，确保了我们以某种方式行动。

颠覆性行动

巴特勒指出，至关重要的是这种表演行为的不断重复塑造了性别身份，因此"……行动者自己逐渐相信并将之当成信念来行动"。

为了避免这种性别固化模式的限制，巴特勒倡导颠覆，故意以一种有违传统性别行为的方式行动。通过她所称的"性别扮演"，如穿着异性的衣服，不仅社会规范得到了改变，人们对性别甚至是性的认知也获得了改变。

巴特勒坚持认为，这不应该仅是一种琐碎的生活方式选择——我们不可能每天醒来后决定今天想成为什么性别，而应是一种真正的颠覆行为，就像它正在颠覆的性别行为一样，是一种通过不断重复定期进行的行为。通过这种方式，社会所强加的性规范成为"有问题的"，它是基于不存在的状态人为强加的，所有不同性别身份的人（异性恋、同性恋、变性人及其他）都可以主张同等的有效性。

争议和变革

巴特勒对性和性别问题的扩展成为后来所称的"酷儿理论"的基石。她将讨论从传统的关于男性和女性的定义中延伸出来，进入一个更广泛的性和性别身份"光谱"中。

巴特勒试图说明：人们的性观念是如何被社会塑造的，而不是我们本质的一部分。同时，她也是一位政治活动家，她的性别理论的背后是福柯的权力思想，以及权力是如何在社会中运作的。

某种行为的重复性表演不仅塑造了我们的性别身份，还塑造了整个社会和政治面貌。巴特勒认为，通过有意地以一种新的、颠覆性的方式行为，我们得以挑战现状的其他方面。

巴特勒的观点受到许多批评，不仅仅来自女性主义思想家，如美国学者玛莎·娜斯鲍姆。一些人指出，她忽略了人们在模仿社会性别规范时的自由意志。事实上，那些性别规范经常会被对其感到不舒服的人们所打破。

许多后现代主义思想家的批评集中在她令人费解的写作形式掩盖了一些基本的简单思想上。不过，巴特勒的追随者越来越多于批评者，她对于性别和性的扩展深深影响了这些领域在社会学中的研究。

不管是作为她工作的结果，还是仅为一种同时存在的现象，西方社会对不同性别形式的态度已经越来越自由化。但是，在那些文化习俗仍然保守的国家中，不遵守性别规范的人的影响力更大，更充分显示了颠覆的力量。■

> "异装是颠覆性的，它反映模仿结构；通过这一结构，性别本身是被制造的，从而对异性恋的自然正当性提出质疑。"
>
> ——朱迪斯·巴特勒

SOCIAL INEQUALITIES

社会不平等

哈丽雅特·马蒂诺指出，在美国和英国社会中，女性、工人阶级和黑人遭受着不公正待遇。

在《共产党宣言》中，卡尔·马克思和恩格斯呼吁进行社会主义革命。

马克斯·韦伯称，种族群体的划分更多地取决于源于社会的特定世界观，而非生物性差别。

联合国通过了《世界人权宣言》。

在《隐蔽的阶级伤害》一书中，理查德·桑内特和乔安森·科布考察了阶级意识的负面影响。

19世纪30年代和40年代   **1848年**   **1906年**   **1948年**   **1972年**

1845年   **1903年**   **1920年**   **1964年**

弗里德里希·恩格斯在《英国工人阶级状况》中描述了工人遭受的压迫和剥削。

W. E. B. 杜波伊斯在《黑人的灵魂》一书中描述了社会性建构的针对美国黑人的种族偏见。

基于经济地位、社会地位和政治身份，马克斯·韦伯概述了他关于社会分层的三阶层理论体系。

美国《民权法案》禁止一切基于种族、肤色、宗教、性别或民族血统的歧视。

启蒙运动和工业革命的技术创新带来的现代性，不仅描绘了一幅经济繁荣的景象，也期许了一个更加公正的社会。在欧洲，至少君主、贵族和教会的绝对权力已经受到挑战，旧的教条在理性和科学的冲击下饱受质疑。同时，技术进步使机械化越来越广泛，催生了新兴工业，不仅增加了社会财富，也给人们带来了改善工作、生活的希望。

阶级意识

然而，随着现代工业化社会的建立，人们逐渐发现它显然不是曾经被期待的那个乌托邦式的憧憬。直到19世纪，许多思想家才开始意识到这一进程是有代价的，一些愿景难以实现。现代工业社会已经创造出新的不平等，而不是变得更加公平。

弗里德里希·恩格斯是第一批研究新秩序的学者之一，他看到了在磨坊主和工厂主剥削之下的工人阶级的出现。和卡尔·马克思一起，他将阶级压迫看作资本主义带来的结果，并反过来加速和滋养着工业化过程。

马克思和恩格斯从物质和经济的角度看待工业社会的社会问题，将不平等看作工人阶级（无产阶级）和资产阶级之间的分化。后来的社会学家也看到了阶级体系下社会不平等的加剧，但他们指出，社会分层更复杂。例如，马克斯·韦伯指出，社会地位和政治身份与经济地位一样重要。阶级感知和阶级意识成为之后社会学研究不平等的焦点，包括皮埃尔·布迪厄的"惯习"概念。

种族压迫

恩格斯和马克思将焦点集中在阶级之间的经济不平等上，而其他人则意识到并不是只有工人阶级遭受了社会不公正。哈丽雅特·马蒂诺强调了平等权的启蒙思想和现代社会的现实之间的落差。她在美国

社会不平等

1978年
在《角落社会：关于街角黑人的研究》一书中，以利亚·安德森开始了他关于黑人污名化，以及它与贫民区的关系的研究。

1979年
在《区隔：品味判断的社会批判》一书中，皮埃尔·布迪厄将"惯习"解释为对一种社会群体的归属感。

1987年
保罗·吉尔罗伊在《英国的国旗下没有黑人》一书中指出，民族身份、种族和文化的固定观念可能助长种族主义，应当被抛弃。

1990年
在《父权制的理论化》一书中，希尔维亚·沃尔比讨论了父权制社会结构以及妇女在其中遭受的剥削。

1978年
在《东方主义》一书中，爱德华·萨义德挑战了至今仍在西方世界流行的关于东方世界的刻板印象。

1979年
在《英国的贫困》一书中，彼得·汤森认为贫困应该用相对概念而非绝对概念来定义。

1984年
在《女权主义理论：从边缘到中心》一书中，贝尔·胡克斯认为，各种形式的压迫——女性、种族和阶级——是相互关联的。

1987年
在《性别和权力》一书中，R. W. 康奈尔指出，男性气质是一种社会建构，能加强父权制社会。

2009年
理查德·威尔金森和凯特·皮克特指出，很多事情受到社会平等而非财富的影响。

的经历和她对奴隶制的认识表明，即使是在一个自由理念至上的民主国家，一些群体，如妇女、少数民族和工人阶级，仍被排斥在改造社会的队伍之外。她所指出的各种不同压迫形式之间的联系，在大约150年之后的贝尔·胡克斯那里得到了重新讨论。

即使是在奴隶制最终被废除之后，真正的解放也很难实现。对黑人的政治排斥——没有投票权——在20世纪的美国仍然存在。美国和欧洲的黑人仍然面临着奴隶制和延续至今的欧洲殖民主义的残余物——偏见的影响。社会学家（如W. E. B. 杜波伊斯）开始考察白人占主体的欧洲工业社会中种族群体的地位。到20世纪，研究者开始关注种族和社会不平等之间的联系，如美国社会学家以利亚·安德森的研究关注黑人及他们和贫民区之间的联系，爱德华·萨义德分析西方对东方的刻板印象；而英国社会学家（如保罗·吉尔罗伊）则致力于消除现代多元文化社会中的种族主义。

性别平等

女性同样在争取政治选举权，但即使在拥有了这一政治权利之后，她们仍然面临着父权制社会中的不公正。第一波女性主义运动花了一个多世纪的时间才争取到妇女的选举权，而始于第二次世界大战之后不久的第二波女性主义则致力于探讨和克服基于性别的各种社会不公正。

希尔维亚·沃尔比指出，不仅要看到妇女受压迫背后的经济和政治因素，还建议对维持社会中父权制结构的社会系统进行全面分析。R. W. 康奈尔则指出，关于男性气质的传统观念的盛行——社会建构的各种形式——加强了父权制社会的观念。■

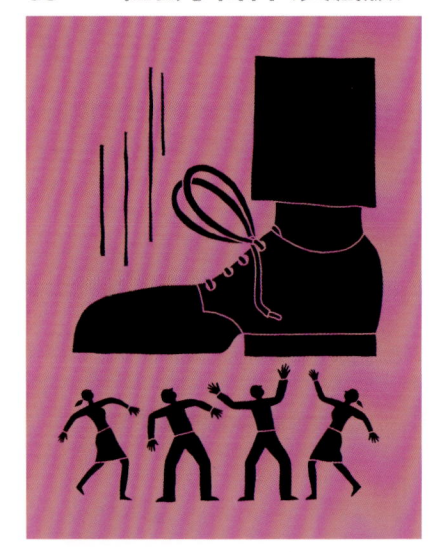

我谴责资产阶级的"社会谋杀"
弗里德里希·恩格斯（1820—1895）

背景介绍

聚焦
阶级剥削

重要时间

1760年 "飞梭"织布机改变了英国纺织机器，工业革命开始。

1830—1840年 英国铁路系统发展迅速，使得人口、产品和资本的流动变得容易。

1844年 格雷姆的《工厂法》将英国工厂就业的最低年龄降至8岁。

1848年 马克思和恩格斯发表了《共产党宣言》。

1892年 詹姆斯·凯尔·哈迪成为英国第一位工人议员。

1900年 工党在英国成立，代表工人和工会的利益。

德国哲学家弗里德里希·恩格斯于1842—1844年生活在英国，目睹了工业化给工人及其子女带来的毁灭性后果。他认为，资产阶级或中产阶级有意地造成工人"辛劳而悲惨的生活……却对这一状况毫不关心"。他指出，资产阶级一直无视他们是工人早逝的始作俑者，他们其实有能力改变这一状况。因此，恩格斯指责他们的行为是"社会谋杀"。

19世纪40年代，英国被看作世界工厂，处于工业革命的中心。恩格斯观察到，一场巨大但静悄悄的转型改变了整个英国社会。

工业化使商品价格降低，手工

19世纪40年代，在曼彻斯特，**工人阶级的死亡率要比"一等阶级"**的死亡率高出68%。

↓

在资本主义社会中，工人被迫处于**不健康的生活环境中**，**收入无保障，身体和精神被折磨得筋疲力尽**。

↓

如果一个社会将人们置于这种境遇中，以至于他们**早逝或非自然死亡**，那这就是"谋杀"。

↓

我谴责资产阶级的"社会谋杀"。

社会不平等

参见: 卡尔•马克思 28~31页, 彼得•汤森 74页, 理查德•桑内特 84~87页, 马克斯•韦伯 220~223页, 哈里•布雷弗曼 226~231页, 罗伯特•布劳纳 232~233页。

制品相对昂贵因而需求量小,于是工人来到城市,结果却不得不忍受苛刻的条件和收入无保障的状况。工业化的资本主义经济危机不断,兴衰不定,工人失业频繁。同时,资产阶级通过将工人看作可自由支配的劳动力而变得更加富裕。

工业主义的遗产

恩格斯在他的《英国工人阶级状况》一书中,描述了在曼彻斯特、伦敦、都柏林及爱丁堡等地,工人或无产阶级凄惨可怕的生活状况。他描述了遍地尿液和排泄物的肮脏大街,弥漫着来自制革厂腐烂的动物尸体的恶臭;霍乱时常发生,还伴随着持续的肺结核和斑疹伤寒等其他传染病;工人挤在单间棚屋里,或住在潮湿的、沿着旧水沟而建的地下室中,以节省费用。恩格斯说,他们生活在完全没有清洁和健康可言的环境中——这就是曼彻斯特——"英国第二大城市,世界第一制造业城市"的真实情况。

无产阶级被折磨得筋疲力尽,穿着在应对事故或气候变化时毫无保护作用的廉价工装。他们只能买资产阶级丢弃的食物,如腐肉、不新鲜的蔬菜、肥皂厂的垃圾"糖"及混着泥土的可可粉。

工人在失业或没工资时,连这种低劣的饮食也难以获得,许多工人及他们的家庭开始挨饿,因而导致了疾病,使得即使工作机会重新出现,他们也无法再工作。他们无钱治病,很多时候整个家庭只能等死。

恩格斯解释道,工人唯有从资产阶级那里获得生活所需——健康的生存条件、稳定的就业及体面的工资,因为"这些能决定他们的生与死"。他坚持认为,这一高度剥削性的、拥有资本的阶级应该立即采取措施,改善工人状况,停止对整个社会阶层不经意的"谋杀"。

19世纪40年代,英国工人阶级家庭忍受工业资本主义所带来的社会剥夺、后果严重的金融动荡及可怕的疾病。

弗里德里希•恩格斯

政治理论家和哲学家弗里德里希•恩格斯于1820年出生在德国。他的父亲是一名德国工业家,一直努力让恩格斯上学并在家族产业中工作。少年时,他以弗里德里希•奥斯瓦尔德这一名字发表文章,这使他有机会接触到左翼思想家群体。

在英国曼彻斯特的家族工厂短暂工作过一段时间后,他对共产主义产生了兴趣。1844年,他到巴黎旅行,在那里遇见了卡尔•马克思,并成为马克思的同事和资助人。他们共同起草了《共产党宣言》,并肩战斗到1883年马克思逝世。在那之后,恩格斯完成了《资本论》的第二卷和第三卷,以及他自己的许多著作和文章。

主要作品

1845年《英国工人阶级状况》

1848年《共产党宣言》

1884年《家庭、私有制和国家的起源》

20世纪的问题是肤色界线问题

W. E. B. 杜波伊斯(1868—1963)

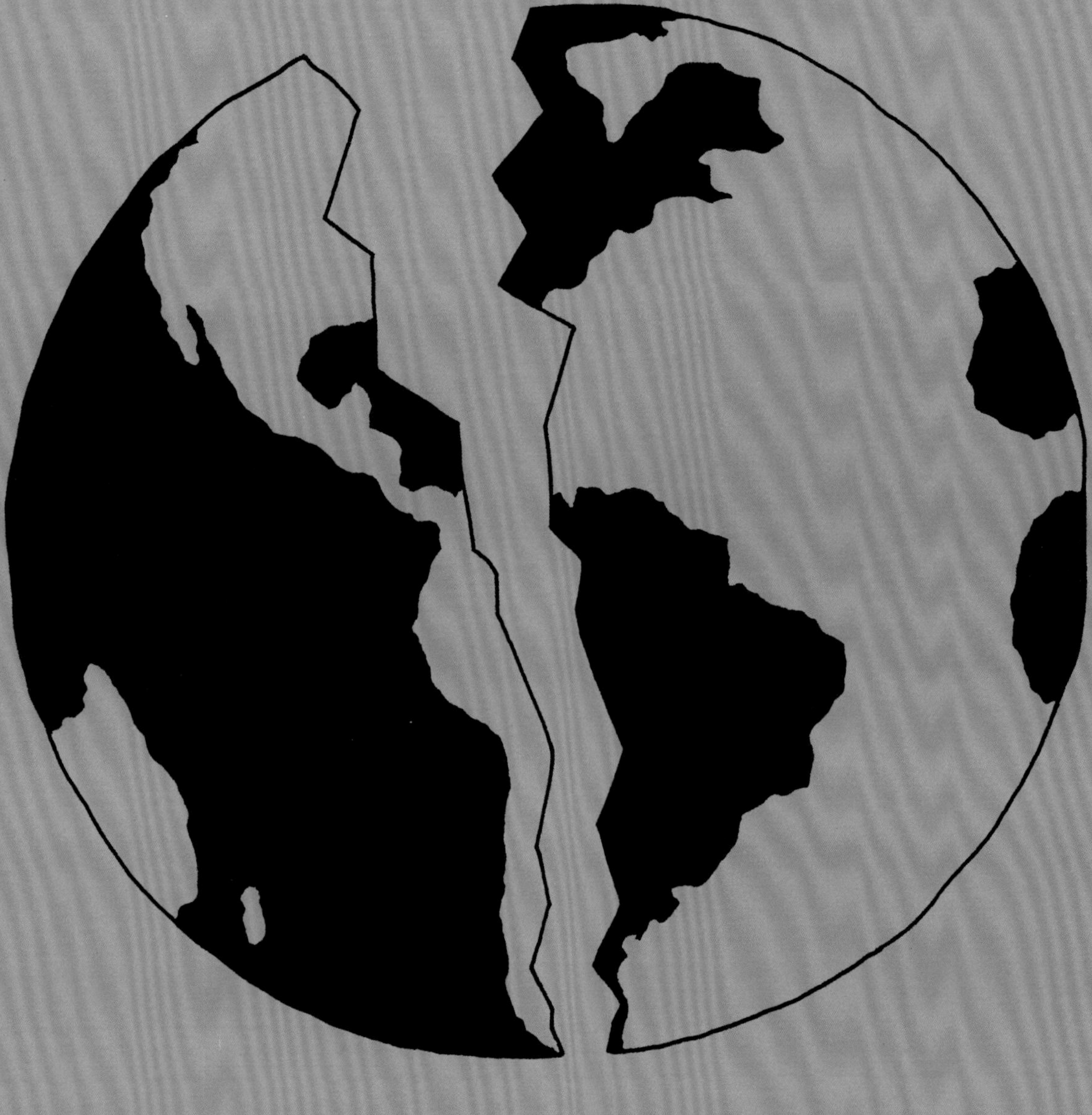

背景介绍

聚焦
种族和族群

主要事件

1857年 美国首席大法官罗杰·托尼否决了黑人奴隶德雷德·斯科特要求获得自由的诉讼，认为黑人不能被赋予公民权，故而不能获得法律的同等保护，因为黑人次于白人。

1906年 马克斯·韦伯认为，将不同族群区分开来的是共享的观念和共同的习俗，而非生物学特性。

1954年 美国"布朗诉托皮卡教育委员会案"判决，关于黑人和白人孩子就读学校的"隔离但平等"原则是违宪的。

1964年 《民权法案》废除了公共场所的隔离，终止了基于种族、肤色、宗教信仰或性别的歧视。

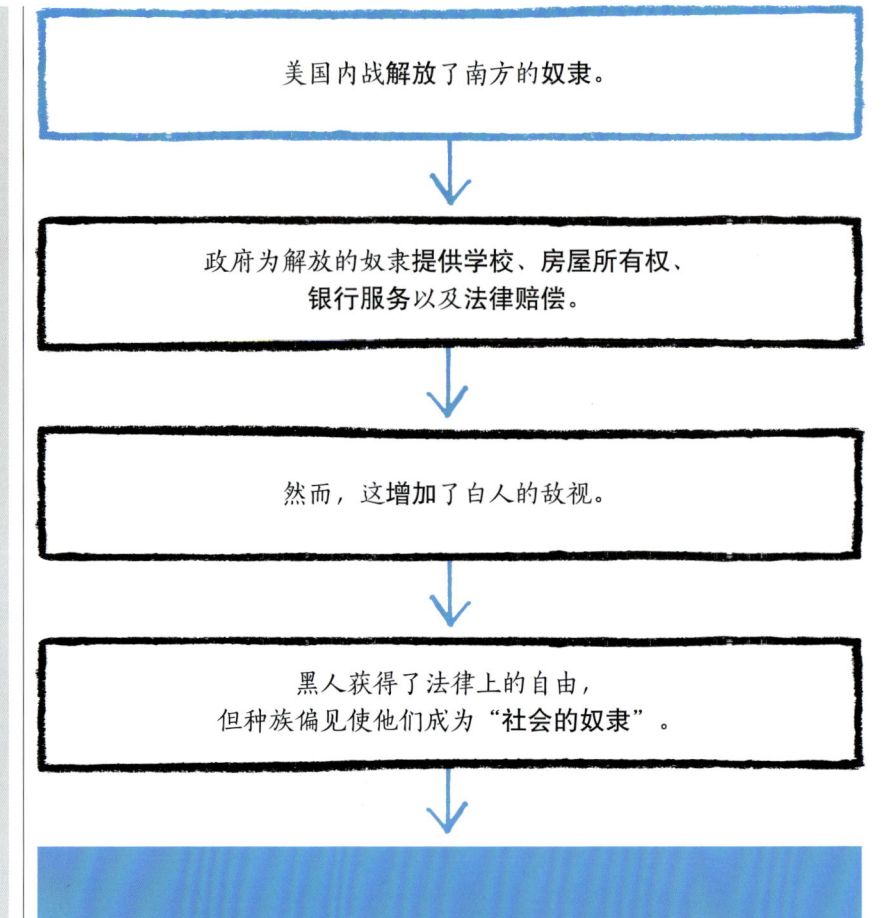

美国内战**解放**了南方的**奴隶**。

↓

政府为解放的奴隶**提供学校、房屋所有权、银行服务以及法律赔偿**。

↓

然而，这**增加了白人的敌视**。

↓

黑人获得了法律上的自由，但种族偏见使他们成为"社会的奴隶"。

↓

法律无法赶走偏见：20世纪持续的问题是肤色界线问题。

19世纪末，美国社会改革家、被解放的奴隶弗雷德里克·道格拉斯引起了大家对美国持续存在的对黑人的偏见的关注。他宣称，尽管黑人不再从属于某个人，但他们仍然是社会的奴隶。走出奴隶制的深渊之后，他说，"他们又面临着偏见和肤色界线的问题"，在工作场所、投票站、法庭及日常生活中，白人统治无处不在。

1903年，W. E. B. 杜波伊斯在《黑人的灵魂》一书中探讨了肤色界线的问题。作为一本富有社会学和政治学特色的著作，该书从南方黑人和白人之间身体的、经济的以及政治的关系入手，考察了从美国内战开始到20世纪初美国黑人的地位变化。最后总结道，"20世纪的问题是肤色界线问题"——是黑人和白人之间机会和前景的持续分化。

杜波伊斯开篇便指出，没有白人愿意直白地谈论种族问题，但是，他们选择以五花八门的方式表

参见：哈丽雅特·马蒂诺 26~27页，保罗·吉尔罗伊 75页，爱德华·萨义德 80~81页，以利亚·安德森 82~83页，贝尔·胡克斯 90~95页，斯图尔特·霍尔 200~201页。

达偏见。他们真正想知道的是"成为一个问题是什么感觉"。

杜波伊斯发现这个问题难以回答，因为只有站在白人的立场它才有意义——黑人并不将自己视为"一个问题"。他接着讨论了这种视角的双重性是如何发生的，并列举了他第一次遭受种族主义歧视的经历。当杜波伊斯还在上小学的时候，一个新同学拒绝接受他的贺卡，那个时候"我意识到我跟其他人是不同的"。

他说，在他内心，他是喜欢他们的，但也意识到，他被"一个巨大的面纱拦在了他们的世界之外"。他最初并不气馁，他说他

> 66
> **南方的主要悖论——种族的社会隔离。**
> W. E. B. 杜波伊斯
> 99

觉得没必要撕下面纱，但他直到长大才发现，这个世界上所有的好机会都留给了白人，而非黑人。肤色界线是存在的，而他站在了没有权力、机会、尊严及尊重的那一边。

认同危机

杜波伊斯指出，肤色界线也是内在的。在他看来，黑人同时以白人世界带着轻蔑和怜悯的反映及自己多变和模糊的自我感知这两种不同的方式看待自己。两者结合在一起形成了杜波伊斯所称的双重意识："一个黑色身体里的两个灵魂、两种思想、两种矛盾的努力，以及两种交战的观念。"

杜波伊斯指出，美国黑人的演变历史正是这一内部冲突发展的历史，它本身也是黑人和白人之间外部的、公开斗争的历史。他建议，黑人应该将这种双重意识整合起来，寻到一种真正的美国黑人精

美国黑人男性的自我形象

许多白人对黑人的刻板印象

双重意识是杜波伊斯描述美国黑人面临的"二重性"问题时用的术语：黑人一方面拥有一种自我认知，另一方面关注他人眼中的自我形象。一个青年黑人可能是医生（上方），但他也会强烈意识到白人社会对黑人男性的刻板印象：危险的和有威胁的，如罪犯或贫民区的黑帮分子（右方）。

美国内战中，尤利西斯·辛普森·格兰特和他的将军们在马背上前进。1868年，新黑人选民的投票对格兰特当选总统至关重要。

神。黑人既不是非洲化的美国人，也不是"在白人美国精神潮水中被漂白的非洲灵魂"。

自由民局

黑人是如何变成"问题"的呢？为了解答这一问题，杜波伊斯考察了美国奴隶制的历史及内战的转折点。他发现，奴隶制是美国内战的真正原因。当北方联军挺进南方的时候，奴隶们纷纷逃出来加入其中。最初，奴隶被归还给奴隶主，但是后来政策发生了变化，黑人被允许参加军队。

1863年，美国宣布奴隶解放，政府建立了被解放黑奴事务管理局（也就是自由民局），为穷困的被解放奴隶（男人、女人和儿童）提供食物、衣服及其他方面的帮助。

> **奴隶制已经被废除，但它的影子仍在徘徊并毒害着各地的道德环境。**
> 美国社会改革家
> 弗雷德里克·道格拉斯

然而，该局由一群军人管理，他们不擅长应对社会重建。该局也受到任务艰巨性的影响：当它意识到这会涉及超过80万英亩土地时，将原先由奴隶耕作的种植园分配给被解放奴隶的承诺就"消散"了。

该局的成就之一是向南方所有儿童提供免费教育。杜波伊斯指出，这被看作一个问题，因为"南方相信，一个受教育的黑人也是一个危险的黑人"。在南方，反对黑人受教育的观念根深蒂固。

同时，该局在法律事务中也埋下了对立的种子。杜波伊斯指出，它利用职权"头脚倒置"——换句话说，它一方面支持黑人当事人，另一方面经常帮助以前的奴隶主。杜波伊斯将白人描述成被自由民局"一遍又一遍地差遣、抓获、关押和惩罚"，而黑人则被愤怒和仇恨的（白）人恐吓、殴打、强奸及杀害。

自由民局于1865年建立了一个自由民银行，试图解决被解放奴隶的存款问题。这一举措因当局能力不佳而受到阻碍，最终银行倒闭，自由民的存款也打了水漂。杜波伊斯说，这已经是最小的损失了，因为"所有的信念都没了，其中多数是对人的信念。遗憾的是，今天嘲笑黑人无能的国家还从来没有兑现过承诺"。

自由民局还建立了自由（非奴隶）劳动力和前奴隶所有权体系，确保在法律上认可黑人作为自由民的地位，并建立公立学校。自由民局最大的缺陷在于它没有在前奴隶主和前奴隶之间建立一种友好关系，事实上，它增加了彼此的对立。肤色界线仍然存在，不是露骨的表达，而是以一种更隐蔽的方式运行。

和解还是抗争？

战后的一段时期被称为"美国重建时期"，一些刚刚争取到的黑人权利开始溜走。美国历史上的标志性案件（1896年"普莱西诉弗格森案"）确认了公共场所种族隔离的合法性，从而在南方确立了一种种族隔离模式，该模式一直延续到1954年"布朗诉托皮卡教育委员会案"。现代性带来的焦虑也刺激了三K党的复兴及白人至上主义，伴随而来的是种族暴力的上升，包括动用私刑。1895年，美国黑人政治家布克·华盛顿发表了《亚特兰大种族和解声明》。他认为，黑人应该展现耐心，采用白人中产阶级标准，通过自我改善和教育来实现自我提升，展示自身的价值。通过放弃政治权利以换取经济权利和法律公正，布克·华盛顿认为，社会变迁更可能是一个长期的过程。这一和解的立场成为当时的主流思想。

杜波伊斯非常不赞同这一观点，在《黑人的灵魂》一书中他写道，黑人并没有指望一下得到完全的公民权，他们知道权利"不是自动扔来的"。杜波伊斯曾希望通过社会学来消除种族主义和种族隔离，不过他后来慢慢相信，政治抗争是唯一的有效策略。

伸展肤色界线

1949年，杜波伊斯参观了波兰华沙的贫民区，那里三分之二的人口在纳粹占领时期被杀害，城市中85%的地方成为一片废墟。此次参观让他震惊不已，使他有了一种"对黑人问题更全面的理解"。面对这样一种绝对的浩劫和毁灭，他认识到，这正是种族隔离和暴力的直接后果。杜波伊斯重新评估了他对于肤色界线的分析，并指出，这是可能发生在任何文化或群体中的现象。他在1952年为杂志《犹太人的生活》所写的散文中写道："黑人和华沙贫民区……种族问题……跨越肤色界限、体格、信仰和身份地位，它事关人类的仇恨和偏见。"因此，肤色没有界线重要，后者可以在任何群体和社会中划分差异并引起敌意。

活动家和学者

杜波伊斯是民权组织"全国有色人种协进会"（NAACP）的创始成员之一。他的思想处处与非洲后裔有关，在20世纪20年代，他帮助在法国巴黎成立了泛非洲协会，并在世界各地组织了一系列泛非洲大会。然而，他在20世纪初写作《黑人的灵魂》时指出，实现一个真正的、统一的美国黑人精神的必要条件还没有达到。

杜波伊斯将田野调查的系统方法应用到那些以前被忽视的研究领域。使用实证数据来归纳黑人生活的细节，帮助他驱散了广泛存在的刻板印象。例如，在《费城黑人》一书中，他收集了大量关于城市生活对美国黑人的影响的材料，并指出，犯罪是环境的产物，而非天生的。他开创性的社会学研究和思想对后来杰出的民权运动领袖，如马丁·路德·金，产生了巨大的影响。杜波伊斯被认为是20世纪最重要的社会学家之一。■

W. E. B. 杜波伊斯

W. E. B. 杜波伊斯是一位社会学家、历史学家、哲学家及政治领袖。美国内战结束3年之后，他出生在美国马萨诸塞州。

高中毕业之后，杜波伊斯先后在美国纳什维尔市的菲斯克大学和德国波恩大学学习。在波恩，他遇见了马克斯·韦伯。1895年，他成为第一个在哈佛大学获得历史学博士学位的美国黑人。1897—1910年，他任亚特兰大大学经济学和历史学教授；1934—1944年，他成为该校社会学系主任。1961年，杜波伊斯来到非洲加纳撰写《非洲百科全书》，但两年后他便去世了。他著有大量书籍、文章，创立并编辑过4本期刊。

主要作品

1903年 《黑人的灵魂》
1920年 《黑水：面纱里的声音》
1939年 《黑人的过去和现在》

穷人被排斥在日常生活模式、习俗和活动之外

彼得·汤森（1928—2009）

背景介绍

聚焦
相对贫困

主要事件

1776年 苏国经济学家亚当·斯密指出，生活必需品包括"那些无论国家的风俗是什么，可信的人（即使是社会最底层的人）如果没有，都是不适当的东西"。

1901年 英国社会学家西伯姆·朗特里出版了《贫穷：对城镇生活的研究》一书。

1979年 彼得·汤森出版了《英国的贫困》一书。

1999年 英国政府展开"英国贫困和社会排斥"调查。

2013年 法国经济学家托马斯·皮凯蒂出版了《21世纪资本论》，记录了20个国家的极端收入不平等状况。

20世纪初，社会活动家西伯姆·朗特里将贫困定义为"总收入不足以获得维持体能所需的最低必需品"的一种状态。这种贫困"生存线"定义被政府用来决定一个人的基本需求成本，如食品、房租、燃料及衣服。

然而，1979年，英国社会学家彼得·汤森指出，不应该用绝对概念来定义贫困，而应该用相对剥夺来定义。他指出，每个社会在生活水平、饮食、环境设施，以及人们可以参与的活动类型方面都有平均水平。当个人或家庭缺乏获得生活所需物品的资源时，他们就被社会排斥在正常生活之外，同时也处于被剥夺状态。其他因素，如没有技能或健康状况不佳等，也必须被考虑在内。

汤森是一位杰出的社会活动家及儿童贫困救助会创始人。他指出，一直存在这样一种假设：富裕社会中贫困会逐步减少。但是，当他将焦点转移到社会顶层和底层之间日益扩大的收入差距上时，他认为，当一个国家越来越富有，而收入分配却明显不均时，贫困人口的数量必定会增加。■

英国的食品发放站（food banks）近年来面临着需求的剧增。它们满足基本需求，但经常包括那些现在看来是人们日常拥有的非必需食品。

参见：卡尔·马克思 28~31页，弗里德里希·恩格斯 66~67页，理查德·桑内特 84~87页。

社会不平等 | 75

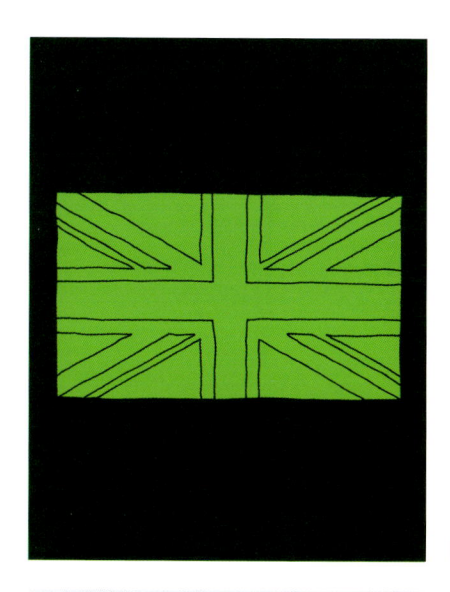

英国的国旗下没有黑人

保罗·吉尔罗伊（1956— ）

背景介绍

聚焦
种族主义

主要事件

18—19世纪 种族的生物学观念被用来证明奴隶制和殖民主义的正当性。

20世纪40年代 纳粹使用"种族"将政治不平等合理化，并引入了"种族纯化"的概念。

1950年 联合国教科文组织（UNESCO）宣布，"种族"是一个社会神话。

20世纪70年代 米歇尔·福柯认为，种族的生物学观点及某些关键特质，随着殖民主义而出现。

1981年 美国社会学家安妮·华生在《种族主义的另一面》一书中，指出了防止社会发展为"超越种族主义"的五次黑人运动。

1987年 保罗·吉尔罗伊出版了《英国的国旗下没有黑人》一书。

在《英国的国旗下没有黑人》这本书中，英国社会学家保罗·吉尔罗伊聚焦20世纪英国社会的种族主义。他指出，20世纪70年代，英国人近乎痴迷地担心其"民族衰落"，许多人将这归因于"同质且连续的民族血统的稀释"——特别是黑人的到来。

吉尔罗伊指出，民族的固化观念，如"英国人"，可能并非有意带有种族主义色彩，但它们会产生种族主义的后果。在试图定义"英国人"的过程中，20世纪的作家总试图想象一个白种英国人——黑人是永远的局外人，因为其"种族"，他们被剥夺了国民资格，他们的忠诚也同样受到质疑。

吉尔罗伊接受了"种族观念是一种历史的和政治的力量"这一观点，认为它仅仅是一种社会建构，一种在社会中被创造出来的概念。当一些社会学家建议我们应该讨论"种族性"或"文化"的时候，吉尔罗伊提议说，我们应该摒弃所有这些观念。他认为，不管我们使用什么术语，我们都把人划分成了不同的群体，创造了一个关于"天然"种类的错误观念，导致了"他们"和"我们"的对立。

人种学

在吉尔罗伊看来，所有这些讨论都使我们陷入了他所称的"人种学"——一种假设某种类型、偏见、形象和身份的话语中。反种族主义者发现他们自己反转了种族主义思想家的观点，却不能替代所有的种族主义观念。吉尔罗伊建议，解决方案在于拒绝接受将种族划分看作不可避免的、天然的力量，相反，应当发展一种"能力，去想象一个政治、经济和社会体系，而'种族'在其中变得没有意义"。■

参见：米歇尔·福柯 52~55页，270~277页，W. E. B. 杜波伊斯 68~73页，以利亚·安德森 82~83页，贝尔·胡克斯 90~95页，本尼迪克·安德森 202~203页。

地位感

皮埃尔·布迪厄（1930—2002）

背景介绍

聚焦
惯习

主要事件

1934年 法国社会学家、人类学家马塞尔·莫斯的散文《身体技术》为皮埃尔·布迪厄重新解释"惯习"的概念奠定了基础。

1958年 马克斯·韦伯指出，"那些想融入某一圈子的人可能会表现出一种特定的生活方式"。

1966年 英国历史学家E. P. 汤普森认为，阶级是"一种必须总是嵌于真实的人或真实情境中的关系"。

2003年 美国文化理论家南茜·弗雷泽认为，资本主义社会有两套从属系统交织在一起，分别是阶级结构和身份地位。

从马克思到迪尔凯姆，从韦伯到帕森斯，社会学家们一直渴望找出社会阶层体系是如何再生产的，他们相信社会阶层体系必然在结构上与经济、财产所有权及经济资产有关。

但是，20世纪70年代，在《区隔》一书中，皮埃尔·布迪厄指出，这一问题更加复杂：经济不是决定社会阶层的唯一因素，"而是由与其地位联系在一起的阶层惯习来界定的"。"惯习"这个概念最初出现在13世纪意大利神学家托

社会不平等 | 77

参见：卡尔•马克思 28~31页，埃米尔•迪尔凯姆 34~37页，弗里德里希•恩格斯 66~67页，理查德•桑内特 84~87页，诺贝特•埃利亚斯 180~181页，保罗•威利斯 292~293页。

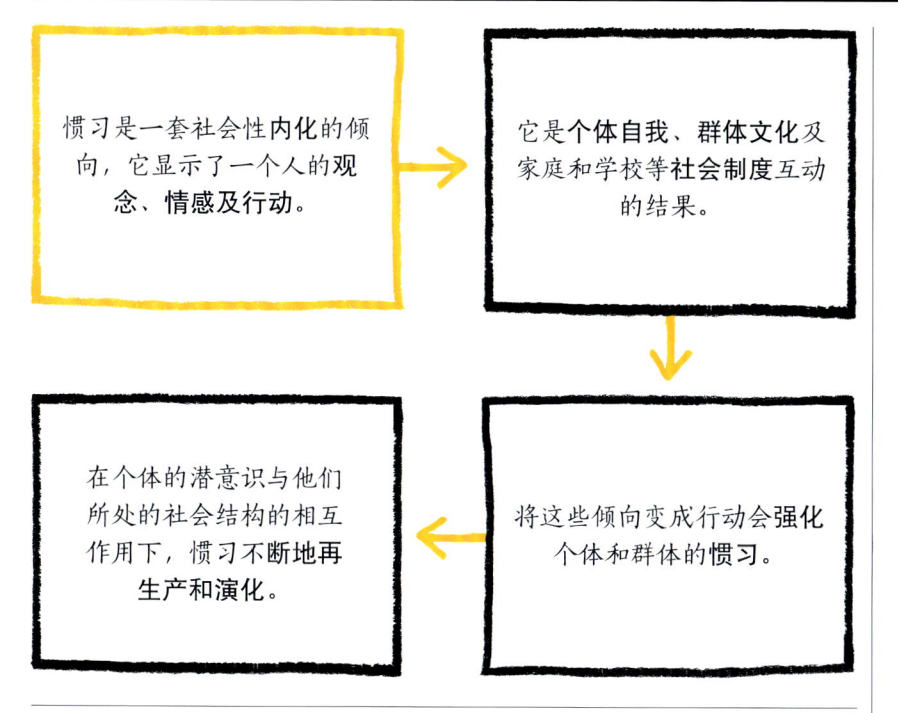

惯习是一套社会性内化的倾向，它显示了一个人的观念、情感及行动。

它是个体自我、群体文化及家庭和学校等社会制度互动的结果。

将这些倾向变成行动会强化个体和群体的惯习。

在个体的潜意识与他们所处的社会结构的相互作用下，惯习不断地再生产和演化。

马斯•阿奎那的讨论中。他认为，人们想要的或者喜欢的特定东西，以及他们以特定方式而行动，是由于他们把自己视为某一类人中的一员，即我们每个人都有一种特殊的倾向或惯习。

布迪厄成功地发展了这一思想。他将惯习定义为一套具体的社会习得的倾向，它引导个人以与其社会阶层群体中其他成员相同的生活方式生活。某一阶层内的成员会"知道"什么是"做作的"和"俗气的"，而对阶层外的人来说，同样的东西则会被看作是"美丽的"或"极好的"。他指出，儿童先后从其家庭、学校及同辈群体那里习得这些知识，并被"教育"如何说话、如何行动等。因此，"社会秩序是逐渐地刻印在人们的头脑中的"。

阶层倾向

在20世纪60年代研究法国的阶层划分时，布迪厄注意到，同一阶层的人展示出相似的文化价值。他

们知道和珍视的东西、说话的方式、衣服和装饰物的选择、对艺术和休闲的看法、喜爱的娱乐活动等都是相似的。他指出，法国上流社会喜欢诗歌、哲学和政治，喜欢去古典或先锋剧场、博物馆及古典音乐会，也喜欢露营和登山。

而在工人阶级中，布迪厄发现，人们喜欢读小说和杂志、赌博、去音乐厅和宴会，以及拥有豪华轿车。选择是相对有限的，并且不是由花费而是由品味决定的。他意识到，属于某一阶层或"阶层部分"（子阶层）的人具有相似的品味，因为他们共享倾向或惯习。他们往往喜欢或不喜欢同样的事物。这种共享的惯习给了他们一种地位感，他们"置身于"这个或那个阶层。

惯习的建构既不靠个人，也与现存的环境无关——它是主观心灵和其所处的客观结构和制度相互作用的结果。一个人出生在某一特定

> 惯习是写入身体、写入生物学个人的社会。
> 皮埃尔•布迪厄

猎狐是一项休闲运动，对一些人来说，因为惯习和倾向，这是很自然的运动，这一倾向使得其他类型的活动（如唱卡拉OK）变得奇怪。

的社会阶层群体中，每个人都被某一特定生活方式所界定，布迪厄称之为群体的惯习。每一社会阶层群体都有自己的群体惯习，既定义自我，又把自我与社会其他群体惯习区分开来。

群体的惯习也刻在一个人的身体倾向和姿势中。一个人的社会阶层可以从他们走路、说话、发笑、哭泣等的方式中辨别出来——从他们所做、所想和所说的一切中寻找蛛丝马迹。因为人总是在一个特定的群体惯习中出生和成长的，所以个体往往察觉不到。惯习既促成也阻碍他们思考、感知、行动及与周围世界互动的方式。

惯习——个体所属的更大社会阶层群体的倾向的表现——使人们能够明确知道自己属于哪类人，应该如何思考、如何感知，以及行为举止应当如何。

惯习给个体一种特殊的地位感，因为他们内化的自我完美地契合了其外部世界的结构。但是，一旦他们进入其他阶层的"场域"（制度或结构），他们就会觉得自己像"离水之鱼"，每一步都无所适从。

资本的形式

布迪厄认为，一个人的惯习是由不同种类和数量的资本（经济的、文化的和社会的）组成的，他将之重新定义为一个人所拥有的"一套实际可用的资源和权力"。

很简单，经济资本指的是货币资源和财产。文化资本是指一个人玩"文化游戏"的能力——熟悉书本、电影和剧场中的信息，知道在特定的情景中如何表现（例如，在晚宴中的恰当举止和言谈），知道该穿什么以及如何打扮自己，甚至知道可以瞧不起谁。因为惯习无时无刻不在定义一个人的阶层或阶层派系，所以它对于界定社会秩序至关重要。

布迪厄指出，惯习很容易从"类型评判"中表现出来。"类型评判"是关于某物（如油画）的言论，但可以对讲话人进行归类。当一个人感叹一幅油画"好"，而另一个人说"这幅油画过时"时，我们并不知道这幅作品是什么，却能了解更多关于这两人及其惯习的信息。人们特意使用这些评判来区分他们自己和周围的人，以建构他们的阶层。

除了经济资本和文化资本，人们还拥有社会资本——通过社会网络获得的人力资源（朋友和同事）。这些关系带来一种共同责任和相互信任，可能会开启通往权力和影响力之路。

社会资本的观念可以从社交网站（如脸书和领英）的成功中看出来——它们提供了帮助个人增加社会资本的途径。布迪厄还看到了阶层中的学术资本（智力知识）、语

对于某物（如一件艺术品）发表意见，使得其他人能够由此评估讲话者的文化资本，推断他/她的社会阶层。

> 科学观察表明，文化需求是培养和教育的结果。
>
> 皮埃尔·布迪厄

言资本（善于掌控语言，决定谁有权利说话和发表意见）、政治资本（在政治世界中的地位）。

阶层游戏

马克思所详细描绘的阶级斗争可以用布迪厄的术语在个体层面上展现。布迪厄认为，个体在关系（家庭和学校）中成长，然后进入各种社会场所或"场域"。在那里，人们表达和不断再生产他们的惯习。他们能否在所进入的"场域"中取得成功取决于他们所拥有的惯习类型及相应的资本。

每一个"场域"都有一套反映群体惯习的规则，在这个意义上，规则对他们来说就是"常识"。人们通过"符号性资本"及其在"场域"中的价值而被识别。他们的"符号性资本"代表了他们其他所有形式的资本，体现在声望、能力及社会地位上。

在有生之年，人们一直在动用各种形式的资本。人们也"制定战略"，寻找相互竞争、提升权力和资本的办法。这些策略能采取的特定形式是由惯习决定的。然而，大多数人没有意识到，他们的行为和选择在多大程度上是由那些习得的倾向决定的。

变迁的可能

由于布迪厄的文化资本概念主要基于惯习的不断再生产，而这深植于我们每个人之中，因此他对于社会流动的可能性是比较悲观的。

然而，"场域"内的不同力量使惯习的改变成为可能。制度和个人的互动往往加强了现存的观念，但是，对于一个来自下层社会阶层的人来说，通过上"好"学校，也有可能获得文化资本。这可能会增加他们的经济资本，接着，他们的孩子可能会上私立学校，得益于经济资本和文化资本的增加，孩子会获得不同的惯习。因此，对布迪厄而言，所有形式的资本都是相关的：人们将经济资本转化为文化资本和社会资本，以期改善他们的生活机遇。

在过去的几十年中，布迪厄的惯习对社会学中的争论产生了重要影响。与其他概念相比，它抓住了客观社会结构和过程如何影响那些看起来独特的个人倾向。简言之，惯习将许多杰出思想家的观点融合成一个简洁而又通用的概念。■

> "讨论机会平等的纳西尔忘了社会游戏……不是'公平游戏'。"
> 皮埃尔·布迪厄

皮埃尔·布迪厄

1930年，皮埃尔·布迪厄出生在法国西南部的一个小村落，他的父亲是个邮递员，他是家中独子。一位老师慧眼识珠，推荐他去巴黎学习。从著名的巴黎高等师范学院的哲学系毕业后，他在阿尔及利亚民族解放战争期间在阿尔及尔大学（University of Algiers）教书。

在阿尔及利亚期间，他开始了民族志研究，并撰写了他的第一部著作——《阿尔及利亚的社会学》（1958）。回到法国之后，他成为巴黎高等社会科学研究学校的研究主任，开始了他的社会研究职业生涯。他相信研究应该转化为行动，并参加了许多反对不平等的抗议活动。布迪厄于2002年去世。

主要作品

1979年《区隔：品味判断的社会批判》
1980年《实践的逻辑》
1991年《语言与符号权力》

东方是整个东方世界被幽禁其中的舞台

爱德华·萨义德（1935—2003）

背景介绍

聚焦
东方主义

主要事件

1375年 乔叟把地中海以东的陆地称为东方。

19世纪早期 法国学者西尔韦斯特·萨西提出了现代东方主义的术语。

1836年 爱德华·威廉·雷恩的《现代埃及人的风俗习惯之记述》一书，成为法国小说家居斯塔夫·福楼拜等作家的重要参考资料。

1961年 弗兰茨·法侬在其《地球上不幸的人们》一书中描写了殖民主义的非人化力量。

1981年 萨迪克·阿拉姆指出，东方主义往往以萨义德所说的西方包装东方的方式将西方分类。

"东方"的概念是由西方殖民国家演化而来的，它是一个政治上危险而文化上存在偏见的概念，持续影响着西方对东方世界的看法。爱德华·萨义德在其最广为人知的《东方主义》（1978）一书中有力地论证了这一观点。他认为，东方主义的概念有两层重要内容：它将东方看作一个奇异的、野蛮的和落后的同质地区，同时，以一种简单化、不变的方式建构和固化西方对东方的观点。萨义德解释道，随着拿破仑·波拿巴领导的法国军队于1789年战

欧洲专家（历史学家、科学家和哲学家）
从他们自己的角度描绘了**东方**的形象。

⬇

他们的观点被进一步简化成一套**刻板印象**，
建构和固化了西方对东方和东方人的观点。

⬇

点燃和维持了西方对东方的**恐惧**，
特别是使西方人将东方人看作**危险的**和**异类的**。

⬇

东方是整个东方世界被幽禁其中的舞台。

参见： 米歇尔·福柯 52~55页，270~277页，W. E. B. 杜波伊斯 68~73页，保罗·吉尔罗伊 75页，以利亚·安德森 82~83页，斯图尔特·霍尔 200~201页，本尼迪克·安德森 202~203页，斯坦利·科恩 290页。

胜埃及，现代东方主义的观点诞生了。这一征服意义深远，因为拿破仑不仅带去了士兵，还带去了科学家、哲学家和历史学家。这些专家负责将他们所看到的进行记录和归类。他们将自己在东方的经验描述成一种客观知识，他们的话语在欧洲获得了毫无争议的权威，产生了巨大影响。

定义东方

然而，萨义德指出，他们是透过帝国主义侵略的视角来看待当地居民的，他们将自己看作拥有强势权力的人，因而认为自己高人一等。他们在"我们"与"他们"、"西方"和"东方"之间划了一条假想的线，并将双方定义为相互对立的。东方人被看作不理性的、野蛮的、懒惰的、落后的，而西方人则是理性的、文明的、勤奋工作的和先进的。由拿破仑的这些所谓专家带回的报告意味着，东方以一种高度浓缩的方式呈现在欧洲人面前，西方解释东方，并按照自己的喜好塑造东方。对东方人的看法被文学家广泛塑造和传播，如洛德·拜伦，他以浪漫式风格描写东方，但坚持强调东方与西方的固有差异。

持久的恐惧

萨义德认为，问题一直存在，因为这一东方观念阻碍了西方人对东方的全面认知。相似的人物形象层出不穷：东方被看作一个充满神秘异国情调的地方——那里是狮身人面像、克里奥帕特拉、伊甸园、特洛伊、索多玛和蛾摩拉、希巴女王等的故乡。

在萨义德看来，东方主义是一个被用来理解陌生世界的框架，但同时它也告诉我们：东方人是不同的和令人恐惧的。西方国家认为有必要保护他们自己不受"另类的渗透"。萨义德认为，寻找一种和平共存的方式是一个挑战。■

美国俄克拉何马州炸弹事件遇难者纪念碑。媒体最初把袭击推到穆斯林和阿拉伯人的头上，但后来证明该袭击是一个白种美国人所为。

爱德华·萨义德

文化理论家和文学批评家爱德华·萨义德是后殖民主义研究的开创者。他的父亲是一位富裕的巴勒斯坦裔美国基督徒，萨义德在黎巴嫩、埃及及美国的私立国际学校接受教育。后来，他进入普林斯顿大学和哈佛大学学习，并在哥伦比亚大学担任英国文学教授，直到2003年去世。萨义德作品颇多，涉及主题广泛，包括音乐和巴勒斯坦问题。萨义德说，1967年，以色列和其阿拉伯邻居之间的"六日战争"使他走上了政治化道路，从那之后，他成为关注巴勒斯坦问题的重要发声者。1999年，他和指挥家丹尼尔·巴伦博伊姆组建了阿拉伯-以色列管弦乐队，他相信音乐能超越政治。

主要作品

1978年《东方主义》
1979年《巴勒斯坦问题》
1993年《文化与帝国主义》

贫民区就是"黑人居住区"
以利亚·安德森（1943— ）

背景介绍

聚焦
标志性贫民区

主要事件

1903年 W. E. B. 杜波伊斯认为，20世纪的问题是肤色界线问题。

20世纪初 黑人从美国南部农村移民到各个城市。

1920年 黑人政治领袖马库斯·加维在纽约传统黑人住宅区哈莱姆区举办了一场国际大会。

20世纪60年代 美国出现了一种从黑人群体中逃离的"白人群飞"现象，导致"黑人居住区"形成。

1972年 美国通过《平等就业机会法案》。

1992年 警察被拍到殴打一名黑人司机罗德尼·金，但该警察之后被判无罪，这引发了美国洛杉矶市的暴动。

当白人在公共场所看见一个陌生黑人时……

↓

他们将黑人与贫民区、下层社会地位、犯罪、暴力及贫困联系在一起。

↓ ↓

黑人中产阶级可以通过效仿上流社会或提供住址证明的方式来洗掉这种污名。　　　黑人工人阶级无法避开这种污名和歧视。

↓

贫民区成为解释黑人身份的参照点。

2012年，以利亚·安德森在《标志性贫民区》一书中指出，许多美国人将贫民区与"黑人居住区"联系在一起。他认为，对这些美国人来说，贫民区意味着城市中无法治的、贫困的、毒品泛滥的混乱地区，充斥着暴力。因此，当他们提到黑人的时候，就会给黑人扣上不道德的、有毒瘾的、犯罪的"帽子"，认为黑人活该受到偏见和歧视。安德森列举了一个他在"令人

社会不平等　83

参见：米歇尔·福柯 52~55页，270~277页，W. E. B. 杜波伊斯 68~73页，保罗·吉尔罗伊 75页，爱德华·萨义德 80~81页。

安德森指出，生活在贫民区的黑人工人阶级常常受到污名和"种族主义的诋毁"。

愉快的、充斥着上流社会和中产阶级白人度假者的'鳕鱼角'小城度假时遇到的种族主义事件。当安德森在这座小城中慢跑时，一个中年白人用自己的车堵住路，并对他吼道："滚回家！"安德森困惑了一下，不明白这个白人是什么意思，然后他意识到，这是让他滚回"黑人居住区"的意思。安德森指出，贫民区制度是一直以来就存在的，它使很多人理所当然地认为黑人最常居住在贫民区，而非中产阶级社区。

标志性身份

在美国，大多数黑人并非来自贫民区，法律上他们和白人有同等的上学和就业的机会。然而，由于贫民区已经成为一种标志性身份，它就像一种思维倾向，使得所有阶层的黑人都发现，在做任何事之前，他们都必须证明自己并非来自贫民区。安德森指出，中产阶级黑人通过"说白话"（模仿上流社会和中产阶级白人的说话方式）或展示他们卓越的智力、行为和姿势来证明自己。面对这些侮辱，他们往往会与朋友一笑置之，但事实上，这些小事（就如安德森的慢跑插曲那般）能使人"恍然大悟"，相信他们已经完全融入社会是一种自欺欺人的幻觉。

反驳贫民区

安德森指出，中产阶级黑人能通过努力工作来反驳别人的这种"评判"，但贫困黑人的问题比较难以解决。如果他们确实住在贫民区，那他们如何能将自己从这种联系中剥离呢？黑人工人阶级如何证明他们不是暴力的瘾君子或不管怎样都不同于社会加注给他们的那些偏见呢？

安德森引用了2012年特雷沃恩·马丁枪击案：这个没有武器的、无辜的17岁男孩被一名社区看守人枪杀，后者称马丁看起来"行踪可疑"。这暴露了这种白人观念的危险性，即认为黑人来自并且应该待在贫民区，而非白人社区。

在安德森看来，"黑人在社会中有一块特殊的'属地'（贫民区）"的观点存在于白人的想象中。尽管黑人存在于所有社会阶层和社区中，但标志性贫民区仍继续着对黑色皮肤的污名，仍使黑人被看作"危险的局外人"。■

以利亚·安德森

以利亚·安德森是美国杰出的城市民族志学者之一。他于第二次世界大战期间出生在美国密西西比州的一个种植园。他的父母原先是摘棉花的小佃农，但在他父亲作为一名战士从欧洲战场上回来之后，这个家庭发现南方的种族主义变得令人难以忍受，于是他们搬到了芝加哥，之后又搬到了印第安纳，这两个地方都在美国的北部。

安德森先后在印第安纳大学和芝加哥大学学习社会学。在那里，他关于街角黑人的博士论文出版，成为其第一本著作《角落社会》（1978）。2002年，他当选美国社会学学会（ASA）副主席，他获得了多个奖项，包括美国社会学学会的考克斯-约翰逊-弗雷泽奖。

主要作品

1990年　《浪迹街头》
1999年　《街头法则：旧城区的道德生活》
2012年　《标志性贫民区》

> " 黑人被看作'危险的局外人'，除非他证明自己值得信任。
>
> 以利亚·安德森

自由之手段变成了侮辱之根源

理查德·桑内特（1943— ）

背景介绍

聚焦
阶级不平等

主要事件

1486年 意大利哲学家乔瓦尼·皮科·德拉·米兰多拉指出，与动物不同，人类寻求生命的意义和尊严。

1841年 在《论自助》中，美国哲学家和文学家拉尔夫·沃尔多·爱默生认为，信赖自我是一种道德驱动力，能够促使个人塑造自己的命运。

20世纪60年代 法国哲学家让-保罗·萨特认为，社会中的一些人拥有专制权力，这是阶级社会中资源分配不均产生的原因。

1989年 英国学者理查德·霍加特指出，"每十年我们都会宣称我们已经消灭了阶级，而每十年这个棺材都是空的"。

社会学家和经济学家往往认为阶级是与金钱相关的：随着工人收入的提高和财富的增加，他们将会步入中产阶级，不仅享有物质繁荣，还能获得自尊感的提升。但是，在美国社会学家理查德·桑内特和乔安森·科布的研究中，这一观点受到了质疑，他们调查了那些步入中产阶级的工人群体所受的困扰。

二人在1972年出版的《阶级中隐藏的伤害》一书中，通过对工人的访谈发现，伴随日益增长的物质

社会不平等 **85**

参见：弗里德里希·恩格斯 66~67页，W. E. B. 杜波伊斯 68~73页，皮埃尔·布迪厄 76~79页，以利亚·安德森 82~83页，乔治·齐美尔 104~105页，塞缪尔·鲍尔斯和赫伯特·金蒂斯 288~289页，保罗·威尔斯 292~293页。

教育被认为是实现个人发展和自由的最佳途径。

但是，受过高等教育的工人阶级子弟一方面受到他们同辈群体的疏离，另一方面面临着周围中产阶级的讥笑。

但是，更高的教育只能带来工作，而这些工作在工人阶级看来并不是"真正的工作"。

自由之手段变成了侮辱之根源。

财富和选择自由而来的是显著的自尊危机。为了争取更大的自由，工人被要求使用一些"手段"，如教育，但这又给他们带来了疏离感和无能感。

移民与种族主义

为了解释这一现象，桑内特首先考察了美国工人阶级的历史。在19世纪城市化期间，农业工人从小农场来到城镇和大城市，后者在这股人潮涌入中发展迅速。另外，大部分美国城市有来自爱尔兰、意大利、波兰、希腊等地的欧洲新移民聚居的"飞地"。在那里，这些新移民仍说着自己的语言，享受自己的文化传统。

大量移民的存在使工业资本家很快意识到，非技术工人要比机器生产便宜。因此，他们雇用大量的移民，以取代机器生产中更昂贵的熟练技术工人。对新移民的仇视开始产生，种族主义开始抬头。

一种不同国籍之间的"道德等级"很快得到广泛认同。西欧人

20世纪早期，移民从美国纽约的一艘船上登岸。这些"外来者"通常被当作廉价劳动力使用，这引来了一些美国公民的敌意。

成就金字塔

中产阶级和上层阶级站在顶端俯视下面的那些人。

工人阶级攀登成就金字塔，努力寻找高职位的工作。

学术和专业工作

工人在向上移动的过程中，产生了一种背叛感——既是对自己的背叛，也是对那些已经被他自己抛在后面的人的背叛。

在攀登金字塔的过程中，工人经历着冲突的情感。

贸易和体力劳动工作

（不包括爱尔兰人）处在这一等级的顶端，他们被看作勤奋的、努力工作的且充满技能的。然而，在这一等级的另外一端，桑内特指出，"斯拉夫人、波希米亚人、犹太人及南欧人……被认为等同于肮脏、神秘和懒惰"。这些新移民发现他们只能指望自己的同胞，种族聚居社区因此发展起来。

然而，20世纪中期，美国城市经历的重建计划打破了这种移民社区的发展之路。移民家庭被整合到更大的社区中，周围充斥着各种不同的社会价值。在美国社会中，拥有高学历的"文化人"最受尊重。而那种在"老式社区"中被广泛赞誉的、诚实又努力工作的人现在则受到轻视，并被质疑是无知的和"外来者"。

教育和失败

桑内特指出，工人阶级向成为"文化人"努力，而教育看起来是通往接受和尊重之路。然而，这里面存在几个明显的问题。首先，对于那些珍视勤奋的体力劳动者来说，中产阶级的"笔杆子"工作不算是"真正的工作"。这些工作是没有价值的，因此，从事这种工作的工人是不应该感到自豪的。

另外，尽管中产阶级和上层阶级对智力和教育十分崇拜，但在工人看来，"文化人"没有做什么值得尊重的事情；相反，这些人经常利用他们的特权和地位，一面拿着高收入，一面作弊、撒谎和偷懒。因此，在这种情况下，工人怎么可能获得尊严呢？

在桑内特的访谈中，工人们用"受过教育"一词来代表学校之外的一系列经验和感受。教育能带来地位提升，是由于它能带来理性的增加和个人能力的最佳提升。但是，一个擦鞋童——里沙罗——变成银行职员的个案，证明了教育在社会部门中的不同运作逻辑。里沙罗相信，上层阶级的人们之所以有权力评判他，是因为他们的"内在健全"。然而，尽管他也成了一名"专业人士"，但他的中产阶级同事仍看不起他，他自己也缺少自我肯定，因为他觉得自己做的不是

> 拥有'正确'价值观的那些受过高等教育的中产阶级，比那些被他们认为比他们低等的人要杰出。
>
> 理查德·桑内特

社会不平等 | 87

"真正的工作"。他接受社会的训诫努力提升自我，但他感觉自己像个骗子，总因为这种不适感而迷茫。他相信唯一的解释是他一定是哪里不对劲了。

桑内特指出，工人往往将其社会融入和获得尊重的失败看作个人的失败，与社会分工和不平等无关。他引用了詹姆斯的话。詹姆斯是一个受过良好教育的移民之子，不管做什么，他都把自己看作一个失败者。他说："如果我真掌握了学校的知识，那我应该能够有所成就。"可是，如果他"能鼓起勇气去闯世界"，找到一份真正的工作，那他将会获得真正的尊重。詹姆斯将自己不够自信和没能"成功"的原因归于他自己。

政治的是个人的

桑内特认为，阶级和自我的结合是美国独有的现象，这与对"个人"的重视是联系在一起的。智商测验和学校成绩的优异被认为是改变一个人出生的先赋地位的一种方式——那些真正拥有能力或智慧的人将向上流动。这种对机会平等的信仰是美国梦的核心。

工人阶级的孩子并不与来自富裕家庭的孩子拥有相同的机会，那些努力摆脱现状的人被看作叛徒。他们被同辈群体驱逐，随之而来的是自我认同感的丧失。不管是在中学还是在大学，对他们来说，自由的手段变成了侮辱的根源，他们被嘲笑不懂规矩且孤陋寡闻。他们的教育成就不仅没有给他们带来尊重，反而使他们遭受了周围中产阶级的蔑视，并使他们充满失败感和被排斥感。

美国商人安德鲁·卡内基认为，工业资本主义的公正在于社会总是会回报那些"有天赋的人"。如果一个人值得摆脱贫困，那么他（或她）就能成功。然而，如果一个人没有能力"做到这一点"，那么他（或她）有什么资格去抱怨呢？正如桑内特指出的那样：在精英制度中，如果你失败了，那是因为你没有能力。是失败还是成功取决于个人能力。这样一来，阶级不平等就被工人阶级中普遍存在的"个人失败"所掩盖了。

《阶级中隐藏的伤害》通过对工人阶级微妙且敏锐的研究，揭示了一个从本质上来说是阶级固化的问题：社会差异是如何被建构成一个简单的性格、能力和道德问题的？■

阿瑟·米勒是20世纪中期美国最杰出的戏剧大师之一，他来自工人阶级。然而，他饱受美国评论家们的鄙视。

理查德·桑内特

作家和社会学家理查德·桑内特出生于美国芝加哥。他的父亲和叔叔作为国际主义者都参加了西班牙内战。桑内特是在第一批种族混合的公屋计划中被他的母亲带大的。

桑内特在纽约市茱莉亚音乐学院学习大提琴，然而，1964年的一次腕部手术结束了他的音乐生涯。他在哈佛大学社会学系开始了其职业生涯，还曾任教于耶鲁大学和伦敦政治经济学院。20世纪70年代，他与作家苏珊·桑塔格、约瑟夫·布罗茨基一道创立了纽约人文科学研究所。与乔安森·科布一起出版的《阶级中隐藏的伤害》，使他的名字开始广为人知。他的夫人是社会学家萨斯基娅·萨森。

主要作品

1972年 《阶级中隐藏的伤害》
1974年 《公共人的衰落》
2005年 《新资本主义的文化》

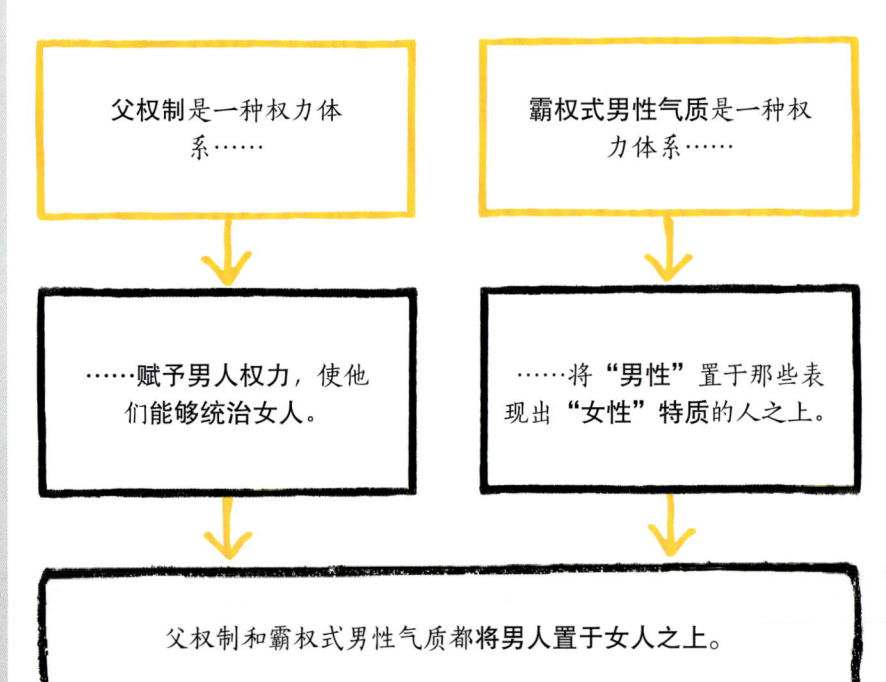

男人对父权制的兴趣凝结在霸权式男性气质中

R. W. 康奈尔（1944— ）

背景介绍

聚焦
霸权式男性气质

主要事件

20世纪30年代 意大利社会理论家安东尼奥·葛兰西使用"霸权"的概念来解释统治阶级的观点是怎样成为"常识"的。

1957年 美国社会学家海伦·海克论述了男性气质的社会本质。

1985年 卡里根、康奈尔和李出版了《迈向一个新的男性社会学》一书。

1990年 美国社会学家梅斯纳尔和萨博用霸权来解释体坛事件中的恐同现象和暴力。

1993年 美国社会学家詹姆斯·梅塞斯密特出版了《男性气质和犯罪》一书。

2003年 日本社会学家石井雅子追踪了日本社会不同的男性气质的出现。

父权制是一种权力体系……

……赋予男人权力，使他们能够统治女人。

霸权式男性气质是一种权力体系……

……将"男性"置于那些表现出"女性"特质的人之上。

父权制和霸权式男性气质都将男人置于女人之上。

男人对父权制的兴趣凝结在霸权式男性气质中。

社会不平等

参见：哈丽雅特•马蒂诺 26~27页，朱迪斯•巴特勒 56~61页，贝尔•胡克斯 90~95页，玛格丽特•米德 298~299页，艾德里安娜•里奇 304~309页，克里斯汀•德尔菲 312~317页，杰弗瑞•威克斯 324~325页，史蒂文•赛德曼 326~331页。

男性气质经常被认为是一种天生的生物状态，不能被改变。但是，R. W. 康奈尔认为，它不是固定不变的，而是一种习得的身份，不存在一种无处不在、无时不有的单一男性气质模式。当谈到"成为男人"的意义的时候，我们应该用不同的男性气质，而不是某一种男性气质。

在多元文化的社会中，男性气质也往往拥有多种含义。在某一具体情景中，如学校或工作场所中，某种特定的男性气质会被看作男人的最佳和最有效表现方式。

这一观点是康奈尔的霸权式男性气质概念产生的背景。他认为，在任何时候或任何地点，不同形式的男性气质总是会形成一个等级体系。主导形式，即那种理想的男性气质或那种被用来评判其他气质的标准，就是霸权式男性气质。它构成"男子气概"的社会观念，那些能体现这种男性气质的极少数男人将是"最受人尊敬的和最受欢迎的"。

从属的男性气质

从属的或边缘的男性气质是指那些偏离规范的形式。具备此类气质的男人会受到羞辱、被排斥或丧失特权。当男性角色朝着一种更加"女性的"地位转变时，身份和权力也会相应地丧失。这样，父权制地位与西方社会中的霸权理想型就是一致的。如果男人能在维持对女人的支配过程中获得明显利益，那么他们对父权制的兴趣和投入就是狂热的——这给了他们社会的、文化的和经济的控制力。一个男人的男性气质越靠近霸权理想型，他拥有的权力也就越大。

练习性别

康奈尔指出，欧洲/美国的霸权形式与那种总是使用暴力来为所欲为的、强大的、好斗的、冷漠的男人形象的父权制理想型密切联系在一起，并且在全球化的过程中不断向世界各地扩展。通过奉承那些无情的百万富翁及那些体格强健的体育明星，媒体歌颂了这一霸权理想型。

在康奈尔看来，很多女人是承认男性气质等级结构的"同谋"。她们对父权制的持续忠诚、天真的想法，以及她们对孩子性别的期望，维持了父权制理想型，以及与之相关的霸权式男性气质的力量。在用霸权或等级描述男性气质的过程中，康奈尔赋予了它一种流动性，这意味着人们有机会去改变它。康奈尔认为，确立一个与女性平等的男性气质将会带来一种积极的霸权。■

> 大多数男人难以成为家长，但他们害怕放弃好处。
>
> 贝尔•胡克斯

R. W. 康奈尔

R. W. 康奈尔于1944年出生在澳大利亚。高中毕业后，康奈尔继续在墨尔本大学和悉尼大学深造并获得学位。康奈尔在其晚年完成了变性手术，并改名叫雷温。

20世纪60年代，康奈尔是新左派的社会活动家。1976年，康奈尔获得了新南威尔士的麦考瑞大学（Macquarie University）社会学系的教授职位。除了其最广为人知的关于男性气质的社会建构研究，康奈尔还广泛地讲授和写作关于贫困、教育及主流社会学之外的北半球世界的内容。

主要作品

1987年 《性别和权力》
1995年 《男性气质》
2000年 《男人和男孩们》

白人女性已经成为白人至上的资本主义父权制帝国主义的同谋

贝尔·胡克斯（1952— ）

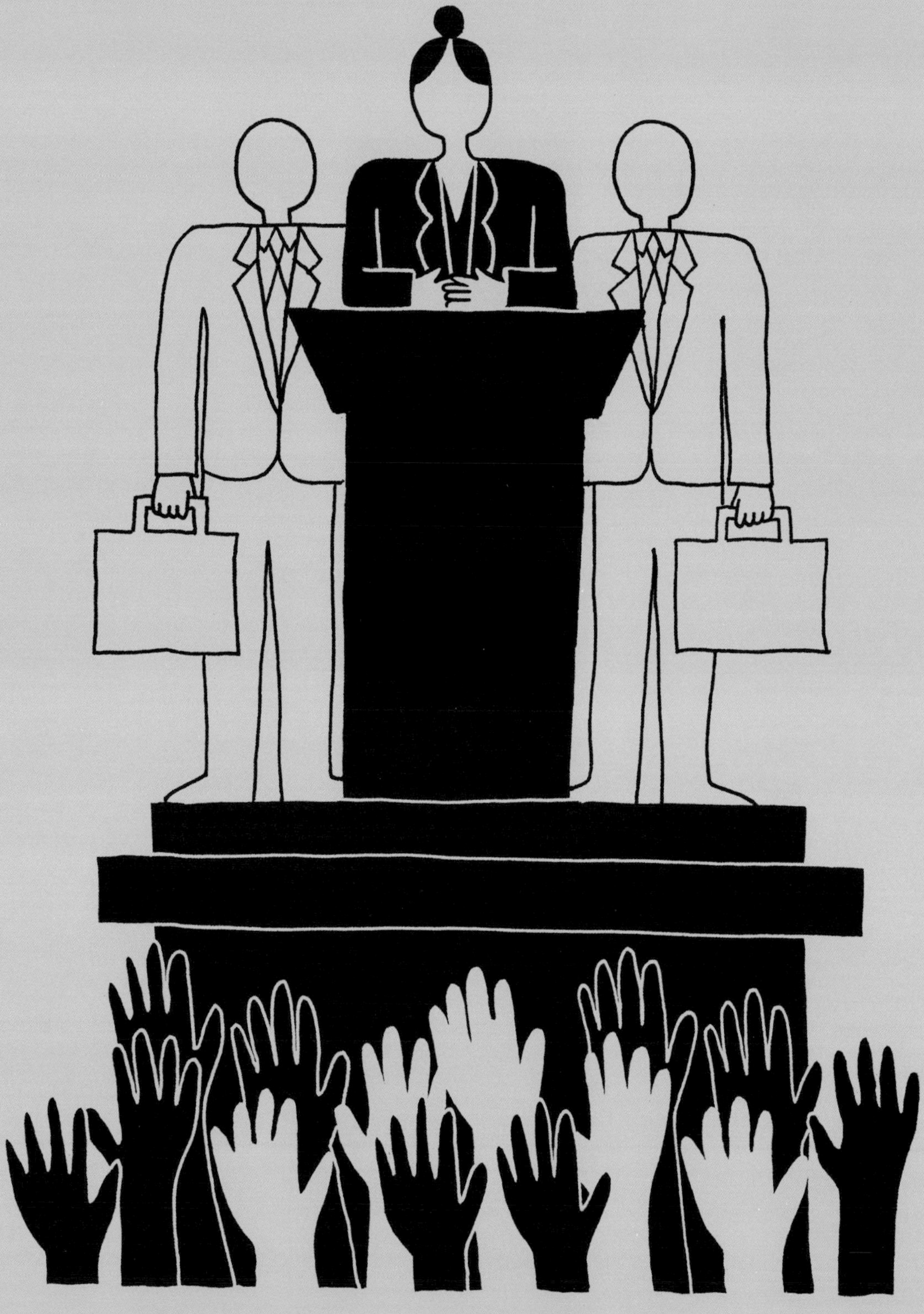

背景介绍

聚焦
女性主义和交叉性

主要事件

1979年 美国黑人女性主义组织"康比河公社"宣称,有必要关注"连锁压迫"的存在。

1984年 美国女性主义者贝尔·胡克斯出版《女权主义理论:从边缘到中心》。

1989年 美国法学教授金伯利·克伦萧使用"交叉性"来描述种族主义和性别歧视的模式。

2002年 德国社会学家赫尔玛·鲁茨指出,在权力关系中至少有14种分界线,包括年龄、性别、肤色和阶级。

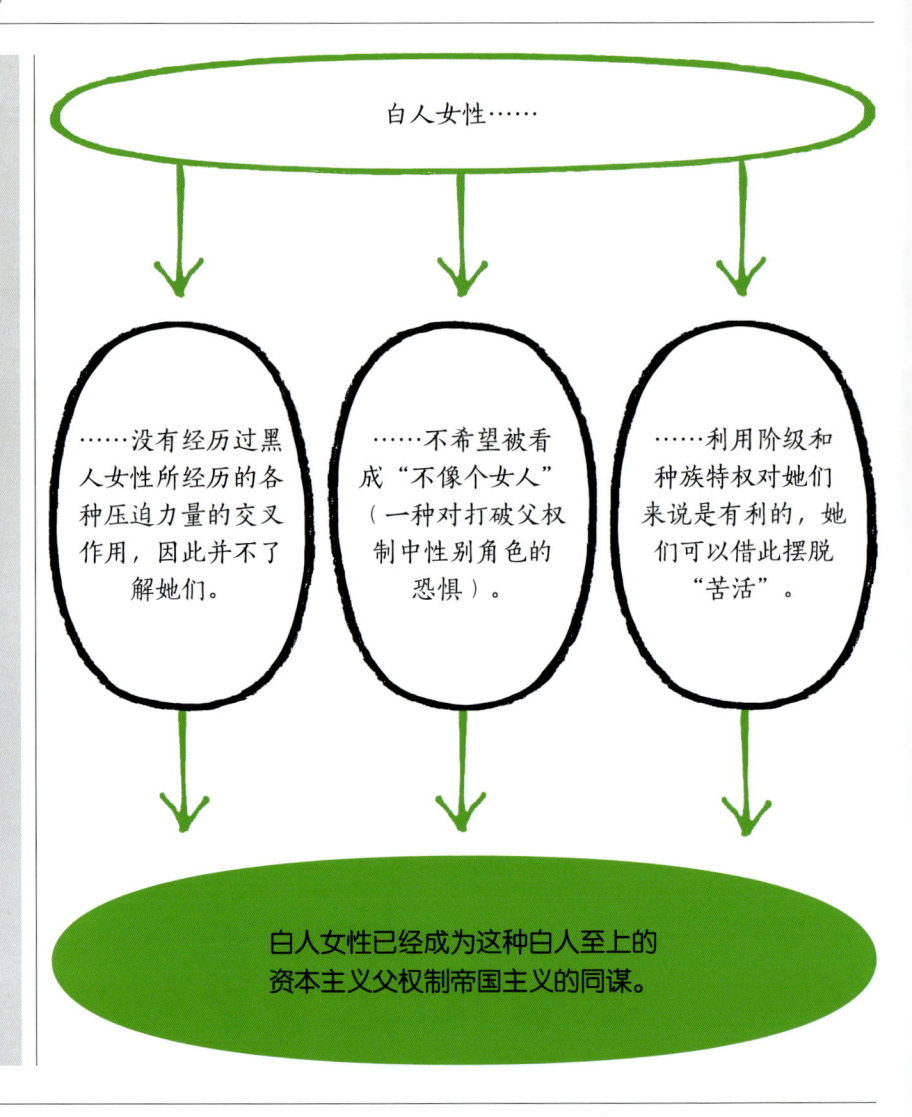

白人女性……

……没有经历过黑人女性所经历的各种压迫力量的交叉作用,因此并不了解她们。

……不希望被看成"不像个女人"(一种对打破父权制中性别角色的恐惧)。

……利用阶级和种族特权对她们来说是有利的,她们可以借此摆脱"苦活"。

白人女性已经成为这种白人至上的资本主义父权制帝国主义的同谋。

与早期女性主义相比,20世纪60—80年代的第二波女性主义代表了一种更强大、更彻底的对男性统治的挑战。这一波女性主义的议题包括司法不平等、性倾向、强奸、家庭及工作场所。

然而,美国女性主义者贝尔·胡克斯批评20世纪80年代的女性主义,尤其因为它代表了有特权的白人女性的观点。在1984年出版的《女权主义理论:从边缘到中心》一书中,她指出,把女性强调为"姐妹"掩盖了她所称的"资产阶级白人女性的机会主义"。

胡克斯称,情况比第二波女性主义所认为的还要复杂。更糟糕的是,这些女性助长了一个充满各种压迫力量的交叉网络,影响了有色人种工人阶级女性的生活:白人女性成为维持白人父权制统治的同谋。

1989年,美国律师金伯利·克伦萧将纵横交错的压迫力量描述为"交叉性"。她将其比作一个车来车往的十字路口。歧视,就如同交通,在这个或那个方向上川流不息。如果发生了交通事故,它可能是由来自某一方向的车辆引起的,也可能是因为所有方向的车辆撞在了一起。如果一个黑人女性因为站在"十字路口"而受到伤害,那可能是由于性别歧视,也可能是因为种族歧视,还有可能是二者

社会不平等

参见：哈丽雅特·马蒂诺 26~27页，卡尔·马克思 28~31页，朱迪斯·巴特勒 56~61页，弗里德里希·恩格斯 66~67页，保罗·吉尔罗伊 75页，以利亚·安德森 82~83页，R. W. 康奈尔 88~89页，克里斯汀·德尔菲 312~317页。

胡克斯批评20世纪60—80年代强调"姐妹"的第二波女性主义是一种机会主义，代表了中产阶级白人女性的利益。

兼而有之。

作为一名律师，克伦萧发现，黑人女性在职场中受到的歧视同时基于两个原因——黑人和女性——但是这种歧视却掉入了法律的漏洞中。她们最后一个被雇用，却总是第一个被解雇，然而，雇主否认这和歧视有关。当案件被诉讼至法院时，法官判决她们并非因其女性性别而遭到解雇，理由是其他女性仍在这个公司里工作。而原因也不会是他们的肤色，理由是其他黑人男性还在那里工作。法律只能单独对付其中一种压迫力量，不能同时应对两种。

等级体系

胡克斯的著作旨在进一步发展"交叉性"的概念。在《变革的意志》（2004）一书中，胡克斯写道，"我通常使用'白人至上的资本主义父权制帝国主义'这一术语来描述相互联结的政治体系，这种体系构成了我们国家的政治基石"。这一术语用来表述将人们置于社会权力等级中的一套体系。

白人至上主义将浅色皮肤或白色人种置于其他种族之上。尽管胡克斯承认"那些怀有（种族）偏见、采取敌视行为的人只是少数，无论阶层地位高低"，但种族偏见依然坚信，一个人的懒惰、愚蠢或更具暴力倾向，与他们的种族背景有关。这一刻板印象意味着印度医生或拉丁裔教师可能会被认为不如白种欧洲人称职。

资本主义指的是那种以公司或商品的私人或公司所有制及对价格、商品和劳动力的控制为特征的经济体系。它天生具有等级性：那些占有生产资料和控制劳动力

> 很明显，黑人女性……在现有的白人至上资本主义父权制体系下是不可能获得平等的。
>
> 贝尔·胡克斯

十字路口是事故多发区。律师金伯利·克伦萧以交通做类比，展示了歧视的发生可能有多种原因，以至于人们很难判断。

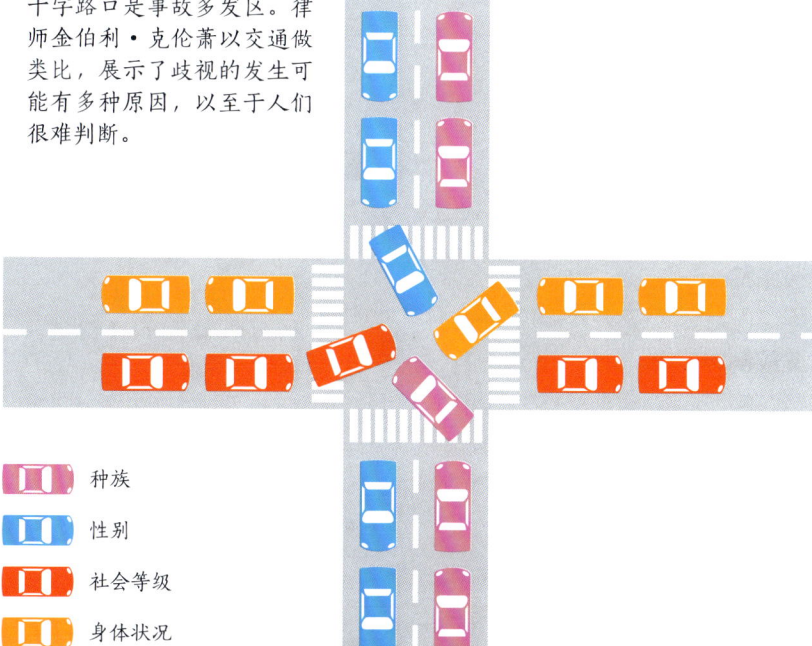

- 种族
- 性别
- 社会等级
- 身体状况

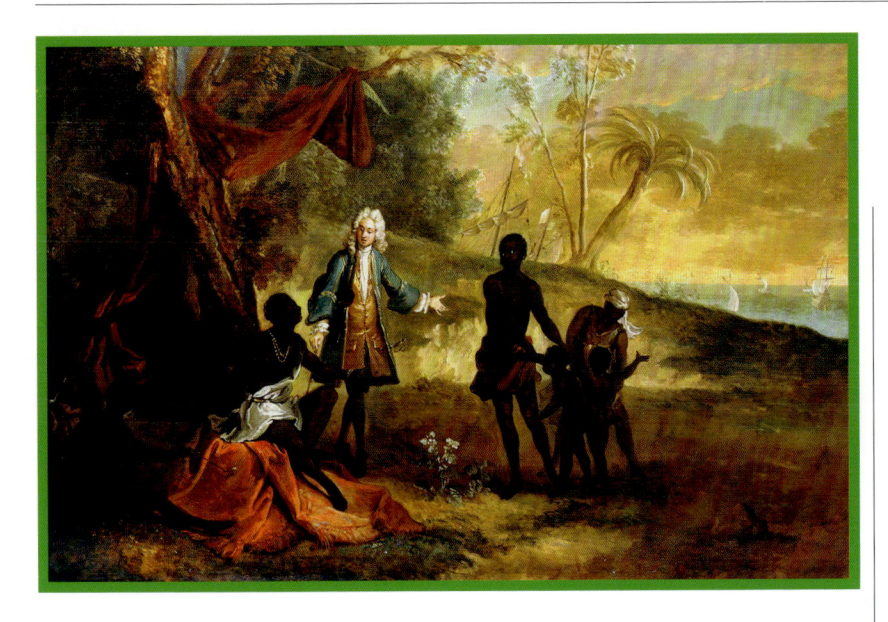

17—18世纪白人殖民国家对殖民地黑人的系统剥削导致歧视和社会不平等现象长期存在。

的人对工人拥有特权。胡克斯同意美国作家和杰出活动家卡门·巴斯克斯的观点。她引用后者的话，即"美国资本主义对个人主义的迷恋"意味着"只要能达到目的，怎样都行"。资本主义重视金钱甚过人，因此富人比穷人更重要。

在胡克斯看来，白人至上主义和资本主义中所蕴含的态度仍然是问题的根源。帝国主义和殖民主义也仍然与此相关，因为历史上，非白色人种人口和他们的国家资源都被白人至上的资本主义在财富积累的过程中洗劫一空。

父权制的规则

胡克斯将父权制定义为"一套政治社会系统，男性天生处于支配地位，优于其他一切……有权统治和控制弱者，并通过各种形式的心理恐吓和暴力来维持这种控制"。她指出，在我们所遇到的所有交错的政治体系中，这一种是我们在成长过程中最为熟知的。在《变革的意志》一书中，胡克斯解释了她和她的哥哥是如何在父权制的文化下被驯化的。

我们被告知，男性的出现是为了统治世界及世界中的万物；女性必须服从和服务于男性；男性必须强大、负责供养家庭、有谋略并进行领导——他们也期待享受女性的服务。这些父权制性别角色在每个社区的机构中，从家庭、学校、运动场到法庭，都是显而易见的。

一旦受到挑战，这些思想就可能通过暴力得到进一步加强，但有时候，来自同辈群体的瞪眼或嘲笑就足以把一个人拉回那些更适合他们的性别角色中。一个哭泣的男孩或一个愤怒的女孩可能很快就会意识到他们不符合那些为他们设定的性别角色。

胡克斯指出，父权制中最阴险的地方之一在于它并没有被提及，我们不能废除一个我们"集体否认对我们的生活有影响"的体系。男性甚至根本就不知道"父权制"一词是什么意思，日常生活中并不使用这个词，尽管他们一边在实施它的规则，一边在忍受其控制。男孩和女孩一样，都要听从父亲的管教，而他们从来不会去探究这究竟是为什么。

女性主义的目标

胡克斯指出，这一交错的体系意味着将"两性之间的平等"作为女性主义的目标是毫无意义的。在白人至上主义、资本主义及父权体系中，男性在他们自身群体内部也是不平等的，那么女性是想与哪种男性相平等呢？

她注意到，下层阶级和贫困人口中的女性，特别是黑人女性，不

> 只有有特权的女性才能奢侈地想象一下工作能给她们带来收入，在经济上实现自给自足。
>
> 贝尔·胡克斯

> **女性主义是一项终结性别主义、性别剥削和压迫的运动。**
>
> 贝尔·胡克斯

会将女性解放等同于男女平等,因为黑人男性也处于被压迫和剥削的地位——他们同样缺少社会、政治和经济权力。当这些女性意识到父权制给予这些男性特权时,她们倾向于将黑人男性沙文主义(大男子主义)的夸张表现看作其与其他男性群体相比时产生的一种无力感。

如果女性主义者致力于改善所有女性的生活境遇,那么她们就必须将帝国主义、白人至上主义和资本主义父权制的持续影响作为一个复杂的"交叉体系",仔细研究它们对女性的整体影响。胡克斯指出,黑人女性对女性主义运动从一开始就持怀疑态度。她们意识到,如果女性主义运动的目标是性别平等,那它很容易变成一个以改善中产和上层阶级女性地位为主的运动。她认为,拥有特权的白人女性对于呼吁关注种族和阶级不平等并不感兴趣,因为她们自身就是获益者,她们可能还"指望那些受剥削和压迫的下层阶级妇女去做那些她们拒绝从事的肮脏工作"。

特权和政治

拥有多种社会特权的女性(如白人女性或富有女性)可能会把某一情境看作某一种压迫,而非各种不同压迫类型交叉作用的结果。胡克斯推测,这可能部分因为无知——在她长大的小镇中,黑人经常去白人区工作,而白人却从不会来她家附近。另外,在胡克斯看来,一些女性倾向于避开任何政治运动,特别是那些激进运动,或不希望与任何形式的女性主义运动沾上边。她们从小被灌输了父权制思想,遵守和执行父权制的规则,远离那些挑战男性权威和行为的运动。

胡克斯提出,只有将父权制体系而非男性作为问题的焦点,我们才能找到解决问题的方法。她指出,女性主义者必须重视女性社会和政治现状的多样性,并将种族和阶级压迫纳入女性主义议题。这样,女性主义运动才不会仅有益于某一特定的女性群体或使女性优于男性。胡克斯坚持认为,真正的解决办法在于改变压迫之下的更深层次的哲学结构。基于这一点,女性主义是一场政治运动,而非"个人解放的浪漫观念"。■

贝尔·胡克斯

美国社会活动家和学者葛劳瑞亚·晋·沃特金选取贝尔·胡克斯作为笔名,以纪念她的曾祖母。她选取小写字母以提醒读者关注她的思想,而非其本人。

胡克斯于1952年出生在美国肯塔基州的一个乡村,父亲是一个清洁工,母亲抚养了家中的七名子女。她在实行种族隔离的全黑人学校念书,高中时进入一所黑白混合学校,在那里,她敏锐地察觉到种族和阶级方面的差异。1973年,她在斯坦福大学获得英国文学学位。在获得硕士和博士学位之后,她在美国加利福尼亚大学成为一名种族研究教授。她出版了30多本不同主题的图书。

主要作品

1981年 《我不是一个女人吗?》
1984年 《女权主义理论:从边缘到中心》
2000年 《人人都能读懂的女权主义》

"父权制"的概念对分析性别不平等必不可少

希尔维亚·沃尔比（1953— ）

背景介绍

聚焦
父权制

主要事件

1792年 英国女性主义者玛丽·沃斯通克拉夫特出版了《女权辩护》一书。

1969年 在《性的政治》一书中，美国女性主义者凯特·米利特认为父权制是一种无所不在的权力关系，渗透在一切社会分工中。

1971年 意大利女性主义者玛莉亚罗莎·达拉·科斯塔指出，妇女的无偿劳动是资本主义运作的一个重要部分。

1981年 美国女性主义经济学家哈蒂·哈特曼在其著作中指出，妇女遭受资本主义和父权制的"双系统"压迫。

1990年，英国社会学家希尔维亚·沃尔比出版了其开创性作品《父权制的理论化》一书。她在书中指出，"父权制"是一种由多重力量交错而成的复杂现象。鉴于早期的女性主义者着重探寻父权制的某一特定原因，往往将其与特定的历史时期或文化联系在一起，沃尔比将父权制定义为"一个男性通过……控制、压迫和剥削女性的社会结构和实践体系"。她指出，存在六种相互作

社会不平等 97

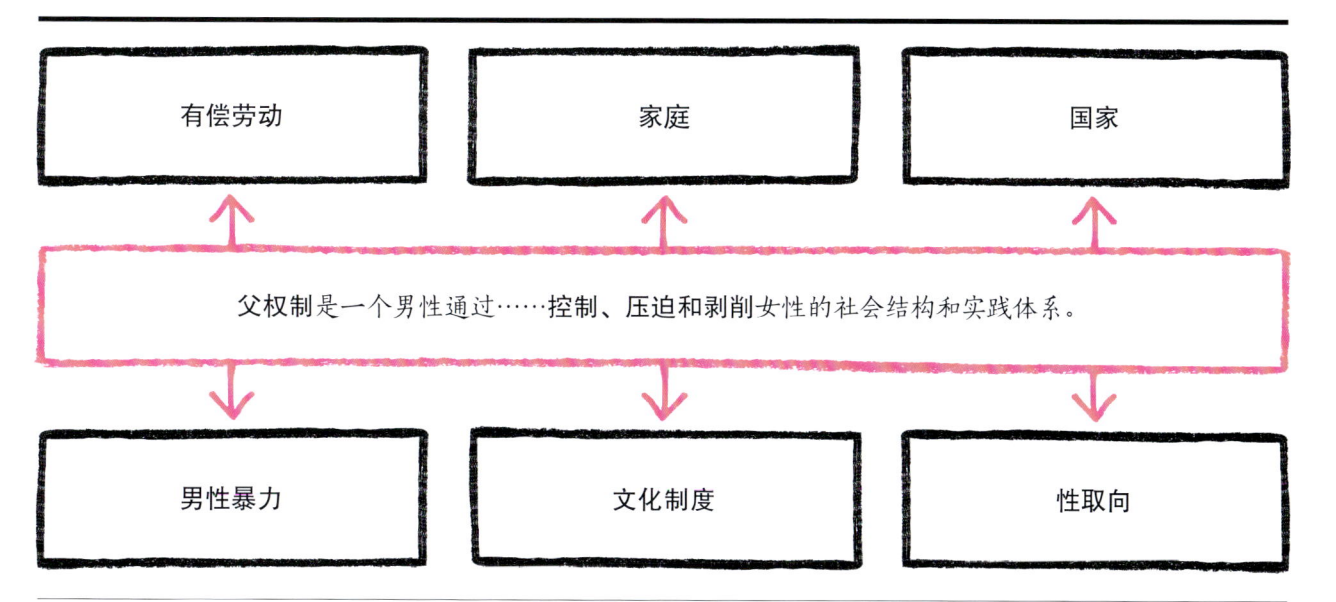

参见：卡尔•马克思 28~31页，朱迪斯•巴特勒 56~61页，贝尔•胡克斯 90~95页，泰瑞•琳•凯拉韦 248~249页，克里斯汀•德尔菲 312~317页，安•奥克利 318~319页。

```
┌──────────┐   ┌──────────┐   ┌──────────┐
│  有偿劳动  │   │   家庭    │   │   国家    │
└──────────┘   └──────────┘   └──────────┘
      ↑              ↑              ↑
┌─────────────────────────────────────────┐
│ 父权制是一个男性通过……控制、压迫和剥削女性 │
│          的社会结构和实践体系。            │
└─────────────────────────────────────────┘
      ↓              ↓              ↓
┌──────────┐   ┌──────────┐   ┌──────────┐
│  男性暴力  │   │  文化制度  │   │  性取向   │
└──────────┘   └──────────┘   └──────────┘
```

用的结构要素：家庭、有偿劳动、国家、男性暴力、性取向及文化制度。沃尔比通过回顾之前女性主义者的抗争和成果，仔细剖析了这六种结构要素。

第一波女性主义

沃尔比指出，19世纪和20世纪初的第一波女性主义聚焦父权制的私人性而非公共性方面。那个时候，已婚妇女被排除在有偿雇佣劳动之外。因此，父权制的控制主要发生在家庭内部，"处于丈夫或父亲地位的男性成为女性从属地位……的直接压迫者和受益者"。

埃米琳•潘克赫斯特（1858—1928）是第一波女性主义运动中富有实战精神的领袖，她致力于争取女性的基本权利，以及为英国已婚妇女争取选举权。

"家庭生活"的概念在这个时期得到加强。中产阶级女性被限制在这一私人领域，她们没有投票权、财产权或进一步接受高等教育的权利，家庭暴力是被法律允许的。

第一波女性主义者致力于从法律层面解决这些问题，但沃尔比坚持认为，他们为女性所争取到的巨大权益没能消除各种不平等。这主要是因为家庭作为一种"父权制生产模式"仍然在有效运作。家庭内的父权制是沃尔比的父权制六结构要素之首，它低估了家庭主妇（作为无偿劳动力）的劳动，只认为女

> 妇女不是压迫结构的被动受害者。她们已经在为改变自身的周遭状况和更广泛的社会结构而努力抗争。
>
> 希尔维亚·沃尔比

性的家庭主妇角色才是有价值的（这是女性的"合法地位"）。

沃尔比从马克思主义的角度出发，指出家庭主妇是生产阶级，而家庭中的丈夫是"直接从家庭主妇的无偿劳动"中获益的阶级。

资本主义下的女性

到了20世纪，资本主义已经成为占据主导地位的全球经济模式。随着资本主义的发展，妇女失去了那些曾一度向她们开放的工作，如在工业化发展过程中的纺织。两种方式造成了她们的不利地位：垂直隔离（只能获得低层次就业机会）和水平隔离（只能获得某些特定领域的工作）。因此，沃尔比提出"有偿雇佣劳动中的父权制结构"使男性在就业和雇佣等级中能够获得更好的机会，这构成了父权制六结构的第二种结构要素。

然而，沃尔比注意到，20世纪，父权制与资本主义之间的矛盾开始产生，因为它们在剥削女性劳动方面存在对立的利益。她说："如果女性是为资本主义工作的，那么她们就没有太多的时间为其丈夫工作。"

家庭与工作场所中的父权制冲突通过沃尔比的父权制第三种结构要素——国家的引入——获得解决。例如，在第二次世界大战期间，英国妇女在军工厂获得工作。工会对此很不高兴，劝说英国政府制定《战前活动恢复法案》（1942），确保战后妇女被这些工厂解雇。在这种情况下，女性是根据男性的需要而非自己的意愿被动地服务公共领域或私人领域的。

在西方，国家也会出面调停，提高妇女的待遇，比如，英国于1970年颁布了《同工同酬法》。然而，法律的介入并没有带来太多实际的变化，女性收入仍然低于男性。沃尔比认为，这是因为国家是"一种父权制关系场"，这对于整个父权体系是必不可少的。她指出，在过去的150多年中，国家政策已经发生了很大的变化，但也有其不可超越的局限性。她说："和资本主义及种族主义一样，国家仍然是父权制的。"

男性暴力和性取向

沃尔比的第四种父权制结构要素是男性对女性的暴力。家庭暴力包括控制或威胁行为，以及亲密伴侣或家庭成员间的暴力或虐待。家庭中的亲密关系拥有结构性的权力（就像父权制六结构要素中的其他所有要素），并通过一套规则运作，其中一个人控制着另一个人。男性对女性的暴力（或暴力威胁）在他们对女性的持续控制和主宰中扮演了重要角色。

第五种结构要素是性取向。沃尔比认为，社会总是认同异性恋关系，在许多情况下将它们看作唯一允许的选择。性取向是男性统治女性的主要领域：他们将自己的女性观念强加给女人，并建构了一种以男性欲望为核心的性实践活动。

沃尔比指出，与第一波女性主义相比，20世纪60—80年代的第二波女性主义包括更广泛的"非正式的"不平等。他们质疑性取向、家庭、工作场所、生育权——尽管当今的第三波女性主义者中有一些人批评他们"有头无尾"。然而，关于性的苛刻法律被废除之后，其中某些来之不易的成果又变成了女性的陷阱。性自由导致色情作品泛滥，以及卖淫、性产业和人口买卖中对女性剥削的增加。

沃尔比六结构的最后一个要素

> 针对女性的男性暴力普遍存在、重复发生，这构成了一种社会结构要素。
>
> 希尔维亚·沃尔比

社会不平等

汽车工业一直以来把女性作为其卖车策略（尽管其与汽车之间并没有什么必然联系），并把她们作为男性幻想和欲望的核心。

是文化，特别是一个社会的文化制度。她指出，父权制充斥在社会化的主要社会制度和行动中，包括教育、宗教和媒体，所有这些"创造了父权制视角下的女性角色"。例如，某些领域一直将女性排斥在领导层之外，并把她们限定在护理关怀而非行政层面上——认为这才是女性的"天然"使命。因此，父权制定义着女性，并把女性牢牢地限定在"女性领地"。

转向公共父权制

私人父权制和公共父权制是沃尔比区分权力结构交互影响女性的不同方式的重要概念。例如，她指出，英国的加勒比黑人女性更可能遭遇公共父权制的限制（比如，她们很难找到高收入的工作），而英国穆斯林女性则更可能经历更深的私人父权制影响（影响她们摆脱家庭限制或者选择自己喜欢的服装类型的能力）。

《父权制的理论化》一书出版以来，沃尔比注意到，虽然传统观点认为家庭仍然是女性生活的中心，但它已经没有那么重要了。然而她指出，这使得女性承担了更多的工作，她们从私人父权制的领域进入更高层次的公共父权制领域。现在，西方女性较少受到如父亲和丈夫之类的"个体父权家长"的剥削，却更多地因工作、国家及文化制度而受到男性的集体剥削。

沃尔比对父权制的分析焦点是，她坚持认为父权制既不是纯粹结构性的（正是这种结构将女性困在了文化制度的从属地位中），也不是纯粹能动性的（个体男性和女性的行动）。她认为，如果我们将父权制看作一种基本结构，那么我们就很容易把女性看作被动的牺牲者。同样，如果我们认为是女性的自愿行为导致她们被困在父权制中，那么她们可能会被认为"与父权制的压迫者相勾结"。

在《父权制的理论化》一书中，沃尔比对父权制给出了自己的答案，她试图解释结构变迁（如资本主义经济中的变迁）和行动变迁（女性主义的三波运动）。她指出，如果我们想要取得有意义的进展，就必须同时在女性自身内部以及她们周围的社会和文化中做出重要转变。■

希尔维亚·沃尔比

希尔维亚·沃尔比是英国社会学家，她在家庭暴力、父权制、性别关系及全球化等研究领域获得了广泛赞誉。她于1984年毕业于英国埃塞克斯大学社会学系，并分别从埃塞克斯大学和雷丁大学获得硕士和博士学位。

1992年，沃尔比成为欧洲社会学学会（ESA）的创始主席。2008年，她担任联合国教科文组织（UNESCO）性别研究的首位研究主席，领导了性别平等和妇女人权方面的研究。同年，她因在机会平等和多样化方面的贡献，而被授予官佐勋章（OBE）。沃尔比曾经在多个著名机构中任教，包括伦敦政治经济学院（LSE）和哈佛大学。

主要作品

1986年《工作中的父权制》
1990年《父权制的理论化》
2011年《女权主义的未来》

> 父权制在一个领域的松懈，意味着在其他领域控制的加强。
>
> 希尔维亚·沃尔比

MODERN LIVING

现代生活

1887年 在《共同体与社会》中,费迪南·滕尼斯悲叹从共同体现代社会中的结社过程中价值的变迁。

1903年 在《大都市与精神生活》中,乔治·齐美尔考察了日益增长的城市化对于社会互动和社会关系的负面影响。

1908年 在《社会学:关于社会交往形式的探讨》中,乔治·齐美尔发表了名为《陌生人》的论文。

1961年 在《美国大城市的生与死》中,简·雅各布斯呼吁用"街上的眼睛"来保护城市社区免受城市设计者的破坏。

1893年 在《社会分工论》中,埃米尔·迪尔凯姆阐释了基于具有专业功能的人们之间的相互依赖产生的团结。

1904—1905年 在《新教伦理与资本主义精神》中,马克斯·韦伯论述了理性化的非人化后果。

20世纪20年代 罗伯特·E.帕克和"芝加哥学派"的其他成员,关注对城市生活和社会结构的研究。

随着人类开始在某一地方定居下来,文明的基础得以形成。人类聚居在越来越大的群体中,随着村庄、城镇及城市的建立,文明开始逐步发展。但是,在人类历史的大部分时间里,大多数人生活在农村。大规模城市化是随着工业革命开始的,随之而来的是城镇和城市的快速扩张,大量人口前往那里的工厂和作坊工作。

如同工业化和资本主义的增长一般,生活在城市中也成为现代性的一个方面。从亚当·弗格森到费迪南·滕尼斯,社会学家们意识到传统农村社区和现代城市社区之间存在着巨大差别。一批思想家将这种社会秩序的改变归因于各种不同因素:卡尔·马克思认为是资本主义,埃米尔·迪尔凯姆认为是劳动分工,马克斯·韦伯则认为是理性化和世俗化。乔治·齐美尔指出,城市化本身影响了人们社会互动的方式——现代生活的基本特征之一就是生活在城市中。

城市中的社区

齐美尔不仅考察了现代城市中兴起的社会秩序的新形式,也分析了其对生活在大群体中的、往往与传统社区纽带及家庭相分离的个人所产生的影响。在他的研究的基础上,以罗伯特·E.帕克为代表的所谓的社会学"芝加哥学派"致力于建立城市社会学研究阵地。然而,很快,社会学家就从研究生活在城市中是怎样的体验转向了讨论我们想生活在什么样的城市中。

随着工业化的发展,许多社会学家认为,城市——包括城市生活及其所有的利弊——是强加给人们的。马克思主义社会学家亨利·列斐伏尔相信,是资本主义的需要塑造了现代城市生活,但普通人应该主导他们的城市环境,他称之为"社会空间"。类似的(但从另一个不同的政治立场出发),简·雅各布斯主张人们应该抵制城市设计者的规划,创造有利于城市中社区

现代生活 103

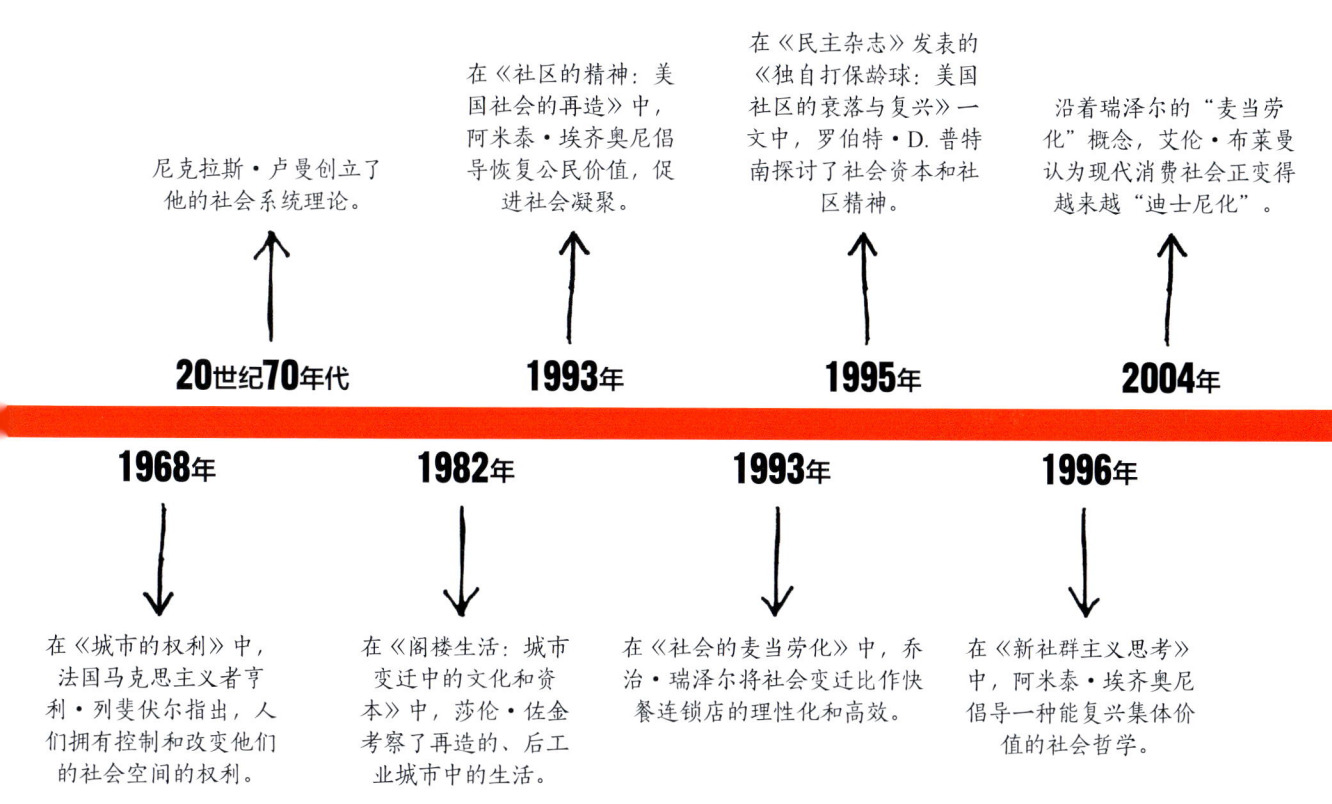

20世纪70年代	尼克拉斯·卢曼创立了他的社会系统理论。
1993年	在《社区的精神：美国社会的再造》中，阿米泰·埃齐奥尼倡导恢复公民价值，促进社会凝聚。
1995年	在《民主杂志》发表的《独自打保龄球：美国社区的衰落与复兴》一文中，罗伯特·D. 普特南探讨了社会资本和社区精神。
2004年	沿着瑞泽尔的"麦当劳化"概念，艾伦·布莱曼认为现代消费社会正变得越来越"迪士尼化"。

1968年	在《城市的权利》中，法国马克思主义者亨利·列斐伏尔指出，人们拥有控制和改变他们的社会空间的权利。
1982年	在《阁楼生活：城市变迁中的文化和资本》中，莎伦·佐金考察了再造的、后工业城市中的生活。
1993年	在《社会的麦当劳化》中，乔治·瑞泽尔将社会变迁比作快餐连锁店的理性化和高效。
1996年	在《新社群主义思考》中，阿米泰·埃齐奥尼倡导一种能复兴集体价值的社会哲学。

形成的环境。

20世纪末，一些社会学家继续关注日益个体化的西方社会中社区的衰落。在美国社会学家阿米泰·埃齐奥尼的带领下，社群主义运动出现，它倡导在这个已经变得冷漠的社会中寻找新的方法以重建社区精神。罗伯特·D. 普特南在他关于"社会资本"及社会互动的价值和优势的讨论中也突出了社区的思想。然而，并不是所有人都认同解决城市生活中的社会问题的出路在于重回传统社区价值。尼克拉斯·卢曼指出，当今的问题是已经变得日益碎片化和差异化的社会系统之间的沟通问题。在后工业社会，伴随着新的沟通方式的出现，人们应当寻求新的社会凝聚策略。

后工业城市

随着制造业的迁出或消失，20世纪末，城市的性质也开始改变。一些城市变成"鬼城"，而一些城市则变成服务产业的中心。随着工人阶级地区的中产阶级化，以及工业大楼变成后现代生活的理想地点，现代大都市生活的概念开始与繁荣而不是大工业化联系在一起。

这不仅表现在城市生活空间的转变中，如莎伦·佐金在20世纪80年代所描述的那样，也贯串于后现代社会秩序中。乔治·瑞泽尔将服务产业中的高效和理性化比作麦当劳式快餐连锁中的商业模式，艾伦·布莱曼则注意到迪士尼创造的美国娱乐文化是如何影响现代消费主义的。曾经由工业化创造的现代城市社会正在被后工业商业的新需求塑造着。∎

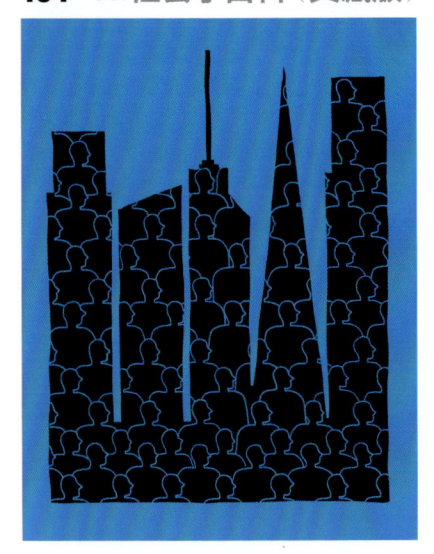

陌生人并不是作为个体，而是作为某种特定类型被感知的
乔治·齐美尔（1858—1918）

背景介绍

聚焦
大城市的精神生活

主要事件

19世纪 欧洲各国和美国开始大规模城市化。

自1830年起 新生的社会学声称要致力于解释工业革命带来的社会变迁。

1850—1900年 主要社会思想家，如费迪南·滕尼斯、埃米尔·迪尔凯姆和卡尔·马克思等，都关注现代化和工业化对社会的影响。

自20世纪20年代起 齐美尔对城市生活冲击的关注影响了美国城市社会学的发展，形成了"芝加哥学派"。

伴随工业革命而来的是19世纪以来欧洲各国和美国的城市化。对于许多人来说，这意味着自由的增加，因为他们从传统社会结构的束缚中挣脱了出来。但随之而来的是资本家对于工人及其工作的专门化需求也相应增加，这意味着对个人自由的新限制。

德国社会学家乔治·齐美尔试图解释面对这些巨大社会力量时城市人在保持自主性和个性过程中的挣扎。他发现，在城市环境下，人们在生活和工作中互动的增加，深深地影响着彼此之间的关系。这些发现在其《大都市和精神生活》（1903）中得到了阐释。在前现代

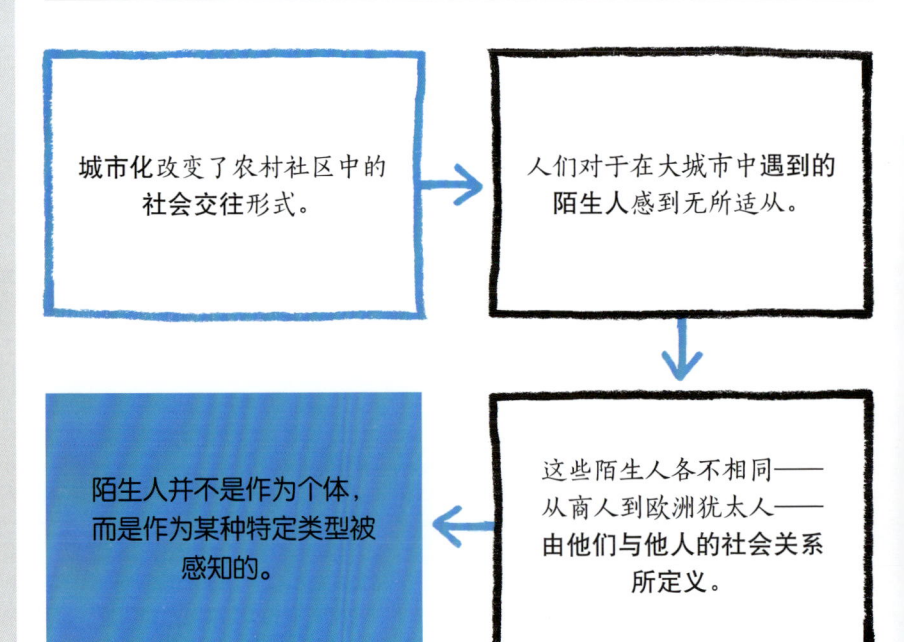

城市化改变了农村社区中的社会交往形式。

→ 人们对于在大城市中遇到的陌生人感到无所适从。

↓

这些陌生人各不相同——从商人到欧洲犹太人——由他们与他人的社会关系所定义。

← 陌生人并不是作为个体，而是作为某种特定类型被感知的。

现代生活 | **105**

参见：卡尔•马克思 28~31页，费迪南•滕尼斯 32~33页，埃米尔•迪尔凯姆 34~37页，马克斯•韦伯 38~45页，齐格蒙特•鲍曼 136~143页，托斯丹•凡勃伦 214~219页，欧文•戈夫曼 264~269页，米歇尔•福柯 270~277页。

社会中，人们一般会与周围的人保持亲密且熟悉的关系，而在现代城市环境下，个体普遍对其周围的人不甚了解。齐美尔相信，社会活动和匿名的增加将会带来意识的变迁。

城市中快节奏的生活使人们需要一种"保护性器官"，以保护自身免受外部和内部的刺激。在齐美尔看来，城市人在"用头脑而非真心来交往"；他建立起一套有教养的冷漠作为理性的屏障——一种"漠然态度"。这种意识的变化也导致人们变得保守而又疏远。城市中的货币文化进一步加剧了这种对传统行为规范的疏远，并将大城市中的一切都简化为货币交易。齐美尔认为，城市人的态度可以被看作一种社会-生存技术，用于应对浸没在城市生活中所带来的精神错乱——这能使他们只专注于与自己

> 在这一匿名性中……每个人都习得了冷酷无情、实事求是的做派。
>
> 乔治•齐美尔

有关的事，同时也使得他们对差异更包容。

大城市中的空间

个体和群体之间的亲疏距离是齐美尔理解大城市生活的关键，社会空间的观点影响了他最广为人知的一个概念：在《社会学》（1908）一书的一篇论文中阐述的"陌生人"的社会角色。过去，人们遇到陌生人的次数很少，而且时间较短。但是，城市陌生人不是漂流者——他们是"潜在的流浪汉"。陌生人（如商人）或陌生人群体（如欧洲犹太人）仅空间性地而非社会性地与社区相联系，他们是"既近又远的"——身处社区之中，却并非社区一员。

陌生人是齐美尔所描绘的许多社会类型中的一种——每一种都由他们与其他人的社会关系所定义。这一思想影响了许多社会学家，包括齐格蒙特•鲍曼。欧文•戈夫曼的"礼貌性漠视"概念，即人们在公共场所会尽量减少社会互动——如通过避免眼神交流——也同样受到齐美尔的"漠然态度"概念的启发。■

乔治•齐美尔

1858年出生于德国柏林一个富裕的犹太家庭的乔治•齐美尔，是一位并不广为人知的社会学家。他在柏林大学学习哲学和历史，并于1881年获得博士学位。尽管他的作品和德国其他知识巨匠的一样受欢迎，但他仍徘徊在主流之外，直到1914年才在斯特拉斯堡获得教授职位。

他创立了形式社会学，坚信我们只有通过聚焦于行为背后的交往形式而非交往内容，才能理解不同的人类现象。但是，他最有影响力的著作是其关于大城市生活的研究，这使他成为20世纪20年代"芝加哥学派"城市社会学研究的先驱。1918年，齐美尔去世。

主要作品

1990年 《货币哲学》
1903年 《大都市与精神生活》
1908年 《社会学：关于社会交往形式的探讨》

自由地重塑我们的城市与我们自身

亨利·列斐伏尔（1901—1991）

背景介绍

聚焦
城市的权利

主要事件

19世纪 欧洲各国和美国开始大规模城市化。

1848年 在《共产党宣言》中，卡尔·马克思和弗里德里希·恩格斯批判了西方资本主义社会中存在的阶级不平等。

1903年 德国社会学家乔治·齐美尔发表了《大都市与精神生活》一文。

自20世纪80年代起 根据英国社会学家大卫·哈维和西班牙理论家曼纽尔·卡斯特尔的观点，城市为资本主义的利益服务，这影响了生活于其中的人们之间的互动。

自20世纪90年代起 列斐伏尔"城市的权利"的概念影响了世界各地的社会运动，包括美国、法国、巴西及菲律宾。

城市应该是鼓励表达自由、行动自由及创新自由的场所。

→ 但是，现代城市被塑造成反映权势公司和资本主义利益的样子。

↓

穷人、工人阶级及其他边缘群体被排斥在城市建设和社会空间利用决策之外。

← 城市必须重建，以反映受压迫者的利益。

↓

拿回"城市的权利"才能使我们自由地重塑我们的城市与我们自身。

城市不必被看成一个"混凝土丛林"——肮脏的、令人不愉快的和充满威胁的。法国社会学家、哲学家亨利·列斐伏尔一生大部分时间致力于城市社会研究。在他看来，城市是一个充满权力关系、多样身份及生存方式的令人激动且复杂的混合体。

20世纪六七十年代，列斐伏尔在他的著作中指出，城市最令人着

现代生活 107

参见： 卡尔·马克思 28~32页，费迪南·滕尼斯 32~33页，彼得·汤森 74页，以利亚·安德森 82~83页，乔治·齐美尔 104~105页，简·雅各布斯 108~109页，阿米泰·埃齐奥尼 112~119页，莎伦·佐金 128~131页，萨斯基娅·萨森 164~165页。

迷的不单单是其中的人，还在于它是一个既反映社会，又创造社会的环境。通过将马克思主义观点运用到他的分析中，列斐伏尔同时指出，国家塑造了城市空间，以满足权势公司和资本主义的利益。城市的不同部分反映了蕴含在其中的阶级关系：某些地区的富裕反映了精英的权力和财富，而内城区的破败和市中心外围的贫民区则反映了穷人、工人阶级和其他被排斥群体受排挤和被边缘化的处境。

公共层面和私人层面

例如，许多现代城市已经被为资本主义服务的购物商城、综合办公楼之类的私人空间所支配。公共场所的丧失已经严重限制了那些使人们可以平等交往的领域，因此侵蚀了人们的个人自由，扼杀了那些可以满足他们社会和心理需求的手段。这可能会带来严重的社会问题，如犯罪、抑郁、无家可归、社会排斥及贫困。

用列斐伏尔的话说，巨大的权力掌握在那些拥有和控制城市空间的人手中——建筑师、规划者，以及"资产阶级商人、知识分子和政治家"的手中。但是他相信，关于城市环境确切性质的决定权——城市中的事件、社会空间的建设和使用——应该对公众开放。普通公众应该参与创造一个空间，以反映他们的需求和利益——只有通过主张"城市的权利"，主要社会议题才能得到表达。列斐伏尔认为城市应该与生活同步，要能生动地表达人巨大的、没有人情味的商场满足资本主义消费者的利益。建造这种场所往往会导致该地区原有工人阶级居民流离失所。

类的自由和创造力，生活于其中的人能娱乐、探究他们的创造力和艺术性需求，从而达到某种程度的自我实现。他指出，城市街道的设计应该鼓励这种类型的存在——它们可能是原生态的、振奋人心的及未被开发的，正因如此，它们才能提醒人们他们还活着。

列斐伏尔对于"城市的权利"的倡导，不是简单地呼吁一系列改革，而是强调城市中社会关系的大规模转型——本质上，它是一种激进的民主形式，即将控制权从精英手中夺回，交到大众手中。他认为，这一目标只有通过那些"具有革命进取心"的群体和阶级阵营才能实现。■

亨利·列斐伏尔

马克思主义社会学家、哲学家亨利·列斐伏尔于1901年出生在法国阿热莫。他在巴黎索邦大学学习哲学，并于1920年毕业。1961年，他被聘为斯特拉斯堡大学社会学教授，1965年转到巴黎第十大学。列斐伏尔是一位多产的作家，关注领域十分广泛。他的著作挑战正统资本主义权威，因此并不总是受到欢迎，但影响了许多学科，包括地理、哲学、社会学、政治学及建筑学。

主要作品

1968年 《城市的权利》
1970年 《都市革命》
1974年 《空间的生产》

街上一定要有很多双眼睛

简·雅各布斯（1916—2006）

背景介绍

聚焦
城市社区

主要事件

1887年 费迪南·滕尼斯的《共同体与社会》激发了社会学对于研究城市社会中社区纽带的兴趣。

自20世纪50年代起 西方城市中的内城区一带饱受来自城市设计师的压力。

2000年 美国社会学家罗伯特·D.普特南在《独自打保龄球：美国社区的衰落与复兴》一书中指出，20世纪60年代以来，美国社区价值已经逐渐削弱。

2002年 在《创意阶层的崛起》一书中，美国社会学家、经济学家理查德·佛罗里达指出，其关于创意的理论受到雅各布斯的影响。

2013年 "9·11"以后，美国城市中出现了越来越多的摄像头，它帮助锁定了波士顿马拉松炸弹事件的嫌疑人。

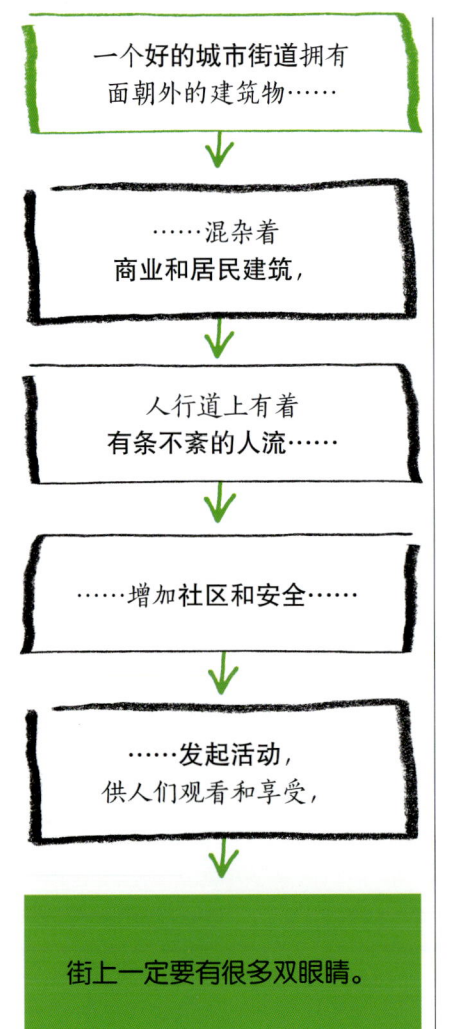

一个好的城市街道拥有面朝外的建筑物……

↓

……混杂着商业和居民建筑，

↓

人行道上有着有条不紊的人流……

↓

……增加社区和安全……

↓

……发起活动，供人们观看和享受，

↓

街上一定要有很多双眼睛。

简·雅各布斯终其一生致力于提出一种与众不同的城市景象——特别集中于探究成功城市社区的奥秘。她的思想来自其对纽约西格林尼治镇的城市生活的观察，她在那里生活了超过30年。

雅各布斯反对那种在20世纪60年代由城市设计师同时也是她的宿敌霍华德·摩西所主导的对城市生活的大规模改造，包括清除贫民窟计划和发展高层建筑物。她的核心思想是：城市生活应当是丰富多彩的，人们能够在一个密集而令人兴奋的城市环境中互动。相对于秩序，她更喜欢混乱；相对于开车，她更喜欢步行；相对于整齐划一，她更喜欢多样化。

在雅各布斯看来，城市社区是有机整体——复杂而又整合的生态系统——应该由它们自己主导发展和变迁，而不是听从于那些所谓的专家和技术人员的大规划。一个城市应当如何发展，最好的评判者是当地的居民。雅各布斯指出，城市中的社区是了解城市如何运作的最

参见: 费迪南·滕尼斯 32~33页，米歇尔·福柯 52~55页，乔治·齐美尔 104~105页，亨利·列斐伏尔 106~107页，罗伯特·D. 普特南 124~125页，莎伦·佐金 128~131页，萨斯基娅·萨森 164~165页。

那种纽约式的生动城市生活是简·雅各布斯眼中的城市街景的典范，那里充满着住宅公寓、沿街商铺及熙熙攘攘的人群。

佳场所，因为正是它们的各种互动才使得城市生活得以产生和延续。

"人行道芭蕾"

雅各布斯注意到，一个城市的建筑格局对城市社区的生活至关重要。人们生活的街道应该由纵横的人行道交织而成，从而使人们能时常见面、交谈、增进彼此的了解。她称之为"人行道芭蕾"——一种复杂而又丰富的相遇和碰撞，能帮助人们熟悉他们的邻里和小区。对雅各布斯来说，空间的多样性和复合功能也是这种城市格局的关键要素。一个城市的贸易、商业和居住要素不应该彼此分离，而应连成一片，从而促进人们之间更大的整合。城市也应该兼具新老建筑，人们的互动决定着建筑应该如何被利用以及再利用。

最后，在那些拥有大量居民生活、工作和互动的地方，城市社区会更加繁荣。她认为，这种高密度——却不过分拥挤——的空间是创造力和生命力的动力。这些地方同时也更加安全，因为更高密度意味着"街上的眼睛"更多：店主和居民熟悉他们的社区，并提供一种天然的监视。■

简·雅各布斯

简·雅各布斯是一位富有激情的作家和城市规划专家。1935年大萧条时期，她离开美国宾夕法尼亚州的斯克兰顿小镇，去往纽约。在第一次见到格林尼治小镇后，她搬了过去，开始了她对城市社区的研究。1944年，她结了婚，并搬到了哈德逊大街。

当为《建筑论坛》杂志撰写稿子时，雅各布斯开始去批判那种大规模的自上而下的城市重建计划。她也是一位社会活动家和运动家，为其以社区为基础的城市发展理念而奋斗。

2007年，洛克菲勒基金会设立简·雅各布斯奖章，以表彰那些在纽约城市设计思想方面有突出贡献的人。

主要作品

1961年 《美国大城市的生与死》
1969年 《城市经济》
1984年 《城市与国家财富》

只有沟通才能够沟通

尼克拉斯·卢曼（1927—1998）

背景介绍

聚焦
沟通系统

主要事件

1937年 美国社会学家塔尔科特·帕森斯在《社会行动的结构》一书中讨论了系统理论。

1953年 奥地利哲学家路德维希·维特根斯坦的"语言游戏"概念，影响了卢曼关于沟通的观点。

1969年 英国数学家乔治·斯宾塞-布朗的《形式法则》支持卢曼关于结构差异的观点。

1987年 德国社会学家尤尔根·哈贝马斯与卢曼就系统理论展开了争论。

2009年 希腊学者安德里斯·米哈洛普洛斯将卢曼的观点应用到其对犯罪公正和法律体系的分析中。

现代社会拥有不同的社会系统（经济、法律、教育、政治等）。

↓

这些**系统赋予世界意义**，但它们是由**沟通**而不是由人口组成的。

↓

每个系统都用自己独特的方式处理活动和问题，因此在没有帮助的情况下，它们**无法与其他系统联结**。

↑

"结构耦合"使得不同系统之间的**有限沟通**成为可能。

在德国社会学家尼克拉斯·卢曼看来，现代性的标志性特征是发达资本主义社会分化成隔离的社会系统——经济的、教育的、科学的、法律的、政治的、宗教的等。卢曼指出，"社会"一词指的是那种包含所有其他系统的系统。他说，社会是系统的系统。

卢曼坚持认为，个体不具有社会意义，社会的基本元素不是人类行动者而是沟通——他将这一术语定义为：在系统内，从以语言或

参见：马克斯·韦伯 38~45页，尤尔根·哈贝马斯 286~287页，塔尔科特·帕森斯 300~301页，赫伯特·斯宾塞 334页，阿尔弗雷德·舒茨 335页。

非语言形式进行的活动和互动中产生的"信息、话语和理解的综合体"。卢曼指出，如同植物在自我生产的循环和生长过程中产生细胞一般，一个社会系统也拥有类似的自我维持能力，由一套拥有联结性的运作发展而来——当"沟通产生沟通"时。他将沟通比作某种化学物质的结构平衡。

结构耦合

卢曼参考乔治·斯宾塞-布朗的形式数学法则思想，试图定义一个系统，并认为某些东西由差异产生：根据这一理论，系统不同于它的环境。卢曼接着指出，一个系统的环境是由其他系统组成的。例如，一个家庭系统的环境包括其他家庭、政治系统、医疗系统等。最重要的是，每一个单独的系统只能理解从属于它的事件——活动和沟通方式；它对于其他系统（及更大的社会系统）中发生的事情不太关心。例如，经济系统在功能上只专注于其自身内容，对道德问题并不感兴趣，除非这些道德问题可能会对经济活动和交易的收益产生影响。

卢曼将系统整合的缺失看作发达资本主义社会面临的主要问题之一。他定义了"结构耦合"的概念——某种形式和制度，通过将一个系统产生的沟通翻译成其他系统能懂的术语，来实现对那些彼此分离的系统的联结。例如，通过宪法联结法律系统和政治系统；通过大学，联结教育系统和经济系统。"结构耦合"是一个用来帮助解释人（作为意识系统）和社会系统（作为沟通）之间的关系的一个概念。

卢曼的理论尽管极其复杂，但仍被广泛用作分析社会体系的工具。他的批判者指出，这一理论在学术上是严谨的，但在操作层面上，没能解释缺少人类活动的沟通是如何产生的。

艺术家抗议英国石油公司对伦敦泰特英国美术馆的赞助，这反映出抗议者相信公司系统与艺术世界系统是不相容的。

> 人类不能沟通，他们的大脑不能沟通，甚至他们的意识也不能沟通。
>
> 尼克拉斯·卢曼

尼克拉斯·卢曼

1946—1949年，尼克拉斯·卢曼在德国弗莱堡大学学习法律，1956年，他成为政府公职人员。1960—1961年，他利用休年假的机会到哈佛大学学习社会学和管理学，师从塔尔科特·帕森斯。

1966年，卢曼从明斯特大学获得社会学博士学位，于1968年得到比勒费尔德大学的社会学教授职位，并一直在那里工作。卢曼获得了许多荣誉，1988年，他成为著名奖项黑格尔奖（Hegel Prize）的获得者。黑格尔奖是斯图加特市为表彰杰出思想家而设立的奖项。他也是一位多产的作家，发表的作品有三百多个。

主要作品

1972年 《法律的社会学理论》
1984年 《社会系统》
1997年 《社会理论》（两卷本）

社会应该清楚指出什么是善

阿米泰·埃齐奥尼（1929—2023）

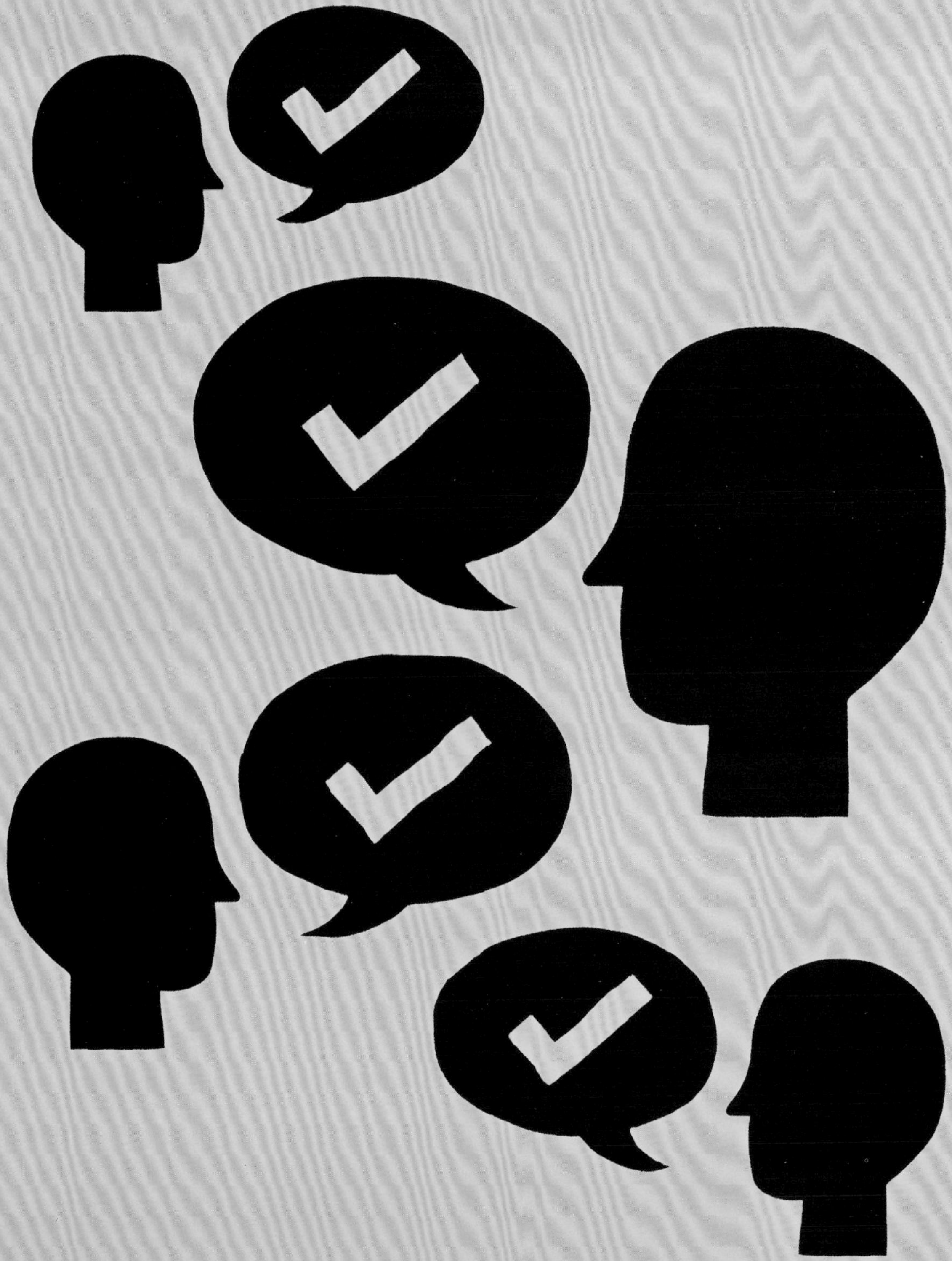

背景介绍

聚焦
社群主义

主要事件

1887年 费迪南·滕尼斯在《共同体与社会》一书中颂扬了社区的价值。

1947年 德国思想家马丁·布伯在《乌托邦之路》中预见了现代社群主义运动的兴起。

1993年 社群主义者网络——一个非党派的、跨国家的、非营利的联合体成立了。

1999年 美国学者、社群主义者史蒂芬·戈德史密斯加入了美国前总统乔治·W.布什的社会政策顾问小组。

2005年 英国社会学家科林·格雷发表了名为《理论的沙堡》的文章,指出埃齐奥尼的作品过于乌托邦。

第二次世界大战结束到20世纪70年代初,美国经历了快速的经济增长,带来了日益增长的繁荣和绝大部分公民的向上流动。随着民权运动、有组织的反越战运动、性革命及女性主义的突起,这个国家的社会和政治图景也发生了改变。

然而,1973年,石油危机和股票市场的崩溃将美国经济打入了谷底——根据社会学家阿米泰·埃齐奥尼的看法——美国文化得以建立的传统价值基础开始崩溃。

作为对这种文化和道德危机的回应,以及对同时崛起的个人主义意识形态和自由主义经济政策(自由市场应该独立运作,政府应尽可能减少干预)的回应,社群主义社会哲学出现了。用埃齐奥尼的话说,它的目标是"重建公民美德,履行公民责任而非仅仅关注权利,支持社会的道德基础"。其社群主义的指导原则是,通过社会成员间达成的共识,以及社区、机构中树

> 一个有效的社群是那种其道德标准能反映所有成员的基本人类需求的社群。
> —— 阿米泰·埃齐奥尼

立的规则,社会应该清楚指出什么是善。

此外,对于埃齐奥尼来说,社会学家仅思考和观察社会生活是不够的,他们应该积极参与那些努力改善社会的实践。到20世纪90年代初,越来越多的美国思想家——包括社会学家罗伯特·D.普特南、理查德·桑内特及丹尼尔·贝尔——试图将社群理念从大学校园拓展到更广阔的社会范围。

阿米泰·埃齐奥尼

阿米泰·埃齐奥尼于1929年出生在德国,7岁以前一直和家人生活在巴勒斯坦。1946年,他辍学加入先锋部队团,为以色列建国而战斗。大约5年后,他成为犹太存在主义哲学家马丁·布伯就职的研究所的学生。布伯对于"我与你"关系的关注贯串在埃齐奥尼对社群生活的研究中。

1951,埃齐奥尼进入耶路撒冷希伯来大学,在那里他获得了学士学位和硕士学位。1958年,他在美国加利福尼亚大学伯克利分校获得社会学博士学位。他的第一份工作是在纽约的哥伦比亚大学任教,在那里他工作了20年。1980年,他成为乔治·华盛顿大学的教授,并担任社群政策研究所的主任。2023年5月31日,他在家中去世。

主要作品

1993年 《社区的精神:美国社会的再造》

现代生活 115

参见：卡尔•马克思 28~31页，费迪南•滕尼斯 32~33页，埃米尔•迪尔凯姆 34~37页，理查德•桑内特 84~87页，简•雅各布斯 108~109页，罗伯特•R. 普特南 124~125页，安东尼•吉登斯 148~149页，丹尼尔•贝尔 224~225页，罗伯特•内利•贝拉 336页。

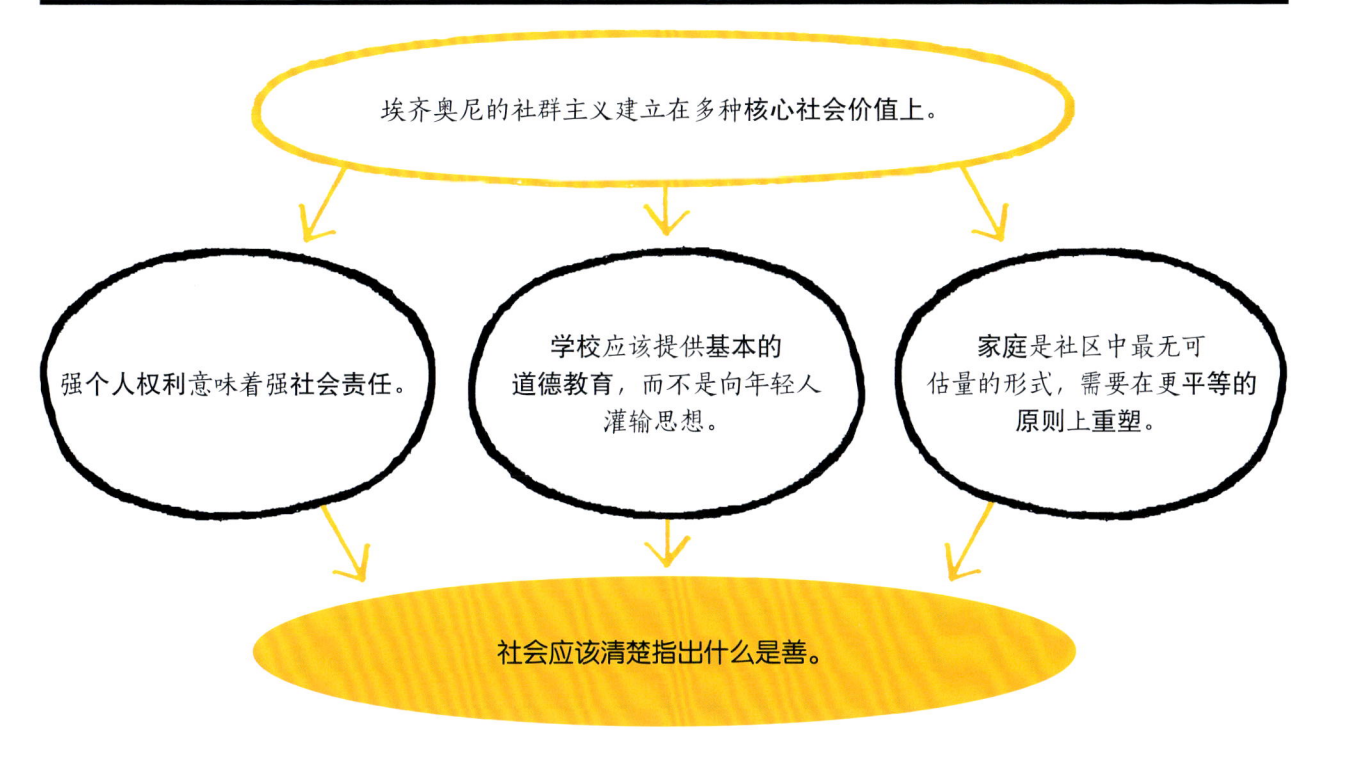

埃齐奥尼的社群主义建立在多种核心社会价值上。

- 强个人权利意味着强社会责任。
- 学校应该提供基本的道德教育，而不是向年轻人灌输思想。
- 家庭是社区中最无可估量的形式，需要在更平等的原则上重塑。

社会应该清楚指出什么是善。

责任和权利

埃齐奥尼的思想根源可以追溯到早期理论家，如费迪南•滕尼斯。滕尼斯区分了两种社会联结形式：共同体（Gemeinschaft）和社会（Gesellschaft）。前者指的是个体间的关系和面对面的互动，这创造了社群社会；后者指的是在自利的理性个体、官僚及正式信念中产生的联结。

滕尼斯认为，与传统共同体的生活形式——共同体中的高度团结相比，现代社会中的核心原则代表了人类关系发展中的一种倒退。

尽管埃齐奥尼发展了滕尼斯关于社群的思想，但他认为滕尼斯以牺牲个人为代价过分强调了集体。此外，与滕尼斯同一时期的埃米

前工业社会的生活特别强调共同体生活（如这里所展示的欧洲村落场景），但埃齐奥尼指出，它通常以牺牲个人为代价。

尔·迪尔凯姆则担心现代性可能会威胁社会团结，在他看来，个体作为社会存在，其野心和需求应当与群体一致。

埃齐奥尼指出，共同体同样有缺点：它往往是压抑的、威权的，会阻碍个人的成长和发展。他的社群主义形式致力于在个体与社会、社区与自治、权利和责任之间达到一种最佳平衡。

埃齐奥尼认为，在个人权利和社会责任之间取得平衡至关重要，因为离开任何一方，另一方都无法存在。另外，他指出，当今的美国人忘记了个人的命运与集体的命运总是联系在一起的。

美国人非常重视权利——指望社区提供服务，尊重和珍视个人权利——而忽视了对社区的道德义务，不管是在地方层面上，还是在国家层面上。

例如，大部分美国年轻人宣称，如果被指控有罪，被同辈群体评判是他们不可剥夺的权利，但是只有极少部分人愿意参与这种司法服务。

按照埃齐奥尼的观点，美国社会中个人主义的泛滥已经带来了"社会资本"的下降——基于互惠的共同价值理念、信任及责任感，因此，对于美国社会来说，它比以往更需要接受社群主义的道德原则。

> "道德混乱，而非社群泛滥，是我们当今面临的主要威胁。"
> ——阿米泰·埃齐奥尼

什么是社群？

对于埃齐奥尼来说，社群是"包含一套共享意义和最重要的共享价值"的社会关系网络。社群的观念不能由某个外部群体或内部的少数派强加给它，而必须"由社群成员在公开开放的对话中产生，必须对其成员充分响应"。

埃齐奥尼的社群概念本质上是民主的，每个社群都嵌构"在一个更大的社群中"。这种社群定义适用于各种形式的社会组织，从如家庭、学校之类的微观形式，到如族群、宗教或民族国家之类的宏观形式。

西方城市中的"中国城"，佐证了埃齐奥尼的社群生活。维护共同的规范和价值，使得居住者能够在外国土地上重建自己的文化。

埃齐奥尼指出，社群而不是个体，才是社会的基本构成要素，即社会是由各种不同的、相互重叠的社群构成的。因此，人们同时从属于许多不同的、相互交织的社群。

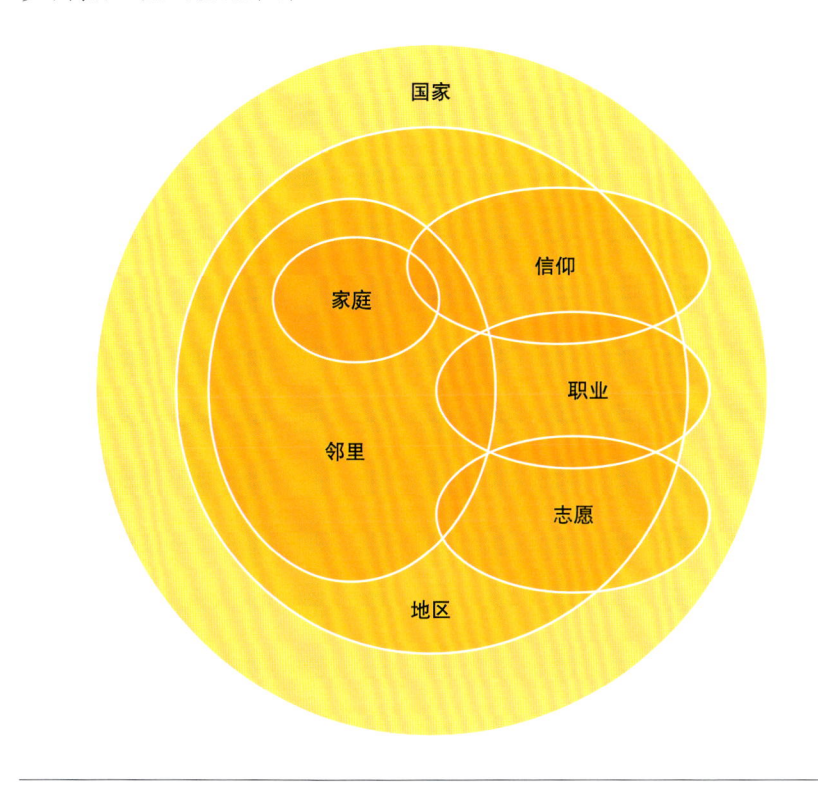

成员的人际和道德行为的基础。没有坚实的道德秩序，社会就难以繁荣，特别是要将对政府干预公共事务的依赖降到最低程度的时候。

定义和树立"道德之声"后，就不再需要依赖个人良心或法律强制机构来规范社群成员的行为。社群珍视某种行为（如避免滥用酒精或超速驾驶）时，就能够有效地预防和控制反社会行为。

第二个方面是"社群主义家庭"。生育和抚养不仅是父母对孩子的责任，也是家庭对社群的责任。如果儿童没有得到很好的照料，那么不仅是其家庭，整个社群也将不得不面对可能的后果。

埃齐奥尼认为，基于这一原因，生育、抚养儿童应当被看作社群行为。他指出，父母有道德责任尽最大努力养育孩子，而社群也有义务在这一点上帮助那些父母。社群应该支持和鼓励，而不是抹黑那

社群不需要地理上的集中。例如，纽约市的犹太人社群散布在城市各处，但通过如犹太教堂、强调信仰的学校等核心机构，维持了一种高度的道德团结。

埃齐奥尼甚至认为，基于互联网的网上社群也是社群的合法形式之一，只要其成员遵守和共享共同的价值。相反，一些传统意义上的社群，如村庄，如果没有一套明显的共同规范和价值将生活在其中的村民联结起来，那么它就不符合埃齐奥尼所说的社群的标准。

社群并不一定都是有道德的：有一些可能是严厉的和狭隘的，也有一些可能建立在某种不道德的共享价值体系上。埃齐奥尼以南非的非洲村落为例来说明，那里的成员支持私刑。

社群社会

埃齐奥尼并不仅仅停留在学术探讨上，他还提出了社群社会组织和运作的四个方面。他定义了社群社会的几个重要方面，以及这些方面在社群与更大的社会整体的互动中所具有的功能。

第一个方面，埃齐奥尼称之为"道德之声"——一套成员共享的规范和价值集合体，这是联结社会

埃齐奥尼认为，双亲家庭在抚养孩子方面要远远优于单亲家庭，因为养育孩子是一种"精细的、高要求的工作"。

埃齐奥尼认为，学校毕业生应该服兵役，这样能培养学生的自律和团结合作精神。

解决传统社群衰落的对策，同时也是建立新社群的基础。这包括改变美国社会学家罗伯特·N.贝拉所说的"心灵的习性"。

埃齐奥尼的对策包括：培育一种"社群环境"，使人们习惯于在行动之前首先考虑个体行为对周围社会的影响，解决个人职业理想、抱负与对社群的责任之间的冲突；重新设计一种物质生活的环境，使它"变得对社会更加友好"；设法将更多的个人和职业资源重新投资到社群中。

批评

埃齐奥尼的社群主义是对美国社会一系列现实问题的回应，这些现实问题包括：个人和公共道德的沦丧及共同价值体系的瓦解、家庭的衰落、犯罪率的上升，以及公民

些为了花时间与孩子相处而延迟就业的父母。

埃齐奥尼发现，越来越多的证据证明了家庭的社会角色的重要性。他指出，"在各种人类社会中（从祖鲁人到因纽特人，从古代社会再到现代社会），还没有一个社会没有双亲家庭"。他指出，这种结构，对于减少由如新职业、离婚、单亲家庭及个人主义增长之类的发展所带来的"养育不足"问题至关重要。在这方面，社会需要限制幼儿的日托化。

埃齐奥尼的第三个方面指出了"社群学校"的功能。学校不仅是向学生传授技能和知识的场所，还应该是一个除家庭之外的培养个性的场所，在实现自我、具有坚强意志、约束自己、延迟满足等方面打下基础。特别是，规范和自我规范的价值及其内化——将外部价值观整合到个体的自我认同中——在儿童的心理发展和健康中扮演了主要角色。

在对自律的强调中，埃齐奥尼认为，所有的学校毕业生都应该强制服兵役一年。这样做将"通过服务于共享目标，为年轻人的自我中心思想提供一粒强效解药"。

第四个方面，埃齐奥尼提出了

> **教育，特别是性格的形成，是家庭的核心任务。**
> 阿米泰·埃齐奥尼

> **权利和义务之间的不平衡已经存在许久了。**
> 阿米泰·埃齐奥尼

的政治冷漠。他关于建立一个更民主、公正、平等社会的愿景受到来自不同思想领域的学者和评论家的称赞。

然而，埃齐奥尼的努力也招来了一些批评。例如，一些女性主义支持者强烈反对社群主义，认为它是一种消解女性经济解放的尝试。他们指出，现在一个全职工作的母亲与孩子相处的时间比30年前全职主妇与孩子相处的时间还多。比阿特丽斯·坎贝尔就曾指责这种社群主义是"怀旧运动"，指出他们提倡的那种母亲是不存在的。

美国社会学家、政治思想家理查德·桑内特认为，埃齐奥尼的研究没有能够清楚地阐释政治和经济权利的性质，没能为解释个人献身社群主义价值和原则的动机提供令人信服的证据。如果如埃齐奥尼所称，美国文化的特征是自我中心和极度个人主义，那么，他没能回答为什么个体还会选择承担对社群的责任，尤其是这种责任需要他们的付出，甚至有可能影响他们的个人权利。

尽管存在各种各样的批评，但埃齐奥尼社群主义的核心思想仍然对政府影响深远。在《第三条道路》一书中，英国社会学家安东尼·吉登斯将埃齐奥尼的研究置于由英国前首相托尼·布莱尔发展的"第三条道路"这一政治哲学框架的核心。

志愿者在北美洲和西欧成千上万的社会组织中扮演了重要角色，包括许多邻里中的社区植树计划。

> **如今，年轻人更有兴趣寻找那些能给他们带来'某种'意义的职业和工作。**
> 阿米泰·埃齐奥尼

埃齐奥尼的研究在两个不同方面迎合了英国新工党政府的需求：首先，它在政治左派（过度强调政府的角色）和政治右派（夸大自由市场的重要性和个人的胜利）之间提供了一条中间路线。其次，它将公民权的概念看作一种必须在实现共享期望和义务的过程中获得的权利。■

麦当劳化几乎影响了社会的各个方面

乔治·瑞泽尔（1940— ）

背景介绍

聚焦
麦当劳化

主要事件

1920—1922年 马克斯·韦伯在德国出版了《经济与社会：理解社会学大纲》一书，分析了理性化和官僚制（科层制）之间的关系。

1961年 美国企业家理查德·麦当劳和莫里斯·麦当劳将他们的汉堡餐厅卖给了雷·克罗克，后者把它发展成全球连锁店。

1997年 照搬麦当劳的模式，寿司连锁店"YO! Sushi"在英国亮相。

1999年 英国社会学家巴里·斯马特编辑出版了《抵制麦当劳化》一书，批判地回应了瑞泽尔的麦当劳化主题。

德国社会学家马克斯·韦伯认为，传统社会向现代社会转型的一个重要特征是，社会生活的各个方面越来越多地沿着理性的路径而非情感取向或价值导向的路径进行组织和运作。

在韦伯的这一思想之上，美国社会学家乔治·瑞泽尔指出，这一过程在北美和西欧文化中已经达到了一种新的水平，并以前所未有的方式彰显出来。瑞泽尔于1993年出版了其社会学经典著作《社会的麦当劳化》。他认为，这种"理性化

现代生活 121

参见: 卡尔·马克思 28~31页, 马克斯·韦伯 38~45页, 罗兰·罗伯逊 146~147页, 赫伯特·马尔库塞 182~187页, 哈里·布雷弗曼 226~231页, 卡尔·曼海姆 335页。

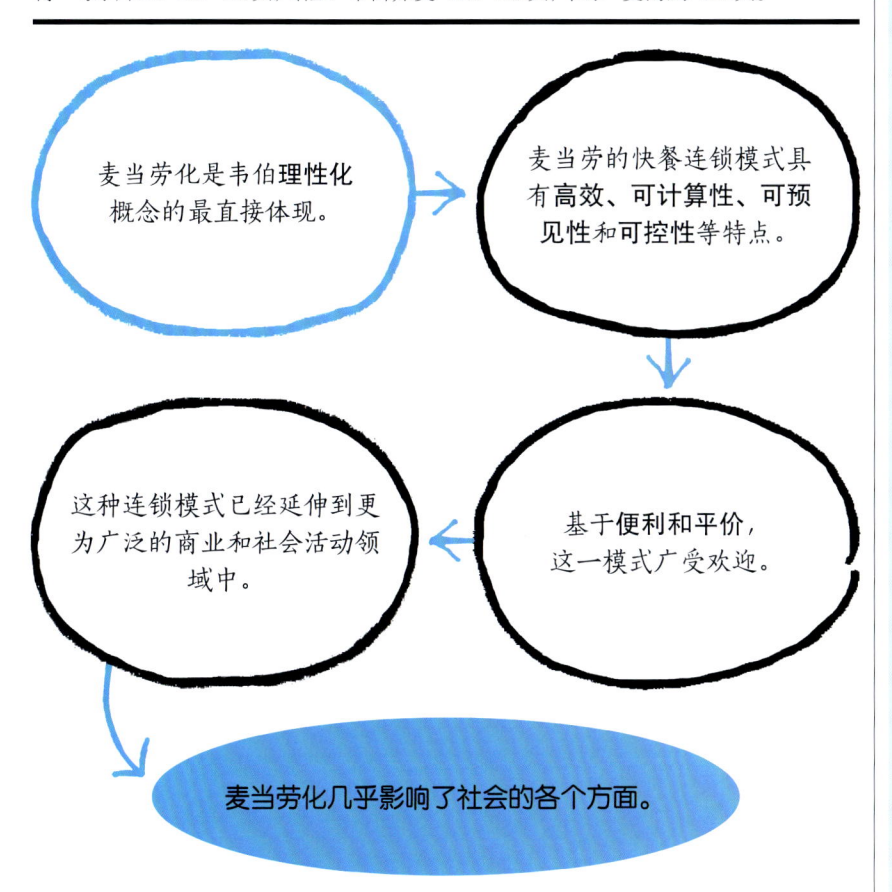

- 麦当劳化是韦伯理性化概念的最直接体现。
- 麦当劳的快餐连锁模式具有高效、可计算性、可预见性和可控性等特点。
- 基于便利和平价，这一模式广受欢迎。
- 这种连锁模式已经延伸到更为广泛的商业和社会活动领域中。
- 麦当劳化几乎影响了社会的各个方面。

乔治·瑞泽尔

乔治·瑞泽尔于1940年出生在美国纽约市。他的父亲是一名出租车司机，母亲是一名秘书。瑞泽尔声称他的成长经历激励他勤奋学习，目的是要摆脱他童年时"下层社会上部"的低生活水平。

1974年，他前往马里兰大学，到现在已经是那里的知名教授。除了他最有名的麦当劳化理论及该理论对社会学的重要贡献，他还是一名所谓消费社会的批评家，在许多领域发表了多部作品。

主要作品

1993年 《社会的麦当劳化》
1999年 《祛魅世界的魅化：消费手段的革命》
2004年 《虚无的全球化》

的广泛传播"在麦当劳的连锁店中得到了充分展现。

麦当劳之路

无论你在世界上哪个地方，麦当劳总不会太远。事实上，全球大约有30000间麦当劳快餐店。不管你在哪里，麦当劳都是一样的、可靠的。这种体验上的熟悉感是全球麦当劳连锁店的主要特色，直接归功于麦当劳公司对于理性化的强烈重视。

瑞泽尔将这一发展称为"麦当劳化"，宣称这一趋势和模式已经渗透并主宰了"美国社会及世界其他国家中越来越多的部门"。他指出，麦当劳化有五个主要组成元素：高效、可计算性、可预见性、可控性以及"形式理性的终极非理性"。

高效指的是公司所采用的科层制管理（从组织化结构到雇员与顾客之间的互动），寻找实现目标的最佳方式。例如，在食物准备方面，汉堡的集中、制作和分配采用流水线方式，因为它是最有效的方

一间麦当劳快餐店比邻西安鼓楼。1990年麦当劳首次进入中国。到2022年9月，麦当劳在中国已拥有5000多家连锁店。

式。不仅是准备食物时需要划分的时间，就连这一过程所需的场地都被考虑在内。另外，麦当劳快餐店的环境布局也基于能使雇员和顾客以一种高效的方式互动的考量而设计。通过对员工的一系列标准化规范、制度、规章和操作程序的训练，一种效率文化得以被灌输和维持。

可计算性指的是食品的计数和计量，特别是强调数量（"巨无霸"）重于质量。瑞泽尔注意到，麦当劳许多雇员的工作是计时的，因为快节奏的氛围能保证最大的生产力。

可预见性影响着食品生产、餐厅设计及雇员和顾客的互动。不需要考虑地理位置或白天黑夜，只要顾客进入快餐店，雇员就知道接下来会发生什么——确定顾客想吃什么、菜单在哪里及如何点餐，之后顾客就能付钱、就餐并离开。

可控性与技术密切相关。麦当劳快餐店用来制作食品的机器不仅控制了雇员，也控制了顾客。机器控制烹饪时间，进而控制雇员的工作速度；机器生产整齐划一的产品，从而使得顾客不能指定食品的烹饪方式。瑞泽尔认为，最终，比人类更易于预测和控制的机器可能会完全取代雇员。

最后，瑞泽尔评估了这种理性化所带来的利益之外的成本。他承认韦伯对他的影响，观察到理性系统可能产生非理性的和意想不到的后果。瑞泽尔强调，"终极非理性"是麦当劳模式对于雇员和顾客的非人化影响。

他指出，麦当劳雇员在机械的生产线上工作，环境拥挤、收入低下。对雇员来说，不管是个人层面，还是集体层面，都几乎没有任何创新和自主的空间，这导致了雇员的不满、冷漠及高离职率。

在瑞泽尔所描述的"非人化的环境"中，顾客排队购买并食用不健康的食品。另外，麦当劳快餐店中生产和消费的速度意味着顾客不可能享用到高质量的食品，因为高质量的食品需要更多的时间去准备。

现代性的原则

瑞泽尔指出，麦当劳化中这五个元素的社会学意义在于，它们能够被扩展到许多更广泛的社会活动领域中。从本质上来说，组织各种集体的、个人的行为和互动的主流文化模式如今都受到高效、可计算性、可预测性、可控性以及"终极非理性"的影响。

这是对韦伯思想的扩展：一旦运作起来，理性化的过程就能够自我运作下去，并不断扩散，直到它最终覆盖社会生活的所有方面。为了保持在市场中的竞争力，公司必

> **麦当劳已经变得比美国本身更重要。**
>
> 乔治·瑞泽尔

> 在社会学中,理论是最不可能被麦当劳化的一个部分,然而,至少在某种程度上,它也经历了这一过程。
>
> 乔治·瑞泽尔

须遵守其他公司都在遵守的理性和高效原则。

瑞泽尔引用了大量例子来证明自己的观点,包括快餐连锁店(如赛百味)以及儿童玩具店(如玩具反斗城)。这些公司都自觉地将麦当劳原则作为他们的产业组织方式。

一方面,瑞泽尔赞赏麦当劳连锁店自1940年诞生以来所展示的高效和应变能力;另一方面,他也担心追求理性化的过程可能导致的非人化后果。

作为对韦伯的"铁笼"概念的回应,瑞泽尔指出,尽管麦当劳已经成为一个高效率、高利润的西方企业的标志形象,但越来越多的人类活动领域中,麦当劳原则的扩展会导致异化。

作为一个跨国公司,麦当劳承载和体现了西方的理性化。因此,瑞泽尔指出,麦当劳化是全球文化融合的重要元素之一。

然而,这一观点的批评者,如英国社会学家约翰·汤姆林森,用全球本土化的概念来反驳它。汤姆林森承认麦当劳是一个全球品牌,也指出它确实考虑到了本土情况和背景。例如,改变产品以适应当地的饮食文化传统(如在印度的餐牌中加入素食汉堡)。

问世二十年后,瑞泽尔的麦当劳化理论仍然切中时弊。瑞泽尔和他的同伴继续在一个广泛的领域中应用、调整和更新这一理论,包括高等教育社会学研究。

英国社会思想家丹尼斯·海斯和罗宾·韦亚特编辑的《高等教育麦当劳化》一书中包含了基于瑞泽尔麦当劳化理论的一系列观点。例如,海斯指出,高等教育的传统价值基础——从本科到研究生的大学教育——正迅速被标准化、可计算性等取代。

海斯还指出,高等教育的麦当劳化对学生和对学术机构及其员工没有区别;学生越来越多地带着功利心态接受教育,把接受教育作为实现自己目标的一种手段,而不是将教育作为目的本身。■

英国寿司店"YO! Sushi"强化了麦当劳理性化的方法,把寿司的制作和出售变成了一种城市的、东京派的饮食经历。

社区中的联结已经衰落了
罗伯特·D. 普特南（1941— ）

背景介绍

聚焦
社会资本

重要时间

1916年 "社会资本"的概念最早由美国社会改革家海尼凡提出，它指的是日常生活中的无形事物，如"亲善、友谊、同情及社交"。

2000年 芬兰社会学家马蒂·希伊斯埃南批判性地比较了皮埃尔·布迪厄和罗伯特·D. 普特南各自关于"社会资本"的概念。

2000年 哈佛大学"仙人掌研讨会"发表了一份由普特南和一群学者倡导的"在一起会更好"的报告，目的在于强调美国社会资本的"超低水平"。

2013年 荷兰社会思想家马琳·福克等使用"社会资本"的概念来"解释人们投入社交网站的意愿"。

不断活跃在早期社会思想家中的一个主题是，担心现代社会正在不断侵蚀传统的社区生活形式、社会凝聚力及共享的团结感。同样，19世纪也是"志愿主义"的时代，人们合作并建立了许多我们今天熟知的场所（如学校）和制度（如帮助穷人的使命和慈善）。

然而，到20世纪末，国家承担了这些责任中的大部分，那些曾

社会资本是由一种共同**身份感**和共享价值产生的，如信任、互惠、亲善、友谊……

↓

这有助于建立志愿组织和公民自治组织，使得社区联系在一起。

↓

但是，我们的生活方式正日益个体化，我们已经从**公共事物**中抽离，甚至远离朋友和邻居。

↓

社区中的联结已经衰落了。

现代生活 | 125

参见: 卡尔·马克思 28~31页, 皮埃尔·布迪厄 76~79页, 理查德·桑内特 84~87页, 简·雅各布斯 108~109页, 阿米泰·埃齐奥尼 112~119页, 莎伦·佐金 128~131页。

普特南的仙人掌研讨会创立于1995年,它是以"仙人掌"命名的,隐喻着"生长期长,但用途广泛且出人意料"。

经将公民统一在一起的联结已经衰落了。

美国社会学家罗伯特·D. 普特南将那些联结个人、扩大集体的社会黏合称为"社会资本",它是通过志愿组织、社会和公民网络产生的。在普特南看来,今天的美国社会要比20世纪60年代富裕,这是以共享的道德责任感和集体感为代价的。

这种社会资本有三种不同类型的联结:纽带、桥梁、联系。纽带是由一种共同身份感产生的,包括家庭、朋友及集体成员。桥梁超出了共享身份的范围,还包括同事、朋友和熟人。联系在更大范围内联结个人或群体,缩小社会层级。这些联结人们社会资本类型之间的差异很重要。例如,与朋友和家庭的纽带可能有助于找工作或是在需要的时候获得情感安慰。但是,纽带也可能是一种限制。在移民社区中,与移民同伴的纽带可能会阻碍社会桥梁和联系的形成,这就会使人们很难融入更大的社会中。

公民参与

普特南在《独自打保龄:美国社区的衰落与复兴》一书中,将"社会资本"的概念运用到美国社会中。他指出,传统郊区社区的消失及往返上班的人每天面对的不断增加的孤独——听iPod或坐在电脑屏幕前——意味着人们不仅很少参与志愿活动和社区活动,也很少花时间与朋友、邻居和家庭相处。

普特南用打保龄球的游戏来说明他的观点:美国参加这项运动的人数在增加,但加入团队活动的人数比例却在减小。人们确实在"独自打保龄球",因为信任和互惠等传统集体价值已经削弱,这对志愿组织和公民自治组织——从家长教师协会(PTA)到地方议会委员会——产生了负面影响。1995年,普特南创立仙人掌研讨会以探究公民参与的不同方面以来,他的"社会资本"概念影响巨大,被广泛运用在许多现象中,从邻里生活质量和犯罪率到选举行为和参与教会行为,跨度颇大。■

罗伯特·D. 普特南

1941年,罗伯特·D. 普特南出生在美国纽约,在俄亥俄州的克林顿小镇长大。曾在英国牛津大学求学,并在耶鲁大学获得博士学位,他发起仙人掌研讨会,还担任哈佛大学公共政策系马尔金(Malkin)教授。

1995年,他的文章《独自打保龄球:美国社区的衰落与复兴》掀起了一场关于公民参与的讨论,他受邀会见当时的美国总统比尔·克林顿。在2000年基于这篇文章的著作出版后,他声名鹊起。2013年,美国总统巴拉克·奥巴马授予他国家人文奖章,以表彰他在理解和试图改善美国社区生活中的贡献。

主要作品

2000年 《独自打保龄:美国社区的衰落与复兴》
2002年 《流动中的民主政体》
2003年 《在一起会更好》(与刘易斯·费尔德斯坦合著)

> 社会资本理论的核心概念是社会网络有价值。
>
> 罗伯特·D. 普特南

迪士尼化用绚烂的经历替代世俗的平凡

艾伦·布莱曼（1947—2017）

背景介绍

聚焦
迪士尼化

主要事件

1955年 华特·迪士尼向公众开放了第一家迪士尼乐园，首日就吸引了50000名参观者前来。

自20世纪80年代起 "全球化"这一术语被越来越多地用来指代世界日益增长的相互连接。

1981年 在《拟象与仿真》一书中，让·鲍德里亚指出，"迪士尼以一种梦幻的形式呈现，目的是让我们相信其余的是真实的，然而，环绕它的洛杉矶和美国不再真实，而是属于……拟真的秩序"。

1983—2005年 迪士尼公园在日本东京、法国巴黎和中国香港开放。

1993年 美国学者乔治·瑞泽尔出版了《社会的麦当劳化》一书。

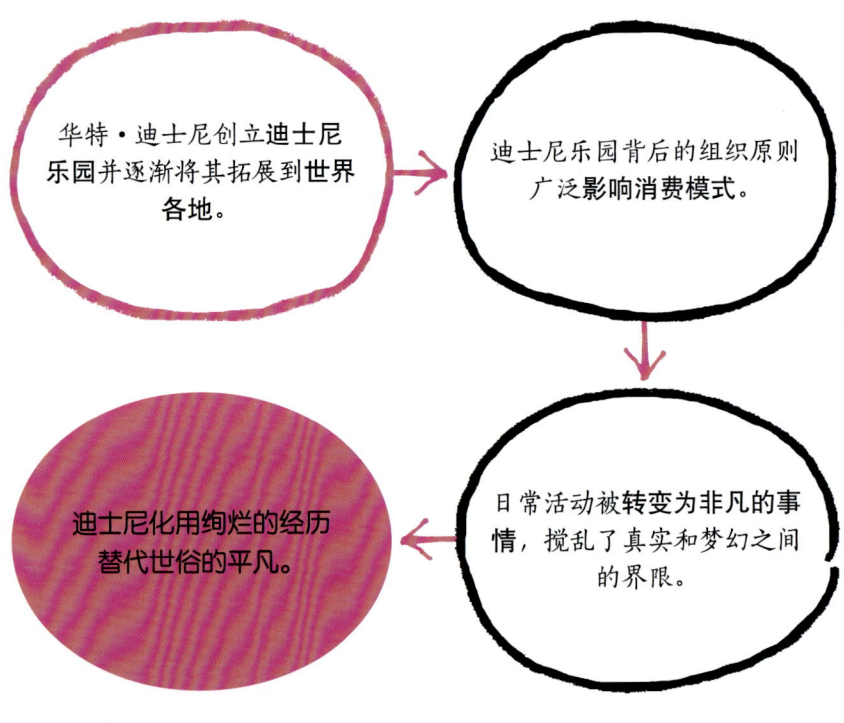

华特·迪士尼创立迪士尼乐园并逐渐将其拓展到世界各地。

↓

迪士尼乐园背后的组织原则广泛影响消费模式。

↓

日常活动被转变为非凡的事情，搅乱了真实和梦幻之间的界限。

↓

迪士尼化用绚烂的经历替代世俗的平凡。

现代消费文化产生了具有深远意义的问题。英国教授艾伦·布莱曼关注迪士尼乐园对社会的影响，以及迪士尼模式如何影响服务和产品的消费方式。布莱曼认为，"迪士尼化"是当代消费社会的核心。这一现象正深刻影响我们的购物方式，因为这种游乐场式组织背后的原则正日益主宰其他领域："因此，迪士尼乐园的虚幻世界，那种不存在的真实，变成了美国社会的典范。"另外，迪士尼化也发生在世界其他地方。

现代生活 **127**

参见：乔治·瑞泽尔 120~123页，莎伦·佐金 128~131页，让·鲍德里亚 196~199页，阿利·霍克希尔德 236~243页。

模糊梦幻与真实

布莱曼界定了迪士尼化的四个方面：主题化、混合文化、商品化及情感劳动。

主题化包括利用广为人知的文化元素创造一种流行氛围，如使用摇滚音乐作为"滚石咖啡"的主题。

混合文化指的是那些不同类型的消费相互连接起来的地方，如将飞机场和运动场变为购物中心。

商品化包括促销和出售那些打上版权形象和商标的物品，如《哈利·波特》系列和《史瑞克》之类的图书和电影带来了大量的衍生品，从T恤衫到电子游戏。

阿利·霍克希尔德在《被管理的心灵：人类情感的商业化》一书中创造了"情感劳动"一词，用来描述一个人按照某一理想去改变其外在行为。在迪士尼化的过程中，工作似乎更像是一场表演：有剧本规定的互动、装扮、无尽的欢声笑语。

这些过程的结果是，它将日常活动，如购物和饮食，转变成壮观的、轰动的事件。然而，与此同时，这种以美化的形式重新包装事物的倾向削弱了其他经历和地点的真实性。最终，它模糊了梦幻与真实之间的界限。

布莱曼指出，将某地与某种众所周知的文化图腾联系在一起，赋予其某种特色，导致英国诺丁汉变成"罗宾汉村"，而芬兰拉普兰变成"圣诞老人村"。

布莱恩将迪士尼化看作与乔治·瑞泽尔的麦当劳化类似的概念，后者是指快餐原则（麦当劳本身仅是一种符号）逐渐控制社会中越来越多的部门的现象。麦当劳化基于理性化概念及批量生产。主题公园以不同的方式对此做出回应，但本质上，迪士尼化是关于消费（商品和服务）意向的增加，而这往往是通过多样化和差异性来实现的。主题化和商品化的流行意味着迪士尼化已经成为现代生活和身份不可分割的一部分。■

艾伦·布莱曼

英国社会学家艾伦·布莱曼是英国莱斯特大学管理学院组织和社会研究院的教授。在此之前，他在拉夫堡大学工作了31年。布莱曼的研究兴趣集中在方法论及消费文化的不同方面上。他的研究专长包括：整合定性和定量研究方法，迪士尼化和麦当劳化，以及高等教育中的有效领导。

布莱曼无法理解其他研究者对于迪士尼的任何事物的嗤之以鼻；他对于卡通和乐园的热爱极大地激发了他的学术研究，对他在文化和社会学领域的研究产生了很大影响。

主要作品

1995年 《迪士尼及其世界》
2004年 《社会的迪士尼化》

住在阁楼上就好像住在陈列柜里一样

莎伦·佐金（1946— ）

背景介绍

聚焦
绅士化和城市生活

主要事件

20世纪20年代 美国社会学家罗伯特·帕克创造了"人类生态"一词，成为"芝加哥学派"和城市生活系统研究的创立者和领军人物。

1961年 简·雅各布斯出版了《美国大城市的死与生》一书。该书成为第二次世界大战后关于城市环境研究最有影响力的著作之一。

1964年 英国社会学家鲁斯·格拉斯发明了"绅士化"一词，用于描述中产阶级入侵并取代工人阶级原有生活环境的过程。

20世纪70年代 艺术家开始转移到纽约下曼哈顿区的旧工厂建筑中。

城市是充满动态变更的地方，是人口、社区、思想及建成环境不断更新的场所。一直以来，社会学家都着迷于城市生活研究，特别是在社会巨变时期。在19世纪以来的大都市发展时期，第二次世界大战之后的城市转型和向郊区的迁移，以及20世纪60年代城中村结构的变迁，一直是社会学家研究的热点和主题。

另外一个城市研究高潮发生在20世纪80年代，制造业的衰败和全球化日益增长的影响给西方的许

参见：乔治·齐美尔 104~105页，亨利·列斐伏尔 106~107页，简·雅各布斯 108~109页，艾伦·布莱曼 126~127页，萨斯基娅·萨森 164~165页。

```
┌─────────────────────────────────────┐
│ 城市中从前的工业区在**去工业化**的过程中**破败不堪**。│
└─────────────────────────────────────┘
                  ↓
┌─────────────────────────────────────┐
│ 艺术家着迷于这些地方，是因为其**低房租**和激发创造力的**广阔空间**。│
└─────────────────────────────────────┘
                  ↓
┌─────────────────────────────────────┐
│ 艺术家创造的"酷"**吸引**了城市规划师的关注。│
└─────────────────────────────────────┘
                  ↓
┌─────────────────────────────────────┐
│ 地产开发商看到**发财良机**，收购这些地产。│
└─────────────────────────────────────┘
                  ↓
┌─────────────────────────────────────┐
│ 房租上涨，艺术家和穷人搬出去；这些地方**丧失了其多元性和生命力**。│
└─────────────────────────────────────┘
```

多城市带来了巨变。新一代学者开始探索内城区的衰落、城市重建过程及不同地方独特地域感的形成。莎伦·佐金就是其中杰出的一位，她于1982年出版了一本重要作品《阁楼生活：城市变迁中的文化和资本》。

空间的意义

1975年，佐金搬到位于美国纽约格林尼治村的一座阁楼里——那里曾是服装厂和艺术家工作室。她开始研究这些新居住地对于居住者的意义，并特别关注这些居住地对纽约那些传统社区的影响。

佐金重申了法国哲学家加斯东·巴什拉的一些观点。后者在《空间的诗学》（1958）中指出，家不仅是生活的场所，还代表了居住者的心理状况。例如，在维多利亚时代，房屋被划分为具有不同功能的房间（起居室、更衣室等），提供了一系列亲近的空间相遇。

佐金认为，阁楼居住者的心理状况是寻求真实——一种用空间（曾经被用来做大规模生产的场所）的个性化来替代现代性的大生产和郊区生活的同一性的努力（许多阁楼空间曾是作坊或工厂）。在阁楼中，独门独户的宅院隐私被不分层的布局结构所取代，它开放"所有空间……给所有来者"。这种空间和开放营造了一种非正式和平等的印象，将阁楼转变为"旅游胜地"或陈列柜——一个展示的场所。

城市重建

佐金也仔细研究了城市重建和阁楼生活的成本。表面看来，人们重回那些实际上已经荒废的地区是一个积极的过程，给老建筑和旧地方带去了新生。然而，佐金对这一假设提出了质疑，指出以牺牲其他人为代价的重建给某些特定群体带来了利益。她指出，凭借重建过

裸墙、露梁，以及一些意想不到的建筑细节，为城市阁楼公寓的购买者提供了其所追寻的真实。

切尔西市场是20世纪90年代在原来肉类加工区的废弃工厂中创建的一个纽约食品大厅。佐金指出，这个地方与以前的屠宰"禁止通行区"有天壤之别。

的购房需求减少，城市中的房租也普遍走低。同样，艺术家们在挣扎中维持生计，不断寻找居住和工作的便宜场所。下曼哈顿区的旧工厂阁楼因此具有了吸引力，许多艺术家在这一地区安顿下来。

这是一种旧区域的有机重建：市政府并没有正式规划要将这一地区从阁楼改建成宜居工作室。越来越多的艺术家入驻这一地区，带来了一种文化生机：艺术家的出现意味着需要商业的配套支持，如咖啡馆、餐馆和艺术廊。这一地区逐渐变得时髦而又前卫，日益吸引着年轻城市白领这一新阶层，他们想生活在一个全新的、有趣的，并且与他们成长的那个保守的战后家庭完全不同的地方。

程，穷人或边缘群体被成功地挤出他们一直生活的地方，有的甚至是世代居住的地方，为那些精英群体让路。佐金通过对纽约部分地区以及世界其他城市的研究指出，这种城市经历可能是一种普遍现象。

绅士化的步骤

佐金指出，绅士化是一个"场所的转变"。它是"与郊区生活的决裂……走向城市生活的社会多样性和审美混乱"。在她看来，绅士有一种独特的文化和环境（如他们对修复历史建筑细节的兴趣），这导致"一种社会和空间的分化过程"。在对下曼哈顿区的研究中，佐金指出，绅士化是由几个清楚的步骤组成的。

第一步是传统制造业的衰落。在几代人之前，纽约的滨水区工厂雇用了成千上万的工人，曼哈顿腹地格林尼治村周围挤满了生产纺织品和服装的小工厂和作坊。厂房周围的建筑物都有高高的房顶和许多灯，被称为"阁楼"。

20世纪50年代以来，越来越多的美国大公司的纺织生产"离岸"，向劳动力成本更低的亚洲国家转移，纺织厂开始倒闭。美国工人失业，纽约受影响的地区开始去工业化。到20世纪70年代，下曼哈顿区的大部分地方已经废壳空空。

创造性场所

第二步发生在20世纪70年代，在这些荒废工厂逐步变成穷人和边缘群体居住地之后。这些建筑物原本是工厂，并没有像公寓楼那样被划分成多个房间，而是一个具有高高的窗户的开放空间。这种能容纳许多人、为缝纫机上的工人工作提供充足光线的场所也成了艺术家们的理想工作场所。20世纪70年代初，由于受经济危机的影响，纽约

> **造就（纽约市）区域的独特之处很大程度上来自它的建筑，而非人口。**
> 莎伦·佐金

现代生活　**131**

绅士化的第三个而且是决定性的步骤是年轻白领开始搬入这一地区。有钱人开始向往住在那些以前被废弃的地区。新兴且富裕的群体渴望住在这一地区的事实引起了逐利的地产开发商的注意，他们开始大量收购这些相对低廉的地产——正如佐金经常批判指出的，他们是在政府的支持下这样做的——并把它们改造成与艺术家居住的阁楼类似的公寓。结果，租金开始飙升。艺术家和穷人发现，他们难以维持居住在那里的开销，于是开始往外搬。

当更多富裕的中产阶级和上层阶级占领这一地区之后，绅士化的最后一步也就完成了。艺术廊和咖啡馆仍在，但是，曾经标志这一区域的多元人口、生命力及文化活动却消失了。实际上，艺术家无意之中成为绅士化的帮凶，然后又成了它的牺牲品：他们为下曼哈顿区注入的新生命力，导致他们最终被逐出这一与他们息息相关的重建区域。

找寻城市灵魂

佐金的研究一度对阐明现代城市变迁的驱动力产生影响力：这一驱动力是那些希望追寻某种生活方式的社会群体的文化和消费需求，而不是某种新工业形式的发展。然而，对佐金来说，这种生活方式只是消费主义的另一种形式，最终是空洞的，它提供一种"迪士尼化"的经验。在这一经验下，跨国媒体公司鼓吹的流行文化形式和生活方式将多元性和真实性边缘化了。由此产生的结果是，穷人与边缘群体被有效地驱逐出了城市生活。

裸城

佐金最近的研究，如《裸城：本真都市地方的生与死》，聚焦绅士化和消费主义如何创造一种空白的、同质的中产阶级区域，并掠夺了城市中大多数人所渴望的那种真实性。她同时也注意到，绅士化的步伐已经加快。以前需要几十年完成的事，现在似乎只需要几年就可以完成：某个地方被视为"酷"，开发商很快就会入驻，并开启一个从根本上改变其特性、最终破坏其特质的过程。事实上，某一街区的个性沦为资本主义开发商的工具——结果是逐出了那些最初赋予它真正灵魂的人。对规划师而言，他们面临的挑战是找出保存其居民及建筑和街景的方法。■

> "这种同一视觉形象的真实性，是无可阻挡的。"
> 莎伦·佐金

莎伦·佐金

莎伦·佐金现在是美国纽约市立大学布鲁克林学院与研究生中心的社会学教授。她因在城市社会学方面的学术成就而获得一系列奖项，包括美国社会学会的怀特·米尔斯奖和海伦·林德奖。

她的著作集中在城市、文化及消费文化领域，而她的研究涵盖城市、文化、经济变迁等。她的研究主要关注城市如何受到如绅士化之类的进程的影响，探究城市生活中的主要驱动过程。她同时也是活跃的评论家，就纽约及其他城市所发生的许多变迁发表观点。

主要作品

1982年《阁楼生活：城市变迁中的文化和资本》
1995年《城市文化》
2010年《裸城：本真都市地方的生与死》

LIVING IN A GLOBAL WORLD

生活在
全球化世界中

1848年 → 在《共产党宣言》中，卡尔·马克思和弗里德里希·恩格斯预测了资本主义的全球化，并号召工人阶级联合起来。

1986年 → 在《风险社会》中，乌尔里希·贝克认为，我们必须找到新策略以应对全球化的人为危机。

20世纪90年代 → 博温托·迪·苏萨·桑托斯极力主张修正来自北半球的社会学研究，将其他社会纳入其中，以变成真正的全球范围。

1992年 → 在《全球化：社会理论和全球文化》中，罗兰·罗伯逊评估了全球化对本土文化的影响。

1974年 ↓ 在《现代世界体系》中，伊曼纽尔·沃勒斯坦指出，全球化使一些国家受益，而对发展中国家是有害的。

20世纪90年代 ↓ 齐格蒙特·鲍曼提出"流动的现代性"这一概念，它指由全球流动和沟通带来的一种恒常的社会变迁状态。

1991年 ↓ 在《全球城市》中，萨斯基娅·萨森描述了某些核心城市而不是民族国家的全球意义。

社会学产生于一种自启蒙运动起就开始萌芽的理解和设法改进现代社会的迫切需要，特别是工业化、理性化和资本主义带来的影响。但是，随着20世纪后半叶社会学作为一门学科日渐巩固，另外一种推动社会变迁的明显力量——全球化出现了。

国际贸易已经存在好几个世纪，跨国公司也在16世纪和17世纪的贸易帝国中根深蒂固，因此全球化绝非一个新概念。然而，工业革命以来，交通和通信进步的步伐加速。20世纪，电报和航空革新了国际联结，而第二次世界大战后的信息技术维持了这一模式。

网络社会

许多人认为世界已经步入一个崭新的后工业、后现代时代，也有人认为全球化只不过是现代性过程的延续。例如，齐格蒙特·鲍曼认为，随着技术变得更加复杂，工业化所开创的时代已经步入一个成熟的"现代晚期"阶段。技术进步的性质意味着这一阶段以"流动的现代性"——一种持续变迁的状态——为特征。也许这些技术革新最突出的社会影响在于沟通的进步。从电话到互联网，世界正变得越来越小，社会网络超越了国界。信息技术不仅使商业贸易前所未有地快捷和便利起来，也使得原来孤立的个人和群体联结起来。

曼纽尔·卡斯特是最早认识到这一网络社会的社会后果的研究者之一，而罗兰·罗伯逊则指出，与其说全球化带来了一种同质后果（通过创造一种社会的共同模式），不如说全球化通过与本土文化融合，产生了新的社会系统。晚期现代性的一个特征是，人们可以很容易地环游世界。就如同工业化之后从农村到城市的人口迁移创造了新的社会结构，20世纪末流动性的增强已经改变了社会模式。经济移民变得越来越普遍，人们不仅涌向新的全球城市，还在国际舞台上就业和追寻繁荣。如同阿尔君·

1996年 — 在《信息时代：网络社会的崛起》中，曼纽尔·卡斯特分析了信息技术的社会影响。

2002年 — 在《全球化与反全球化：超越大分水岭》中，戴维·赫尔德和安东尼·麦克格鲁指出全球化的对立的社会影响。

2009年 — 在《气候变化的政治学》中，安东尼·吉登斯警告人们拖延环境问题的危害。

1996年 — 在《消散的现代性：全球化的文化维度》中，阿尔君·阿帕杜莱考察了认同是如何在全球化的世界中形成的。

1998年 — 在《民族主义社会学：明天的祖先》中，戴维·麦克隆考察了全球化世界中民族认同的角色。

2007年 — 在《流动性》中，约翰·厄里解释了随着人们日益增长的全球流动，新文化和认同是如何产生的。

阿帕杜莱等指出的那样，这已经导致了文化变迁，包括对认同形成的质疑。

文化和环境

许多社会学家尝试评估全球化对本土文化和民族认同感的影响。在西方国家，来自不同文化背景的移民的流入已经改变了人们对种族、宗教、文化的态度，特别是第二代和第三代移民群体如何在移民国家找寻他们自己的身份。

这种移民运动大多是由国家间的经济不平等导致的，后者并没有在全球化中得到缓解。根据伊曼纽尔·沃勒斯坦的观点，正是资本主义的散播使得国家之间的贫富差异得以延续。通过维持这种差距并掠夺发展中国家的资源，资本主义保持了经济优势。由于南北半球之间差异的不断扩大，博温托·迪·苏萨·桑托斯呼吁转变社会学思路，将边缘群体的视角纳入其中。

还有一些人，如乌尔里希·贝克，提醒人们关注伴随全球化而来的风险，因为新技术和沟通的进步侵蚀了传统生活方式。与过去不同，我们不再只面对本土范围内的自然风险，还面临具有国际影响力的人为危机。环境问题或许是最大的威胁，但正如安东尼·吉登斯指出的，作为一个社会整体，我们倾向于像鸵鸟一样把头埋进沙子里。我们一边享受着现代全球城市的优势，一边继续拖延对潜在问题的处理，或许要拖到再也来不及阻止灾难发生的那个时候。∎

在"流动的现代性"世界中,必须放弃所有总体性/整体性希望

齐格蒙特·鲍曼(1925—2017)

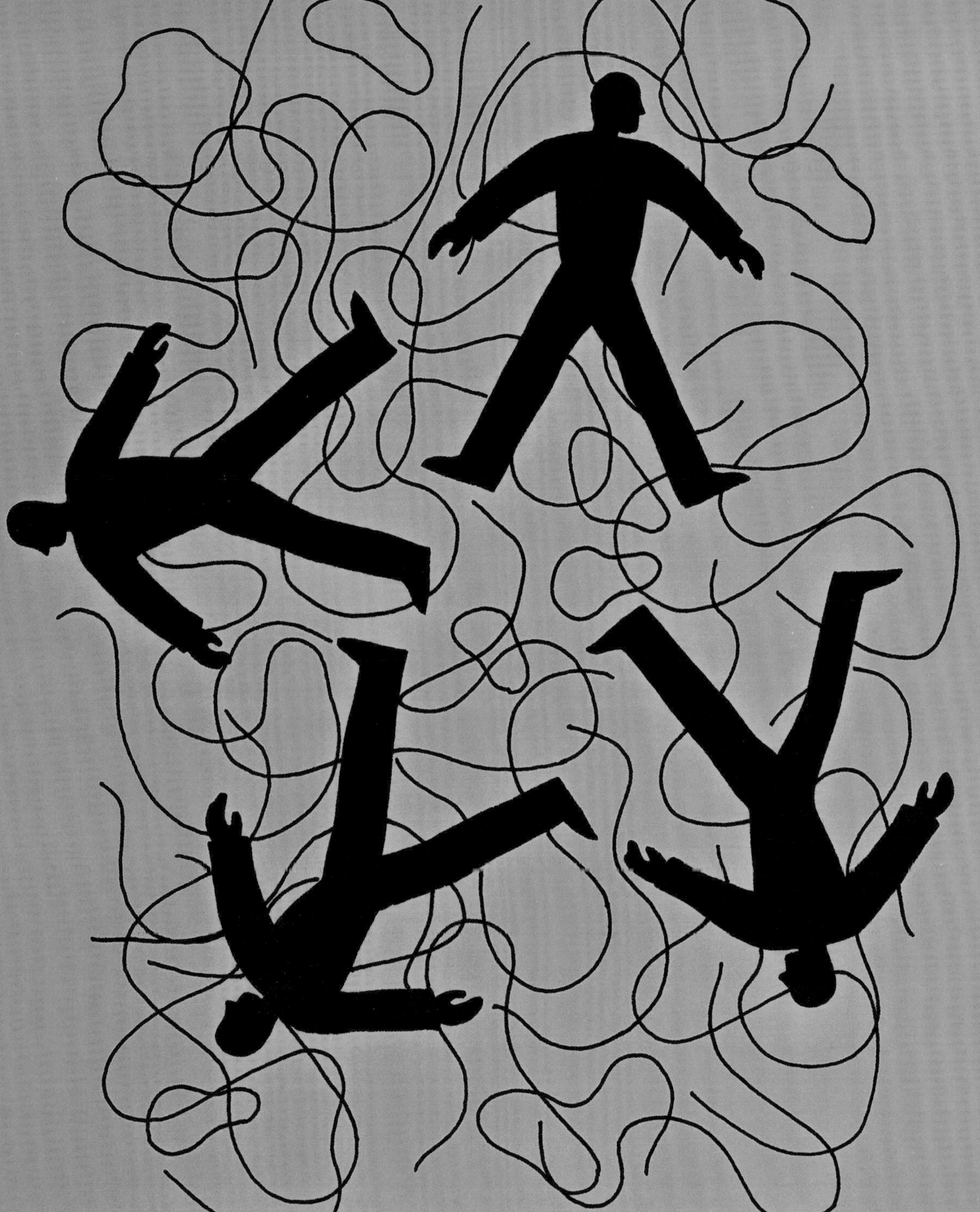

背景介绍

聚焦
流动的现代性

主要事件

1848年 卡尔·马克思和弗里德里希·恩格斯出版了《共产党宣言》，预言了资本主义的全球化。

1929—1935年 安东尼奥·葛兰西的霸权概念形塑了齐格蒙特·鲍曼的观点，认为资本主义文化具有高度的弹性。

1957年 《罗马条约》的签订允许欧洲经济共同体内的工人自由流动。

1976年 鲍曼受到米歇尔·福柯的《规训与惩罚：监狱的诞生》，特别是他关于监视的思想的影响。

2008年 英国社会学家威尔·阿特金森质疑鲍曼"流动的现代性"的概念是否经过了仔细推敲。

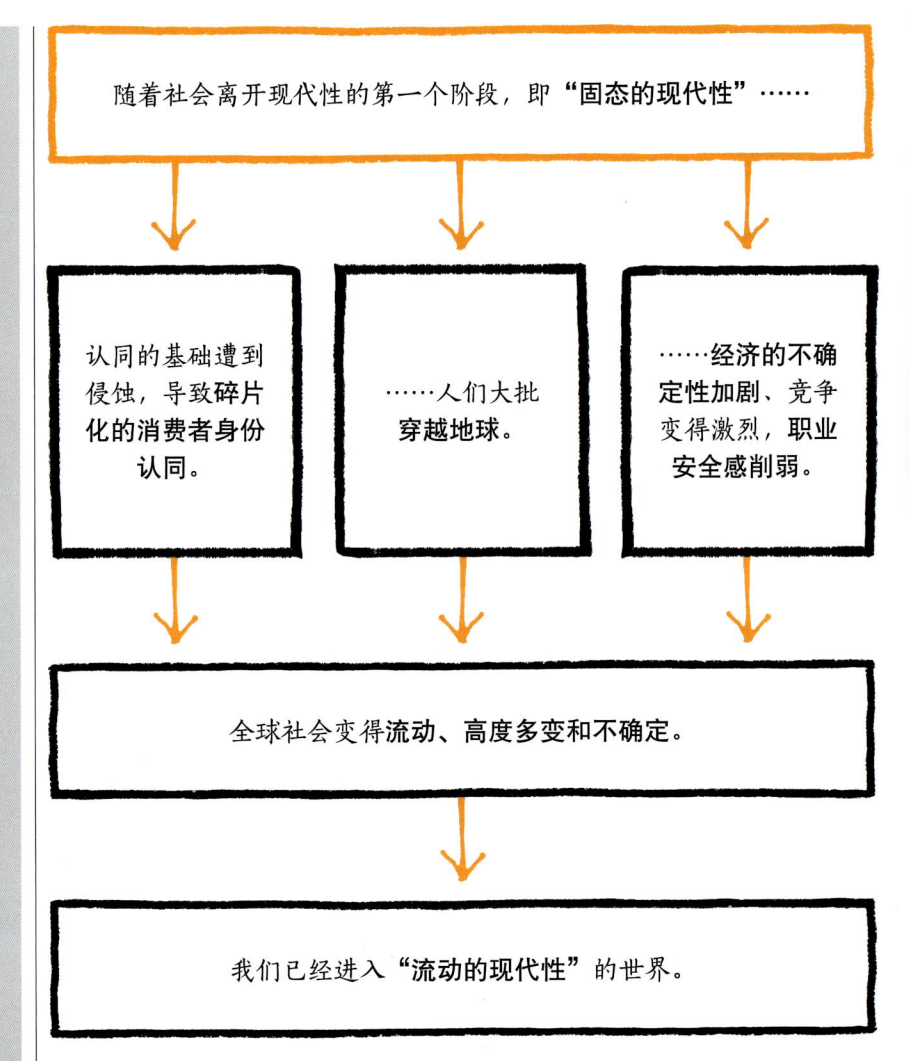

随着社会离开现代性的第一个阶段，即"固态的现代性"……

→ 认同的基础遭到侵蚀，导致碎片化的消费者身份认同。

→ ……人们大批穿越地球。

→ ……经济的不确定性加剧、竞争变得激烈，职业安全感削弱。

→ 全球社会变得**流动、高度多变和不确定**。

→ 我们已经进入"流动的现代性"的世界。

19世纪末，社会开始围绕城市中心结合、扩展，西欧进入了一个以工业化和资本主义为特征的现代性阶段。在波兰社会学家齐格蒙特·鲍曼看来，社会已经从现代性的第一个阶段——他称之为"固态的现代性"——过渡到所谓"流动的现代性"的人类历史阶段。按照鲍曼的说法，这一新阶段充满了不确定性和变迁，同时在全球、系统层面上及个体经验层面上影响人类社会。鲍曼的"流动的"这一概念是对当今生活的有力隐喻：移动的、流动迅速的、多变的、无定形的、无重心的及难以预测的。事实上，"流动的现代性"是存在于现代社会持续不断的重塑过程中的一种生活方式，随着风险的增加，在以一种无法预测的、不确定的和困扰的方式变动。对鲍曼而言，"流动的现代性"是西方——现在也是全球——社会进化

生活在全球化世界中

参见：卡尔·马克思 28~31页，马克斯·韦伯 38~45页，米歇尔·福柯 52~55页，安东尼·吉登斯 148~149页，乌尔里希·贝克 156~161页，安东尼奥·葛兰西 178~179页。

过程的当前阶段。与卡尔·马克思一样，鲍曼相信人类社会进步的每一个新阶段都是从前一个阶段发展而来的。因此，在试图理解"流动的现代性"之前，有必要先定义"固态的现代性"。

定义"固态的现代性"

鲍曼将"固态的现代性"看作有序的、理性的、可预测的及相对稳定的。它的标志性特征是人类行为和制度以科层制（官僚制）方式组织起来，实践理性被用于解决问题和提出技术方案。科层制之所以存在，是因为它是组织和命令一大群人的行为和互动的最有效方式。

波兰奥斯维辛集中营由纳粹建造和使用。鲍曼把对犹太人的大屠杀看作"固态的现代性"中高度理性和计划性的产物。

尽管科层制有其致命的缺点（例如，人类生活会变得非人化，缺少自发性和创造性），但它在实现目标任务方面极其高效。

按照鲍曼的观点，"固态的现代性"的另一种重要特征在于社会结构的高度平衡，即人们居住在一个规范、传统和制度相对稳定的环境中。就这一点来讲，鲍曼并不是说"固态的现代性"不存在社会、政治和经济变迁，而是指变迁以一种相对有序的和可预测的方式发生。经济就是一个很好的例证：在"固态的现代性"中，大多数人——从工薪阶层到白领中产阶级——都拥有相对较高的职业安全感。因此，他们倾向于定居在同一片土地上，在同一个社区中长大，与父母和其他家庭成员上同一所学校。

鲍曼将"固态的流动性"看作单向的、进步性的——是启蒙运动

齐格蒙特·鲍曼

波兰社会学家齐格蒙特·鲍曼于1925年出生在一个波兰犹太家庭，随着1939年纳粹入侵，鲍曼全家被迫逃往苏联。1971年，他定居英国，后成为利兹大学社会学荣休教授。

鲍曼一生撰写了40多部著作，其中有20多部是他于1990年退休之后完成的。因对社会学的特殊贡献，1998年他被授予西奥多·W.阿多诺奖，2010年被授予阿斯图里亚王子奖。2010年，利兹大学为纪念他而设立了鲍曼学院；2013年，波兰导演巴尔泰克·迪兹亚多斯根据他的生活和思想拍摄了一部名为《我欲为人之难》的电影。2017年，他在位于英国的家中去世。

主要作品

1989年 《现代性与大屠杀》
2000年 《流动的现代性》
2011年 《流动的现代世界中的文化》

观点的现实写照：理性带来人类解放。随着科学知识的进步，人们对于自然世界和人类世界的认识和掌控也在增长。按照鲍曼的观点，在"固态的现代性"中，对科学理性的无上信仰体现在那些围绕国家议题和问题的社会制度和政治制度中。启蒙运动的思想在国家制度中根深蒂固，成为社会、政治和经济理想型的主要参照点。

鲍曼指出，在个体层面上，"固态的现代性"带来一种稳定的个体身份认同和自我认知。个体拥有一种统一的、理性的和稳定的身份感，因为它源于一系列稳定范畴，如职业、宗教信仰、国籍、性别、种族、休闲娱乐、生活方式等。"固态的现代性"之下的社会生活——如同它所创造的个体一般——是自信的、理性的、科层化地组织的，以及相对可预测的和稳定的。

从固态到流动

在鲍曼看来，深刻而紧密相连的经济、政治和社会变迁带来了从"固态的现代性"到"流动的现代性"的转变。结果导致了一个鲍曼宣称的"强迫的、过度的、上瘾的对世界的重建"所推动的全球秩序。

鲍曼定义了从"固态的现代性"到"流动的现代性"过渡的过程中五个不同但又相互关联的发展。第一，民族国家不再是社会的"关键承重结构"。当今的政府，不论是在国内还是在国际事务中，拥有的权力相对较小。第二，全球资本主义增长，多国或跨国公司不断增加，带来国家权威的去中心化。第三，电子技术和互联网使得沟通超越时空。第四，社会前所未有地风险化——置身于不安全和潜在的危险因素中。第五，全球范围的人口迁移日益增长。

定义"流动的现代性"

根据鲍曼自己的观察，定义"流动的现代性"本身是一件矛盾的事，因为这一术语指的是一种不停变迁、流动和不确定的全球环境。然而，他指出，通过定义"固态的现代性"，我们也有可能抓住"流动的现代性"中最重要的方面。

在意识形态层面，"流动的现代性"摧毁了启蒙运动的信念，即科学知识能够处理自然和社会问题。在"流动的现代性"中，科学、专家、大学和政府官员——这些"固态的现代性"中的重要权威

鲍曼的"固态的现代性"思想在启蒙运动思想家那里得到了体现，如艾萨克·牛顿（由威廉·布莱克所画）使用理性改变社会。

> "如今，每个国家的人口都是散居者的一种集合。"
>
> 齐格蒙特·鲍曼

生活在全球化世界中　141

人物——在真理守卫人的角色上变得极度模糊。就科学家而言，人们越来越多地倾向于认为，他们制造的环境和社会-政治问题与他们所解决的问题一样多。这不可避免地使公众越来越多地对科学持怀疑和冷漠态度。

"流动的现代性"破坏了个人在就业、教育及福利方面的确定性。如今，许多工人可以再培训或者换工作，有时甚至是多次，"固态的现代性"时代下典型的"终身职业"早就变得不现实和不可及了。

"重建"或公司裁员——鲍曼从美国社会学家理查德·桑内特那里借用的术语——变得越来越普遍，因为通过显著降低劳动力成本，就能确保公司在全球市场的竞争中保持竞争力。在这个过程中，稳定永久的工作——那种"固态的现代性"时代中的典型——已经逐渐被针对具有高度流动性的劳动力所提供的短期雇佣合同所取代。与

> " 我们生活在一个日益全球化的世界中。这意味着，我们所有的人自觉或不自觉地相互依赖。 "
>
> 齐格蒙特·鲍曼

鲍曼将"固态的现代性"和"流动的现代性"之间的关键差别界定为两套系统的四个特征。

静止　设计　运动　偶然　不确定性　确定性　可预见性　不可预见性

"固态的现代性"　　　"流动的现代性"

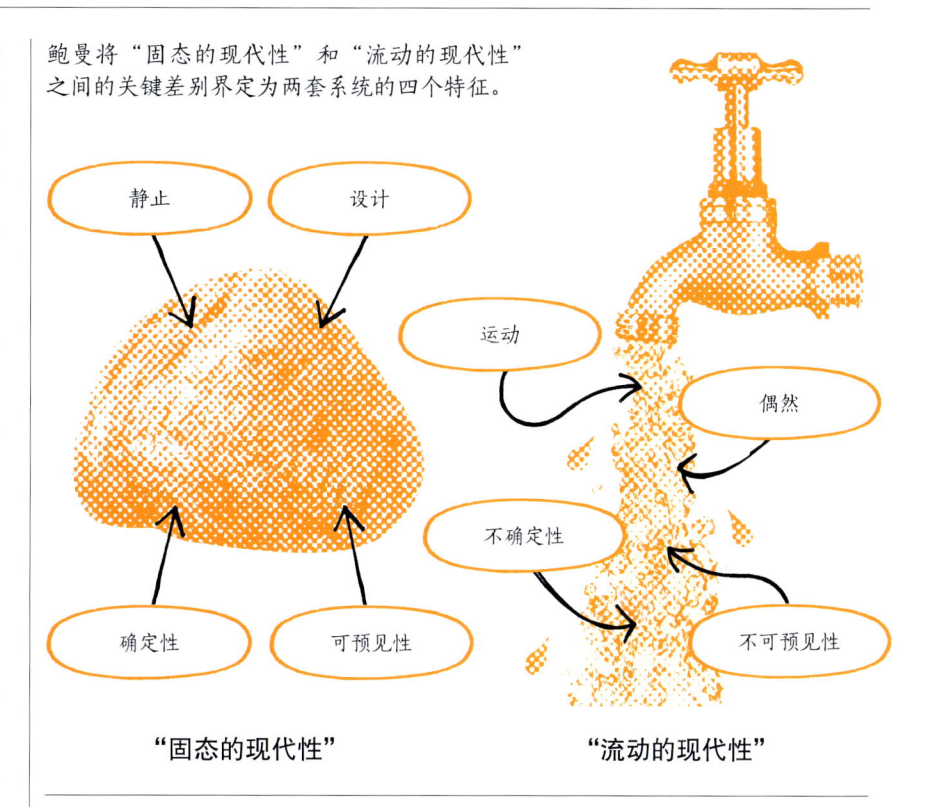

这种职业不稳定性紧密相关的是教育角色和性质的转变。个人需要在他们的职业生涯中持续学习——往往需要自费——以了解他们自己职业领域中的最新动向，或者作为一种自我投资以确保他们在劳动力市场中的"畅销性"，而不至于被裁员。

与雇佣模式的变迁同时发生的还有"福利国家"的倒退。那些历史上曾被看作可靠的"安全网"以对抗如生病或失业等个人不幸的国家福利政策正在迅速地减少，特别是在住房、公费高等教育及公共卫生领域。

流动的认同

"固态的现代性"基于工厂和工业设施中消费商品的工业化生产方式，而"流动的现代性"则基于对消费品和服务的快速且无止境的消费。

鲍曼认为，这种从生产到消费的转变是社会结构消解的结果。例

如鲍曼所指出的，"福利国家"近年来饱受压力。例如，在英国，国民健康服务正在日渐削弱，尽管这一系统受到广泛支持。

个体认同的自我创造通过消费来实现，因为认同的传统来源，如职业地位和家庭纽带，在"流动的现代性"中已经凋谢。

如职业、国籍，这些都是"固态的现代性"中个体自我认同的参照点。然而，在"流动的现代性"中，自我并不是固定的：它是碎片化的，不稳定的，往往充满内在矛盾，更多时候，不过是消费者选择（构成自我的同时，也彰显了自我）的总和。在"流动的现代性"中，真实的自我与表征的自我之间的界限被消费者的选择打破：按照鲍曼的观点，我们是由所购买的东西来界定的，除此之外，再无其他。内在和表象的意义混在了一起，已经不可能被分开了。

消费和认同

消费在建构个体自我认同中的重要性超越了获得消费商品本身。没有了"固态的现代性"所提供的那种认同的稳定来源，现代社会中的个体试图从一个更宽广的可选范围中寻求指引、稳定性及个体方向，如生活方式教练、心理分析师、性治疗师、整体生活专家、健康专家等。

个体已经陷入自我认同的困境中，这在历史上是前所未有的，这带来一种自我怀疑的无限循环圈，而自省只会使个体变得更加困惑。最终结果是：我们的经历和日常生活经验正越来越多地伴随着持续的焦虑、烦躁不安和对于"我们是谁，以及我们在哪"的忐忑，还有对那些发生在我们周围的剧烈社会变迁的忧虑。

因此，"流动的现代性"原则上指的是一种被不确定性和不稳定性所困扰的全球社会。然而，这些不安定的力量并不是均匀分布在全球社会中的。鲍曼分析并解释了流动性、时间及地点这些变量的重要性，以理解其原因。在鲍曼看来，在"流动的现代性"中，保持流动性的能力是一个极其重要的特性，因为它有利于成功地追求财富及实现个人成就。

"旅游者"和"流浪汉"

鲍曼区分了"流动的现代性"中的成功者和失败者。从"流动的现代性"中获益最多的人是那些享有社会特权的人，他们能在全世界范围内自由移动。鲍曼把他们称作"旅游者"，他们存在于时间中而非空间中。意思是，通过唾手可得的互联网技术和跨国航班，"旅行者"能够——事实上也确实

> 在流动的现代生活中，不存在永久的联系。我们所从事的任何事情，必须松散地连接，一旦情况改变，它们就会彼此分开……
>
> 齐格蒙特·鲍曼

生活在全球化世界中　143

> 如果你用你所获得的东西定义你的价值……被排斥是丢脸的。
>
> 齐格蒙特·鲍曼

> '社区'如今成了失乐园的代名词。
>
> 齐格蒙特·鲍曼

是——穿越整个地球，并且选择在经济条件最好、生活水平最高的地方活动。与之形成鲜明对比的是"流浪汉"，正如鲍曼所称，他们是那些静止的或被迫流动的、被排除在消费文化之外的人。生活对于他们来说，要么是被困在那些失业率高、生活水平低下的地方，要么作为经济和政治难民而被迫背井离乡，寻求就业、免受战乱或迫害。他们长期停留在哪里，哪里就会变得不宜居住。

对于鲍曼来说，全球范围内的大规模移民和人口的跨国流动是"流动的现代性"的特征之一，也是影响日常生活不可预测性和持续多变性的因素：鲍曼所区分的"旅行者"和"流浪汉"两种社会类型则占据了这一现象的两个极端。

鲍曼理论的应用

齐格蒙特·鲍曼被看作最具影响力和最杰出的现代社会学家之一。他选择不把自己划到任何一个特定的思想传统中——他的著作与许多学科相关，从伦理学、媒体、文化研究到政治理论和哲学。在社会学内，他关于"流动的现代性"的研究被绝大多数思想家看作对这一领域的特殊贡献。

爱尔兰社会学家唐纳哈·马罗将鲍曼关于"流动的现代性"的概念运用到对美国消费信用卡的考察中。沿着鲍曼的观点，对商品和品牌的消费是个体建构他们的自我认同的关键内容。马罗指出，信用卡是这一过程中的重要工具，因为它非常适合帮助人们适应鲍曼所描述的那种流动的生活方式。例如，信用卡可以用来购物，满足消费欲望；它使得付款更加简单、快捷，并且相对容易管理。马罗也指出，信用卡也可以用来应付日常开支，特别是人们换工作或转行时。同时，信用卡本身总是打着所有者所感兴趣的商标，如足球队或商店。这些带着商标的卡片是一种微小却直白的方式，通过这种方式，人们可以有选择地向外界展示他们是谁以及他们的身份是什么。■

鲍曼的全球"旅行者"是流动的社会精英，他们拥有的财富和职业地位使他们能够享受到"流动的现代性"最积极的方面。

现代世界体系
伊曼纽尔·沃勒斯坦（1930—2019）

背景介绍

聚焦
世界体系理论

重要时间

16世纪 欧洲列强"发现"和殖民美洲和亚洲部分地区，奠定了全球资本主义的基础。

1750年 英国工业革命开始。

1815—1914年 新工业和社会经济转型扩展到欧洲、北美、日本，以及澳大利亚的部分地区——这些地区构成了现代经济体系的"核心"。

1867年 卡尔·马克思出版《资本论》第一卷，强调资本主义的剥削本质。

20世纪以来 随着包括前殖民地国家在内的新国家融入全球资本主义体系，全球贸易得到发展。

资本主义在全球逐利的过程无视国家边界。

↓

随着财富和影响力的增加，资本主义发展出一个基于市场和利益逻辑的综合世界体系。

↓

这个体系剥削贫困国家的自然资源和劳动力，使这些国家很难发展。

←

不同国家从现代世界体系中的获益很不平等。

美国社会学家伊曼纽尔·沃勒斯坦在《现代世界体系》（1974）一书中指出，全球经济体系把世界中不同国家相互连接在一起，发达国家剥夺发展中国家的自然资源和劳动力。这一世界体系使得贫穷国家很难获得发展，并确保了富裕国家继续成为全球商品链及工业资本主义所创造的产品和财富的主要获益者。

沃勒斯坦认为，随着英国、西班牙和法国等欧洲国家剥削被征服和被殖民地区的资源，世界经济体系于16世纪开始产生。这些不平等的贸易关系带来了资本的积累，被再投资以扩大经济体系。到19世纪

参见: 卡尔•马克思 28~31页, 罗兰•罗伯逊 146~147页, 萨斯基娅•萨森 164~165页, 阿尔君•阿帕杜莱 166~169页, 戴维•赫尔德 170~171页。

末, 世界上大部分地区已经被纳入这一商品生产和交换体系之中。

全球舞台

沃勒斯坦关于现代资本主义起源的思想将马克思的理论扩展到全球。马克思关注资本主义是如何争夺"剩余价值"的, 他注意到这一事实: 工人一天创造出比其收入所得更多的价值, 这种额外的价值对雇主来说就是利润。在资本主义社会, 富裕的社会精英剥削工人阶级以获得他们劳动的剩余价值。

沃勒斯坦发展了这一观点, 将研究焦点集中在全球商品链中的获益者上, 认为在全球体系中存在着类似于阶级的国家群体, 他称之为"核心国家""半边缘国家""边缘国家"。核心国家是发达国家, 它们使用先进生产技术生产复杂产品。核心国家依靠边缘国家提供的原材料、农业产品和廉价劳动力。

现代世界体系基于类似于阶级的国家群体, 它导致了这些国家之间经济和贸易关系的不平等。

- **边缘国家**处于无权和被剥夺的地位, 它们拥有基于农业和矿业的有限经济基础, 为半边缘和核心国家提供商品、原材料和廉价劳动力。

- **半边缘国家**拥有中等水平的富裕、自主性和经济多样性。

- **核心国家**发达、工业化且富裕, 它们在现代世界体系中处于核心支配地位。

半边缘国家拥有其他两个种类的混合式社会和经济特性。

核心国家和边缘国家之间经济交换的不平等性意味着核心国家以高出边缘国家的价格出售它们的制成品。半边缘国家同样能从与边缘国家不平等的贸易关系中获益, 但在与核心国家的经济交换中通常处于劣势。

沃勒斯坦认为, 这种世界体系是相对稳定的, 不容易改变。在这个体系内部, 国家可以"上下"移动, 核心国家的军事和经济实力, 以及半边缘国家的野心, 使得这一全球关系不可能被重塑得更加平等。

20世纪70年代, 沃勒斯坦关于现代世界体系的思想开启了关于全球化的讨论, 直到80年代末及90年代初, 该思想才变成社会学的核心关注点之一。因此, 他的成果被看作对经济全球化及其社会–政治影响的早期重要贡献。■

全球财富和不平等的模式

社会学家最初使用"第一世界"(西方发达国家)、"第二世界"和"第三世界"的术语来讨论全球不平等。国家地位高低是根据它们资本主义企业、工业化及城市化的水平来衡量的, 这一观点认为贫困国家只需要更多地具有发达国家那样的经济特征就可以摆脱贫困。

沃勒斯坦反对那些认为第三世界仅是低度发展的观点。他将焦点集中在全球经济背后的经济过程和联系上, 认为尽管一个国家在世界体系中的位置最初是历史和地理的产物, 但全球资本主义的市场力量强化了核心国家和边缘国家的区别, 因此, 有效地将不平等制度化了。

全球问题，本土视角

罗兰·罗伯逊（1938—2022）

背景介绍

聚焦
全球化

主要事件

1582—1922年 从欧洲天主教国家开始，最终到东亚和苏联，格里高利历法（公历）成为国际通用的历法。

1884年 格林尼治时间（GMT）作为世界标准时间，成为全球24小时时区体系的基础。

1945年 联合国成立，以促进国际合作。

20世纪80年代 日本公司制定能使全球产品适应本土市场的策略，它们称这一过程为"全球本土化"。

20世纪90年代 罗兰·罗伯逊在其关于"全球化"的研究中扩展了日本"全球本土化"的概念。

全球化带来的不同的思想、文化形式和产品在**全世界范围内广泛传播**，包括：

- 音乐风格和流派
- 时尚趋势
- 消费产品
- 观念和价值

↓

这些**全球形式**通过与本土社区和**个体的联系**而被修正得更为"本土化"。

全球化正在催生新的文化形式，因为全球产品、价值和品位与它们的本土对应物融合在一起。按照英国社会学家罗兰·罗伯逊的观点，这种全球和本土的相互融合是现代社会的重要特征，带来了创新的可能。在《全球化：社会理论和全球文化》（1992）一书中，罗伯逊认为全球化核心中的文化动态可以通过聚焦于四个领域的相互关系去理解："自我""民族国家""诸社会组成的世界体系""全人类的概念"。这一聚焦使他能够考察一个人的自我身份与

参见： 乔治·瑞泽尔 120～123页，伊曼纽尔·沃勒斯坦 144～145页，萨斯基娅·萨森 164～165页，阿尔君·阿帕杜莱 166～169页，戴维·赫尔德 170～171页。

生活在全球化世界中

足球是一种"全球运动"。社区认同它们的球队，发展出独特的传统和足球文化，并把它们带到国际竞赛中。

国家、全球文化影响之间的关系。

例如，一个人的自我可以通过其与国家、社会之间的互动及与全人类的关系（性取向、种族等）来定义。在这一点上，罗伯逊考察了全球化和本土化在对个人的经验和行动的影响力方面的紧张关系。

罗伯逊强调"全球统一性"：全球化和文化交流似乎催生了一种全球文化形式。这是一项通往由西方文化产品和信仰——如好莱坞电影和美国流行音乐——主宰的世界的运动，并通过各社会之间联结的增加及人们逐渐意识到世界是一个单一的社会文化实体而变得可能。

但是，罗伯逊强调，"全球统一性"的出现并不意味着世界正向着所有东西都一样或"同质性"的单一全球文化的方向前进。相反，他指出，当面对来自其他社会的文化流动时，文化群体及其产品之间的差异可能会更为突出。这可能会带来本土文化和全球文化之间的动态互动，人们修改各种文化形式，以适应他们特殊的社会文化背景。

混合"全球"和"本土"

为了反映全球和本土是如何联系及相互融合的，罗伯逊推广了"全球本土化"的概念。这一概念是从跨国公司的实践及它们将全球产品打入本土市场的策略中发展而来的。例如，快餐连锁公司麦当劳就新创了许多"全球本土化"的汉堡，试图去迎合美国之外的消费者的需求（例如，为印度人特别准备了"巨无霸鸡肉堡"，因为印度人不吃牛肉）。在社会学中，全球本土化在更广泛的意义上指代全球文化产品和形式的本土化。

因此，全球化是一个包含"普遍化和特殊化趋势"的双重过程。一方面，文化形式、产品和价值在全世界范围内传播；另一方面，它们也受到不同社会个体的调试和修改。因此，本土和全球之间产生了一种紧张关系，进而导致了文化创新和社会变迁。例如，人们融合诸如嘻哈音乐、韩国流行音乐以及独立音乐之类的全球熟知的音乐风格来讲述本土故事。∎

文化混杂

全球沟通的日渐兴起带来了罗兰·罗伯逊所称的"文化交织"现象。在荷兰社会学家让·皮埃特斯看来，随着全球影响的突变与本土的混合，这一现象带来的结果是"全球本土化"的多样性或文化"混杂"。这种"全球本土化"进程的典型例子就是拍电影。

20世纪初，好莱坞电影鼓舞了印度电影产业。然而，印度电影人专注于修改好莱坞电影：他们积极发展自己的艺术形式，以迎合当地文化，反映其独有的表达形式。这样一来，他们开创了全球与本土的创造性结合。印度电影题材广泛——从这个国家的古老史诗和神话到传统戏剧——并用多彩、独特的方式重新讲述它们。印度电影被称为"宝莱坞"，很好地吸引了印度之外的观众。

> 本土文化改编并重新定义任何可能的全球文化产品，以满足它们特定的需求、信仰和习俗。
>
> 罗兰·罗伯特

气候变化是一个必须考虑的问题

安东尼·吉登斯（1938— ）

背景介绍

聚焦
吉登斯悖论

主要事件

1900年 随着诸多国家大力发展工业经济，实现经济增长，现代性得以继续传播。

1952年 雾霾笼罩伦敦，导致大约4000人死亡，最终促进了《清洁空气法》(1956)的颁布。

1987年 20多个国家签署了《蒙特利尔议定书》，通过管制对臭氧层有不良影响的物质生产活动来保护臭氧层。

1997年 《京都议定书》签署，目的是减少工业化国家温室气体的排放，防止气候变化。

2009年 《哥本哈根协议》重新确定了减少温室气体排放的任务。

世界岌岌可危，在英国社会学家安东尼·吉登斯看来，这至少要部分归咎于全球化。他相信，现代性创造了一个"逃亡世界"，政府和个人面临着如气候变化之类的全球风险。他对这一重要研究领域的贡献之一是解释了为什么政府和个人不愿意立即行动去应对全球变暖。

现代性的全球化

《现代性的后果》（1990年）一书问世以来，吉登斯就一直强调全球化的后果，以及它是如何改变社会制度、社会角色及社会关系的。他指出，发达社会和新型工业化社会中充斥着已经与前工业社会截然不同的经验和关系。

现代性的全球化及其影响标志着人类文明进入了一个新的阶段，吉登斯把它称为"晚期现代性"。他用"骑在怪物上"的比喻指出现代世界如何变得"失控"。虽然晚期现代性的生活有时是"值得的"和"令人愉快的"，但个体同时也必须面对新的不确定性，处理信任的缺失，应对新的挑战和风险。

吉登斯将人为的（人类导致的）气候变化看作人类面临的最重要的风险和挑战之一。工业化社会燃烧了大量的化石燃料以发电。这种能源生产的副产品就是二氧化碳，它存在于大气层中，导致全球变暖，进而使得极端天气事件频

> " 人们总是很难像对待眼前一样平等地对待未来。
> 安东尼·吉登斯

生活在全球化世界中 149

参见： 齐格蒙特·鲍曼 136~143页，曼纽尔·卡斯特 152~155页，乌尔里希·贝克 156~161页，戴维·赫尔德 170~171页，托斯丹·凡勃伦 214~219页，丹尼尔·贝尔 224~225页。

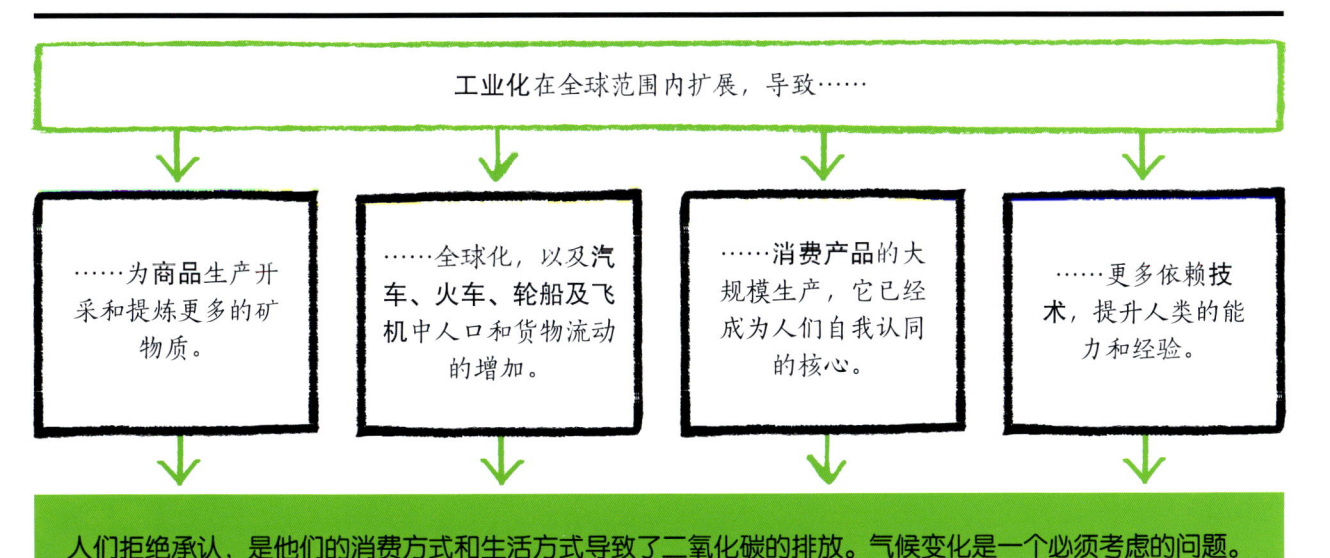

工业化在全球范围内扩展，导致……

- ……为商品生产开采和提炼更多的矿物质。
- ……全球化，以及**汽车、火车、轮船及飞机**中人口和货物流动的增加。
- ……**消费产品**的大规模生产，它已经成为人们自我认同的核心。
- ……更多依赖**技术**，提升人类的能力和经验。

人们拒绝承认，是他们的消费方式和生活方式导致了二氧化碳的排放。气候变化是一个必须考虑的问题。

发，如干旱、洪涝和飓风。

创新性解决办法

在《气候变化的政治学》（2009）一书中，吉登斯指出，由于环境恶化和气候变化带来的危害并不明显或不会在日常生活中立即显现，因此许多人"……并不对它们采取实质性措施，而是等待，直到这些危害变得凸显且尖锐——大灾难的形成毫无疑问是气候变化的后果，人们应该痛下决心采取实际行动"。

"吉登斯悖论"就是他用来定义这种眼前的回报与未知危险和灾难的威胁之间脱节状况的术语。然而，吉登斯对于未来的看法是乐观的。创造工业社会和高科技社会的人类智慧同样能够找到减少碳排放的创新解决办法。例如，国际合作促使各国引入碳贸易框架和碳税，利用市场力量奖励减少温室气体排放的公司。新技术也在被发明、改进和共享中，这有可能结束世界对化石燃料的依赖，并为发达国家和发展中国家提供廉价、清洁的能源资源。■

未来折现

在吉登斯看来，"未来折现"的概念解释了为什么人们着手解决当前的问题而忽视未来他们可能面临的威胁。他指出，人们总是选择眼下的小恩小惠，而不愿意为未来可能的巨大回报而采取行动。同样的心理学原理也适用于风险。

吉登斯使用吸烟者的例子来证明自己的观点。大家都知道吸烟有害健康，可为什么还有许多年轻人选择吸烟？对于一个青年吸烟者，他很难想象自己40岁的样子，而那时候吸烟的危害才开始显现并带来潜在的致命后果。这一类比也适用于气候变化。人们沉迷于由化石燃料带来的技术进步和流动性。相较于处理恼人的现实，忽视气候科学家的警告似乎更容易做到。

没有全球认知公正，就没有社会公正

博温托·迪·苏萨·桑托斯（1940— ）

背景介绍

聚焦
南方的认识论

主要事件

1976年 7个主要工业国家组成G7，目的是讨论全球事务。

1977年 在《科学嘉年华：科学、技术和发展文集》一书中，印度学者什维·维斯瓦纳坦创造了"认知公正"一词。

2001年 反全球化活动家在巴西成立世界社会论坛，探讨可持续发展和经济公正的替代性道路。

2014年 英国社会学家戴维·英格利斯使用桑托斯关于知识多元性的观点来批判性地看待大都市社会的发展。

西方资本主义世界秩序已经扎根，不仅在经济和政治层面上，也在知识形式上，将国家进行分层。

↓

这带来一种文化战争，北半球拥有科技武装的知识，认为南半球在文化上低人一等。

↓

只有文化进入一种基于相互尊重并承认不同形式的知识存在的对话中，全球平等才有可能实现。

↓

没有全球认知公正，就没有社会公正。

法国社会学家埃米尔·迪尔凯姆提出知识和文化是不可分割的。他宣称，一个群体的文化——集体创造的思想及思考问题的方式——形塑了其成员在社会中积累世界知识的方式。

葡萄牙社会学家博温托·迪·苏萨·桑托斯在伊曼纽尔·沃勒斯坦世界体系理论基础之上，同意这种关联的存在，并将这一思想拓展

参见：齐格蒙特•鲍曼 136~143页，伊曼纽尔•沃勒斯坦 144~145页，罗兰•罗伯逊 146~147页，阿尔君•阿帕杜莱 166~169页，安东尼奥•葛兰西 178~179页。

到他所称的由全球化带来的文化战争中。他指出，世界被划分成支配（"霸权"）群体/国家/意识形态与被支配（"反霸权"）群体/集体/观念两派之间不均等的冲突。战争在不同领域发展，包括经济、科技和政治。

文化和权力

桑托斯认为，世界文化——连同嵌入其中的知识——因更广泛的资本主义权力关系而呈现出等级划分和不平等获得的特点。参考哲学术语"认知论"（来自episteme，"知识"），他指出，在世界舞台上，一些国家被其他国家边缘化是与认知论排斥密切相关的。由于社会研究的主流模式是由部分北半球国家所强加的，所以他把来自边缘国家的不同路径称为"南方的认知论"。

桑多斯在其研究中承认，他的目标是结束这种排斥的等级，因为"没有全球认知公正，就没有社会公正"。他坚持认为，世界的文化多样性是与认知论的多样性一致的；任何旨在根除目前不平等的全球努力都应该将这一点置于核心位置。桑托斯认为，其中最大的障碍在于，北半球的科学知识在知识的社会等级中处于"霸权"地位。

技术主宰

北半球强加在南半球上的资本主义和帝国秩序有其认识论的基础。西方列强有"能力"统治世界许多地方，尤其是通过将现代科学提升到普世知识的地位，使其优于其他所有知识类型。其他非科学的知识形式，以及由这种知识形成的不同社会群体的文化和社会活动，都在现代科学的名义下受到压制。现代科学已经将我们的思想殖民化了，以至于任何偏离它的努力都被我们看作非理性的。例如，西方媒体将中东文化描述成非理性的和过度感性的，这会带来"毁灭性的后果"。

与此不同，桑托斯热衷于发展一种能带来多元性的跨国文化对话：一种"解放的、非相对论的、世界性的知识生态"，其核心是承认差异并承认差异和共存的权利。桑托斯认为，只有通过这些方式，我们才有可能实现对各种社会运作

土著部落，如巴西的卡亚波（Kayapó）人，懂得治愈植物的方法。西方制药公司利用了他们的这一知识，却没有给他们足够的报酬。

博温托•迪•苏萨•桑托斯

博温托•迪•苏萨•桑托斯是葡萄牙科英布拉大学（University of Coimbra）的教授。他在美国耶鲁大学获得博士学位，是威斯康星大学麦迪逊分校的访问教授。他是强社会和公民运动的辩护者，并将之看作实现参与式民主的关键。

2001年，桑托斯成立世界社会论坛，作为反对新自由主义经济政策和跨国公司资本主义所导致的全球化形式的阵地。他在许多领域发表作品，包括全球化、法律社会学、国家、民主及人权等。

主要作品

2006年 《全球左翼之崛起：世界社会论坛》

2007年 《全球世界中的认知公正：体面生活的明智知识》

2014年 《南方的认识论》

机制的真正的全球理解。这一观点启发了一些群体，他们为之努力。例如，世界社会论坛试图通过寻找资本主义的替代品来达到社会和经济公正。■

思维力所释放的生产力
曼纽尔·卡斯特（1942— ）

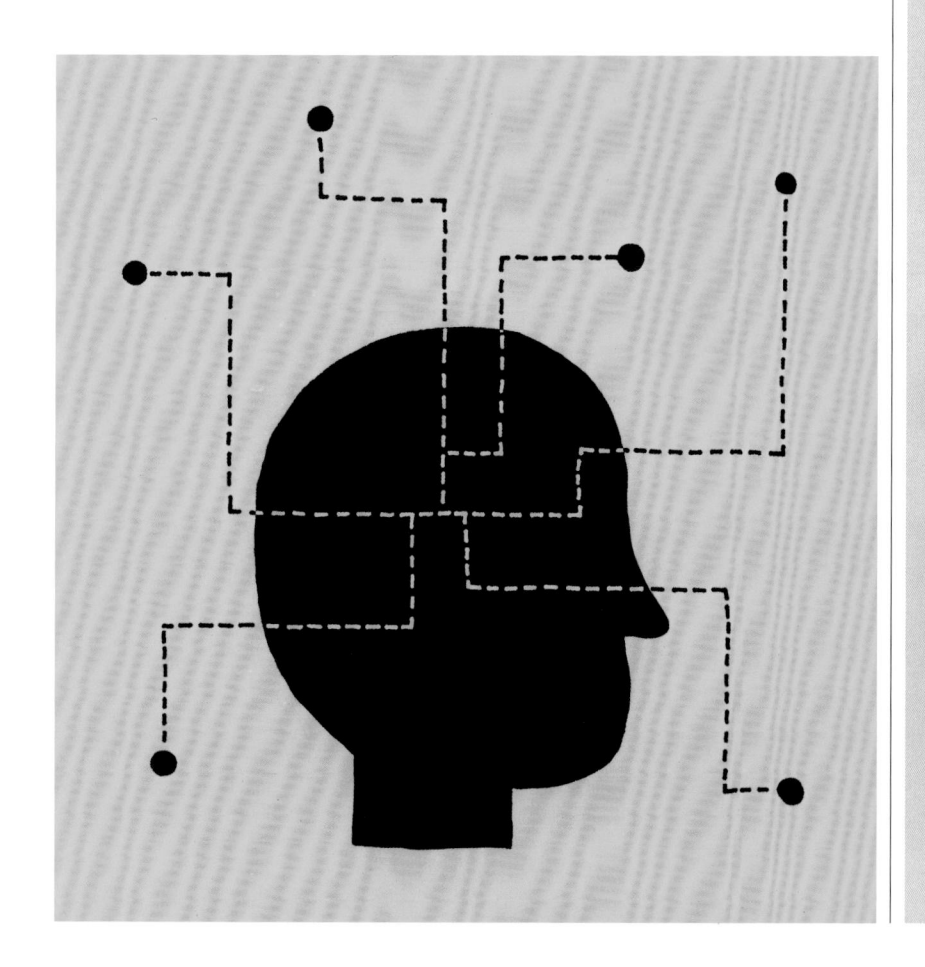

背景介绍

聚焦
网络社会

主要事件

1848年 卡尔·马克思和弗里德里希·恩格斯在《共产党宣言》中预言了资本主义全球化的到来。

1968年 曼纽尔·卡斯特跟随法国社会学家阿兰·图海纳研究社会运动和对资本主义的抵抗。

自1990年起 各公司越来越多地采用互联网技术，互联网技术已拓展到广阔的公共和私人生活领域。

1992年 美国社会学家哈里森·怀特撰写《市场、网络和控制》一文，讨论网络理论。

1999年 荷兰社会学家范迪克出版《网络社会》一书，讨论如脸书之类的社会媒体。

生活在全球化世界中　　**153**

参见：卡尔·马克思 28~31页，尼克拉斯·卢曼 110~111页，齐格蒙特·鲍曼 136~143页，安东尼·吉登斯 148~149页，乌尔里希·贝克 156~161页，丹尼尔·贝尔 224~225页，哈里·布雷弗曼 226~231页。

> "网络社会"是一个相互连接的全球利益社区……

> ……使用网络或者"流动的空间"，不再是社会统治群体的特权。

> 这意味着，任何人在任何地方都可以使用电子通信技术进行任何创造性活动。

20世纪最后50年见证了科学与数字技术发展方面的巨大进步。西班牙社会学家曼纽尔·卡斯特（他的研究跨越了沟通和信息研究领域，并深受卡尔·马克思的影响）认为，这些进步塑造了世界范围内的经济、社会和政治的发展，同时也反过来深受后者的影响。这使得卡斯特将研究焦点集中在全球化问题及其对经济、社会的影响上。

对于马克思来说，工业资本主义是基于商品生产的。20世纪70年代，美国社会学家丹尼尔·贝尔引入"后工业主义"一词来指代向服务主导型经济的转型。卡斯特认为，先进的互联网技术的崛起意味着当今资本主义的核心是信息和知识。人类社会已经走出了工业时代，进入了信息时代，它的社会结构性表达便是"网络社会"。

一个网络化的世界

信息时代是以各种专门知识的创造和传播为特征的，如世界原油价格的浮动、金融市场的起伏等。在发达资本主义社会，金融资本和信息网络已经成为生产力和竞争力的核心。

从生产商品和服务向生产信息和知识的转变，极大地改变了社会和社会关系的性质。卡斯特指出，人际关系、制度及整个社会的主流组织模式是网络。另外，这些网络的可塑性和开放性意味着它们可以在全球范围内扩展。

古典社会学家，如卡尔·马克思、埃米尔·迪尔凯姆及马克斯·韦伯，使用"社会"这一术语来指代某一个特定民族国家中的社会。例如，基于这一点，美国社会和英国社会既存在一定差异，又在某种程度上拥有共性。

然而，在卡斯特的研究中，民族国家已经变得更具全球性并无所不包。民族国家的相对自主性及其内部社会结构都已经不存在——它已经被重新想象为许多重叠和交叉的网络。

一想到通过网络完全互联的世界，脑海里就浮现出这样的场景：地球上各个角落的人在这个不停变动的网络中总是处于不同类型的互动关系中——不再受地理或国籍的

巴西证券期货交易所，位于巴西圣保罗，是拉丁美洲最大的股票交易所。其纯电子交易环境是信息时代全球经济的写照。

网络社会是全球一体化且人人都支付得起的电子通信技术带来的结果，它改变了我们的生活方式、思维模式及行为方式。如今，原本素昧平生的人通过即时通信，便可实现商品买卖或信息和思想的交流。

金融数据　　聊天室

娱乐服务　　网上购物

限制，而只会受到人类想象力的限制。通过如谷歌、百度之类的搜索引擎，我们现在可以24小时随时获得信息，可以在聊天室里与万里之外的人即时交流。

卡斯特用多种方式阐释了网络的概念。基于微电子技术的网络定义了网络社会，并取代科层制成为组织社会关系的主要方式，因为它们更善于应对复杂性。

除了金融贸易和资本投资的经济网络，微电子网络还包括政治和人际网络。"网络国家"包括跨国政治实体，如欧盟，而人际网络则通过互联网、电子邮件，以及如脸书、推特之类的社交网站展现出来。

卡斯特认为网络可以被这样定义：它没有"中心"；它由许多重要性各不相同但都必不可少的节点组成，以维持网络的运作；网络所特有的社会权力在一定程度上依赖其能够处理多少信息；一个网络只处理某一类型信息，即与其相关的信息类型；网络是一个开放的结构，能够无限地扩展和浓缩。

卡斯特强调网络社会的高适应性特征。关键在于网络内部及其周围的社会秩序可以声称是高度动态的、创新的，并能够适应持续而高速的社会变迁。卡斯特将网络化的社会关系定义为"人类活动的动态的、自我拓展的形式"，它能改变社会和经济生活的所有领域。

社会动力

个人和制度是否加入或被排除在某种社会网络之外，为卡斯特提供了研究网络社会中权力运作机制的机会。他总结道，随着时间的推移，网络化的关系最终会改变社会结构。

卡斯特的初步结论是：那些在大型跨国公司或机构中工作的人，以及处于全球金融流动网络中的人，构成了社会的统治群体——他称之为"技术官僚-金融-管理精英"。这些精英在世界体系中占据指挥控制的重要位置，他们倾向于生活在全球城市中——在那里，跨国实践和利益得以再生产。

同时，与之相对，大众的生活往往是本土的而非全球的——人们围绕和散布在那些地理上聚居的地方，社会关系以共享的生活方式为特征。因此，卡斯特指出，大部分人将有意义的认同和生活建立在某一实际的特殊地理位置之上，即"地域的空间"，而不是无形的、无地点的电子网络世界，即"流动的空间"。

然而，随着互联网和社会媒体的传播，利用"流动的空间"来展示权力的那种统一的、大都市的全球精英观看起来过于简单化了。经济贫困的社会群体可能会发现，他们很难和社会主宰群体一样，将他们的生活方式融入或者置于互联网技术中，但是情况已经渐渐在改变。卡斯特现在宣称，"任何人想

> 网络已经成为人类活动各个领域中主要的组织形式。
>
> 曼纽尔·卡斯特

做任何事情，都能够获得这种'流动的空间'，并让它为自己的目标服务"。

反资本主义组织，如"反资本主义倡议"（明确指出自己是一个网络社区），以创新的方式通过在"流动的空间"中迅速发展的网络来连接人们。卡斯特借用墨西哥萨帕塔民族解放运动（Zapatistas）的例子来证明，通过"流动的空间"，那些挑战政府和精英制度的边缘群体可以积聚社会权力。萨帕塔成功地在网络空间中吸引了媒体的注意力。

是反乌托邦还是乌托邦？

卡斯特关于"信息时代"和"网络社会"的两个概念，为理解全球化和信息技术给人类生活和社会关系带来的巨大转变提供了一套强大的分析工具。

马克思的"异化"概念在卡斯特的著作中始终得到共鸣，它试图解释我们周围的世界中所发生的剧烈变迁过程，并力争收回对它们的控制权。然而，其他全球化理论家，如安东尼·吉登斯、乌尔希里·贝克及齐格蒙特·鲍曼认为，人类已经创造了一个失控的且异化了的全球社会。

卡斯特的研究也招致许多批评。例如，鲍曼认为，考虑到人们当下所面临的社会、经济、政治和环境问题的"现实"，它是一种乌托邦。也有人否认当今社会和经济秩序是前所未有的。英国社会学家尼古拉斯·加汉姆认为，网络社会更准确地讲是工业社会的发展，而非人类社会发展的全新阶段。英国社会学家弗兰克·韦伯斯特指责卡斯特的技术决定论——认为技术进步形塑社会关系，但并不决定它们，相反，这两者相互影响。

无论网络社会是否新奇或有益，毫无疑问，世界正变得相互连接，并日益依赖数字技术，正在重新形塑社会关系。对卡斯特来说，充斥着网络的全球社会的崛起最终是正面的。它使来自遥远地方的人产生互动，为人类利用其集体性生产资源去创造一个新的、进步的世界秩序提供了可能。他指出，如果我们"消息灵通、积极主动，能在全球范围内沟通"，那么我们就"能探索内心的自我，在彼此之间找到和平"。■

> "组织总是分布在一定的地域上……而组织的逻辑则是无地域的。"
>
> 曼纽尔·卡斯特

曼纽尔·卡斯特

曼纽尔·卡斯特于1942年出生在西班牙。在积极参加学生反弗朗哥运动之后，他离开西班牙，去往法国，于20世纪60年代末政治动乱时期，在巴黎大学攻读社会学博士学位。

20世纪80年代，卡斯特来到美国加利福尼亚州。大约10年之后，他撰写了影响深远的关于网络社会的三卷本著作，即《信息时代》。

卡斯特是一位极具影响力的社会科学思想家。他是位于洛杉矶的南加利福尼亚大学（USC）的社会学家，推动创立了南加利福尼亚公共外交中心，同时也是安南堡国际传播研究网络（ARNIC）的成员。

主要作品

1996年《信息时代：网络社会的崛起》
1997年《信息时代：认同的力量》
1998年《信息时代：千年终结》

我们正生活在一个失控的世界中

乌尔里希·贝克（1944—2015）

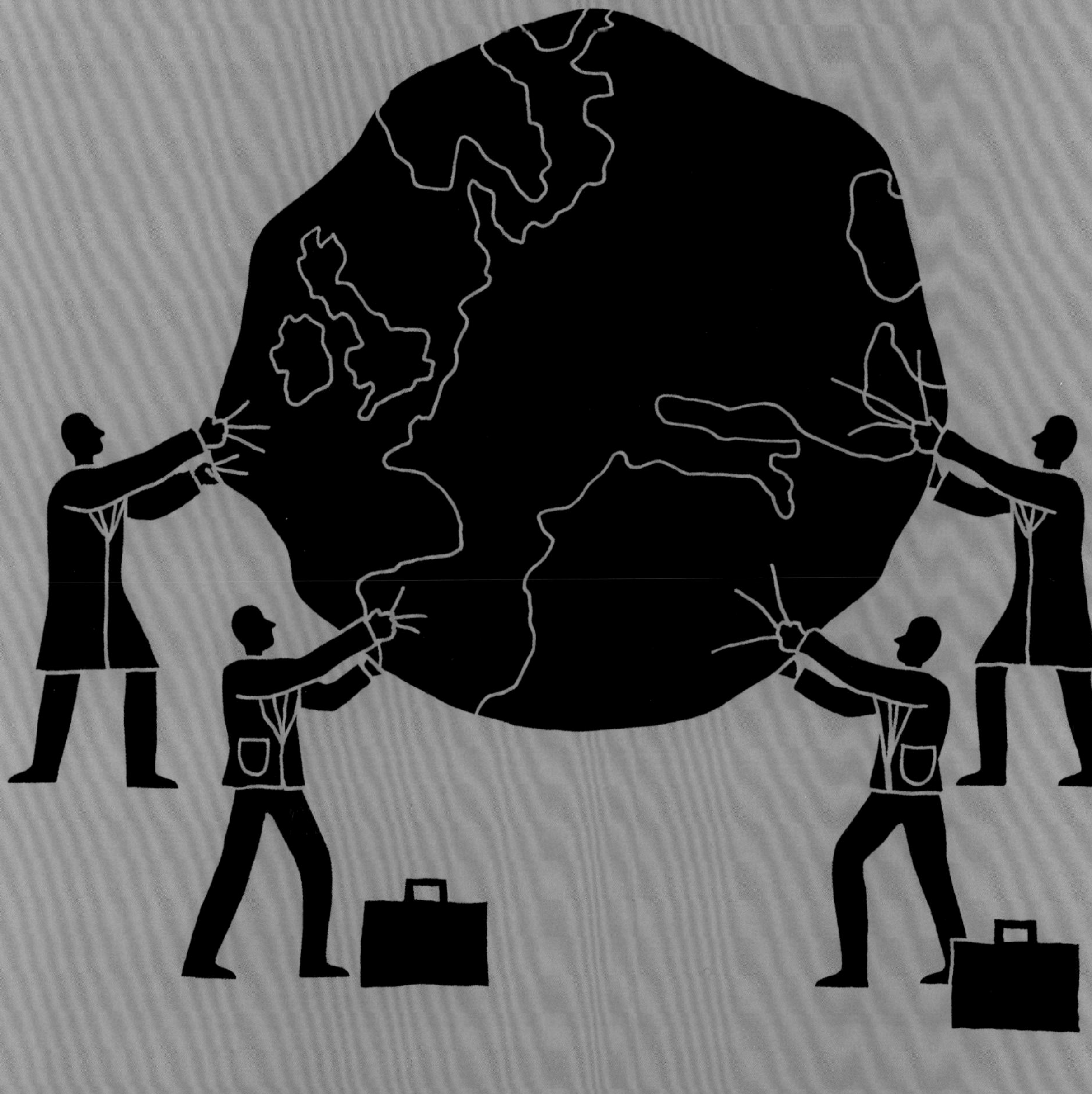

背景介绍

聚焦
风险社会

主要事件

1968年 罗马俱乐部思想库成立，并于1972年出版了研究报告《增长的极限》，指出了过度人口增长带来的风险。

1984年 美国社会学家查尔斯·佩罗出版《高风险技术与"正常"事故》一书。

1999年 美国社会学家巴里·格拉斯纳在《恐惧文化：为什么美国人害怕错误》一书中运用了乌尔里希·贝克的"风险"概念。

2001年 美国"9·11"恐怖袭击改变了全世界对由恐怖组织带来的风险的感知。

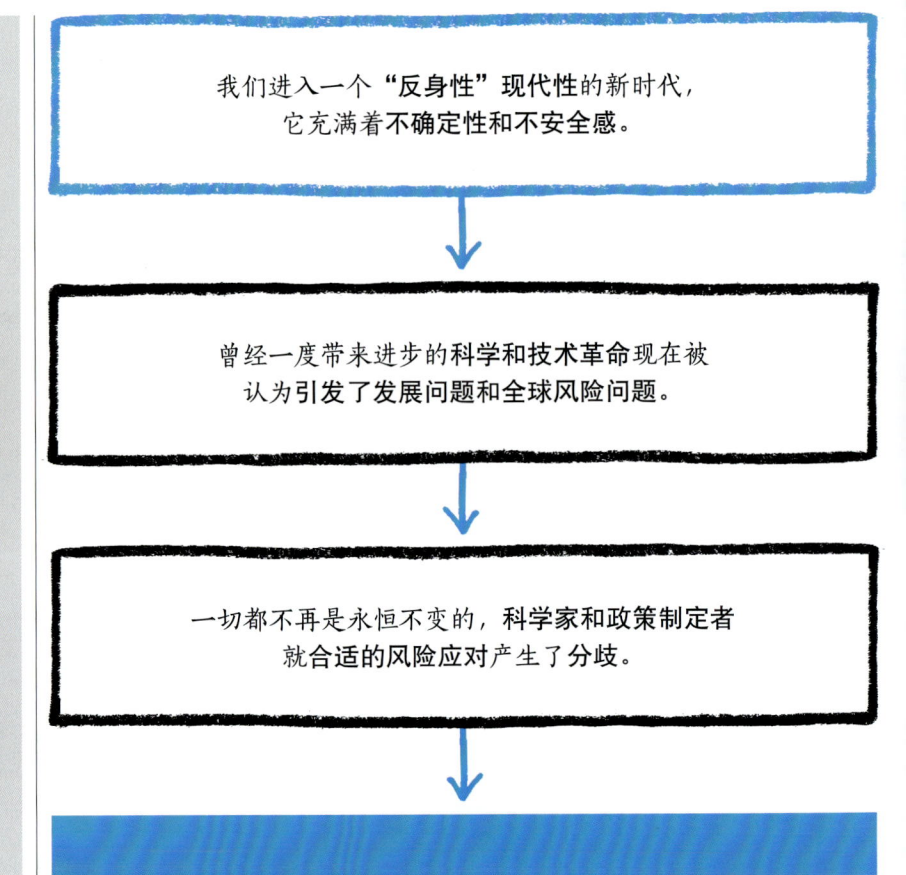

我们进入一个"反身性"现代性的新时代，它充满着不确定性和不安全感。

↓

曾经一度带来进步的科学和技术革命现在被认为引发了发展问题和全球风险问题。

↓

一切都不再是永恒不变的，科学家和政策制定者就合适的风险应对产生了分歧。

↓

对制度和专家丧失了原有的尊重，这产生了不确定性和怀疑，我们开始担心我们正生活在一个失控的世界中。

人类社会总会遭遇危险，历史上，它们通常来自大自然。近年来，科学、技术和工业带来了繁荣，但同时也带来了新的危险（如核能所带来的危险）。这使得个人和社会将思想焦点集中在探寻安全和可测性风险上。

20世纪80年代中期，德国社会学家乌尔里希·贝克指出，在过去的几十年中，我们与社会及其制度的关系已经发生了深刻改变，这要求我们找到一种新的思考风险的方式。贝克认为，社会生活正从现代性的第一个阶段过渡到新兴的第二个或"反身性的"阶段。人们开始意识到，控制及战胜大自然和社会变得不可能。这一意识本身可能会带来对那些过去曾一度给予安全感和慰藉的社会结构的极度失望。

这一新阶段的主要特征是全球"风险社会"的出现。贝克指的是，个人、群体、企业及政府越来

参见： 奥古斯特·孔德 22~25页，卡尔·马克思 28~31页，马克斯·韦伯 38~45页，安东尼·吉登斯 148~149页。

越关注风险的产生、散播和经历。我们现在不得不直面那些前人无法想象的问题，这需要新的社会应对方式。

在他早期的作品中，贝克特别指出核能、化学工业和生物技术带来的风险。他认为运用科学技术满足人类需求已经到达了一个临界点，我们的进步已经在前所未有的范围和规模内带来了灾难的可能性。这种灾难一旦发生，必定会很严重，以至于我们几乎不可能消解其影响而回到原来的状态。

风险的特质

贝克定义了风险的三个显著特征。第一，全球无可挽回的毁灭，事故无法补偿，因此保险毫无用处。第二，事后护理和预先防范毫无用处，我们不能恢复到事故发生前的状态。第三，无限度的时间和地点，事故是无法预测的，其地点可以跨越国界，持续相当长的一段时间。

就应对这些未来可能发生的灾难而言，传统风险计算方法在21世纪我们所面对的新风险类型——流行病、核能危机、转基因食品等——面前早已过时。那么，科学家、企业及政府将如何应对这种潜在的灾难风险呢？

真实而虚拟的风险

贝克指出了社会在看待风险问题上的模糊立场。一方面，它们是真实的——它们是科学和技术进步中客观而潜在的威胁。即使政府试图假装它们不存在，它们也无法被忽视。然而同时，风险也是虚拟的，它表现出人们对于那些还没有发生或是永远不会发生的事件的当下忧虑。尽管如此，这些风险及对灾难的预期带来的显而易见的威胁，成为摆在科学家、企业及政府面前的新挑战。

贝克看到，在风险问题上，没有人是专家。风险天生具有复杂性，这意味着，科学家往往难以在可能的严重性或者如何设立合适的安全程序等方面达成共识。事实上，公众却认为，可能也正是那些科学家在他们操控基因或原子核裂变的过程中创造了这些风险。

虽然公众对科学家产生了怀

> "无论是科学家，还是当权者，都没有能力理性地定义或控制风险。"
>
> 乌尔里希·贝克

乌尔里希·贝克

1944年，乌尔里希·贝克出生在德国斯武普斯克市，该市现在已经归入波兰。自1966年起，他在慕尼黑大学先后学习社会学、哲学、心理学及政治学。1972年，他在慕尼黑大学获得博士学位，并于1979年晋升为大学讲师。他随后在明斯特大学和班贝格大学担任教授职位。

1992年，贝克开始在慕尼黑大学担任社会学教授，并任慕尼黑大学社会学研究所所长；他同时也是伦敦政治经济学院的访问教授。贝克是欧洲最负盛名的社会学家之一，除了他的学术著作和研究，他还在媒体上发表时事评论，积极参与德国乃至欧洲的政治事务。贝克于2015年去世。

主要作品

1986年	《风险社会》
1997年	《全球化是什么？》
1999年	《世界风险社会》
2004年	《世界主义观》

疑，但贝克指出，科学家绝不是风险的创造者。正是因为我们无法感知、听到、闻到或者看到面前的风险，我们才更需要这些科学家来帮助我们测量、计算及认识风险。

使风险变得有意义

贝克指出，所谓"新社会运动"的重要意义在于引起公众对风险的重视。例如，绿色和平——一个致力于环境保护的独立组织，发起过许多高调的宣传运动，引起了公众对于那些由企业或政府造成的并被低估的环境风险的重视。

贝克认为，媒体提高了公众对于风险的焦虑程度。为了吸引眼球，新闻往往抓住那些企业或政府在处理风险方面失策的事，或者耸人听闻地报道技术发展带来的潜在威胁。

虽然他们的目的是自私的，但贝克认为，它也有正面的意义，因

> 简言之，财富是有等级的，烟雾却是民主的。
>
> 乌尔里希·贝克

为这有助于引起公众对于风险的重视，能促进公共讨论。通过给抽象的风险赋予有力的象征形式，媒体使得风险对于每个人而言变得可视化和有意义。

例如，未来几十年全球变暖的后果可能有点不真实和抽象，但是，"过去-现在"的冰川消融景象，或者北极熊危险地站在消融的冰块上的照片，直白地传递了一种强烈的信号：世界正面临风险。

生活在风险社会的各种社会后果之一是不平等性质的改变。过去，通过花更多的钱住在一个更安全的社区，或者购买私人保险以获得更好的医疗照顾，富人能够使他们自己远离风险。然而，现在人们再也不能够在各种现代风险中"买"到出路了。

在一定程度上，通过吃更昂贵的有机食物来免受工业杀虫剂的危害，我们可以找到规避某一种风险的办法。同样，通过将生产转移到一些高速发展的发展中国家，发达国家能够免受重工业的污染影响。然而，迟早，这些风险会"反噬"。

这里，贝克强调了风险的第三个特质，即它无视空间和时间的界限。财富本身并不能规避风险——富裕的西方国家最终并不能逃离全球变暖的影响，后者在工业化过程

当今的技术社会创造了未知的或几乎不可预测的风险。在贝克看来，面对这种不可知的风险，我们通常有三种应对方式——否认、漠视或改变。

否认：
假装风险不存在或很小。这是许多企业和政府的一般反应。

漠视：
承认风险可能存在，但对此毫无作为。

改变：
在风险阴影之下积极采取集体的、全球性的行动——世界主义的观念。

不管是公共场所还是私人交流，监视在西方世界越来越普遍，以应对恐怖主义暴力真实的或潜在的危险。

中将会加剧。

全球化的恐惧和希望

贝克在最近对于"全球风险社会"和"世界主义"概念的研究中指出，全球化过程——全球范围中相互依赖的增长削弱了单个民族国家的权力和影响力——造成了负面影响。

这包括金融风险和恐怖主义风险。随着对冲基金、期货市场、金融衍生品交易、债务证券化及信用违约互换的全球扩展，没有国家能够躲在本国境内而独善其身。诸如纽约、伦敦之类的核心全球城市遭受恐怖袭击后，由专家设计和实施的反恐法案打破了国家间的边界。有意思的是，贝克指出，全球恐怖主义是为数不多的、政府出于政治目的而乐于关注的风险之一。

虽然贝克认为风险是残酷的，但他同时也指出了风险扩散过程中的积极结果。他指出了他所谓的"世界主义"的发展，这一概念由以下几个要素构成。

首先，全球风险的存在需要全球回应。大灾难影响全人类，各国必须跨越国界，联合起来共同应对。第二，媒体对风险和灾难的报道会使人们更加关注灾难如何对穷人造成更严重的影响。例如，媒体对于2005年美国卡特里娜飓风的报道，就向全球展示了贫困是如何加剧灾难体验的。第三，当今公众的经验和风险意识促使各群体相互对话，例如，贝克提到环境团体和企业是如何合作，以抗议美国政府对环境变化问题的不作为的。

风险和回报

贝克的研究在社会学领域之外也广泛传播，因为它以一种无所不包的方式涉及近几十年来大部分的重大事件和重要变迁。

1986年，《风险社会》首次以德文出版，当时环境关注的新焦点是酸雨和臭氧层被破坏，文中的概念涵盖和预测了许多有名的环境问题和事故，如1984年印度的博帕尔事件和1986年乌克兰切尔诺贝利核工厂爆炸事件。

如今，贝克的分析被应用到全球恐怖主义问题及2008年金融体系的崩溃中。它已经被用来分析和解释各种问题，包括国际关系、犯罪控制、人类健康、食品安全、社会政策及社会工作。

最终，贝克在其著作中还是持有乐观的态度的。他指出，对全球风险的回应能带来创新性解决办法和建设性社会变迁。只有寄希望于应对灾难的新方法，集体福利和公共利益才能战胜狭隘自私的想法，现代制度也才能相应地获得再造。

对酸雨和温室效应的忧虑催生了"联合国气候变化政府间专家委员会"。该委员会成立于1988年，致力于评估关于气候变化的相关科学知识。

有时候全世界似乎都在移动

约翰·厄里（1946—2016）

背景介绍

聚焦
流动性

主要事件

1830年 英国利物浦和曼彻斯特之间开通了世界上第一趟城际列车。

1840年 在英国，第一枚预付邮资印花邮票"黑便士"革新了信息和商品的流通。

1903年 美国莱特兄弟发明的第一架飞机在美国北卡罗来纳州亮相。

20世纪60年代 通信卫星进入轨道，预示着即时全球信息传播的到来。

1989—1991年 英国科学家蒂姆·伯纳斯·李发明了万维网。

2007年 英国社会学家约翰·厄里出版了《流动性》一书。

17世纪以来，新技术不断出现，使得人口、物质及思想的全球移动变得比以往更加容易。英国社会学家约翰·厄里指出，这种全球高流动性的影响要求社会学发展出一种"新范式"，以研究商品、族群及思想是如何流动的。厄里认为，这种流动创造了新的认同、文化及网络，带来了文化多样性和经济机会，但同时也带来了新的社会不平等形式。

系统和流动性

厄里对全球化研究的主要贡献在于他对促进流动的社会系统的关注。特别是，20世纪见证了汽车、电话、飞机、高速列车、计算机、通信卫星及互联网等的问世。厄里认为，这些相互连接的"流动系统"是全球化的动力核心。他指出，对于流动性的研究使得全球化的后果和影响明朗化。同样，

> 身体的移动已经成为一种全球'生活方式'。
> ——约翰·厄里

对阻碍流动性的力量——"不流动性"——的研究，对理解当代社会的排斥和不平等至关重要。

通过理解这一全球流动，社会学能够更好地探究全球化的社会及环境方面的利弊（如经济增长或工业污染），同时也能探寻社会变迁背后的驱动力。■

参见：齐格蒙特·鲍曼 136~143页，曼纽尔·卡斯特 152~155页，萨斯基娅·萨森 164~165页，戴维·赫尔德 170~171页。

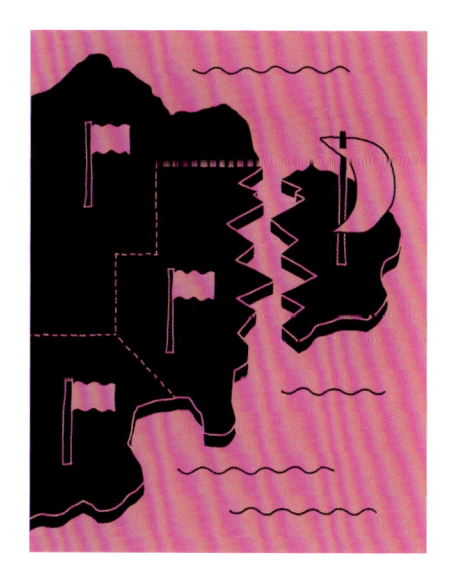

民族不需要通过太多的"历史稻草"来想象和建构

戴维·麦克隆

背景介绍

聚焦
新民族主义

主要事件

1707年《联合法案》获得批准,英联邦正式成立。

1971年 英国民族学家安东尼·史密斯出版了他最具影响力的著作《民族主义理论》。

1983年 英国社会学家本尼迪克特·安德森出版了《想象的共同体》一书,他在书中探讨了民族的形成。

1998年 英国社会学家戴维·麦克隆在《民族主义社会学:明天的祖先》一书中指出,民族主义是一系列社会和经济利益的载体。

2004年 日本社会学家一条都子(Atsuko Ichijo)在《苏格兰民族主义和欧洲观念》一书中探究了"欧洲独立"政策的显著矛盾。

在英国社会学家戴维·麦克隆看来,全球化所施加的经济、政治及文化力量已经与新民族主义的崛起相伴而生,新民族主义意味着一个国家中的某一社会群体试图重新定义其身份认同。他指出,所有的新民族主义认同都是针对较大的民族国家中的较小实体的。例如,英联邦中的苏格兰、西班牙的加泰罗尼亚、地跨法国西半部和西班牙北部的巴斯克地区,以及加拿大的魁北克。

民族主义和新民族主义身份都是由诸如共同语言、文化传说、故事和社会理想等"历史原材料"打造而来的。麦克隆认为,当有足够多的人出于同一原因而援引这些原材料或"历史稻草"时,团结就会出现。另外,激发新民族主义感并不需要太多的"历史稻草",通常只需要一些符号就能激发人们强烈的情感,如加泰罗尼亚人的独立旗帜或魁北克的百合花标志。尽管截然不同的民族差异感可能是促进更大自治权诉求或彻底独立的主要因素,但新民族主义认同或民族分离主义的动机却可能千差万别。例如,它们可能是因为税收或资源分配中明显的不公正导致的。■

巴斯克独立主义组织(ETA)为争取政治独立,于1959—2011年投入到与西班牙和法国的政治和军事冲突中。

参见:埃米尔·迪尔凯姆 34~37页,保罗·吉尔罗伊 75页,约翰·厄里 162页,戴维·赫尔德 170~171页,本尼迪克·安德森 202~203页,米歇尔·马费索利 291页。

全球城市是新型运作的战略地点

萨斯基娅·萨森（1949— ）

背景介绍

聚焦
全球城市

主要事件

1887年 费迪南·滕尼斯认为，城市化导致了一个更加个人主义的社会，从而影响了社会团结。

1903年 乔治·齐美尔指出，城市化可能导致人们采取一种"都市冷淡"和漠然的态度。

20世纪20—40年代 "芝加哥学派"社会学家宣称，城市具有一种"都市生态"，人们为就业和服务而相互竞争。

自20世纪80年代起 英国社会学家戴维·哈维和西班牙社会学家曼纽尔·卡斯特分别指出，资本主义形塑城市，不仅影响城市的特色，还影响其中居民的各种互动。

全球化不是自己发生的。在美国纽约哥伦比亚大学社会学教授萨斯基娅·萨森看来，某些城市在产生经济和文化流动、将世界连为一体方面扮演了重要角色。这些全球城市在它们地理边界之外充分施展着权力和影响力。

社会学家研究城市，以理解它们对于其中的居住者的行为、价值和机会的影响。20世纪中期，他们发现，发达国家的大工业城市正在形成新的连接，经济越来越相互依赖。这些变化部分因为贸易自由化和工业资本主义的全球扩张。在这一新全球经济中，经济和文化活动的中心群或全球城市正在形成。

现代大都市

萨森指出，全球城市生产如技术革新、金融产品、咨询服务（法律、会计、广告等）之类的商品。这种服务业高度依赖电子通信技术，从而融入跨越国界的商业网络中。它们同时也是发达世界后工业或服务业经济的一部分，其主要产品是知识、创新及文化商品。

在《全球城市》（1991，2001年修订）一书中，萨森指出，金融和特殊服务业全球市场的出现，赋予了全球城市一种对经济全球化的"指挥和控制能力"，这是因为许多主要跨国公司的总部设在这些全球城市中。咨询公司同样也在这些城市中枢中"随处可见"。这些公

华尔街是纽约这座全球城市的经济引擎。萨森认为，全球城市是"多样的全球化过程在当地的具体化和本土化表现"。

参见：费迪南·滕尼斯 32~33页，乔治·齐美尔 104~105页，亨利·列斐伏尔 106~107页，齐格蒙特·鲍曼 136~143页，伊曼纽尔·沃勒斯坦 144~145页，戴维·赫尔德 170~171页。

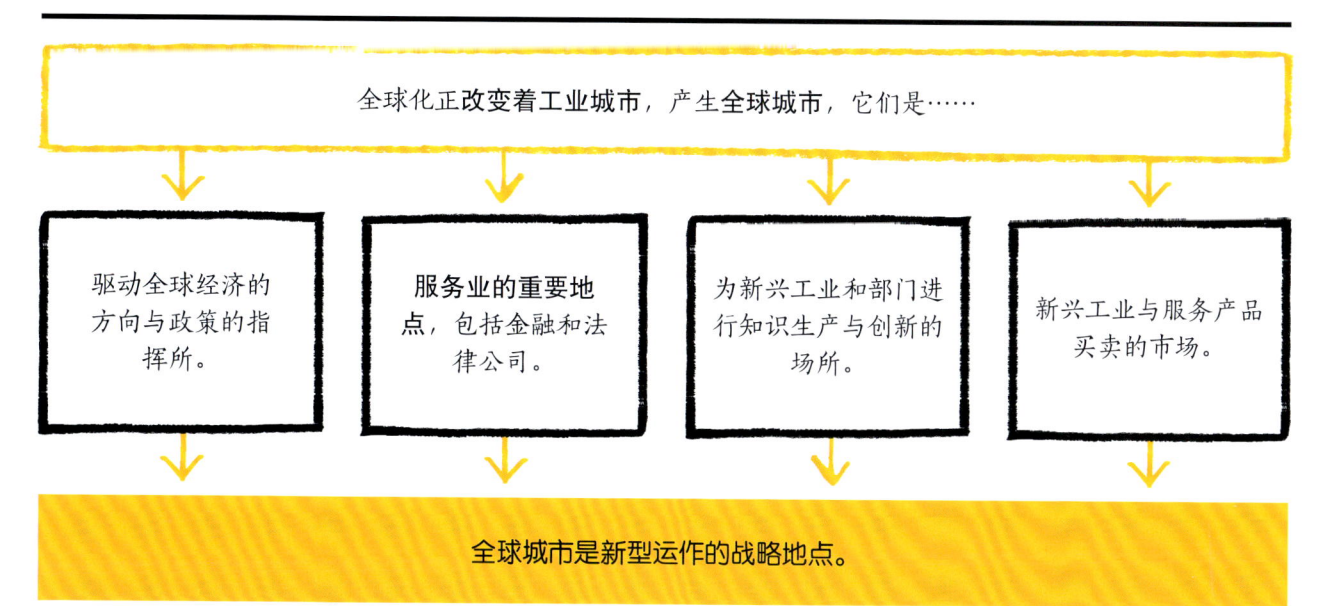

全球化正改变着工业城市，产生**全球城市**，它们是……

- 驱动全球经济的方向与政策的指挥所。
- 服务业的重要地点，包括金融和法律公司。
- 为新兴工业和部门进行知识生产与创新的场所。
- 新兴工业与服务产品买卖的市场。

全球城市是新型运作的战略地点。

司做出的决定能指挥金钱和知识的全球流动，进而引起其他地区经济活动的扩展或萎缩。

全球市场

全球城市同时也是金融商品买卖的市场。纽约、伦敦、东京、阿姆斯特丹、香港、上海、法兰克福及悉尼等，是全球主要的金融中心，聚集了诸多大银行、公司和股票交易所。在全球城市中，本土和全球市场相互连接，导致了金融活动的集中化。

全球城市由多功能的基础设施支撑。核心商业区提供就业集群，来自本土、国内及跨国公司的雇员在那里频繁互动。有影响力的大学和研究机构同样有助于知识的生产和创新，各研究机构是以信息为主导的经济的核心。

萨森的研究表明，全球城市是全球化过程背后人类活动上演的场所，通过全球社会经济网络，它们散播着影响。即便如此，全球城市仍无法摆脱贫困和其他形式的社会不平等，它们仍然是具有不同经济和社会机会的大都市。■

全球城市文化

萨森的研究指出，全球城市日渐大都市化。移民们为东道主国家带来了新的饮食、文化、时尚和娱乐，这些多样性丰富了城市。

在一个鼓励多元文化和社会融入的民族国家，随着观念和价值的自由分享，全球城市可能会变成文化创新的活力场所。这种原有民族文化的多文化形式同样能促进经济活动。这是因为全球城市更受到短暂访客和移民的欢迎，他们能一边拥抱大都市的新体验和价值，一边保持着自己的种族和民族认同。全球城市的文化多样性也意味着它们有支持全球经济活动和大都市全球文化的倾向。

不同社会的现代性表现各不相同

阿尔君·阿帕杜莱（1949— ）

内容提要

聚焦
全球化和现代性

主要事件

1963年 雅克·德里达自创了"延异"（différance）这一术语，后来被用于分析文化异质性。

1983年 英国社会思想家本尼迪克特·安德森认为，基于社会成员感知而非直接互动的群体是"想象的共同体"。

1991年 经济自由化推动印度全球化进程，这个国家一直在努力融入全球秩序。

2008年 后殖民研究思想家理查德·布洛克运用阿帕杜莱的"景观"概念批判性地看待艾滋病流行的文化建构。

生活在全球化世界中 **167**

参见：齐格蒙特·鲍曼 136~143页，伊曼纽尔·沃勒斯坦 144~145页，罗兰·罗伯逊 146~147页，曼纽尔·卡斯特 152~155页，杰弗瑞·亚历山大 204~209页。

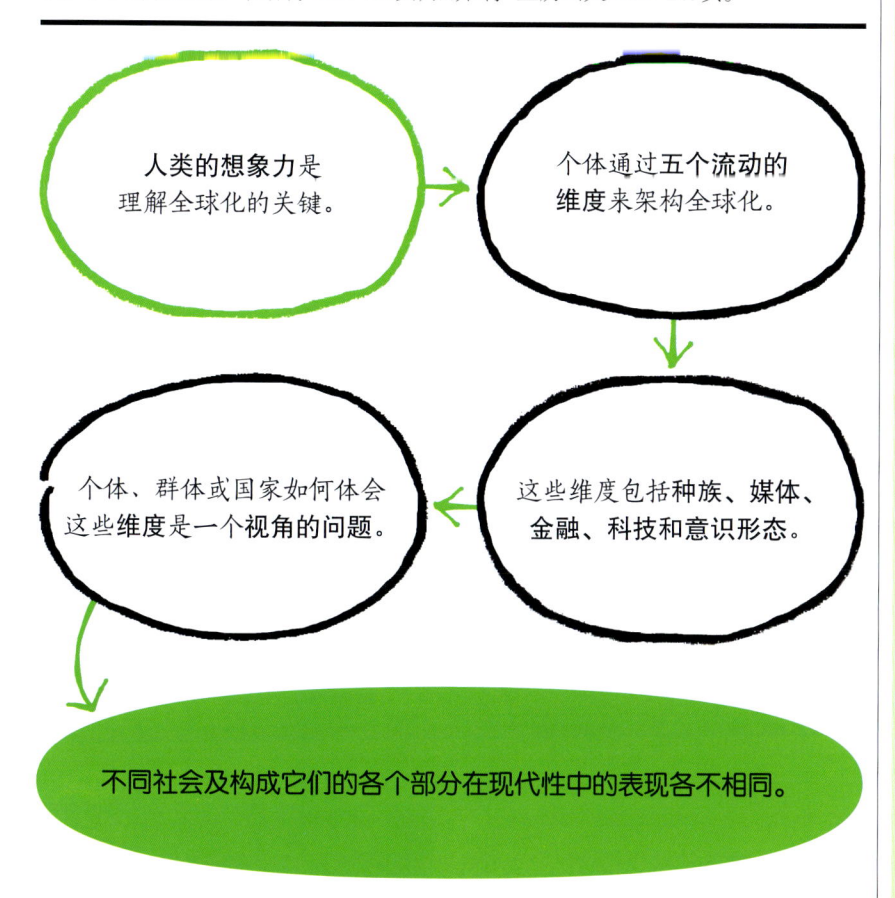

人类的想象力是理解全球化的关键。

↓

个体通过五个流动的维度来架构全球化。

↓

这些维度包括种族、媒体、金融、科技和意识形态。

↓

个体、群体或国家如何体会这些维度是一个视角的问题。

↓

不同社会及构成它们的各个部分在现代性中的表现各不相同。

阿尔君·阿帕杜莱

阿尔君·阿帕杜莱出生在印度孟买，后来到了美国，在波士顿附近的布兰迪斯大学求学。他于1973年在芝加哥大学获得硕士学位，并于1979年获得博士学位。

阿帕杜莱现任纽约大学媒介、文化与传播学院戈达德（Goddard）教授，同时也是公共知识学院的高级研究员。他也担任过美国国立博物馆、国家人文基金会、国家科学基金会、联合国及世界银行等机构的顾问。阿帕杜莱创立了位于孟买的非营利组织"城市知识行动和研究伙伴"，并担任主席。他也是跨国主义跨学科研究杂志《公共文化》的创始人之一。

主要作品

1990年《全球文化经济中的断裂与差异》
1996年《消散的现代性：全球化的文化维度》
2001年《全球化》

"全球化"一词已经与资本主义自由市场的传播及无国界经济的发展——全球贸易村——联系起来。然而，在社会学中，全球化不仅是一个经济现象，还是一种文化、社会及意识形态现象。

文化理论家总是在争论，全球化是否必定意味着世界将会变得更同质——走向一种"单一世界"文化，或者，全球化是否会加强语言、文化及种族的多样性。印度社会人类学家和社会学家阿尔君·阿帕杜莱将这一争论引向不同方向。他认为，那种文化帝国主义的传统全球化观点没能反映全球化所引发的变迁现实。相反，阿帕杜莱指出，不同社会的现代性表现各不相同。

也就是说，某一社会可能在全球变迁的一个方面（如经济变迁方面）发展迅速，在其他方面（如意识变迁方面）进展却十分缓慢；而另一个社会则可能是另一番景象。结果是，全球化并不必然意味着一个统一的、无所不包的过程，相

> "一个人想象的共同体是另一个人的政治牢笼。"
> ——阿尔君·阿帕杜莱

反，不同的国家总是更倾向于全球化的某些方面。这取决于一系列因素，如经济状况、政治稳定性及文化认同的力量。

阿帕杜莱认为，全球化是一个断裂的过程，经济、文化和政治领域并不在同一方向上移动，从而导致社会紧张。全球企业所生产的消费品与当地居民的购买力之间的距离就是一个例证。

阿帕杜莱的研究揭示了全球化是如何在形塑文化认同的过程中消减民族国家的角色的，并指出流动、移民及高速通信正逐渐瓦解这一认同。人们不再因为他们的国籍或成员身份而拥有一致的意识、观点、信仰及行动。相反，不同国家和地域的间隙中正产生新的文化认同——阿帕杜莱称之为"跨地域"。

全球想象的世界

阿帕杜莱认为，理解全球化的关键在于人类的想象力。他指出，我们生活在一个全球范围的想象社区中，而不是面对面的社区中。它由相互关联的、形塑思想和信息全球流动的五个维度支撑。他称这些维度为"景观"——种族景观、媒体景观、科技景观、金融景观和意识形态景观。与那种总是固定不变的风景不同，阿帕杜莱的"景观"是不断变动的，它们的变动方式主要取决于参与其中的行动者的视角。

在这种情况下，社会行动者可能是许多群体中的一种，比如民族国家、跨国公司、流散的社区、家庭或个人。这五种景观可以按照不同的方式组合，这意味着，一个人或群体感知和想象的世界可能对于另一个人而言截然不同且不真实。

变动的景观

1990年，在《全球文化经济中的断裂与差异》一文中，阿帕杜莱首次使用"种族景观"一词来描述全球范围内的人口流动——外来移民群体、政治流亡者、游客、外籍工人、经济移民和其他群体，以及"渴望流动的幻想"（以寻求更好的生活）。国家之间日益增加的流动形成了"全球世界"的重要特色，这种流动也影响着民族国家的政治。

媒体景观指的是通过报纸、杂志、电视和电影及数字技术生产和散播信息和图片。这种多样的信息生产方式是全球化的一个主要动力，它在全球范围内增强了个人和公众的信息可得性。媒体景观为受众提供了一套关于形象和话语的巨大而又复杂的图像与故事库，它形塑着人们对于世界各地形形色色事件的理解方式。

技术景观代表技术和知识——无论是机械的还是信息的——跨越国界迅速传播。例如，西欧许多服务产业将它们的客户服务中心设在印度，而印度软件工程师往往受雇于美国公司。

金融景观，指在快速流动的货币市场、股票交易及大宗商品投机世界中，金融和投资资本在全球范围内的即时交易。

意识形态景观是由那些"往往具有政治性的"形象构成的，要么是政府鼓吹的，意在加强主流意识形态，要么是由反意识形态运动造就的，"意在限制政府权力或其中一部分"。例如，通过"民族遗产"这类概念建构的国家意识，

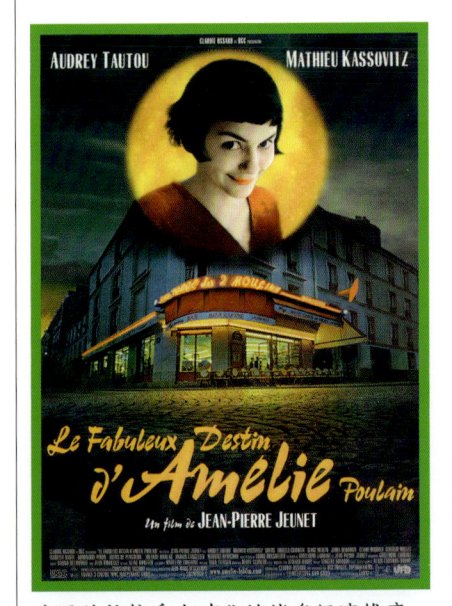

法国欣然接受全球化的诸多经济维度，却努力限制外国文化入侵。例如，通过征收电影票税来资助法国电影工业。

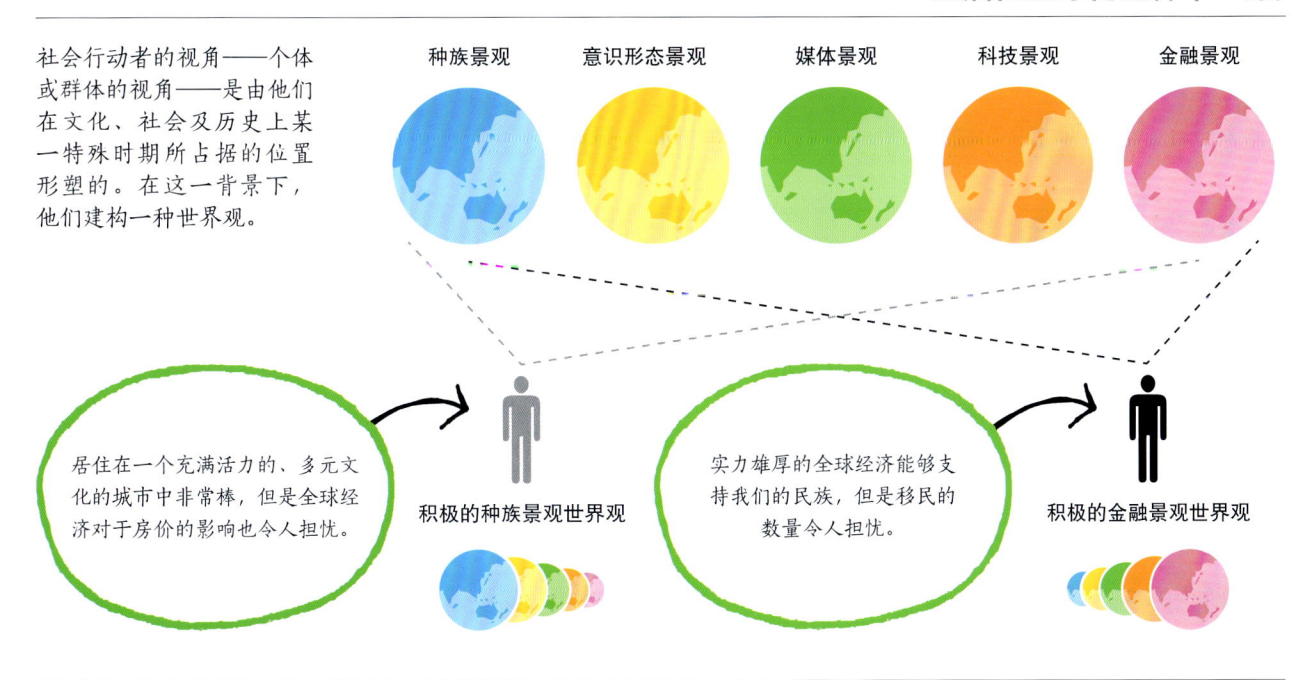

社会行动者的视角——个体或群体的视角——是由他们在文化、社会及历史上某一特殊时期所占据的位置形塑的。在这一背景下，他们建构一种世界观。

种族景观　意识形态景观　媒体景观　科技景观　金融景观

居住在一个充满活力的、多元文化的城市中非常棒，但是全球经济对于房价的影响也令人担忧。

积极的种族景观世界观

实力雄厚的全球经济能够支持我们的民族，但是移民的数量令人担忧。

积极的金融景观世界观

受到社会和政治运动的反抗，后者旨在提升少数群体的权利和言论自由。

同质和差异

阿帕杜莱所定义的不同"景观"可能而且往往是不一致的和脱节的。例如，某个地方的社会行动者可能对由全球化带来的经济发展持积极乐观态度（他们认同一种积极的金融景观），而与此同时，将移民看作对民族认同和文化的一种威胁（消极的种族景观）。

通过用五种景观来定义全球化，阿帕杜莱打破了那种将全球化看作统一的、内在一致的过程的观点。相反，全球化被认为是一个多层次的、流动的和不规律的过程——它处在不停的变化中。不同景观可以组合行进，也可以沿着不同的轨道，相互加强或削弱。

阿帕杜莱声称，景观是视角的建构，因为它们是由观察者与被观察者之间的关系决定的。如果这种关系改变，观点也会相应改变。简言之，任何一个社会行动者建构的世界观是由行动者的社会、文化和历史位置决定的。正因如此，"我们是谁？""我们在哪里？"决定了我们看到的景观以及我们该如何去解读它们。想象世界的方式多种多样。

阿帕杜莱对全球化理论的贡献和影响巨大，主要是因为它并没有像其他社会学家（如美国的伊曼纽尔·沃勒斯坦和西班牙的曼纽尔·卡斯特）那样，试图以一种正统的方式提出一个关于全球化的宏大理论。阿帕杜莱的目的是批判性地解构那种在他看来是天真的观点，即像全球化这种复杂的、多面向的事物能够通过一个宏大理论得到解释。尽管如此，阿帕杜莱的研究仍受到诸如荷兰社会学家吉斯伯特·奥科的批评，后者质疑这一全球景观的概念是否可以被有意义地应用于经验研究之中。■

> 文化经济的新全球秩序必须被看作一种复杂的、相互重叠的、断裂的秩序。
>
> 阿尔君·阿帕杜莱

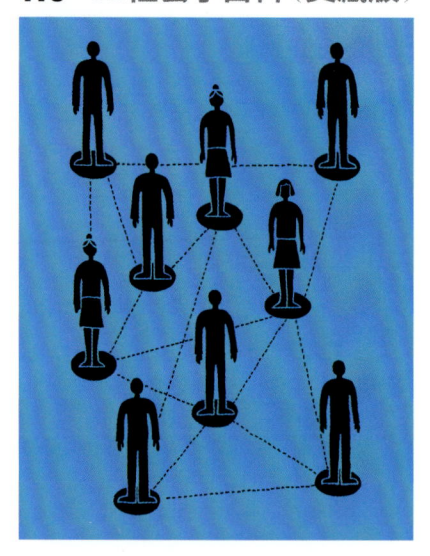

变迁过程改变了人们和社区之间的关系

戴维·赫尔德（1951—2019）

背景介绍

聚焦
全球化

主要事件

20世纪60年代 加拿大媒介理论家马歇尔·麦克卢汉称，技术将世界浓缩成一个"地球村"。

1974年 美国社会学家伊曼纽尔·沃勒斯坦出版《现代世界体系》一书，强调了全球经济的社会影响。

1993年 美国社会学家乔治·瑞泽尔指出，生产的系统化方法正在全球范围内影响着机构和公司的运作。

2006年 德国社会学家乌尔里希·贝克指出，国家要想在全球时代繁荣，就必须接受多边合作、跨国机构及世界主义身份。

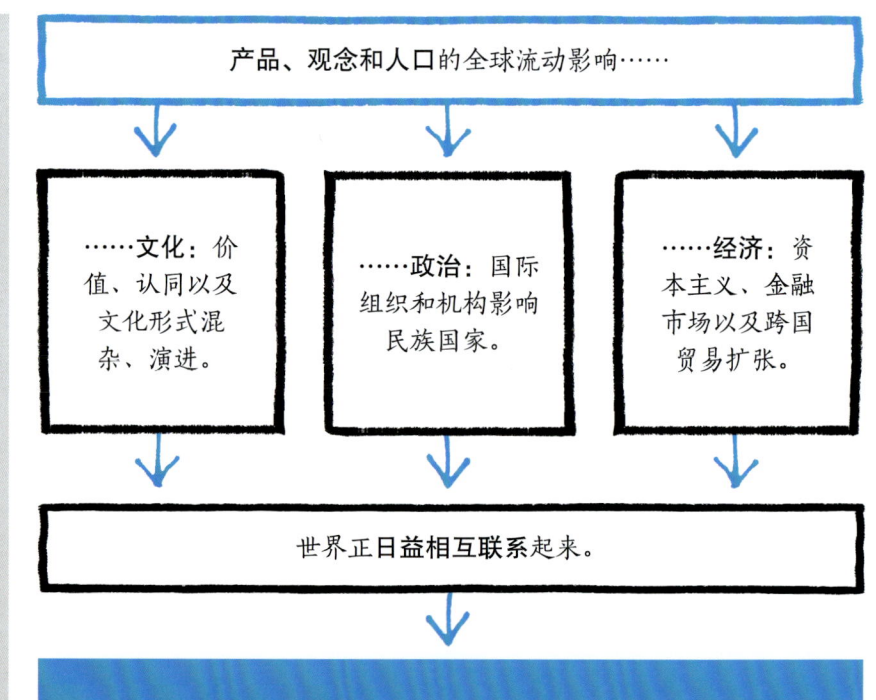

产品、观念和人口的全球流动影响……

- ……文化：价值、认同以及文化形式混杂、演进。
- ……政治：国际组织和机构影响民族国家。
- ……经济：资本主义、金融市场以及跨国贸易扩张。

世界正日益相互联系起来。

变迁过程改变了人们和社区之间的关系。

人口的大规模运动，以及产品、观念和文化产品的交换和流动，使得世界变得越来越小。英国社会学家戴维·赫尔德指出，这些变迁正改变着社区和个人的互动和沟通方式。

例如，移民创造了一种文化混合和多元文化社会的发展。人们也与如音乐流派或烹饪之类的全球文化相连接，在全球文化中加入本土

生活在全球化世界中

参见： 乔治·瑞泽尔 120~123页，伊曼纽尔·沃勒斯坦 144~145页，罗兰·罗伯逊 146~147页，乌尔里希·贝克 156~161页，阿尔君·阿帕杜莱 166~169页。

印度宝莱坞电影代表文化在世界范围内的不对称流动。尽管比好莱坞电影更卖座，但它们在国际票房分布中占比甚微。

元素以产生新的文化产品。

赫尔德指出，全球化最好被理解为一套过程和变迁。文化维度包括媒介产品的分布、不同社会中思想和人口的运动。政治维度包括国际组织、机构及跨国公司的增长。经济维度包括资本主义和消费主义的扩张。

变得更好还是更糟？

在《全球化与反全球化》（2002）中，赫尔德考察了不同社会学家关于全球化的观点，把它们分成"超全球主义论者""怀疑论者"和"转型主义论者"。超全球主义论者将全球化的力量看作巨大的、空前的，有助于一种全球文明的发展。一些超全球主义论者歌颂全球化在推动经济发展和散播民主方面的作用，还有一些人批评资本主义的传播以及社会影响。

相反，怀疑论者低估了全球化这样一种新现象，拒绝承认全球融合和机构正削弱民族国家的权力。他们认为，全球化一方面将发展中国家边缘化，另一方面又让发达国家的公司受益。

在赫尔德看来，转型主义论者最能解释全球化的矛盾过程。他们指出全球和本土之间的边界正在被打破，人类世界正彼此相连。他们同时也指出，全球化没有单一的原因，这些过程的结果也不是既定的。

赫尔德指出，全球化正带来一种新的全球"架构"，它由跨国公司和机构组成，以不对称的文化和经济流动为特征。

伴随全球化而来的不平等及繁荣的模式的具体性质目前还不清楚。然而，重要的是，赫尔德将全球化看作一个可被影响的动态过程：民族国家可以采取应对全球问题或风险的政策和关系，不管它们是贫困、流行病还是环境破坏与变化。■

戴维·赫尔德

戴维·赫尔德于1951年出生在英国，他先后在英国、法国、德国以及美国接受教育。他在美国麻省理工学院获得政治学硕士和博士学位。

1984年，赫尔德成为著名的社会科学和人文书籍国际出版商——政体出版社（Polity Press）的创始人之一，并担任总编辑。他撰写和编辑出版了60本著作，内容涉及民主、全球化、全球治理以及公共政策。2011年，赫尔德辞去英国伦敦政治经济学院政治学教授职位，成为英国杜伦大学全球政策研究所所长。他于2019年去世。

主要作品

1995年 《民主与全球秩序》
2002年 《全球化与反全球化》
2004年 《全球协议》

CULTURE AND IDENTITY

文化与认同

1913年 ↑ 在《社会自我》中，社会心理学家乔治·赫伯特·米德解释道，认同感只有在一定社会背景下才有可能。

1939年 ↑ 在三卷本《文明的进程》中，诺贝特·埃利亚斯考察了社会秩序与个体行为之间的联系。

1958年 ↑ 在《文化与社会》以及同年发表的《文化是通俗的》一文中，雷蒙·威廉斯将文化的概念置于中心地位。

20世纪30年代 ↓ 安东尼奥·葛兰西力争，统治社会群体通过"文化霸权"将他们的价值和信仰强加给他人。

1955年 ↓ 在《健全的社会》中，社会学家和心理学家埃里希·弗罗姆批判了现代社会所强加的顺从。

1963年 ↓ 在《污名》中，欧文·戈夫曼考察了个人是如何在社会中被边缘化和形成污名化的身份的。

自19世纪初开始，社会学家不仅努力探究那些产生社会秩序的制度和系统，还研究那些维持社会聚合的因素。

传统上，这些来自社区的共享价值、信仰和经验，但随着以工业化和世俗化形式出现的现代性的到来，社会结构发生了剧烈变化。尽管人们已经意识到，现代性改变了人们彼此连接的方式，但直到20世纪，文化——人们作为一个群体的思考和行为方式，以及他们如何将自身视为某一社会成员——本身才开始成为研究对象。社会学的出现——关于社会如何塑造人类互动和认同的系统研究——与人类学和心理学的创立不谋而合，这三门学科之间存在着一定程度的重合。无怪乎作为第一批文化社会学家中的一位，乔治·赫伯特·米德同样也是社会心理学的先锋人物。通过强调个体与社会之间的连接，特别是社会认同的概念，他为文化的社会学研究做好了准备。他指出，个体只有通过与他人的互动，才能在社会群体的背景下发展出一种真正的认同感。

社会学与社会心理学的这种联系在整个20世纪得到延续，特别是埃里希·弗罗姆在20世纪50年代的研究。他指出，许多心理问题有其社会根源。在与外部世界联系和认同某一特定文化的过程中，个体被期望遵从社会，这扼杀了人们的个人主义，使人们丧失了真正的自我感。同一时间，欧文·戈夫曼开始探究身份和认同的形成问题。20世纪60年代，他聚焦于附加在那些越轨或"与众不同"的人身上的污名。

文化和社会秩序

20世纪30年代，诺贝特·埃利亚斯认为，作为"文明进程"的社会规范和习俗直接规制着个体行为。文化的规制力量和社会秩序的维持之间存在明显的关联，一些人认为，这不仅仅是一种社会化过

文化与认同 175

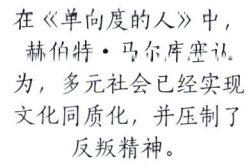

在《单向度的人》中，赫伯特·马尔库塞认为，多元社会已经实现文化同质化，并压制了反叛精神。

↑
1964年

在《想象的共同体》中，本尼迪克·安德森解释，民族认同是一种虚幻的概念。

↑
1983年

在《社会生活的意义：一种文化社会学的视角》中，杰弗里·亚历山大指出，文化独立于社会，但仍然是社会变迁的动力。

↑
2003年

1981年
↓
在《拟像与仿真》中，让·鲍德里亚指出，在后现代世界中自然和人为难以区分。

1992年
↓
在《文化身份的问题》一文中，斯图尔特·霍尔描述了由传统文化观念的碎片化带来的"认同危机"。

程。安东尼奥·葛兰西指出，文化具有作为一种社会控制工具的潜在可能性。通过微妙的强制，一种统治文化带来"文化霸权"，社会规范变得根深蒂固，以至于任何其他可能性都不存在。

米歇尔·福柯在他的权力关系研究中进一步发展了这一思想，其他人，包括赫伯特·马尔库塞，考察了文化被用来平息社会动荡的方式。后来，另一位法国社会学家让·鲍德里亚指出，在后现代世界中，随着可得信息的轰炸，文化已经远远脱离其所存在的社会，与现实几乎没有关系。

文化认同

20世纪后期，一种截然不同的文化导向型社会学在英国产生：文化研究。它起始于雷蒙·威廉斯对于文化的广泛研究。他的研究改变了文化的概念，将一个全新的研究领域带入了社会学视野。

威廉斯解释道，文化可以通过物质生产和消费，以及通过某一特定时间、地点的社会群体对于创造和休闲的追求而被表达——他们的饮食、运动、时尚、语言、信仰、观念、习俗以及他们的文学、艺术和音乐。同样，站在文化研究不列颠学派前线的还有斯图尔特·霍尔。他指出，文化认同的概念不再是固定不变的。随着沟通的显著改善和流动性的增加，传统的民族、种族、阶级甚至是性别认同几乎消失殆尽。另一位英国社会学家本尼迪克·安德森则指出，任何社群归属感都是想象的。

然而，美国社会学家杰弗里·亚历山大将文化看作社会结构中的独立变量。他的文化社会学主要考察文化是如何通过创造共享的意义而塑造社会的。■

主我和客我
乔治·赫伯特·米德（1863—1931）

背景介绍

聚焦
自我的发展

主要事件

1902年 美国社会学家查尔斯·霍顿·库利认为，我们认为的自我反映了我们生活中重要他人的观点。

1921年 在《手势语》中，德国哲学家威廉·冯特指出，心灵本质上是社会性的。

1975年 美国人类学家克利福德·格尔茨宣称，自我是一个"独特的整体，并明显区别于其他类似整体"。

20世纪80年代 美籍英国社会心理学家黑兹尔·罗斯·马库斯指出，我们每个人都在过往社会经验的基础之上，形成了一套自我系统的模式。

1999年 美国心理学家丹尼尔·西格尔指出，社会自我的发展与大脑功能的发展相一致。

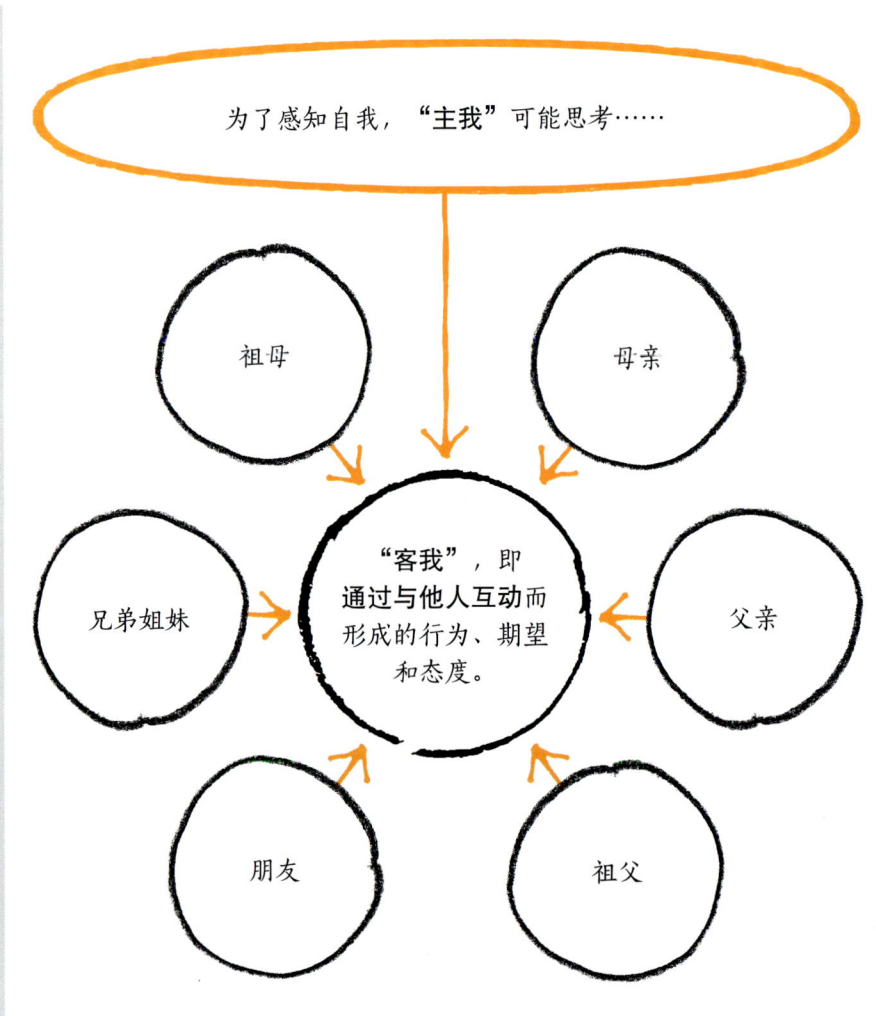

为了感知自我，"主我"可能思考……

- 祖母
- 母亲
- 兄弟姐妹
- 父亲
- 朋友
- 祖父

→ "客我"，即通过与他人互动而形成的行为、期望和态度。

文化与认同

参见：W. E. B. 杜波伊斯 68~73页，爱德华·萨义德 80~81页，诺贝特·埃利亚斯 180~181页，欧文·戈夫曼 190~195页，斯图尔特·霍尔 200~201页，本尼迪克·安德森 202~203页，霍华德·贝克尔 280~285页，艾德里安娜·里奇 304~309页，杰弗瑞·威克斯 324~325页。

乔治·赫伯特·米德是一位社会心理学家和哲学家，他在这两个学科内试图解答我们在谈及"自我"时的确切所指。传统哲学家和社会学家将社会看作是由单个的、自主的自我发展而来的，但米德的观点却恰恰相反，他认为自我产生于社会互动，形成于社会内部。

这一概念如今在心理学和心理治疗中盛行。但是，当米德1913年在《社会自我》一书中首次提出他的这一思想时，它是一个革命性的观点。米德认为，在成为社会过程的一部分之前，并不存在任何可辨识的个体的、经验的自我。经验或行为的社会过程在"逻辑上先于个体以及包含于其中的个体经验"。

因此，米德提出，一个人的意识，及其意图、欲望等，是在社会关系、一种或多种特定语言以及一套文化规范的情景中形成的。自出生起，婴儿就开始通过手势感知沟通，这种手势就像是符号，建构"一种话语体系"。久而久之，他们学会模仿并"输入"这些行动、手势，以及最终环绕在他们周围的语言，从而形成自己的反应，并进一步从他人那里吸收手势和语言。

我们是谁？

婴儿经历和内化（学习）的态度模式创造了"客我"。因此，"客我"代表通过与他人互动而习得的行为、期望和态度。

但是，米德指出，我们还有另外一种自我感，他称之为"主我"。"主我"和"客我"代表自我的不同功能。和"客我"一样，"主我"也在不停地演进，它的功能是反省"客我"，但同时也拥有更大格局："客我"遵循惯习

我们的自我认识，自出生开始通过与周围人的互动而形成。个体自我不是生物学的产物，而是这种互动的产物。

原则，而"主我"能对此进行反思，并做出有意识的选择。通过反思我们的行动，我们得以与他人以及以前的自我区分开来。

米德的自我发展理论在将心理学和社会学从"自我"仅是内在反省的观点转向将其牢固地置于一种社会语境中的过程中起到了关键作用。■

> 只有在一定社会环境中，心灵才能得以表达，也才能开始存在。
>
> 乔治·赫伯特·米德

乔治·赫伯特·米德

乔治·赫伯特·米德出生在美国马萨诸塞州。他的父亲是公理会教会的牧师，在米德6岁的时候，他携带家人迁到俄亥俄州的奥柏林，并在奥柏林神学院教书。1883年，米德从奥柏林学院毕业，之后担任了几年教师，随后任铁路勘探工，直到他重回校园。1887年，他进入哈佛大学攻读哲学和社会学；7年后，他来到芝加哥大学，在那里工作直至1931年去世。他声称要有"活动家精神"，为妇女的选举权及其他原因而游行。哲学家约翰·杜威称米德有"一流的创新精神"。

主要作品

1913年 《社会自我》
1932年 《现在的哲学》
1934年 《心灵、自我与社会》

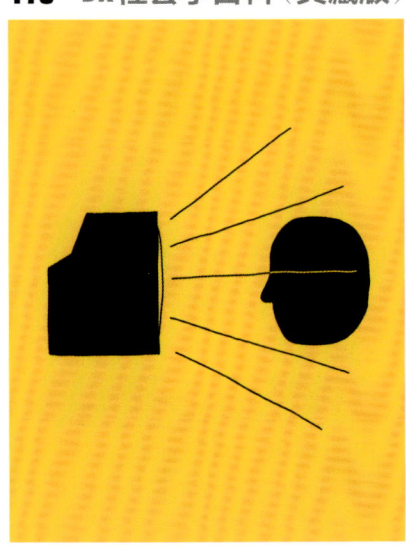

现代性的挑战是无幻象地生活和无法摆脱幻象地生活

安东尼奥·葛兰西（1891—1937）

背景介绍

聚焦
文化霸权

主要事件

1846年 卡尔·马克思和弗里德里希·恩格斯完成了《德意志意识形态》一书。该书直到1932年才得以出版，并对葛兰西关于意识形态的思想产生了巨大影响。

1922年 贝尼托·墨索里尼成为意大利独裁者以及法西斯主义发展的领军人物。

1964年 当代文化研究中心在英国伯明翰大学创立，很大程度上吸收了葛兰西的"霸权"概念。

1985年 受葛兰西的"霸权"概念影响，厄内斯特·拉克劳和尚塔尔·墨菲在《霸权与社会主义策略》一书中发展了一种后马克思主义宣言。

在马克思看来，统治阶级控制经济基础，同时创造了统治工人阶级的上层建筑和社会关系。

↓

葛兰西指出，阶级统治同样发生在文化领域：工人阶级受制于由统治阶级创造的**意识形态幻象**。

↓

这些幻象必须被揭穿、被抵制，不计代价。

↓

现代性的挑战是无幻象地生活和无法摆脱幻象地生活。

马克思主义的社会观认为，生活是竞争性群体间永无止境的斗争，这些群体是由经济地位决定的；在现代性之下，斗争演变成少数统治精英和由工人所组成的大多数人之间的控制权之争。意大利社会主义者和社会思想家安东尼奥·葛兰西试图解释：在危机之

参见：卡尔·马克思 28~31页，弗里德里希·恩格斯 66~67页，皮埃尔·布迪厄 76~79页，齐格蒙特·鲍曼 136~143页，赫伯特·马尔库塞 182~187页，让·鲍德里亚 196~199页。

下，为什么革命没有如经典马克思主义理论所预言的那样如期发生。他指出，统治阶级的镇压并不足以维持一种稳定的社会秩序；必须还有一种意识形态的控制。这是一个复杂的过程，统治精英宣扬自己的世界观，使其成为一种普世价值，为大多数人所承认。葛兰西称之为"霸权"——一种阶级统治的隐秘模式，它解释了为什么工人能够变成法西斯主义者而非革命者。

霸权的斗争

葛兰西指出，霸权是文化意义上的，它存在于相互竞争的阶级世界观中，这一世界观是一套关于人类是什么、社会是什么的价值、观念、信仰和理解。

他认为，霸权是一种无形的机制，既有统治阶级占据了社会中有影响力的地位——大部分在被统治阶级的同意之下。统治阶级的思想是整个社会的主导思想，知识分子群体在其中发挥一定作用（通常只是隐晦地知道），如记者将这些思想散布到更广阔的人群中。经常与这些信息接触的下层阶级逐渐将其看作自然而然的和不可避免的，并对此深信不疑。霸权思想形塑所有社会阶级的思想。葛兰西指出，正是基于此，现代性的挑战不在于不断地斗争以摆脱幻象，而在于看穿幻象——那些由精英群体提出的观点——并抵制它们。

由于个体可以批判性地思考那些强加给他们的观点——葛兰西称之为"反霸权式的"思考，统治阶级的意识形态控制总是处于不定状态。在西方自由主义民主国家，挑战霸权是家常便饭。相互竞争的不同世界观斗争的性质和程度取决于社会、政治和经济情况。例如，持久的经济危机引发高失业率，带来各种工会或抗议运动之类的反霸权形式。葛兰西指出，在多数资本主义国家中，统治阶级面对"来自下层"的不断反对和异议，不得不花费大量的时间和精力来掌控（完全的控制几乎不可能，有时甚至短期掌控也是如此）这种局面。

葛兰西的思想强调个体和意识形态在社会变迁斗争中的角色，因此挑战了经典马克思主义的经济决定论。他的文化霸权概念正视了人类的自主性和文化的重要性，对于诸多学科具有深远的影响。■

安东尼奥·葛兰西

安东尼奥·葛兰西于1891年出生在意大利撒丁岛。他是意大利共产党的创始人之一。1928年，他被当时意大利首相和独裁者贝尼托·墨索里尼逮捕，被判决入狱20年。

葛兰西在狱中大量写作。尽管他记忆力惊人，但如果没有姐姐塔吉娅娜的帮助（姐姐是他的主要联络者），他的思想可能很难面世。直到第二次世界大战结束后若干年，那本广为人知的《狱中札记》才在他死后问世。到20世纪50年代，他的狱中作品不仅引起了西欧国家的兴趣，连苏联也表现出了兴趣。由于他在监狱中饮食不节、疾病缠身，他的健康状况逐渐恶化，最终他死于中风，年仅46岁。

主要作品

1975年 《狱中札记》（三卷本）
1994年 《葛兰西狱前著作选》

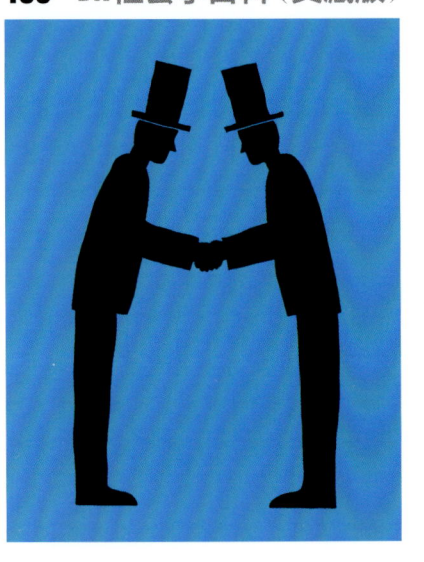

文明化的过程持续地"向前"推进

诺贝特·埃利亚斯（1897—1990）

背景介绍

聚焦
文明的进程

主要事件

约1500年 西欧封建主义终结，宫廷社会出现。

1690年 英国哲学家约翰·洛克将"公民社会"描述成在行政权力之下个体的联合体。

19世纪50年代 奥古斯特·孔德问道，个体是如何既作为社会的原因又作为其结果而存在的？

1958年 马克斯·韦伯指出，价值和信仰能给社会结构带来剧烈变迁。

1962年 美国人类学家罗伯特·雷德菲尔德指出，文明是"大传统"与"小传统"的总和。

20世纪70年代 安东尼奥·葛兰西的著作指出，统治阶级通过公民社会的制度来维持其统治支配。

> 随着16世纪之后西方国家逐渐稳定下来，权力开始集中化，并成为一小部分人的"专利"。

> 这些人不再因他们的身体力量而受到尊崇，而是通过他们的礼貌举止来反映其社会地位。

> 为了与权势阶层保持一致，人们被鼓励与国家统治精英一样表现出"良好举止"。

> 那些未表现出"良好举止"的人（或国家）被看作是下等的，需要按照权势阶层的规则进行"文明教化"。

为了理解在过去500年里西方国家权力的集中化以及日益增加的全球统治，诺贝特·埃利亚斯将其关注点转向"文明的心理进程"——中世纪以来西方人的行为、情感和意图的变迁。在其著名的三卷本《文明的进程》中，他描述了这些变迁以及它们对于个体的影响。

结合历史、社会学和心理分析，埃利亚斯总结：西方社会认为它们优于其他社会之处可以概括为"文明"这一概念。它既是历史的，也是当代的，并且能够用来

参见: W. E. B. 杜波伊斯 68~73页，保罗·吉尔罗伊 75页，皮埃尔·布迪厄 76~79页，爱德华·萨义德 80~81页，以利亚·安德森 82~83页，斯图尔特·霍尔 200~201页。

在埃利亚斯看来，"好的"餐桌举止、"正确的"礼仪及风度，是欧洲"文明"进程文化模板的重要组成部分。

指代国家中的各种事实：从生活方式、价值观、习俗和宗教等一般层面，到身体卫生状况、烹饪食物方式等个体层面。在任何情况下，西方社会都强调，"它的"版本是评判其他社会的标准。

礼貌的兴起

埃利亚斯通过研究礼仪书籍发现，对于身体行为的态度转变是这一文明的重要内容。西方人逐步转变了他们对于面部表情、身体机能控制以及举止仪态等方面的认知和态度。

中世纪的正常行为到了19世纪被认为是"粗野的"。这些小变化导致了宫廷阶级的形成，表现为高度规章化的举止以及规训化的生活方式。勇武的骑士变成了安静的侍臣，他们克制且严格控制冲动和情绪。从商人到贵族，"文明"行为很快变成与他人贸易和社交的核心元素。

埃利亚斯指出，16世纪以来，这一进程的传播范围越来越广，因为"良好举止"能帮助人们和平地相处，城镇和城市的发展需要这种和平。他指出，这一进程在某种程度上变成一个对父母的（而不是"长辈的"）社会规则的内化问题。然而，关于什么是"良好举止"的规范总是由上层阶级来决定，因此，"文明"一直在为增进权力精英的利益而服务。

埃利亚斯将举止的转变看作西方国家权力集中化的重要组成部分，也是城市化过程中人们日益相互依赖的表现。不过，在埃利亚斯有生之年，文化也是殖民化的重要内容。他创作的时代是20世纪30年代，那时英国和法国等殖民国家出于民族自觉意识，通过宣称带来"有利于"殖民地人民的"文明"，来为其殖民行为的道德性辩护。■

诺贝特·埃利亚斯

1897年，诺贝特·埃利亚斯出生在位于布雷斯劳（原属德国，现在是波兰城市弗罗茨瓦夫）的一个富裕犹太家庭。第一次世界大战期间，他离开学校，在德国军队中效力。他在布雷斯劳大学学习哲学和医学，并于1924年获得哲学博士学位。接着他来到德国海德堡，跟着马克斯·韦伯的弟弟阿尔弗雷德学习社会学；之后搬到法兰克福大学，与卡尔·曼海姆成为同事。

1933年，埃利亚斯流亡到巴黎和伦敦，在那里他完成了《文明的进程》的写作。作为一位广受欢迎的学者，埃利亚斯在生命的最后几年在欧洲和非洲四处游历。

主要作品

1939年 《文明的进程》（三卷本）
1939年 《个体的社会》
1970年 《什么是社会学？》

大众文化强化了政治压制

赫伯特·马尔库塞(1898—1979)

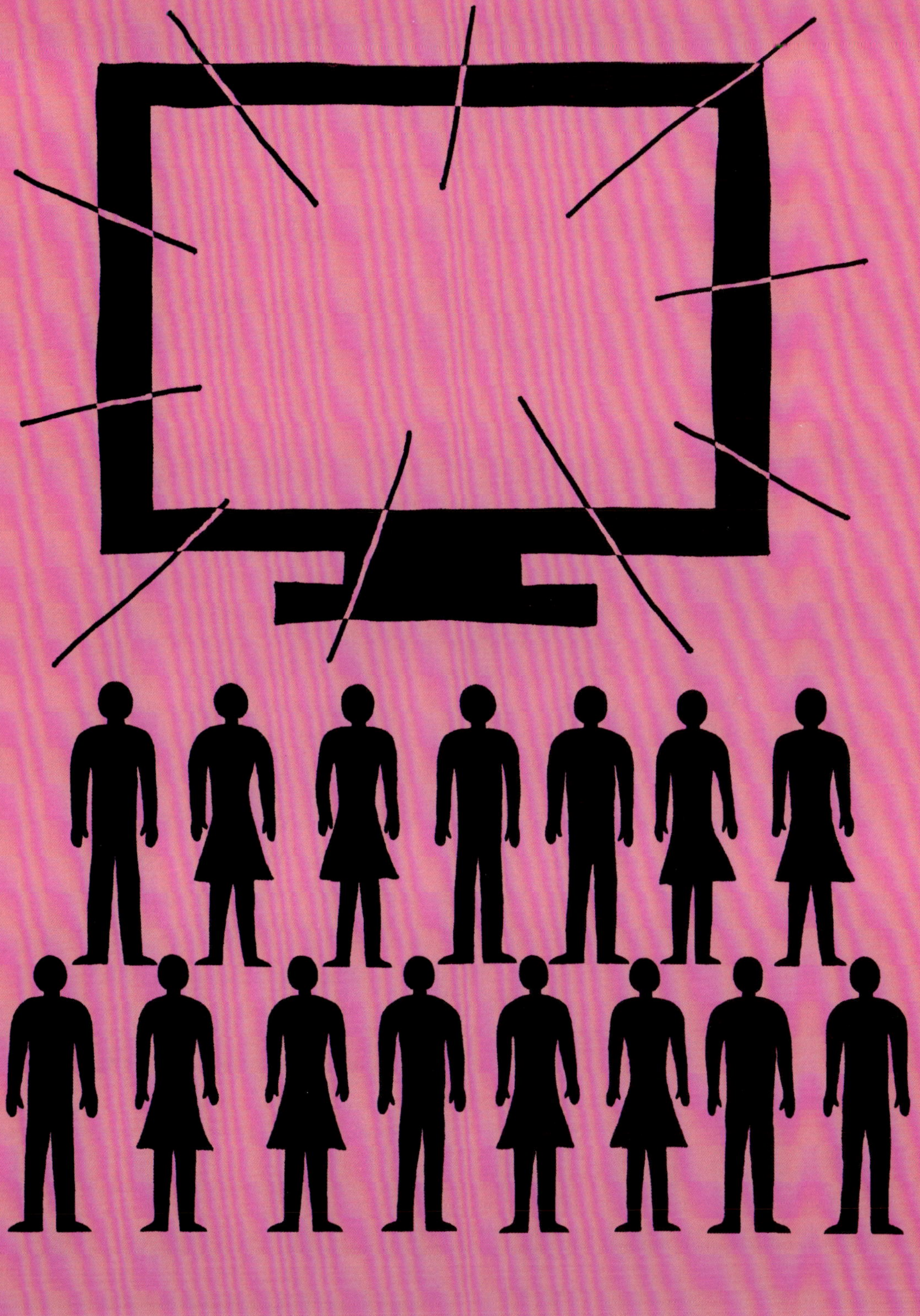

背景介绍

聚焦
文化工业

主要事件

19世纪40年代 卡尔·马克思指出，资本主义社会至少存在两个阶级：占有生产资料的阶级和出卖劳动力的阶级。

1923年 "社会研究所"在法兰克福成立，产生了新的文化"批判理论"。

1944年 德国-犹太流亡者马克斯·霍克海默和西奥多·W. 阿多诺在《启蒙辩证法》一书中创造了"文化工业"一词。

1963年 加拿大社会学家欧文·戈夫曼出版《污名》一书，指出认同是通过他人和社会而建构的。

20世纪70—80年代 米歇尔·福柯考察了现代社会中的常规化技术。

在20世纪，很明显，卡尔·马克思所设想的社会转型没能实现。社会学家和哲学家赫伯特·马尔库塞试图敦促马克思主义者超越理论，从真实的、生动的个体经验出发，找出在此期间究竟发生了什么。

马尔库塞认为，资本主义在某种程度上整合了工人阶级：原先被认为是变革行动者的工人已经接受了当权派的观念和理想。他们已经忘了自己是一个阶级或群体，并且成了鼓励个体性的系统中的"个人"。这似乎是一条通往成功之路，但是工人放弃了他们的群体，也就丧失了所有讨价还价的能力。

选择的自由

工人是如何轻易地沉默呢？这并没有发生在哪个明显的时期，因此马尔库塞考察了20世纪对现状的反叛是如何被有效瓦解的。他向前回溯，从中世纪欧洲封建社会的终结开始。在这一社会转型时期，

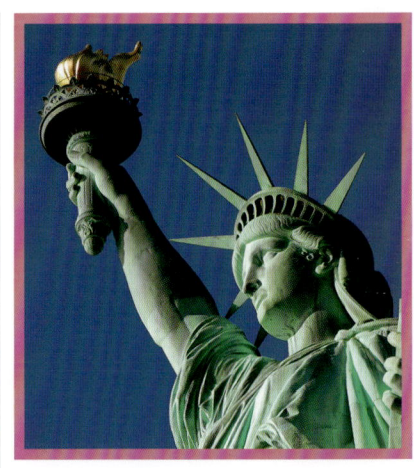

自由女神像象征着一个机会均等的、"无阶级"社会的美国梦——只要努力工作，人人都能改变命运、发挥潜能。

人们从原来被束缚在土地上为地主而工作，变成可以只为他们自己的利益自由地到处找工作。但是，马尔库塞指出，这种"从业自由从一开始就不完全是一件好事"。尽管有选择就业的自由，但大多数人不得不极度努力地工作，朝不保夕，这使他们对未来充满了担忧。

文化在指向社会规范之外的可能生活方式上扮演了重要角色。

↓

然而自20世纪60年代起，即使是曾经被认为具有颠覆性的艺术形式都被纳入日常生活，为媒体所用。

↓

通过吸收媒体的信息，人们吸收并采纳了社会的规范和价值；他们意识到，越线似乎是精神失常的。

↓

反抗的可能性被有效地瓦解了：大众文化强化了政治压制。

参见：卡尔·马克思 28~31页，米歇尔·福柯 52~55页，安东尼奥·葛兰西 178~179页，欧文·戈夫曼 190~195页，让·鲍德里亚 196~199页，托斯丹·凡勃伦 214~219页，丹尼尔·米勒 246~247页。

几个世纪之后，工业革命的机器带来经济繁荣，预言个人将不再需要为生计而担心，而能够"自由地发挥对自己生活的自主权"。这就是美国梦，是20世纪大多数西方人的希望。如果这种被渴望的自由等同于选择，那么个体将变得前所未有地自由，因为几十年来，人们在工作、住房、饮食、时尚以及休闲娱乐方面的选择一直在扩大。

"虚假需要"

然而，马尔库塞在仔细审视之后发现，"一种舒适、流畅、合理以及民主的不自由弥漫在发达工业文明中"——远非自由，人们正在被自称为民主的"极权主义"政体所操控。更糟的是，人们根本没有意识到这种操控，因为他们已经将这一政体的规则、价值和理想内化了。

马尔库塞接着将政府描述成一种国家机构，通过影响其人民的工作和闲暇时间来将自己的经济和政治需求强加给人民——在群众中创造一套"虚假需要"，并通过这些需要来控制他们。事实上，通过说服大众，让他们相信他们有某种需要，而且看似这些需要通过某种路径可以得到满足（即使这种路径并不存在），"既得利益"集团有效地控制了社会大众。

"虚假需要"并非建立在那些真实需要（如吃、喝、穿衣以及居住）之上，而是人为产生的，它们在任何情况下都无法真正地获得满足。马尔库塞指出，这种需要包括"放松、享乐……以及依据广告来消费，爱憎其他人之爱憎"。这些需要的实际内容（如最新的"必备"利器）是由外部力量拟定的，它不是一个人的自然需求——如同人对水的需求一般。但是，我们在内心也对这些需求充满渴望，因为我们被各种媒体信息所轰炸：许诺某物或某地会给你带来快乐。这样一来，我们开始相信"虚假需要"是真实需要。马尔库塞还指出，"人们在商品中找寻自我，他们在汽车、音响、复式住宅和厨房装备中找寻自己的灵魂"。

马尔库塞指出，对"必备"服装、"神器"以及非必需品的欲望，是一种通过广告和媒体植根在我们心中的"虚假需要"。

> 文化中心正变成购物中心的一个附属部分。
>
> 赫伯特·马尔库塞

一切都是个人的，个人是首要的，他或她的需要就是一切。在马尔库塞看来，个人的这种明显赋权事实上会走向反面。社会需求——职业安全、体面的生活等——转变为个人需求，例如，你需要一份工作来购买消费品。如果你认为你的待遇糟糕，那么你的雇主可能会邀你来谈谈"你自己"。人们不再把自己视为某个遭受不公正对待的群

> 经典已经离开安息地，获得重生，但是，重生后的他们不再是原来的自己；他们被剥夺了其对抗的力量。
>
> 赫伯特·马尔库塞

体中的一员——马克思主义式反抗的希望不存在了。

无向度的世界

在马尔库塞看来，我们被困在一个无处可逃的气泡中，置身事外几乎已经变得不可能。在过去，文化和现实之间存在一个"鸿沟"，指向生活和存在的其他可能方式，但是现在，那个"鸿沟"已经消失了。传统上，各种艺术形式（如歌剧、剧院、文学以及古典音乐）被看作"文化"的代表，旨在反映那些卓越的人类灵魂在被迫面对社会现实时所经历的苦难。它指出冷酷现实之外的一个可能世界。

马尔库塞指出，悲剧通常是关乎挫败的可能性，是关于没有实现的希望以及遭遇背叛的诺言的。他引用古斯塔夫·福楼拜《包法利夫人》（1856）中包法利夫人的形象——一个不能在她生活的那个苛刻社会中生存下去的灵魂——来作为例证。

然而，到了20世纪60年代，社会已经变得如此多元化，以至于它能包容每一个人以及所有他们选择的生活方式。悲剧甚至不再作为一种文化主题，它的不满被看作一个有待解决的问题。

马尔库塞指出，艺术已经失去了其激发反抗的能力，因为它现在是大众媒体的一部分。关于叛逆主角的书籍和小说不再能煽动大众起

包法利夫人选择了死亡而非"适应"。但是现代生活已经吸纳了各种生活方式，因此如果是在今天，马尔库塞会建议她接受治疗。

来革命，而变成个人自我提升计划的必读"现代经典"系列。"先锋艺术和垮掉一代的青年"现在只寻欢作乐而不去叩问人们的良心。文化已经被剥去其所有的力量而不再是危险的"他者"。马尔库塞认为，即便是关于异化的伟大作品，

赫伯特·马尔库塞

赫伯特·马尔库塞于1898年出生在柏林，第二次世界大战期间在德国军队中效力，1922年在弗莱堡大学获得文学博士学位。在柏林当了一段时间书商之后，他师从马丁·海德格尔学习哲学。

1932年，他进入社会研究所，但从未在法兰克福工作过。1934年，他逃往美国，并一直留在那里。当他和马克斯·霍克海默一起在纽约时，后者收到来自哥伦比亚大学的邀请，并把研究所搬去那里，马尔库塞加入了研究所。1958年，马尔库塞成为马萨诸塞州布兰迪斯大学的教授，但在1965年，他因为鲜明的马克思主义观而被迫辞职。随后他来到加利福尼亚大学，并于20世纪60年代作为社会理论家、哲学家和政治活动家而享誉世界。他死于中风，享年81岁。

主要作品

1941年 《理性与革命》
1964年 《单向度的人》
1969年 《论解放》

文化与认同 187

也已经变成了商品用于出售、慰藉或刺激——文化已经变成了一种工业。

高雅文化和社会现实这两个维度的持平带来了一种单向的文化，能轻易地决定和控制个体和社会的视角。如今，不存在别的不同世界或其他生活方式。马尔库塞指出，在这一点上他并非在过度强调媒体的力量，因为作为成年人，我们所接受的社会信息仅强化了那些我们出生以来就一直被灌输的同一类信息——我们自孩童时起就被训练以接收它们。

阶级的消失？

文化和现实的挤压反映在阶级结构的明显拉平中。如果所有的艺术形式和大众文化都是同质整体中的一部分，并获得社会的一致认同，那么来自各个社会阶级的人们将无可避免地开始做同样的事情。马尔库塞举例指出，打字员可能和她老板的女儿一样打扮一新，或者工人和其老板喜爱同样的电视节目。然而，在马尔库塞看来，这种同化并不意味着阶级的消失——它实际上反映了那些服务当局的需求在很大程度上已经为所有人所共享。

这一结果使阶级不再处于冲突中。社会控制已经被内化，马尔库塞指出，我们已经被催眠到一种极端从众的状态，没有人会造反。一个人的内心不再有一块灵魂或精神的崇高境地，因为所有一切已经或者能够被转化成操作性术语、问题和解决办法。我们已经丧失了一种内在真实感和实际需要，也不再能够批判这个社会，因为我们找不到一种置身事外且又看起来没有丧失理智的办法。

马尔库塞认为，社会是无所不包的——多元主义观点战胜其他一切对立观点，这尤其与新媒体爆炸所主宰的全球时代相关。一直以来，马尔库塞重视科学知识在塑造和组织社会及日常生活各个方面的重要性。尤其是站在一种激进的、政治化的视角上，他能够同时看到解放和统治的可能性。这使得他对于文化和新技术应用的重视能切中肯綮。然而，这些因素确实带来了社会变迁和解放吗？还是说，它们仅是权势统治阶级用来加强操控和社会压迫的一种工具？■

媒体的权力

国家及其消费力量控制现代世界中的媒体。

媒体反映和传播国家的主流价值观和意识形态，操控社会大众，使其接受商品、服务以及生活方式。

社会和个人在媒体信息的诱导下信以为真、唯命是从。

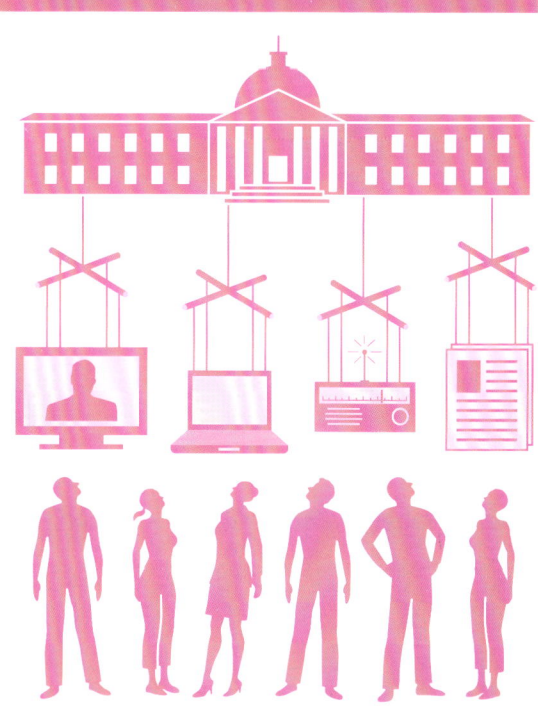

> 思想自由可能意味着修复如今被大众沟通和教条灌输所吸收的个人思维。
>
> 赫伯特·马尔库塞

未来的威胁在于人可能会变成机器人
埃里希·弗罗姆（1900—1980）

背景介绍

聚焦
自我异化

主要事件

1844年 卡尔·马克思指出，作为资本主义的一个系统结果，人已经与自己的本质相异化。

1903年 在《大都市与精神生活》中，乔治·齐美尔指出城市生活滋养了异化和冷漠。

1955年 埃里希·弗罗姆出版了《健全的社会》。

1956年 美国社会学家里奥·索罗尔提出了一种异化量表。

1959年 美国社会学家梅尔文·西曼指出，异化来自权力丧失、规范丧失、社会孤立、文化疏远和自我疏远。

1968年 美籍以色列社会学家阿米泰·埃齐奥尼指出，异化因社会系统不能满足人类基本需求而产生。

德国社会学家和精神分析学家埃里希·弗罗姆宣称，在19世纪工业化时期，上帝被宣布死亡，"无人性"意味着残暴，与生俱来的威胁是人可能会变成奴隶。

然而，到了20世纪，问题发生了改变：在自我异化中，人们丧失了爱和理性的能力。"人"事实上已经死了。"无人性"意味着缺少人性。弗罗姆指出，人类面临变成机器人的危险。

他将这种异化感归因于西方资本主义社会的出现，同时相信国家的社会、经济和政治因素交织在一起，产生了一种适合于其所有公民的"社会性格"。在工业时代，随着资本主义全球统治的扩张，国家鼓励个人的竞争性、剥削性、威权性、攻击性以及个人主义。相反，在20世纪，资本主义国家将个人改造成合作的消费者，拥有标准化的品位，能够被民意和市场中的匿名权威所操控。技术使得工作变得越来越常规化和无趣。弗罗姆指出，除非人能"走出困住他们的陈规陋习"、重拾人性，否则他们将在一种无意义的、机械的生活中发疯。■

> " 虚假的微笑已经取代了真心大笑，麻木的绝望已经取代了真正的痛苦。"
>
> 埃里希·弗罗姆

参见：乔治·赫伯特·米德 176~177页，罗伯特·布劳纳 232~233页，阿利·霍克希尔德 236~243页，罗伯特·K. 默顿 262~263页，欧文·戈夫曼 264~269页，安·奥克利 318~319页。

文化是通俗的
雷蒙·威廉斯（1921—1988）

背景介绍

聚焦
感觉结构

主要事件

19世纪40年代 卡尔·马克思指出，经济决定社会观念和文化。

20世纪20年代 意大利马克思主义者安东尼奥·葛兰西批判了马克思的经济决定论。

1958年 威尔士学者雷蒙·威廉斯在《文化与社会》一书中，讨论了"感觉结构"概念，将文化置于理解社会网络的核心位置。

1964年 英国社会学家和文化理论家理查德·霍格特在英国伯明翰创立当代文化研究中心。1968年，斯图亚特·霍尔接任主任。

1975年 让·鲍德里亚指出，马克思将经济作为发展驱动力的观点是有局限性的。

虽然卡尔·马克思对文化，特别是文学有强烈的兴趣，但他将经济看作历史的驱动力：文化和观念是第二位的。后来的马克思主义思想家，如安东尼奥·葛兰西及匈牙利理论家乔治·卢卡奇，更多地关注文化元素。直到20世纪中期，随着雷蒙·威廉斯大量著作的问世（其中包括他的鸿篇巨制《文化与社会》），文化才开始成为激进理论的核心。

威廉斯将文化的概念与政治上对"传统"的保守理解区分开，使得一种他称为"长线革命"的分析成为可能：通过艰难而持久的努力，实现我们整个生活方式的民主化。

文化的形状

在《文化是通俗的》（1958）一文中，威廉斯提供了自己从南威尔士山村到英格兰剑桥大学的个人成长和反思之路。在威廉斯看来，文化的形状包括：山丘、农田、教堂以及火炉；家庭关系和政治辩论；贸易技能、语言和观念；文学、艺术和音乐，包括流行的和严肃的。他将这种形状描绘成"感觉结构"——一种超越社会制度和正式意识形态的社区中的生活经验（通俗生活）。

威廉斯认为，感觉结构存在于"我们行为的最微妙、最不可触摸的部分中"。这一概念带来一种结合：那种有形的、组织良好的研究主题（结构）与那种晦涩的、无法传递的复杂的生活经验（感觉）的结合。威廉斯对于生活经验的强调将社会学研究引向整个通俗文化系列，如电视、电影以及广告，它们以前被看作文化上无意义的。■

参见：卡尔·马克思 28~31页，安东尼奥·葛兰西 178~179页，赫伯特·马尔库塞 182~187页，让·鲍德里亚 196~199页，斯图尔特·霍尔 200~201页。

污名指的是一种非常丢脸的印记

欧文·戈夫曼（1922—1982）

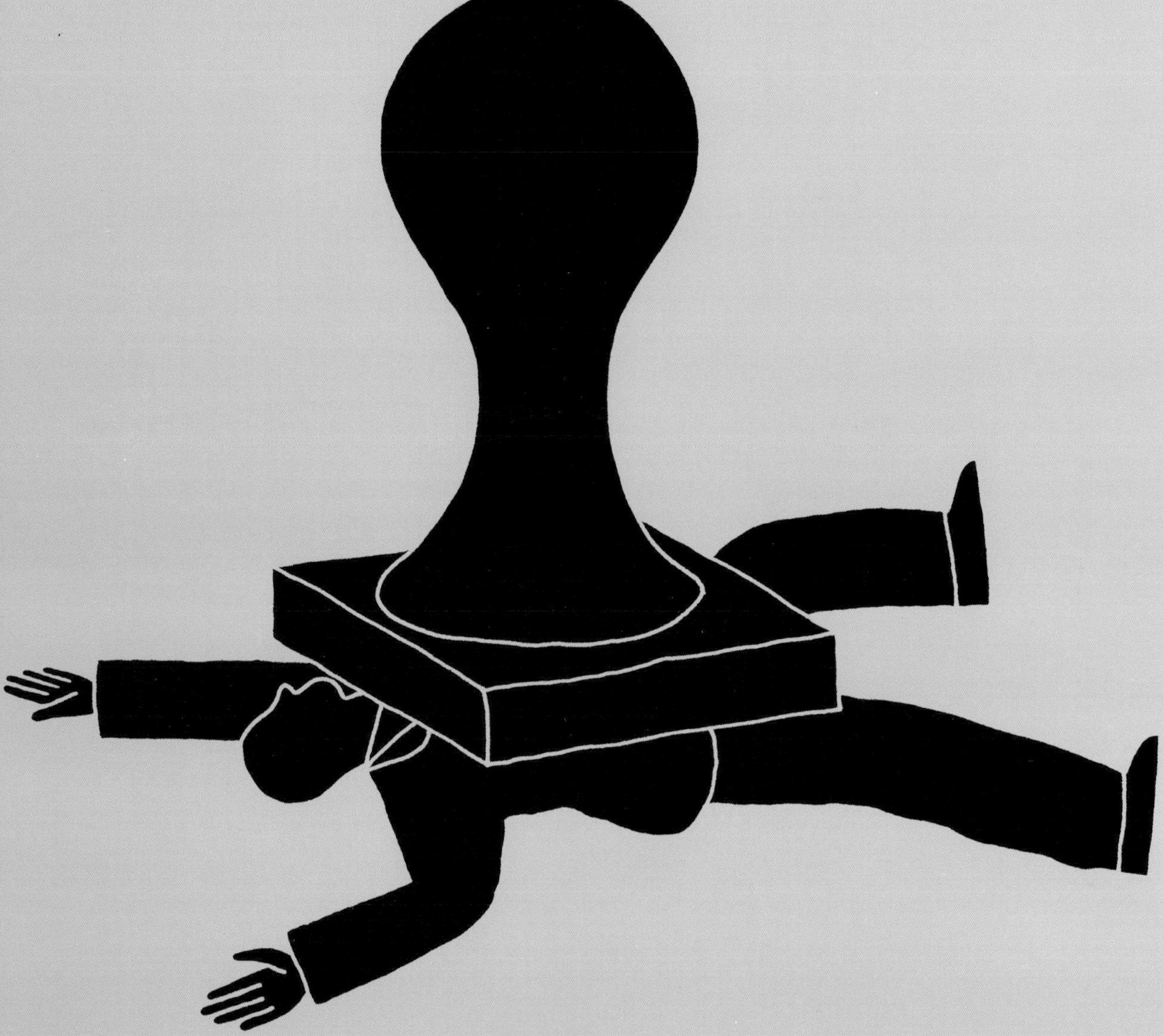

背景介绍

聚焦
污名

主要事件

1895年 埃米尔·迪尔凯姆考察了污名的概念及其与社会秩序的关系。

20世纪20年代 符号互动论在芝加哥大学产生,并成为美国主要的社会理论模式。

1934年 美国社会心理学家乔治·赫伯特·米德出版《心灵、自我与社会》一书,该书后来影响了戈夫曼的认同思想。

2006年 在《身体/具身化》一书中,丹尼斯·瓦斯库和菲利普·万尼尼(编写)认为,戈夫曼的贡献为理解身体社会学提供了一种"精细框架"。

2014年 美国社会学家玛丽·乔·迪根将戈夫曼的理论应用到对性、性别问题以及女性主义的分析中。

社会为我们提供了一套被认为是"正常"的角色和身份。

↓

我们在公共场所扮演的**角色和具有的身份**(如教师、医生、护士、店员)是由社会来定义的。

↓

但是,当摆脱公共监督时,我们私下的**自我认同**关乎的是我们到底是谁,即那个"核心的/本质的"自我。

↓

当我们的**公共角色**和**私人自我**不一致时,当我们的角色认同扮演难以令人信服时,我们就容易被贴上负面标签。

↓

当这种负面标签**多次重复**出现后,**污名就产生了**。

欧文·戈夫曼是加拿大社会学家,他的思想深受被称为"符号互动论"的美国社会理论传统的影响。这一传统关注微观层面的个体与小群体间的互动和交换,而不是社会结构或制度与个体间更为非人格性的、宏观层面的关系。

互动主义思想家关注诸如个人认同、自我、团体动力以及社会互动等议题。符号互动主义思想的基本观点是:个体自身首先是一个社会实体,即使是我们个体自身中看起来最具特质的方面,也不是我们自己特定心理的产物,而是由社会性决定的,依文化和历史而定。我们认为自己是谁,我们希望自己是谁,以及更重要的,我们能够成为谁,这些都无可避免地与我们交往的人口类型以及我们生活的制度背景联系在一起,并受到它

文化与认同 | 193

参见：皮埃尔·布迪厄 76~79页，乔治·齐美尔 104~105页，乔治·赫伯特·米德 176~177页，霍华德·贝克尔 280~285页，阿尔弗雷德·舒茨 335页。

学校教师扮演着社会中最"合法"、高度受尊敬的角色——戈夫曼将那种人们扮演的公共角色称为他们的"虚拟社会认同"。

们的调节。

戈夫曼的特殊兴趣在于其对越轨行为以及个体、群体的污名化（源于希腊词stigma，原意是"记号""烙印""刺烙"）或蒙受耻辱的社会过程的分析。戈夫曼指出，在污名概念中，越轨是其隐含之意，指个人或群体被认为已经偏离那种指导人际互动行为的社会既定规范。一旦有人违反这些社会规范，他们就会被污名化，并被排挤出他们所属的群体或社群。

虚拟和实际的认同

在戈夫曼的标志性研究著作《污名》一书中，他分析了那些身份或多或少被"弄脏"或"存在缺陷"的个体的行为。他区分了那种所谓"虚拟的"和"实际的"社会认同。

虚拟社会认同是自我的社会性合法形式，是个体被期望的公共形象，如社会为好医生定义的特征及行为。实际社会认同是个人想象的、私下的自我认同，如一个医生在其私人生活中所表现的特征和行为。对于戈夫曼来说，一旦虚拟的和实际的社会认同之间的不一致变得无法调和，污名就会出现。例如，当一个受人尊敬的医生被揭发在工作之外过度喝酒和吸烟时，难堪或羞耻感就会接踵而至，社会交往就会崩溃。

污名产生于这样一种事实：社会成员对于某种特定情境下的行动者以及他们应该如何行为或表现具有共同的期待和态度。

欧文·戈夫曼

欧文·戈夫曼于1922年出生在加拿大一个乌克兰犹太移民家庭。1945年在多伦多大学获得人类学和社会学学士学位之后，他前往美国芝加哥大学，并在那里获得硕士和博士学位。为了博士论文的写作，他在苏格兰一个偏远小岛上从事田野调查。在那里收集的资料为他最负盛名的著作《日常生活中的自我呈现》奠定了基础。1968年，他前往宾夕法尼亚大学执教。1981年，他成为美国社会学学会第73任主席。戈夫曼于1982年死于胃癌。

主要作品

1959年《日常生活中的自我呈现》
1961年《避难所：论精神病患者与其他被收容者的社会处境》
1963年《污名》

> 污名构成了虚拟社会身份和实际社会身份之间的一种特殊差异。
>
> 欧文·戈夫曼

污名的概念

戈夫曼定义了污名的三种重要特征。第一，污名不是某种特定个体、属性或行为方式所与生俱来的，尽管某些行为（如恋童癖）受到普遍谴责。一种属性或行为所存在的背景深深地影响着其他人的反应。

第二，污名是在个体或群体间的互动和交换中产生的一种消极分类，把他人归类为那种不受社会欢迎的属性或行为的拥有者（戈夫曼称那些非污名化的人为"常人"）。它是一个关系性概念，因为被归类为污名的事物是容易变化的，这取决于个体或群体的互动。戈夫曼指出，任何属性或行为都潜在地在被污名化，也可以说，所有社会关系中都存在一定程度的污名化：我们都能够在某些时候被污名化。

戈夫曼指出，污名的第三个特征是它的"过程性"，这意味着被污名化或者（更确切地说）形成污名化的身份，是一个持续一段时间

> **某一特质，在给其持有者带来污名的同时也证明了其他非持有者的正常。**
> 欧文·戈夫曼

的社会中介过程。例如，一个人因为在公司酒会上大醉而感到不自在，而这种尴尬和羞愧感，虽然并不令人愉快和自在，但不太可能对他的实际社会认同产生任何长期的影响。然而，如果这种过分的行为持续一段时间，那么通过与群体成员的互动，个人就会被赋予一种偏差地位，而他们的自我概念也将会随着这种污名化的身份而改变。

污名的类型

除了解释污名的概念，戈夫曼还定义了污名的三种类型。第一种污名称作身体的"畸形"，例如身体残疾、肥胖、肤色不均、秃顶、疤痕。第二种污名指的是性格缺陷，包括精神失常、坐牢、成瘾、酒精中毒、同性恋、失业、自杀企图以及激进政治行为。他将第三种污名类型定义为集团污名，包括基于种族、国籍、宗教以及意识信仰的社会边缘化。戈夫曼指出，这三种污名所定义的特质容易给那些特质持有人的正常及可预测社会互动模式带来负面影响，进而产生社会排斥或边缘化。

印象管理

戈夫曼同样关注个体是如何应对以及处理这种消极分类的。他指出，被污名化的人会积极、努力地管理或抵制（如果有可能的话）那种强加于他们身上的负面社会身份。

他的"印象管理"概念在这里就显得特别重要，因为它强调人们努力用各种方法向别人展示那种受欢迎的自我形象：人们采用各种策略以避免被污名化。这包括通过使用"掩体"来遮掩，如肢体残缺的人通过安装假肢来减少羞耻感。

"暴露"与之恰恰相反，指的是一个人公开承认他们身份中"丢脸"的一面。当这些策略失败或不

假发是一种"道具"或"掩体"，一些秃头的人试图用它来"掩盖"他们的光头，以避开可能的污名来源。

文化与认同

可行时,被污名化者则倾向于向那些他们认为有可能施以同情的人寻求帮助。

戈夫曼定义了三种最易于满足这一角色的类型。第一种是"自己人",即那些有相似污名化特征的人,如吸毒成瘾康复小组的成员。第二类是"智者",即那些在支持被污名化者的组织或机构中工作的人(如护理工、残障官员、护士、精神健康治疗师以及社会工作者)。第三种类型包括那些被污名化者所熟知的个人以及那些对他们持有同情心的人,如残障人士或瘾君子的伴侣。

跨越界限

社会学界普遍认为,戈夫曼对于人际互动和小型群体中人际动态的细致研究是空前的。例如,安东尼·吉登斯著名的结构化理论深受戈夫曼关于人类行为和认同形成思想的影响,讨论了结构和人际互动之间的联系。

同样,皮埃尔·布迪厄将戈夫曼的结论用于自己的研究中,考察了在何种程度上人们能够改变自我以及他们在特定情境中的自我认知。

然而,英国社会思想家安东尼·伍顿认为,戈夫曼的研究将某些特质一般化,认为它们永远是污名化行为的诱因。

但是,随着社会发展,对于某些特质的规范性期望以及道德评价也在变化。因此他指出,在某些特定社会和国家情境下,精神疾病和身体障碍是否仍然被污名化是一个可被高度质疑的问题。

戈夫曼的研究跨越了社会学和社会心理学的学科界限——因此他的理论被来自广泛学科背景的思想家所采纳。在社会学界,英国社会思想家吉尔·格林将他的污名思想有效运用到对长期疾病患者经历的研究中,包括那些感染HIV(人类免疫缺陷病毒)的人的经历。

社会工作者约翰·奥夫运用戈夫曼的概念来考察污名化个人的社会再融入问题。戈夫曼的研究也与政治领域相关,为表达现代多元文化社会中少数群体的污名化问题提供了一种理解方式。

污名化的原因是多样的,但可能包括产生于无知和基于阶级或种族紧张的闲言碎语和消极态度。这接着导致其他群体对某个人产生消极刻板印象。久而久之,个体内化这些标签,形成自我评价和认同。至此,个体获得一种污名身份。

非污名化的个人或"正常人" → 被这一群体贴消极标签并被边缘化 → **污名化的个人**

污名化的原因包括:
- 行为期望
- 消极刻板印象
- 消极态度
- 大众媒体
- 流言

污名化的后果包括:
- 无价值感
- 过多的自我评价
- 缺少自信
- 声誉受损
- 社交回避

> 被污名化的个体可能发现,自己并不确定正常人将会如何定义以及接受他。
>
> 欧文·戈夫曼

我们生活在一个信息越来越多而意义越来越少的世界里

让·鲍德里亚（1929—2007）

背景介绍

聚焦
拟像

主要事件

约公元前360年 古希腊哲学家柏拉图指出，他将在他的完美理想国中驱除"模仿者"。

19世纪初 工业革命在欧洲开始。

1884年 弗里德里希·尼采指出，我们再也不能向上帝找寻生活的意义了，因为"上帝已死"。

20世纪70年代 罗兰·巴特指出，意义和符号具有意识形态功能，它们以一种"自然的"简朴告知读者。

1989年 英国计算机科学家蒂姆·伯纳斯·李发明万维网（WWW）——一种基于互联网的超媒体，以实现全球信息共享。

参见: 亨利•列斐伏尔 106~107页,艾伦•布莱曼 126~127页,戴维•赫尔德 170~171页,安东尼奥•葛兰西 178~179页,赫伯特•马尔库塞 182~187页。

> 现代世界中有如此多的信息以至于我们不能完全吸收,并发现到底发生了什么。

> 媒体把事情简化了,决定哪些"成为真实";某些影像和故事的**重复**引导我们相信它们是"**真实**"的。

> 物理世界中的物体和事件——以一种未解释的、未被包装的形式——变得**触不可及**。

> 所有的**复杂性**都**消失**了。

> **我们生活在一个信息越来越多而意义越来越少的世界里。**

让·鲍德里亚

让·鲍德里亚于1929年出生在法国兰斯,是家庭成员中第一个上大学的。父母是公务员,祖父母是农民。当来到巴黎索邦大学学习时,他偏离教育体系,宣称对现状感到失望。

20世纪50年代,他一边在中学教德语,一边在马克思主义哲学家亨利·列斐伏尔的指导下撰写博士论文。1966年,他在巴黎九大获得职位,教授社会学,随后获得这一领域的教授职位。他的左翼、激进思想使其享誉世界(同时也使其备受争议)。20世纪70年代,他与马克思主义决裂,但一生都保持着政治活跃。当被问及"你是谁?"时,他回答:"我不知道我是谁,我是我自己的拟像。"

主要作品

1981年《拟像与仿真》
1983年《宿命策略》
1986年《美国》
1987年《交流的迷狂》

20世纪末,法国社会学家让·鲍德里亚宣称,"在某种程度上,千禧年不会到来"。他指出,大灾难——我们所知的世界毁灭——已经发生,在21世纪,我们"已经超越这一结局"。他对此深信不疑,他说,一种完美的犯罪已经存在——"扼杀真实"。

鲍德里亚指出,我们"了解"千禧年的唯一方式就是那种我们认识其他一切事物的方式:通过源源不断被杂志、电视、报纸、电影、广告以及网站复制以供我们消费的影像流。在鲍德里亚看来,真实不是在物理世界中发生的事物(那种"现实"已死),而是那些可以被模拟和复制的事物。事实上,他指出,真实是"那些已经被复制的"事物。20世纪,表现开始先于真实,而不是相反。

从地图开始

鲍德里亚从阿根廷作家、诗人豪尔赫·路易斯·博尔赫斯的一个短篇故事开始,解释自己的观点,即一个制图师绘制一幅帝国巨图的

二次人生是一个虚拟的世界，使用者可以数字化再造他们自己。在线广告宣称："每个人都是真实的个体，你去到的每一个地方都是由如你一般的人建造的。"

故事。地图是按照1：1的比例绘制的，因此它和它所绘制的对象一样大，并且完全覆盖帝国的整个面积。随着帝国的衰落，地图开始逐渐磨损并最终毁坏，只留下一些碎片。

在这个寓言里，真实物和复制品能够被轻易识别；二者之间的差别很明显。鲍德里亚指出，这是文艺复兴时期的场景，那时一个物体和他的影像之间的联系是明显的。影像是深远现实的一个反映，我们能区分它与现实之间的联系和差异。

然而，随着工业时代的来临，真实事物和其影像之间的联系变得越来越模糊，因为一个物品或它的模板，可以被复制成百上千次。

再造真实

鲍德里亚意识到20世纪60年代其他马克思主义思想家（如法国理论家居伊·德波）对工业大生产所带来的文化思想转型的关注。德波注意到，在这一时刻，"社会的整个生命历程被归结为景象的积聚"。因此，生命被浓缩为一套记录下的图片：家族婚礼、法国度假等。相较于做事，人们对抓住影像更感兴趣——成为旁观者：影像而非事件本身成为核心（现代人对于自拍的痴迷说明了它是如何风靡起来的）。

鲍德里亚指出，资本主义使得商品也与它们自身分离开来。例如，小麦不再简单地只是小麦，而是一种好的投资或谷物早餐。决定价值的是表象而非实质。这是广告时代的开始，品牌信息取代了客观事物本身的真实性。影像就是一切。

简化世界

鲍德里亚对这个影像和景象的奇异世界的发展轨迹进行了深入研究。他指出，随着技术的进步，很明显，真实事物或仿制品变得完全没必要。影像——原本是从某种真实事物中抽象出来的——现在可以从无到有地被创造出来。它完全不需要与物理世界相联系或反映什么。他称这种影像为"拟像"。

鲍德里亚宣称，只要影像或影像组可以再生产，它就能创造真实。真实是"可以被再造的"。一旦影像被复制和广泛散播（例如，在杂志或网页中），它就会创造出一种共享的真实，人们可以对此展开讨论，这在过去我们一直努力参与的那个混乱、未结构化的物理世界中是不可行的。这简化了世界，使其变得易于管理。另外，这样创造的现实在各个方面都比我们生活的这个现实更令人激动和完美。

> 真实是从微型单位、矩阵、记忆库以及命令模式中产生的——通过这些，它可以被复制无限次。
>
> 让·鲍德里亚

危险的乌托邦

拟像——在现实中没有原型的影像——与反映真实世界的影像相比，可以被用来创造出更令人满意的效果。一个女演员可以通过贴近某一文化中理想的女性形象来获得"数字提升"，但是即便如此，它也参照了某些真实。

基于这一点，鲍德里亚指出，真实的"领域"并未完全消失，还有碎片遗存。但是，那些在这种升华的影像中获得愉悦感的人，可能会在那种完全数字化创造出来的影像中获得更大的愉悦感。

例如，在我们与其他真实/虚拟个体互动的虚拟世界中，我们可以看到那种数字化的"完美"个体和世界，甚至可以在线以任何形式再造我们自己。

鲍德里亚指出，这个过程也存在危险。建构的真实基于愉悦的最大化，因此它们要远比真实更受欢迎。我们正在建构一种乌托邦，因为如果你有建构世界的自由，那为什么不创造一种乌托邦呢？但是，我们在虚拟世界中建构的乌托邦等同于死亡：我们想要的不再是某种真实的体验，而是被告知的某种体验——以一种超真实或比真实更真实的方式。

例如，我们宁愿坐在电影院里，享受某个家庭团聚的超真实体验，也不去组织我们自己的家庭团聚。在荧幕上，它更多彩、喧闹和完整——它看起来"那么真实"。相比之下，或许除了那些在"脸书"或其他地方的虚拟生活，我们

> **因此，仿真时代开始于所有客观参照物的终结——更甚者：通过符号体系中的人为再造。**
>
> 让·鲍德里亚

自己的生活是那么的苍白。同时，我们坐着，一动不动地看着银幕。

太多信息

在鲍德里亚看来，现实世界正被大量来自不同媒体的、冲入我们生活的信息所主宰。他指出，奇怪的是，真实正在消失，"不是因为缺少，而是因为太多了"。

涌入我们头脑的过量信息带来信息的终结，因为我们被淹没在复杂性中，而只抓住递给我们简单方案的这根救命草。拟像让我们了解世界，即便这是以复杂的意义为代价的，世界正变得越来越肤浅。

如今，构成我们真实生活的拟像已经被建构用于即时地满足我们的欲望。鲍德里亚指出，随着虚拟世界的不断增大，我们的理想和想象将会退化。给什么我们就接受什么，就如从"德国"到"法国"的旅行，我们发现，在迪士尼世界中要比在欧洲范围内容易得多。对于系统或事物，不再需要"理性"，只要做好工作或正常"运作"就行。他指出，我们已经创造了一种超真实，一种"没有空气的超空间组合模型的放射性综合物"。我们似乎还没有意识到这一事实，即只有机器人才能离开空气而"生存"。

一些批判理论家，如美国哲学家道格拉斯·凯尔纳，批判鲍德里亚偏离了马克思主义对文化的解释。马克思主义地理学家大卫·哈维也持类似立场，认为鲍德里亚在"坚持影像背后没有真实"这一点上是错误的。

然而，还有许多理论家，包括加拿大人亚瑟和玛丽路易斯·科罗克，赞同鲍德里亚的后现代文化观，并将他的研究看作对21世纪文化危机的重要指引。正如媒体生态学家肯尼思·鲁本所写，"鲍德里亚的思想充满了有趣的东西，甚至他的错误也不乏冲击力。"■

现代认同正在去中心化
斯图尔特·霍尔（1932—2014）

背景介绍

聚焦
文化认同

主要事件

17世纪 "自我"首次变成一个名词，作为一个值得探究的思想开始流行。

20世纪初 马克斯·韦伯指出，个体根据他们对于世界的主观理解而行动。

20世纪20年代 乔治·赫伯特·米德的符号互动主义思想考察那些连接人们的符号，尽管他们对符号有各自的主观理解。

1983年 英裔美国教授本尼迪克·安德森指出，民族认同是一种"想象的共同体"。

2010年 英国社会学家迈克·费瑟斯通通过如整容手术之类的身体整形考察了自我驱动的认同变化。

现代认同不再是固定不变的，因为它来自……

……日益增多的混合血统，因而没有一个国家可以被视为自我界定的。

……日益认识到和认同不同国家的不同传统、价值以及信仰。

……一个不再由阶级、种族和性别所决定的自我建构的"生活故事"。

……因**全球互联**而对传统和生活方式的质疑。

20世纪末，社会学家开始谈论一种新的"认同危机"，曾经只被看作一种简单观念的认同正变得越来越难懂。

斯图尔特·霍尔教授认为，这是由于结构变化改变了现代社会，将阶级、性别、性取向、种族、民族和国籍的文化图景碎片化了。而这些元素是传统上用来解释我们是谁（不管是在社会中还是作为单个个人）的基本框架。

霍尔定义了认同的三种现代含

文化与认同

参见: W. E. B. 杜波伊斯 68~73页, 罗兰·罗伯逊 146~147页, 戴维·赫尔德 170~171页, 乔治·赫伯特·米德 176~177页, 诺贝特·埃利亚斯 180~181页, 欧文·戈夫曼 190~195页, 本尼迪克·安德森 202~203页, 霍华德·贝克尔 280~285页。

在现代城市中, 不同文化走到了一起。我们的生活越是受到这些不同文化的影响, 我们就越不可能拥有一种固定的民族认同感。

义:启蒙自我、社会学自我以及后现代自我。启蒙自我盛行于17世纪到20世纪初, 被认为是一种完整的、自主的存在:一个人与生俱来的坚定"内核"会随着年龄的增长而显现, 但会保持不变。

20世纪20年代, 乔治·赫伯特·米德等社会学家指出, 认同是从与社会环境和"重要他人"的关系中形成的, 其中, "重要他人"解释和传播儿童世界的价值、意义和符号。

这种定义下的自我仍然被看作一种内核, 但是能够通过文化价值和意义的内化经由社会而获得改造。这种自我的"互动主义"观点, 跨越了个体与公共世界之间的鸿沟, 成为关于自我的经典社会学观点。

另一方面, 霍尔指出, 后现代自我没有稳定的内核, 它无法固定, 相反, 它总是随着其在社会中的表述和呈现方式而不断地形成和转变。这是一种变化中的自我, 是由历史性而非生物性决定的。它包含指向不同方向的冲突性认同, 只是因为我们每个人都在建构自我的叙事(我们的"生活故事"), 它才看起来连续而稳定。

脱节的认同

霍尔指出, 20世纪末开始的那场迅速、持久而又广泛的变迁增加了一种不稳定感。传统和社会实践在不停地被检视、被挑战, 正在被基于全球互联增长而带来的新信息所改造。风格、场地和影像的全球市场, 意味着它们渗入每一个国家, 打断了传统固定的民族和文化认同。

这种全球文化的"混搭"意味着认同已经与特定时间、地点、历史和文化脱离, 我们现在面临着一个认同库, 从中我们可以选择那些吸引我们的。

在全球消费主义的"话语"(意义系统)中, 用于定义认同的文化区别和差异已经变成一种全球货币。例如, 牛仔裤和运动鞋——曾经与美国人联系在一起——现在只是一个印度或肯尼亚年轻人的必备装束之一。

对于非裔法国人弗兰兹·法侬来说, 黑人总是白人之外的"其他人", 而霍尔指出, 在全球时代, 文化是"相互"混杂的, 其他人"不再简单地'杵在外面', 他们也在内部"。

人们越来越多地来自不同的生活空间(也包括血统和出生地), 并且意识到自身所拥有的内在认同库可能会在不同时刻显现出来。霍尔指出, 这种内在和外在的多样性是形塑我们这个时代的力量。■

斯图尔特·霍尔

斯图尔特·霍尔被认为是"当代文化研究之父"。他出生在一个牙买加家庭, 家里有着本土和帝国主义(殖民)文化背景的冲突。他的父母来自不同社会阶层和血统, 霍尔反抗他们的建议, 拒绝只跟那些"上等肤色"的朋友玩。

1952年, 霍尔去往英国牛津大学, 并成为新左派政治运动的一名重要人物。1957年, 他成为《左派评论》的创始人之一, 后来他还担任英国伯明翰大学当代文化研究中心主任。1979年, 他成为开放大学社会学教授。他同时也与电影制作人和艺术家一道关注黑人问题。

主要作品

1979年 《向右急转弯》
1980年 《编码与译码》
1992年 《文化身份的问题》

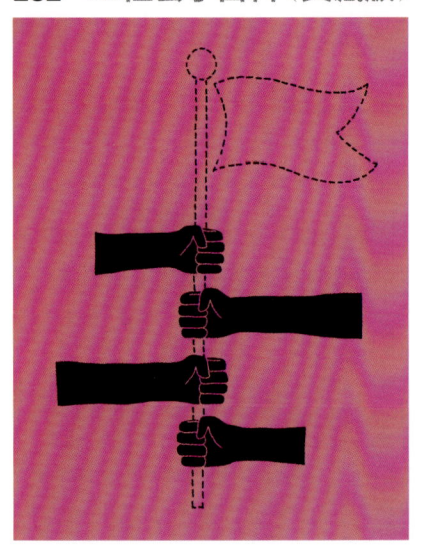

所有共同体都是想象的
本尼迪克·安德森（1936—2015）

背景介绍

聚焦
民族主义

主要事件

1800年 德国哲学家约翰·费希特认为存在一个集权国家，能独立于世界之外，发展一种民族精神（volksgeist）——一种民族特有的自我意识。

1861年 意大利统一之后不久，政治家马西莫·阿泽利奥宣称："我们创造了意大利。现在我们必须创造意大利人。"

1965年 英裔捷克人类学家厄内斯特·盖尔纳提出，"民族主义不是民族觉醒的自我意识：它创造出了并不存在的国家"。

1991年 法国哲学家艾蒂安·巴里巴尔指出，"每个'人'都是民族种族化进程的投射"。

在16世纪之前，民族主义的概念并不存在。它是我们想象出来的一个现代概念，并让我们相信它有着古老的历史。这是社会和政治理论家本尼迪克·安德森的观点，他认为我们将民族主义看作理所当然的：你出生在某地，拥有某种国籍，就如同你与生俱来的性别一般。

安德森在《想象的共同体》一书中，对民族主义的整个基础提出了质疑。他将"民族"定义为"一

随着印刷工业的发展，除了以拉丁语写作的书籍，出版社也出版那些用最广为传播的本土语言写作的书籍，以迎合大众。

↓

这使得**语言更稳定**，有利于基于人们所说的语言而**定义其群体**。

↓

这通过**共同语言的联合**促进了共同思想和价值的传播，以及**民族归属感**的增长。

↓

在那个**教会统治开始衰落**的时代，"民族"的概念给予了大众一种可以相信的事物，一个可以为之献身的理由。

参见：保罗·吉尔罗伊 75页，爱德华·萨义德 80~81页，以利亚·安德森 82~83页，萨斯基娅·萨森 164~165页，戴维·赫尔德 170~171页，斯图尔特·霍尔 200~201页。

文化与认同 **203**

个想象的政治共同体，拥有既有限又至高无上的权力"。

他解释道，之所以是"想象的"，是因为，即使是世界上最小国家的成员，也不可能知道或者遇见绝大部分同胞，只是"这种交往图景存在于每个人的头脑中"。

民族意识

安德森还主张，"民族"概念是"有限的"，因为再大的国家都有有限的边界，尽管这种边界是可变的（如领土之争）。他指出，没有哪个国家能够一直确保世界上的每个人都是"他们民族"的一部分。

安德森宣称，国家揭示它们的"弹性边界"的方式之一就是通过印刷工业。16世纪，书商迎合那些受过教育的、说拉丁语的少数群体，但同时也意识到，要想获得更大的利润，就必须开拓更大的市场。不能一一满足众多地区的语言，他们就瞄准了更大的区域的语言，随着这些语言在出版物中获得稳定性，他们也创造了沟通的统一领域，帮助定义了民族应该"是什么样的"。

给予生活目标

安德森指出，主权同样是"民族"概念的一部分，因为这一概念产生于启蒙和革命时期。教会丧失了对人们思想的控制权，人们也不再接受君主是上帝选中的统治者这一说法。主权国家允许国家结构存在，而不需要号召其人民信仰教会教条。

但是，在安德森看来，在教会统治灭亡后，人们对生活意义的疑问并没有获得解答。启蒙时期的理性不能解释生或死的理由——但是伴随着民族思想，一个新的目标产生了。它是一种值得为之献身的东西，同时也提供了一种具有持续性的目标，这是人们以前在来世观（如天堂）中才能获得的。

一些人开始质疑安德森的理论，但是，当世界上那些亚民族（如苏格兰或加泰罗尼亚）频繁发生政治动乱时，安德森关于想象的民族性的思想被证明既有争议又影响巨大。《想象的共同体》被翻译成近30种语言出版。■

> "民族性或国家，以及民族主义都是文化制品。"
> —— 本尼迪克·安德森

本尼迪克·安德森

本尼迪克·安德森于1936年出生，父亲是爱尔兰人，母亲是英国人，活跃于爱尔兰民族运动中。1947年全家移民到美国加利福尼亚，后来又到了爱尔兰。安德森在英国伯克郡的伊顿公学接受教育，并于1957年在剑桥大学获得古典文学学位。

对于亚洲政治的痴迷使其来到美国康奈尔大学攻读博士学位，在此期间他去往印度尼西亚雅加达做了一段时间研究。后来他前往泰国游历，7年之后，回到康奈尔教书。他于2002年退休，并成为国际研究、政府和亚洲研究领域的名誉教授。他于2015年去世。

主要作品

1983年 《想象的共同体》
1998年 《比较的幽灵》
2007年 《三面旗帜下》

文化正坚定地将自己推向舞台中心

杰弗里·亚历山大（1947— ）

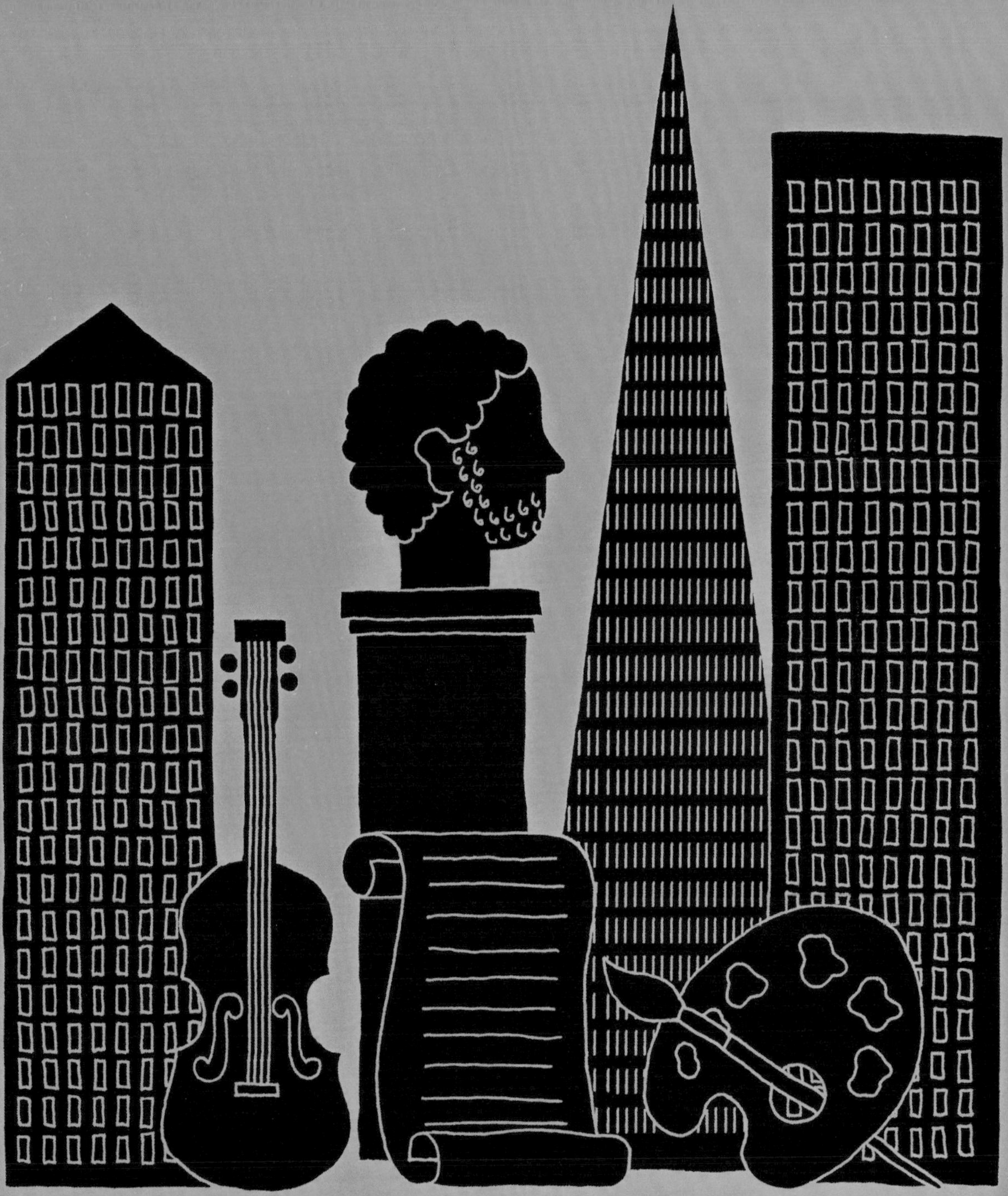

背景介绍

聚焦
文化社会学

主要事件

1912年 在《宗教生活的基本形式》一书中，埃米尔·迪尔凯姆讨论了文化和意义是如何相关的。

1937年 在《社会行动的结构》一书中，塔尔科特·帕森斯强调了文化的自主性。

1973年 在《文化的解释》一书中，美国人类学家克利福德·格尔茨强调了意义对人类社会生活的重要性。

1995年 在《世纪末社会理论》一书中，杰弗里·亚历山大批判了当今世界领军的文化社会学家皮埃尔·布迪厄。

2014年 英国社会学家克里斯托弗·索普将杰弗里·亚历山大的思想应用到其对英国人是如何体验意大利的研究中。

社会学家倾向于将文化看作次要的。

↓

物质因素（如经济财富和社会阶级）被认为**更有影响力**。

↓

亚历山大强调**文化**在决定社会生活方面的**角色**。

↓

没有文化，沟通、活动或者人类互动都是无法理解的。

↓

在社会学中，文化正坚定地将自己推向舞台中心。

大多数人在生活中不会去思考：为什么我们会习惯性地做我们所做以及想我们所想？我们为什么要每天花大量时间工作？为什么我们要储蓄？为什么我们会对那些不认识的人的八卦感兴趣？如果被逼着回答这些问题，我们可能会说"因为那是像我们这样的人所做的"。然而，任何事情都不是理所当然的、必需的或不可避免的。相反，我们这样做，是因为我们所属的文化迫使我们如此。我们所处的文化用最普遍的存在方式形塑了我们如何思考、感觉和行动。我们之所以成为我们，不是无关文化的，而正是因为它的存在。

美国社会学家杰弗里·亚历山大认为，文化——一个群体集体产生的思想、信仰和价值——对理解人类生活必不可少。只有通过文化，人类才能脱离原始的状态，思考和干预周围的世界。尽管文化具

参见：卡尔·马克思 28~31页，埃米尔·迪尔凯姆 34~37页，马克斯·韦伯 38~45页，欧义·戈夫曼 190~195页，塔尔科特·帕森斯 300~301页，赫伯特·布鲁默 335页。

> **无论何处，我们并非如我们所认为的那样合理、理性或明智。**
>
> 杰弗里·亚历山大

有核心重要性，但亚历山大坚持认为，社会学家过去一直将文化看作次要的。作为世界上最有影响力的社会理论家之一，亚历山大致力于在晚期现代社会的研究中推动文化占据中心舞台。

社会学和文化

虽然早期的社会学理论家认识到了文化的核心重要性，但他们没能正视文化对于理解人们为什么会如此思考和行动的重要性。例如，卡尔·马克思将主流文化看作统治阶级观念和价值的体现；相应地，文化掩盖了大多数人所生活的社会中的极度不公正。马克斯·韦伯从另一个视角认为，西方文化是理性的，它以一种冷静和科学的方式看待自然和社会世界；它被剥离了任何意义或价值。

对于亚历山大而言，这两种观点都有缺陷：马克思的解释过度简约化，它认为文化是由社会结构决定的；韦伯的解释过于理性，他没能认识到西方文化中的非理性方面——特别是情感和价值对于个人，甚至是整个国家，对周围所发生事件的回应方式的导向性。

亚历山大的理论路径非常不同，它建立在法国社会学家埃米尔·迪尔凯姆所提出的宗教思想的基础之上。对于迪尔凯姆来说，宗教意味着从世俗或日常生活的运作中将神圣分离出来——包括神的思想、标志及表现形式。亚历山大认为文化与神圣类似——独立于社会，而非依赖社会；具有能动性而非仅受到制约；同时包含非理性和理性的元素。他的文化社会学聚焦理解个体和群体是如何通过利用集体创造的价值、符号和话语——谈论事情的方式——参与意义的创造的，以及这反过来又是如何形塑他们的行动的。

文化的三个面向

亚历山大从起源、解释和结构三个方面定义文化社会学。第一，文化可以完全独立于社会生活的物质方面。马克思的文化理论一度是将社会和文化之间关系概念化的正统方式。在马克思看来，社会的物质基础（经济、技术和劳动分工）决定上层建筑（规范、价值和文化信仰）。

相反，亚历山大相信文化不能仅被看作社会生活中更坚固、更

杰弗里·亚历山大

杰弗里·亚历山大出生于1947年，是美国耶鲁大学社会学莉莲·沙旺森·萨登讲座教授，也是文化社会学中心联席主任。作为其工作之一，他创立《文化社会学》学科杂志，以推动文化社会学领域思想和方法的传播。

在美国，通过有名的《铭记大屠杀：一场辩论》(2009) 一书，他成为同时代中最为杰出的社会思想家之一。他师从影响巨大的美国社会学家塔尔科特·帕森斯和罗伯特·贝拉，推进结构功能主义，摒弃它的逻辑性结论，并创立了自己的文化社会学范式。

主要作品

2003年 《社会生活的意义：一种文化社会学的视角》
2012年 《创伤：一种社会理论》
2013年 《现代性的黑暗面》

> **当前争论的核心在于'文化社会学'和'文化的社会学'。**
>
> 杰弗里·亚历山大

"真实"的物质维度的副产品。在亚历山大看来，文化应该被看作"一个独立变量"，一方面与它所存在的生活条件相分离，另一方面能够对处于这种文化中的个体或集体施展权力。

人们对于事件的理解既不是自然而然的，也不是不可避免的，而是由他们用以解释、编码和理解世界的那种具有文化特殊性的语言和符号决定的。正如亚历山大所言，一个社会被定义成资本主义、社会主义还是威权主义，并不会有助于我们理解加诸在某一事件上的集体意义。相反，它需要从"内部"被探究，从人们借以理解它的那些集体性创造的结构、意义以及符号入手。

第二，为了理解文化，社会学家必须采用一种解释的路径。亚历山大将文化比作文本——是人们用

> 布迪厄的失败，在于他没能看出，文化具有独立于社会结构的相对自主性。
> 杰弗里·亚历山大

一种相对特殊的、社会建构的方式来加以解读和解释的事物，也正因如此，它才无法用简单的因果关系去理解。你永远无法预测人们是如何解释事件的，相反，它需要站在当事人的立场上去反思和理解。

第三，亚历山大声称，社会结构——超越个体层面的行为模式——同样如此，它同时也是文化

结构。文化中的符号性资源、标志和符号群用于赋予世界意义和关联。人们往往只注意到这些结构——他们没能有意识地去反思自己的各种意识和无意识是如何在这一过程中被塑造的。然而，这些结构是社会性地生产和形成的。文化社会学的目的是凸显这些结构。其终极目标是更好地理解——以及在必要的时候干预——集体行动以及应对周围发生的事件。

意义和犹太人大屠杀

为了展示被赋予意义和象征的价值是如何影响社会群体的，亚历山大借用了第二次世界大战期间纳粹对犹太人大屠杀的例子。他选择这个例子是因为，大屠杀被看作人类苦难和罪恶的最有力象征之一。毫无疑问，它（几乎）找不到其他更好的解释方式。虽然现在看来令

社会中的文化可以用许多不同的方式来解释。马克思将文化与社会结构联系起来，而文化社会学家（如亚历山大）则将其看作一种独立的、巨大的资源。

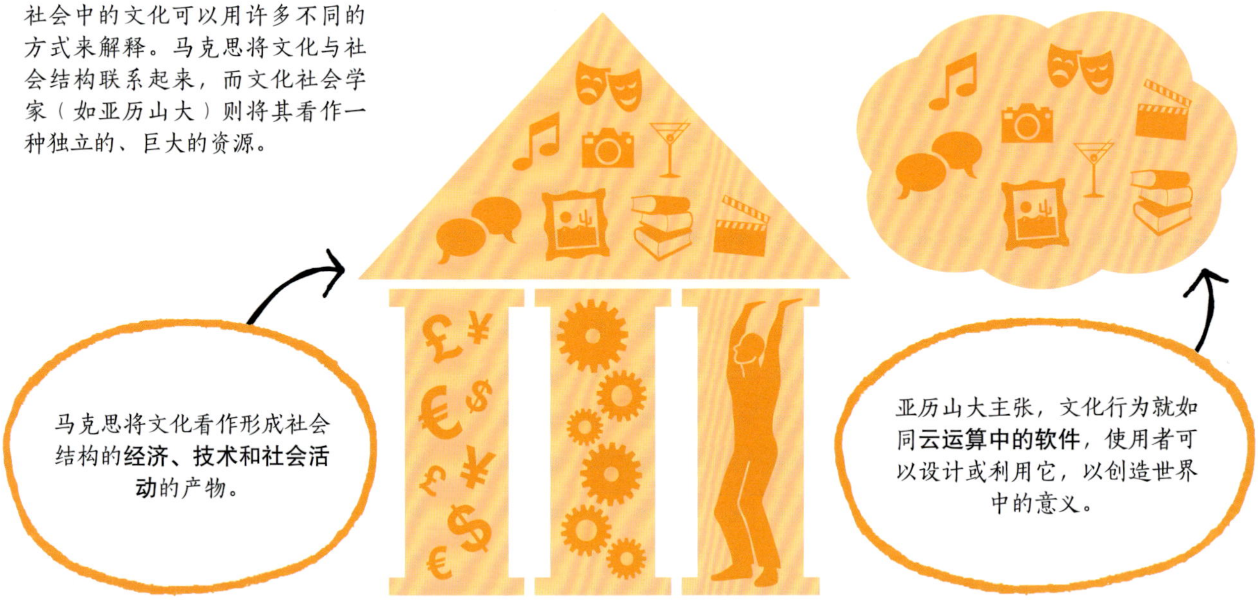

马克思将文化看作形成社会结构的**经济、技术和社会活动**的产物。

亚历山大主张，文化行为就如同**云运算中的软件**，使用者可以设计或利用它，以创造世界中的意义。

人难以置信,但他指出,这些罪行曾被认为是理所当然的或无可避免的;相反,"……这种'罪行'绝不能被看作某种客观存在的东西,而应当被理解为一种主观建构,是文化和社会学研究的产物"。

在2001年《道德普遍主义的社会建构:从战争罪行到创伤戏剧的"大屠杀"》一文中,亚历山大用大量的细节展示了在第二次世界大战结束后的几年里,大屠杀并非像今天这样被看作恐怖行为而应当受到谴责。作为一个独特的种族群体,欧洲犹太人在许多社会中被负面地对待,这反过来导致人们对他们的困境缺乏同情。只有当他们更多地融入外部社会,他们社会群体的特殊性减弱时,行动者和制度才有可能从内心真正接受他们。到了20世纪70年代初,对大屠杀进行重新评估、重新叙述并将其重新标记为一种罪行的必要的文化结构已经就位。直到那时,它才被提升到属于全人类的创伤性事件的高度,而不仅仅是犹太人的。在1970年的国事访问中,西德总理在华沙犹太人死难者纪念碑前的"下跪"已经在亚历山大的《社会表演》(2006)一书中被瓦伦丁·劳尔描绘成"行动表达的符号"。

亚历山大的文化社会学迅速发展成最具创新性和远见性的社会学理论框架之一。作为社会科学中更广的"文化转型"的一部分,他的研究有助于重新将社会思想家的分析焦点集中在"意义"上。尤其是他改造和运用迪尔凯姆的思想,以理解在一系列领域中意义的创造和维持——包括大屠杀、民主和公民社会,以及"9·11"袭击——这一做法吸引了更多学者发展和扩展他的思想。例如,美国社会学家米拉·德布斯对1997年意大利阿西西圣弗朗西斯科教堂中艺术家乔托的标志性壁画坍塌后意大利人的反映的分析。在意大利民族文化中,这些壁画被赋予了如此神圣的地位,以至于它们的毁坏相较于人类生命来说往往更加突出。德布斯借鉴亚历山大的观点,展示了艺术品被以一种特殊方式的叙事和编码——作为神圣的国家珍宝——给大部分意大利人带来一种强烈的、近乎非理性的、集体性的情感反映。■

1970年,维利·勃兰特在华沙犹太人死难者纪念碑前的下跪是德国人忏悔行为的象征,引发了集体认同的转变。

1997年的一场地震毁坏了意大利阿西西圣弗朗西斯科教堂中的乔托壁画。米拉·德布斯考察了这一灾难是如何带来社会建构的文化创伤的。

WORK AND CONSUMERISM

劳动与消费主义

时间线

1848年 — 在《共产党宣言》中,卡尔·马克思和弗里德里希·恩格斯描述了工人所遭受的剥削和异化。

1899年 — 在《有闲阶级论:关于制度的经济研究》中,托斯丹·凡勃伦引入了"炫耀性消费"的概念。

1904—1905年 — 在《新教伦理与资本主义精神》中,马克斯·韦伯描述了现代资本主义劳动的宗教根源。

1964年 — 在《异化和自由:工厂工人与其劳作》中,罗伯特·布劳纳表明,自动化的增长有助于减少工业工人所感到的异化。

1973年 — 在《后工业社会的来临:对社会预测的一项探索》中,丹尼尔·贝尔预测信息和服务业将取代制造业。

1974年 — 在《劳动与垄断资本:20世纪中劳动的退化》中,哈里·布雷弗曼描述了自动化的增长中工人的去技艺化。

社会学最初将焦点集中在工业化所带来的社会变迁上。现代性的一个主要方面是人们劳动生活的变迁本性:从农村共同体中的农业和手工业向新兴制造业雇佣关系的剧烈转变。伴随这一过程而来的是资本主义的兴起,它给社会中至少是部分成员带来了繁荣。

首先研究现代工业社会中劳动的意义的是卡尔·马克思和弗里德里希·恩格斯,他们看到了两个社会阶级的出现:一个富裕的资产阶级或中产阶级,以及一个被压迫的无产阶级或工人阶级。但是,正如工人阶级被剥削一般,他们认识到,没有灵魂的重复性劳动本身异化了工人,劳动分工带走了工人与其所生产产品的情感联结以及劳动过程的自豪感。

随后,马克斯·韦伯指出合理性和工作伦理是如何联系起来,迫使工人为某一特定经济目的而不是整个集体的利益而工作的。传统集体价值已经被腐蚀,取而代之的是对物质价值的强调。

消费社会

对工人阶级而言,它意味着要为家庭生计而全力挣扎,顺从一种从任何意义上看都不值得的劳动生活。对于不断壮大的资本主义中产阶级而言,它意味着增长的财富和闲暇。赋予物质财富以价值意味着,一个人的社会地位是由经济价值决定的。

到了19世纪末,社会学家托斯丹·凡勃伦指出,资产阶级可以通过炫耀性消费来维护其真实或虚幻的社会地位——不是花费在那些必要的商品和服务上,而是在那些引人注意的奢侈品和休闲活动上。

柯林·坎贝尔后来将20世纪消费社会的崛起与因18世纪理性主义和工业化而繁荣起来的浪漫主义联系在一起。丹尼尔·米勒将物质消费主义的增长看作社会凝聚的一个潜在来源——一种认同某一群体的方式。

1979年: 在《区隔：一种趣味判断的社会学批判》中，皮埃尔·布迪厄重新考察了凡勃伦的炫耀性消费理论。

1983年: 在《被管理的心灵：人类情感的商业化》中，阿利·霍克希尔德表明，服务业经济拥有商业化的人类情感。

1987年: 在《浪漫伦理与现代消费主义精神》中，柯林·坎贝尔呼应韦伯的观点，考察了浪漫主义与消费主义之间的联系。

2010年: 在《材料》中，丹尼尔·米勒力争，物质消费在建立个体认同和社会凝聚方面是一股积极力量。

1979年: 在《制造同意：垄断资本主义劳动过程的变迁》中，麦克·布洛维考察了工人是如何找到应对不满意的工作的策略的。

1986年: 在《工作中的父权制：雇佣中的父权和资本主义关系》中，希尔维亚·沃尔比强调了职场中的性别不平等。

2007年: 在《集合女性：全球制造的女性化》中，泰瑞琳·凯拉韦考察了更多女性进入职场的影响。

20世纪，工业化继续在全球扩张，无论是农业、传统手工业，还是制造业技术的进步都带来了自动化的增长。至少在工业化的西方，社会物质变得更加繁荣，促进了大众消费主义的快速增长，但是，社会学家并不赞同自动化在劳动力方面的影响。

罗伯特·布劳纳预测，自动化将会把人们从机械的任务中解放出来，减少他们的异化感。另一方面，哈里·布雷弗曼争辩说，自动化意味着工人不再需要发展专业技能，使他们对劳动生活的控制能力减弱，并感到更加异化。然而，在这两种观点之间，麦克·布洛维提出，通过认清它的积极方面，工人最终会与无聊且具有压迫性的劳动达成和解。

后工业劳动

20世纪70年代，大约工业革命开始200年后，劳动的性质似乎又将发生改变。丹尼尔·贝尔预测，机械化将把工人带出制造业，他们将主要在信息和服务业中就业。至少在富裕世界中，这已经被证实是正确的。20世纪后半段的另一个明显变化是，工作不再被看作男性的领域；更多女性前所未有地进入了雇佣劳动中。

阿利·霍克希尔德发现了向所谓后工业世界转变过程中的一些影响。相较于制造业，服务业具有更强的情感要求。阿利·霍克希尔德认为，他们将情感商品化，从而使得人们把他们的感情与工作，而不是其家庭生活和休闲活动联系在一起。雇佣性质的这些变化所带来的社会影响还有待进一步研究，相较于制造业劳动，服务业经济中的工作是否更有价值，或更有利于社会凝聚，或者职场中更多女性的参与是否会减少性别不平等，现在下论断还为时尚早。■

对贵重物品的炫耀性消费是有闲绅士取得名声的手段

托斯丹·凡勃伦（1857—1929）

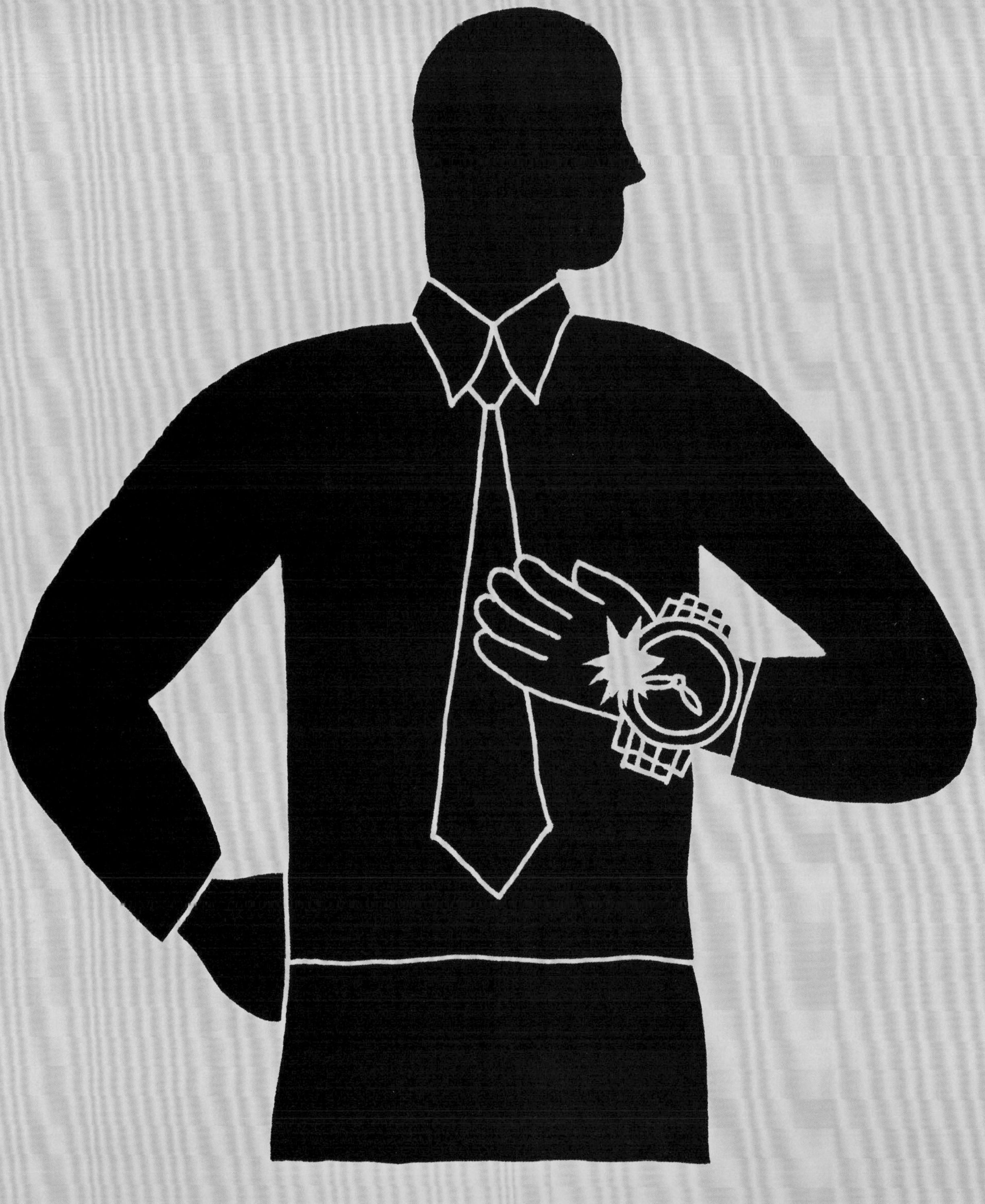

背景介绍

聚焦
炫耀性消费

主要事件

1844年 在《1844年经济学哲学手稿》中,卡尔·马克思讨论了资本主义社会中的阶级结构。

1859年 在《物种起源》一书中,查尔斯·达尔文解释了其进化理论。

1979年 在《区隔:一种趣味判断的社会学批判》中,皮埃尔·布迪厄重新关注了凡勃伦的炫耀性消费理论。

1992—2005年 美国社会学家理查德·彼得森的研究指出,"摆架子"不再是中产阶级消费行为的一个决定性因素。

自2011年起 凡勃伦的炫耀性消费理论影响了关于非理性和消费行为的经济思想。

美国经济学家和社会学家托斯丹·凡勃伦的研究集中于经济与社会的关系,以及不同阶级群体是如何消费特殊商品和服务的。他吸收了一大批主要理论家的观点,包括马克思主义的创始人之一卡尔·马克思、英国社会学家赫伯特·斯宾塞以及英国自然学家查尔斯·达尔文。

凡勃伦对于资本主义社会以及它引起的消费类型的分析主要包含在他最有名的著作《有闲阶级论:关于制度的经济研究》一书中。

资本主义和阶级

凡勃伦认为,传统社会到现代社会的转型是由技术知识和工业生产方式的进步推动的。与马克思一样,凡勃伦指出,资本主义社会分化成两个相互竞争的社会阶级群体:由工人组成的勤劳阶级以及占有工厂和车间的有闲阶级,也称作

> **所有权的根本动机在于竞赛。**
> 托斯丹·凡勃伦

金钱或商业阶级(包括政治家、经理人、律师等)。勤劳阶级占人口的绝大多数,参与生产劳动,如手工艺和机器劳动。相反,有闲阶级在人数上要少得多,但他们却是拥有社会和经济特权的群体,寄生于勤劳阶级的劳动中。

在凡勃伦看来,这个压榨性的有闲阶级的成员并不生产任何对社会真正有益的东西。他们拥有的财富和特权来自驱动竞争和操纵工

资本主义社会分化为两个阶级。 → 勤劳阶级生产消费品,有闲阶级靠勤劳阶级创造的利润而繁荣。

↓

对奢侈品的炫耀性消费是有闲阶级成员取得名声的手段。 ← 有闲阶级成员通过购买非必要的奢侈品来展示他们的财富、权力和地位。

劳动与消费主义　　217

参见：卡尔·马克思 28~31页，查尔斯·怀特·米尔斯 46~49页，皮埃尔·布迪厄 76~79页，安东尼·吉登斯 148~149页，赫伯特·马尔库塞 182~187页，柯林·坎贝尔 234~235页，赫伯特·斯宾塞 334页。

人，而唯一的目标是增加他们的个人财富。更糟的是，通过对工业和社会整体蓄意的、不当的管理，有闲阶级持续地阻碍着社会进步。

社会认可

凡勃伦的"炫耀性消费"概念是他对经济学和社会学理论最著名的贡献。受达尔文主义——生命是一个不断争夺资源的过程，以取得物种进步（这里是指个体所属的人类社会群体）——的影响，凡勃伦认为，在资本主义社会中，大部分人类行为是由争夺社会认可、地位和权力所决定的。这在消费和休闲模式中表现得最明显。

炫耀性消费指的是消费或者把钱花在不必要的奢侈品上，以向社会其他成员显示自己拥有的经济和物质财富。

例如，现代商业大亨购买一艘昂贵的游艇用来招待朋友和客户。对这个大亨来说，重要的不是游艇的使用价值（它是否为一种高效的交通工具），而是其作为大亨所拥有财富的高度炫耀性标志，这能给这位大亨带来崇拜和尊敬。

休闲和浪费

与凡勃伦的"炫耀性消费"概念密切相关的是"炫耀性休闲"的概念：有闲阶级成员花费大量的时间追求经济和社会产出之外的活动。简言之，休闲意味着不工作。对于那些与经济需要（工作的需要）保持足够距离的特权阶级成员来说，非生产性的时间花费能够进一步提升他们的社会声望和阶级地位。在凡勃伦看来，去国外度假以及了解异国文化都是典型的炫耀性休闲。

炫耀性休闲和炫耀性消费不可避免的后果是产生浪费。凡勃伦声称，炫耀性浪费来自炫耀性消费和炫耀性休闲的混合。

这两种活动的最终结果是社会重要资源（生产消费品和服务所必需的原材料和人力）和时间的浪费。

"凡勃伦商品"的概念，或象征高社会地位的奢侈品，出现在20世纪70年代的经济学理论中。与通常的趋势相反，消费者对商品的需求随着其价格的上升而上升。

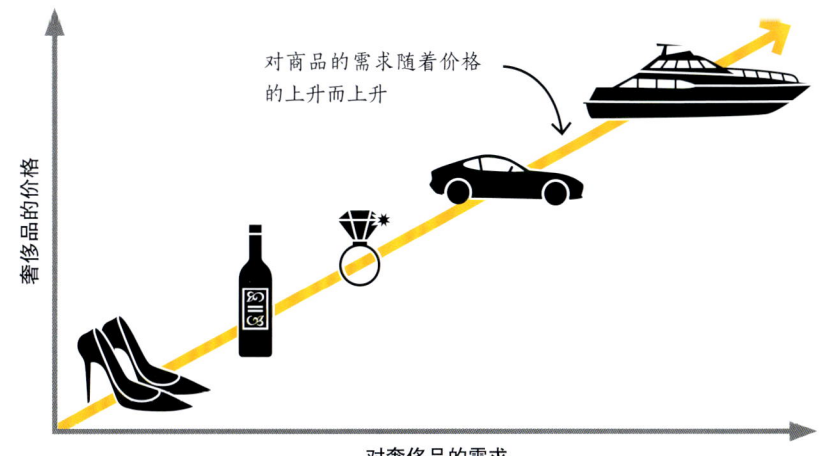

这种浪费文化的典型是奢侈品制造中石油和矿物质等资源的消耗，这反过来又会带来二氧化碳排

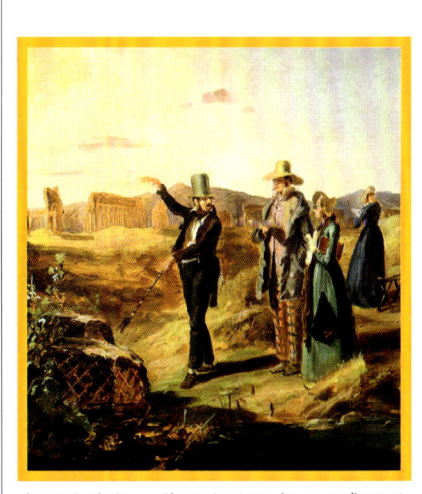

去国外旅行、学习外国语言以及掌握异国文化，这些是18世纪和19世纪欧洲有钱人的重要身份象征。

放量的增加以及各种气候变化。

凡勃伦的炫耀性消费和炫耀性休闲的概念有一定的"政治性"，因为它们之中包含一种他对于其称之为掠夺性和寄生性休闲阶级的行为和生活方式的强烈道德立场。

财富竞赛

除了有闲阶级生活方式必然带来的浪费，凡勃伦的"财富竞赛"概念抓住了它的另一个负面影响。这个概念指的是，来自下层阶级群体中的个体会自觉或不自觉地模仿有闲阶级成员的消费行为。这是在向他人显示自己属于社会中最具社会影响力和主导地位的群体。

财富竞赛起源于所有权思想：一旦个体即时的物质需要获得满足，他们购买消费品就变成一种社会阶级地位的象征，表明自己从属于某一社会群体的身份和生活方式。

在资本主义社会，社会阶级群体等级化分层，每一个阶级群体都被赋予一种特殊的社会地位。所有权、权力、地位和统治纠缠在一起，以至于地位之争主要表现在经济财富的展示和重视金钱方面。

凡勃伦宣称，人们总是在不停地把自己以及自己所拥有的与他人及他人所拥有的相比较。他认为，这一现象会带来许多真实的、负面的、意料之外的后果。

在凡勃伦看来，个体和整个群体受到来自"可憎的"、不公正的相互攀比的压力。资本主义变得越来越有竞争性，可憎的攀比过程也在激增。评价他人的主要方式是某些中产阶级社区中的"雷同"生活方式归因于试图模仿邻居们的消费方式以获得地位和声望的压力。

"从值钱和价值方面对他们进行评价和排序"。但是，除了产生更大的浪费，财富竞赛过程并不能保证社会尊重和声望的积聚。

这里，凡勃伦使用"暴发户"一词来描述那些进行炫耀性消费的人，如购买豪华小汽车或设计师品牌的衣服。这可能会遭到一些人——那些从上一代那里继承财富、地位的人或低调但品位高雅的人——的反对。这可能会导致暴发户与他们想要模仿的主流社会群体进一步疏远。购买炫耀性消费品可能会带来社会声望，但那些超出他们实际经济能力的消费并不能。

凡勃伦的遗产

凡勃伦关于消费的炫耀性质的思想影响了社会学分析的发展，同时也引起了各类反驳和争辩。

例如，法国理论家皮埃尔·布

> "现在，财富本质上是光荣的，并赋予其所有者荣誉。"
>
> 托斯丹·凡勃伦

劳动与消费主义 **219**

迪厄的研究深受凡勃伦关于财富竞赛和炫耀性消费理论的影响，但他修改了一些理论以使其适应自己的理论模型。布迪厄勾勒出个体和社会阶级群体是如何通过消费具有社会区分性的特定商品和服务，来实现持续的相互竞争和相互区分的。

然而，英国出生的社会学家柯林·坎贝尔认为凡勃伦的研究过于简单。他指出，凡勃伦没有注意到消费品的获得具有重要且积极的作用：通过购买的商品以及从事的活动，人们能够建构一种自我认同和价值。

最近，社会学家开始质疑，社会上独特的有闲阶级是否真的存在。例如，英国社会学家迈克·萨维奇力证，现代阶级关系的变动本性意味着现代世界中并不存在贵族有闲阶级。这也意味着，在萨维奇看来，不再有一个清楚界定的、品位气质和消费活动被其他所有群体模仿的社会群体。

美国社会学家理查德·彼得森将这一思想进一步发展，并发明了"文化杂食者"一词，用来指代一个新兴的社会群体。他们工作在新媒体产业和广告行业中，他们受过教育，属于中产阶级，通过消费一些既高雅又低俗的消费品来积累声望。

在彼得森看来，社会声望现在不再单单来自对于奢侈品的炫耀性消费，也来自非奢侈品的"会意的"和"讽刺的"消费，诸如复古服装、棒球帽、马丁靴等。

凡勃伦的《有闲阶级论：关于制度的经济研究》对消费者消费行为的各种有意或无意的社会后果以及资本主义社会中的消费模式进行了详细考察，尽管受到各种批判和修正，但这本书中的思想对经济学家、社会学家等仍有重要的参考价值。■

> 个人试图在财富地位上胜出，以赢得同伴的尊重和嫉妒。
> 托斯丹·凡勃伦

托斯丹·凡勃伦

托斯丹·凡勃伦出生在美国威斯康星州的一个挪威移民家庭。1880年，他在约翰·霍普金斯大学获得经济学学士学位；4年以后，他在耶鲁大学获得博士学位。

凡勃伦与学术机构格格不入。在19世纪末，许多大学与教会关系密切，而凡勃伦对于教会的怀疑主义以及他奇怪和据说乏味的教学风格，使他难以获得教职。结果，1884—1891年，他依靠家里的接济生活。

1892年，他以前的导师劳伦斯·劳克林来到芝加哥大学，并把凡勃伦带去当一名助教。凡勃伦在那里写作并出版了《有闲阶级论：关于制度的经济研究》。很快，他被芝加哥大学开除，随后又因臭名昭著的滥交行为而被斯坦福大学开除，这最终导致1911年他与妻子离婚。最后他搬到加利福尼亚，在抑郁的独居中度过余生。

主要作品

1899年《有闲阶级论：关于制度的经济研究》
1904年《营利企业论》
1914年《劳作本能和工业技艺的本能》

新教徒是应"天职"而主动去工作的，我们是被迫工作的

马克斯·韦伯（1864—1920）

背景介绍

聚焦
新教工作伦理

主要事件

1517年 德国神学家马丁·路德发布了他的《九十五条论纲》，催动了新教改革。

自19世纪40年代起 卡尔·马克思聚焦于经济，而不是宗教或文化，以解释资本主义的崛起。

1882年 德国哲学家弗里德里希·尼采表达了一种敌对基督教的世界观，他宣布"上帝已死"。

1920年 马克斯·韦伯出版《宗教社会学》，对宗教的社会学理论具有重要影响。

1987年 柯林·坎贝尔在其著作《浪漫伦理与现代消费主义精神》中，用韦伯的理论来解释欧洲和美国消费文化的兴起。

劳动与消费主义 **221**

参见：埃米尔•迪尔凯姆 34~37页，齐格蒙特•鲍曼 136~143页，杰弗里•亚历山大 204~209页，柯林•坎贝尔 234~235页，卡尔•马克思 254~259页，布莱恩•威尔逊 278~279页。

- 罗马天主教会的**腐败和脱离尘世**推动了改革呼声的出现。
- 改革主义者的"天职观"宣称宗教责任和努力工作是同一件事。
- 受宗教启发的"**工作伦理**"发展出一种由"社会有用性"所焕发的责任感。
- 对于经济积累的强调点燃了新教的"**资本主义精神**"。
- 随着世俗化的胜利，资本主义的宗教色彩慢慢淡出人们的视线。

作为社会学的创始人之一，马克斯•韦伯对于资本主义的兴起提出了一种与社会学其他两位创始人卡尔•马克思和埃米尔•迪尔凯姆完全不同的解释。在其最受赞誉的《新教伦理与资本主义精神》一书中，韦伯分析了宗教思想、信仰和价值观在现代资本主义兴起中的作用。

在韦伯看来，资本主义社会的标志性特征是其独特的"工作伦理"或他所谓的"资本主义精神"，这是现代经济以及追求财富和利润的驱动力。他宣称，这种"工作伦理"建立在理性主义、可计算性、自律和收益的价值观基础之上。

美国零售巨头沃尔玛的员工认为，沃尔玛的巨大利润应该重新分配给员工，以提高员工的工资水平。2014年，该公司因低工资水平而受到审查。

追求利润

韦伯对于文化因素的强调是为了回应马克思关于"资本主义的兴起是一个自然而然且不可避免的过程"的观点。韦伯反对人类历史由潜在的、不可阻挡的"法则"驱动，并决定社会发展的路径的观念。

韦伯指出，以超出本身价值的价格出售商品和服务并不是资本主义所特有的。从古至今，人们总是期望在相互买卖中获利。他认为，资本主义的独特之处在于，追求利润成为其终极目标。汇丰银行就是当代的一个例子，它在2013年的税前利润为226亿美元。如果这一利润分配给公司所有的员工，那么他们将不用再工作，还能衣食无忧。相反，如汇丰之类的公司将这些利润重新投资在公司中，以提高

效率，追求更大的利润。韦伯想知道，这种资本主义核心的完美"工作伦理"——对于利润的不懈追求，或者为财富而财富——到底是从何而来的？

韦伯深信，要回答这个问题，我们不能从社会团结或技术的变迁入手，而应回到人类社会的一个最古老特征——宗教上。他回溯到16世纪欧洲的宗教发展时期，那时新教作为对罗马天主教会日益腐败和堕落的一种回应而出现。新教为上帝和子民的关系以及主宰他们的伦理提供了一种与众不同的视角。

新教的"天职"

韦伯特别界定了"呼唤"对于新教伦理系统的重要性，即上帝召唤子民在世界中承担的使命。鉴于罗马天主教会主张从世俗世界（如日常生活和工作）中抽离出来，新教则要求信徒完成他们现世的职责和义务。

在指出这两种宗教理想的差异之后，韦伯认为，德国神学家马丁·路德及其神学思想对新教的发展具有重要影响力。路德第一个指出了完成世俗生活责任同样是敬畏上帝的表现。他宣称，"天职"的核心是相信努力工作和宗教责任是同一件事情。

路德的思想在随后的二十多年里盛行，并被具有争议的、最具影响力的宗教改革家约翰·加尔文进一步发展。然而，加尔文提出了另外一种明显不一致甚至对立的论题体系：如果上帝是无所不知、无所不晓的，那么我们个体的命运就是已经预定的，因为上帝创造了世界和世界中的人。

加尔文的概念被称为"上帝的选民"。因为上帝已经知道我们命定的生活，他也知道哪些灵魂能得救，哪些灵魂会下地狱。然而，新教徒的问题在于，他们没有办法预知自己属于哪一类——被拯救还是被诅咒。在韦伯看来，这种未知带来的"救赎焦虑"，导致了新教徒的心理恐惧。为了解决他们的不安，新教徒必须说服他们自己和其他人，一定存在某些明显迹象，能够揭示谁会在既定的命运中获得拯救。

加尔文教堂美学强调简单：与天主教的宏伟和浮夸风格相反，新教强调苦行和节俭。

社会有用性

新教徒认为，他们是否被拯救的一个明显辨别方式是获得成功，特别是在经济方面。他们相信，达成这一目标的关键是一种特殊的"工作伦理"——强调在经济活动中对于节俭、自我监督和自律的绝对需要。韦伯将其称为"资本主义精神"。

现代性和犹太人大屠杀

对于韦伯来说，定义新教"工作伦理"的那些可计算性、合理性及自律价值的传播，对于现代性的发展来说也极为重要。

德裔波兰社会学家齐格蒙特·鲍曼力争，这种伦理的价值基础也可以用来解释纳粹大屠杀是如何发生的。与传统观点将大屠杀看作非理性的胜利以及一种向原始的、前现代思维行动方式的倒退不同，鲍曼将其看作一种高度理性化的事件。现代性的理性不仅使大屠杀成为可能，也是它发生的一个必要条件，因为这种灭绝是官僚化的、有组织的。鲍曼指出，大屠杀罪犯所展现的高度理性和自律与整个新教欧洲所表现出的宗教文化和价值密不可分。

这一精神的进一步表现是：在经济活动领域趋向日益增加的合理化、控制以及可计算性。实现经济繁荣就是向自己和他人展示"天职"的观念：个体在行动中越努力工作、苦行和克己自律，他就会收获越多的经济回报；他积累的财富越多，就越被看作他们宗教纯洁和获得救赎的证据。

新教伦理的反面是逃避工作——犯懒散和怠惰的罪行，以及没能实现经济繁荣。

世俗化

随着工业革命以来正式宗教（世俗化）的稳步衰退，支撑"资本主义精神"的新教伦理也已经被削弱。当韦伯指出早期新教徒是"应召唤而主动去工作"的，但今天"我们是被迫工作的"时，他的意思是，尽管资本主义赖以建立的那些努力工作、自我控制和自律的价值还存在，并且被社会所认可，但它们的宗教根基似乎已经消失不见。

为了确定新教改革，特别是约翰·加尔文教义中"工作伦理"与"资本主义精神"之间的亲和性，韦伯注意到了一个巨大的历史性讽刺。新教改革意图从罗马天主教会的腐败影响中挽回上帝的旨意。近500年之后，正式宗教明显衰落。一项试图挽回上帝的努力带来了资本主义繁荣所必需的"工作伦理"。随着资本主义的发展，正式宗教对于我们行为的影响力已大大减弱。

韦伯关于新教伦理的理论在其德文第一版出版一百多年后，仍在当代社会学家和历史学家中引起热议。例如，意大利社会学家卢西业诺·波利加尼力争，"资本主义精神"的产生要比韦伯所提出的早得多，它在中世纪就已经出现了。

不同于韦伯，英国历史学家盖·奥克斯指出这一事实：中世纪的资本主义是由贪婪而非加尔文主义所提倡的那种冷静而世俗的责任感所驱动的。不管怎样，工业资本主义最先在诸如荷兰、英国和德国等欧洲新教国家得到巩固这一事实，证明了韦伯所看到的在新教和资本主义发展所必需的进取精神之间的联系。在《浪漫伦理与现代消费主义精神》一书中，柯林·坎贝尔使用韦伯的理论来解释欧洲和美国消费文化的兴起。韦伯思想的延伸证明，对于资本主义兴起的宗教性解释仍对社会学思想具有重要影响力。

> 履行世俗的责任是获得上帝认可的唯一方式。
>
> 马克斯·韦伯

新教世界观主张，世俗的责任显示了对上帝的敬畏。物质上的成功被看作上帝的认可——一种对于努力、节俭、节制以及其他"正确"生活方式的嘉奖。

世俗责任：努力工作 克己 自律

敬畏"天职"，你会获得嘉奖。

技术，如同艺术，是人类想象力的翱翔

丹尼尔·贝尔（1919—2011）

背景介绍

聚焦
后工业主义

主要事件

19世纪50—80年代 卡尔·马克思认为，资产阶级或资本家阶级的社会权力来自对工业机器的所有权。

1904—1905年 在《新教伦理与资本主义精神》中，马克斯·韦伯指出了现代文化中日益增长的理性方面。

20世纪70年代 杰出的美国社会学家塔尔科特·帕森斯为现代工业社会的价值和进步而辩护。

1970—1972年 丹尼尔·贝尔预言了互联网的崛起以及家用电脑的重要性。

自20世纪90年代起 后工业主义的概念对全球化理论专家乌尔里希·贝克和曼纽尔·卡斯特产生了影响。

后工业社会以科学和理论知识的激增为特征。

↓ ↓ ↓

- 科学进步带来**技术进步**和服务业的崛起。
- 大学和以工业为基础的研究是**创新和社会变迁**的主要动力。
- "**技术官僚**"因他们的技术能力和专业知识而掌握权力。

↓

技术进步将社会推向富于想象的和不可预测的**新方向**。

20世纪60年代和70年代，社会经济基础的深刻变革席卷了西欧国家和美国。在颇具影响力的《后工业社会的来临：对社会预测的一项探索》一书中，记者和社会学家丹尼尔·贝尔提出"后工业主义"概念，用于指代这些变迁。贝尔曾在纽约和芝加哥居住，对于这些迅速发展的城市有第一手经验。

贝尔同意卡尔·马克思的观点，认为资产阶级占有生产资料——工厂和机器生产商品，是工业社会中最具权势的社会群体。然而，在贝尔的后工业社会中，最具价值的社会"资源"是科学和理论知识，谁掌握了它，谁就掌握了权力。

劳动与消费主义 | **225**

参见：卡尔·马克思 28~31页，曼纽尔·卡斯特 152~155页，乌尔里希·贝克 156~161页，马克斯·韦伯 220~223页。

他也指出，随着科学发展和技术进步相互渗透，科技正推动人类社会走向未来，社会正以一种前所未有的速度改变着。因此，他认为，后工业时代是一个科学技术进步如人类想象力一样不可预测和无边无界的历史阶段。

后工业社会

在贝尔看来，后工业社会与工业社会的区别表现在三个相互关联的方面：第一，理论知识的增长和进步超越消费商品的生产；第二，随着大学和工业主导型创新形成互相渗透且越来越紧密的关系，科学和技术进步也越来越相互交织；第三，随着大部分人进入和依赖日益增长的服务业，非熟练和半熟练工人的数量在下降。贝尔所称的服务业，是那些致力于管理以及指导信息和知识运用的人类活动领域。

现代城市不再由制造业所必需的工厂所主宰。在后工业时代，未来派建筑拥有繁荣的空间。

根据贝尔的观点，后工业社会的另一个关键特征是"技术官僚"或那些通过技术知识以及有逻辑地解决问题而施展权威的人的权力的上升。"技术官僚"的社会权力是由他们在预测和指导新科学思想方面的能力决定的。

贝尔相信，技术鼓励想象力和实验——如此一来，他开启了一种思考世界的新方式。他指出，在希腊语中，"techne"的意思是"艺术"。对他而言，艺术和技术不应当被看作不同的领域。他认为，技术是"一种连接文化和社会结构的艺术形式，并在这一过程中重塑二者"。■

丹尼尔·贝尔

丹尼尔·贝尔于1919年出生在美国纽约，是颇具影响力的社会思想家、作家和社会学家。他的父母是来自东欧的犹太移民。当贝尔只有几个月大时，他的父亲就去世了；少年时期，他的姓氏由博洛茨基改为贝尔。

1938年，贝尔从纽约城市学院获得学士学位。他以政治记者的身份工作超过20年。作为《新领袖》杂志的主编和《幸福》杂志的编辑，他的写作涉猎各种社会议题。1959年，为了表彰他对政治新闻学的贡献，他被聘为哥伦比亚大学社会学教授；随后他又被该校授予博士学位。1969—1990年，他在哈佛大学担任社会学教授。

主要作品

1969年　《意识形态的终结》
1973年　《后工业社会的来临：对社会预测的一项探索》
1976年　《资本主义文化矛盾》

机器越精密，工人所需技能就越少

哈里·布雷弗曼（1920—1976）

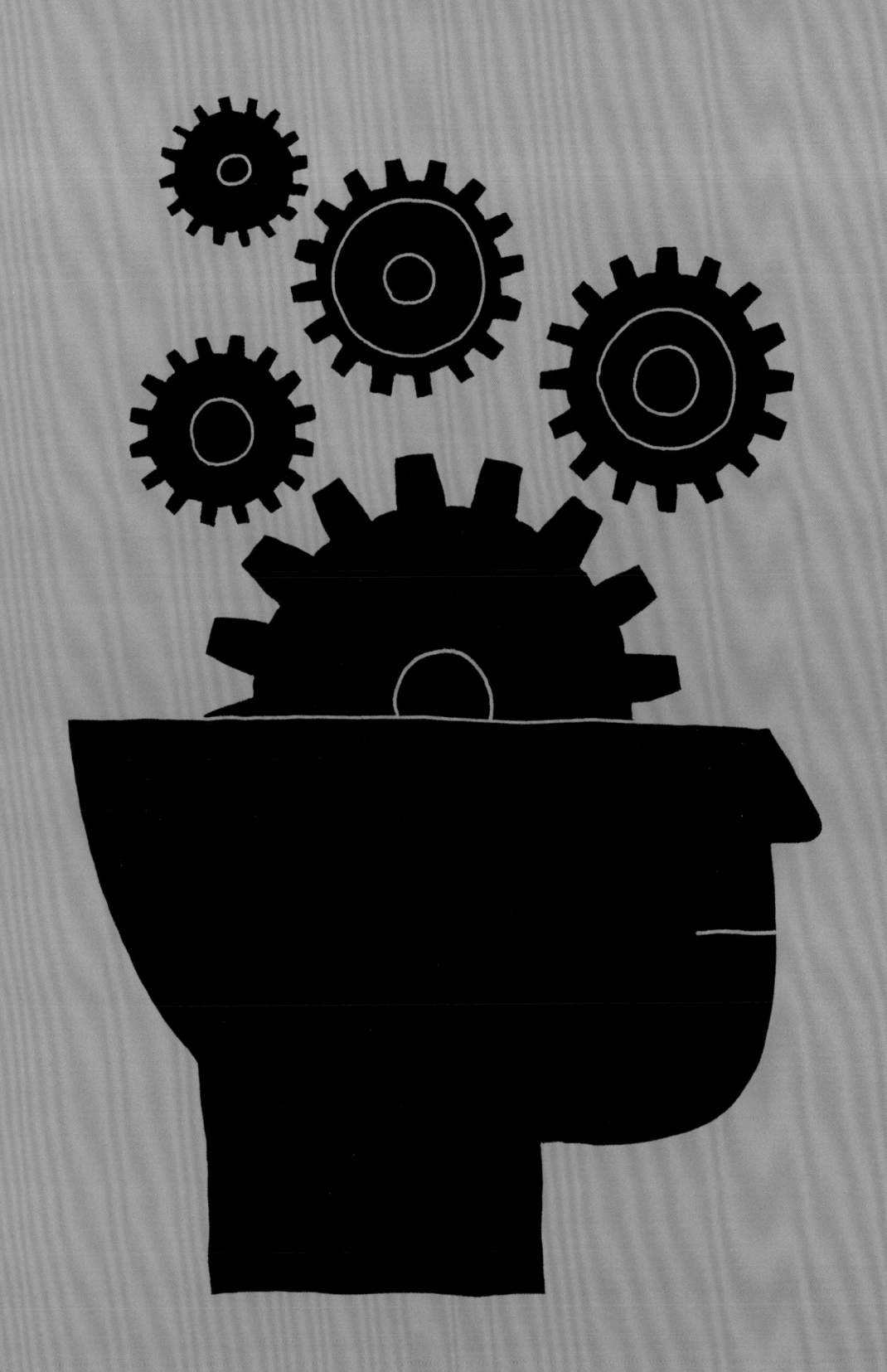

背景介绍

聚焦
去技艺化

主要事件

1911年 美国机械工程师弗雷德里克·泰勒出版了《科学管理原理》一书。

20世纪50年代 卡尔·马克思关于异化的理论被译成英文，推动他的著作重回英语社会学界。

1958年 美国思想家詹姆斯·R.布莱特出版了《自动化与管理》一书，警告自动化与去技艺化之间的联系。

20世纪60年代 机械化带来美国非熟练和半熟练工人中的大规模异化。

20世纪70年代 名为《在美国工作》的美国政府报告总结道，相当多的工人对他们的工作不满意。

1979年 美国社会学家麦克·布洛维在其著作中强烈支持布雷弗曼的观点。

20世纪50年代，美国经济经历了快速**工业化**。

↓

劳动力的科学分工强调**理性化**、**可计算性**和**可控制性**。

↓

工厂和办公室的熟练工人被日益增加的**自动化**和**管理控制**所异化。

↓

增加培训、技能和教育的主张被证明是错误的，因为工人整体技能水平明显下降。

↓

机器越精密，工人所需技能就越少。

20世纪50年代以来，卡尔·马克思的"异化"概念一直是北美和欧洲社会学家用来理解雇佣现代化及其对劳动力的影响的主流分析工具。

卡尔·马克思和马克斯·韦伯都预测，伴随工业技术的崛起而来的将是对更高生产效率的追求，以及劳动力合理化之下的分工细化和专门化的加剧。

哈里·布雷弗曼明确承认自己是沿着这一思想传统进行研究的。他于1974年在其经典著作《劳动与垄断资本：20世纪中劳动的退化》中，系统地探究了工业劳动的性质以及垄断资本主义之下工人阶级的构成变化。

布雷弗曼的分析依据"去技艺化"的概念，即工业技术和机器生产的进步带来工人阶级和技工中熟练工人的异化和解构。他相信，工作的去技艺化和工业工人的退化是

参见： 卡尔·马克思 28~31页，马克斯·韦伯 38~45页，乔治·瑞泽尔 120~123页，曼纽尔·卡斯特 152~155页，埃里希·弗罗姆 188页，丹尼尔·贝尔 224~225页，罗伯特·布劳纳 232~233页。

> 工业程序和组织已经掠夺了工人的技能及其财产。
>
> 哈里·布雷弗曼

一个自第二次世界大战以来就开始的不断推进的过程。他不仅聚焦于工厂工人，还讨论办公室职员，尽管并非那么详细。

熟练劳动力的神话

布雷弗曼反驳那种"工厂作业的工业化会赋权于工人"的思想，发现它存在严重不足。基于他自己的工厂作业经历，布雷弗曼挑战了关于工人的官方统计和政府分类，展示了美国工人阶级中渐进的和持续的去技艺化。

他指出，工厂中技术的提升需要工人技术熟练度和受教育水平的提升，这种观点是错误的。"培训""技能"和"学习"这类术语是模糊的，可以有不同的解读；而操作工厂和办公室里的机器所需的训练往往只需要几分钟，或者至多几个星期。

工人能操作机器，并不意味着他们的技能也显著提高了。熟悉机器并知道如何操控它（例如，学习如何使用复印机）并不意味着一个工人就能因此而被归为熟练工人类型。

另外，布雷弗曼发现，虽然工人总体受教育水平已经提升，但这通常会对有偿雇佣劳动中的个人带来不良的且意外的后果。

在做调查和访谈的过程中他经常发现，好的教育经历往往使工人在工厂和办公室中更沮丧且更没有成就感，因为个人可以利用和运用他们在学校学得的知识的机会少之又少。教育成就越大，就越可能导致一种更强烈的异化感。

渐进的技术侵蚀

布雷弗曼指出，在工业革命以前，物质产品由熟练和半熟练工人生产。技术进步使工业生产规模达到一种前所未有的水平。机器能够完成许多以前由熟练工人手工完成的任务，这意味着某些技能不再需要，而取代它们的是一些新能力和专门知识。

以此类推，布雷弗曼指出，自动化在取消某些技能需要的同时，还创造了一种对不同的新技能的需要。单单是技术进步并不必然导致工人技术水平的下降。异化也不会是它的一个直接后果。

布雷弗曼并不是在缅怀过去，要求重回手工工人的前工业模式，相反，他承认自动化可以是一种积极的发展。他指出，当工作场所的自动化伴随着生产的社会关系（整个劳动过程的组织、管理和操纵的方式）剧烈变迁的时候，后果才会变得完全负面。他一方面强调区分科学和技术进步以及它们是如何在工厂中被实施的，另一方面强调这给生产的社会关系所带来的变化——寻求更高效的劳动力组织和分配方式。

正如机器的发明是为了以一种最高效的方式完成工作一样，劳动力的结构化也是为了提高生产率和利润。布雷弗曼的目标是，证明熟练工人的具体知识和技术能力已经被削弱和遗忘。

布雷弗曼的工作退化指的是需要工人进行概念化和执行任务的工作数量的减少。他指出，劳动力已

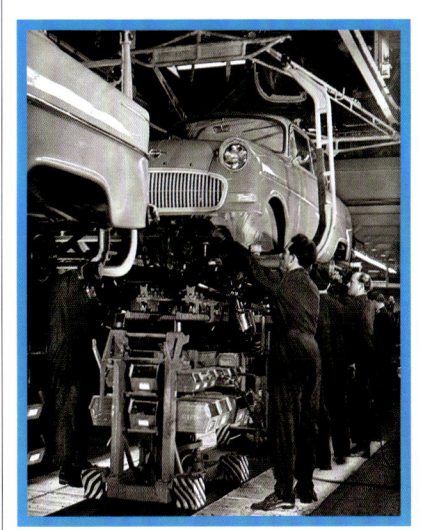

20世纪50年代位于西德的欧宝生产线。劳动力的细分是为了提高效率，但布雷弗曼声称，这一过程使工人去技艺化，从而使其退化。

经被重构成一个工作中需要较少概念化的庞大工人群体和一个为数不多的管理者群体。

管理的崛起

美国工程师、工业主义者弗雷德里克·泰勒提出了一种科学管理和工作流程的理论。受他的影响，布雷弗曼指出，三种全新而显著的发展加速并突出了劳动力的去技艺化。

第一，整个劳动过程的知识和信息牢牢掌握在管理层而非工人的手中。第二，作为第一种发展的直接后果，在整个劳动力分工中，工人是在"须知"的基础上履行指定的任务。对于他们所从事工作的影响，以及这些工作在整个劳动过程中的角色，工人一无所知。第三，管理层拥有整个劳动过程的知识，能够精确地掌握每个工人的工作。认真监控和管理生产力水平意味着，当生产力出现下降或者当工人表现不佳的时候，管理层能够随时干预。

布雷弗曼指出，以强调效率、可计算性以及生产率的方式来组织工作所带来的终极负面后果是，从"执行"中区分出"构思"。援引一个生物学的比喻，工人就好比是手，他的每一步都受到遥远的大脑的控制、监督和更正。

资本主义的冰冷逻辑

工人所拥有的技能范围随着时间的推移在不断缩减，相应地，他们的价值也在减少。工人可以被支付较少工资，因为他们从事的工作正日益琐碎化且不需要特别技能。被剥去了专业技能之后，工人变得更加可有可无，关键是，可替代性增强了。

对于布雷弗曼而言，资本主义体系的残酷无情不可避免地将他的分析与社会阶级概念联系在一起。劳动力中技能的解构能够确保整个人口阶层无法在社会等级中向上攀爬。

布雷弗曼的研究主要集中于工业工厂劳动，但他也关注办公室职员的去技艺化。他注意到，对行政工作中日常活动的控制——包括记账、定计划以及由此衍生的其他责任——已经被降解为无尽的文档打印、复印及其他枯燥事务。他还观察到，英国和美国的办公室职员几乎都是女性，她们的工资较低，这反过来降低了成本，同时使利益最大化。

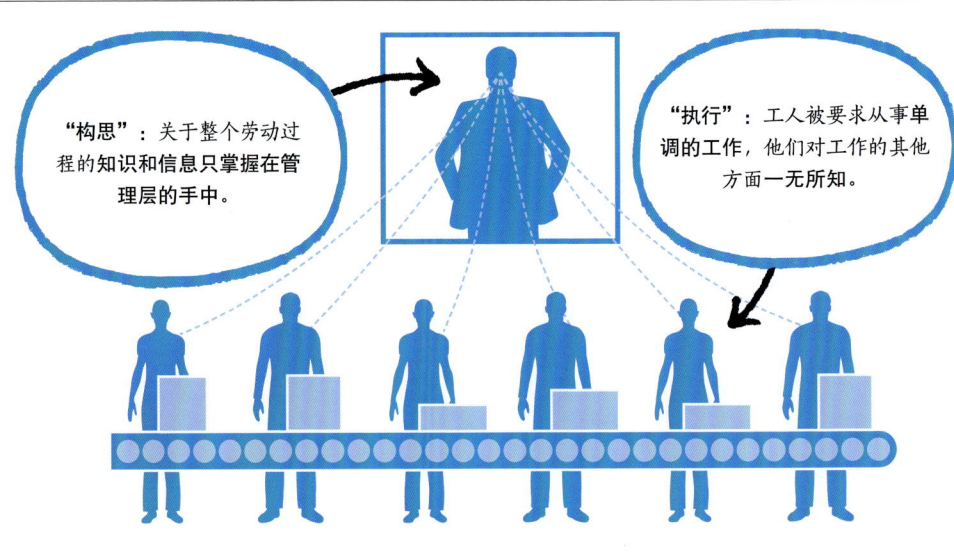

> "工人的异化在管理层看来只是成本和控制的问题。"
> —— 哈里·布雷弗曼

在布雷弗曼的比喻中，管理者是大脑，而工人是工作场所内全景管理中的手。劳动力的组织若基于效率、生产力和利润的最大化，那么对工人来说就存在一种负面结果。布雷弗曼将这归咎于管理的崛起，它如今观察、监控、控制以及调节工作场所中的每一个行为。去技艺化这一后果最先出现在工厂中，如今，甚至零售折扣店也受到来自遥远的、集中化的总办公室的监督。

"构思"：关于整个劳动过程的知识和信息只掌握在管理层的手中。

"执行"：工人被要求从事单调的工作，他们对工作的其他方面一无所知。

劳动与消费主义　231

上图为1912年一家邮购公司的女性打字员。到20世纪初，书记员的职业已经让位于大规模的、有效组织的以及科学管理的办公室。

专门技术的消减

《劳动与垄断资本：20世纪中劳动的退化》被看作对社会学的一项经典贡献，这是布雷弗曼写过的唯一一本学术著作。该书在将马克思主义思想运用到对工业劳动的经验研究上影响非常深远。

布雷弗曼从未获得过大学教职，可能也正是由于这一特殊原因，他在不用担心被审查的情况下，能够对工业资本主义的不公正现象及其对大多数劳动力的影响写出如此深刻而尖锐的批评。

尽管布雷弗曼不是第一个或唯一一个界定和谴责自动化和去技艺化之间关系的思想家，但他的研究对复兴不同学科领域中的劳动分析至关重要，包括历史学、经济学以及政治学。

《劳动与垄断资本：20世纪中劳动的退化》出版以来，布雷弗曼的思想持续在劳动社会学家中引起争论。美国社会学家麦克·布洛维在其1979年的著作中强烈支持布雷弗曼的观点。此外，美国社会学家麦克·库利及其关于计算机辅助设计的研究也支持布雷弗曼的观点。

虽然布雷弗曼展示的论断已经招来某些批评（例如，罗伯特·布劳纳的研究），但他的核心思想经受住了考验，并在来自西班牙的极具影响力的全球化和网络社会学家曼纽尔·卡斯特的推动下进一步发展。■

哈里·布雷弗曼

哈里·布雷弗曼于1920年出生在美国纽约一个波兰犹太流亡家庭。他进入大学学习1年后便因经济困难而退学。随后，他在布鲁克林当铜匠学徒，在那里深刻地洞察到科学技术对于工人阶级"去技艺化"的影响。

受这段经历的深刻影响，布雷弗曼加入社会主义工人党（SWP），并大量阅读马克思以及那一时期其他社会主义思想家的作品。1953年，他被社会主义工人党开除，接着成立社会主义者联盟，并担任《美国社会主义者》杂志编辑。1963年，布雷弗曼终于从社会研究新学院获得学士学位。

主要作品

1974年　《劳动与垄断资本：20世纪中劳动的退化》

> 马克思主义敌视的不是科学和技术，而是它们如何被用作统治的武器。
>
> 哈里·布雷弗曼

自动化增加了工人对劳动过程的控制

罗伯特·布劳纳（1929—2016）

背景介绍

聚焦
异化

主要事件

1844年 卡尔·马克思在《1844年经济学哲学手稿》中提出了同世界疏远或异化的概念。

1950—1960年 美国经济的日益工业化带来了社会中显著的职业重构。

1960年 "法兰克福学派"的新马克思主义理论家将"异化"概念引入美国社会学。

1964年 罗伯特·布劳纳的研究将美国、法国和英国社会学家的关注焦点重新引向异化和自动化。

2000年至今 诸如苹果和微软之类的商业组织通过自动化的劳动过程赋权于工人。

在自动化劳动过程中，不同产业中的工人经历着不同程度的异化……

……那些缺少技术知识和对技术控制力的人异化程度高。

……那些拥有专门技术知识的人异化程度低。

自动化增加了工人对劳动过程的控制，减少了异化。

在卡尔·马克思看来，当工人与他们的劳动相分离或缺少对劳动的控制时，异化就会产生。在那本关于工业社会的重要著作《异化和自由：工厂工人与其劳作》中，美国社会学家罗伯特·布劳纳在很大程度上借用了马克思的"异化"概念，考察在工作场所中技术的有效运用对于显著减少异化的可能性。

布劳纳指出，异化是理解工业革命期间及之后自动化带给工人的负面影响的关键。他的研究批判性地评估了马克思关于"劳动中增长

参见: 卡尔·马克思 28~31页, 埃里希·弗罗姆 188页, 丹尼尔·贝尔 224~225页, 哈里·布雷弗曼 226~231页, 阿利·霍克希尔德 236~243页, 麦克·布洛维 244~245页。

的自动化必然带来工人的异化"的观点。相反,布劳纳认为,事实上自动化能够促进、赋权以及解放工人。

利用大量资料（包括统计数据、与工人的访谈以及态度调查）,布劳纳考察了四种类型的工业：工艺印刷、汽车装配线、纺织机器维护、化学加工业。异化水平的衡量基于四个标准：工作控制、社会隔离、自我异化感以及工作的意义。

技术和异化

布劳纳将他的结论描述为与"倒U形曲线"相一致。根据他的研究,异化尤其在印刷工人中非常低。他指出,机器的使用对这些工人来说是赋权,因为它给他们带来了更大的控制力和自主性。对于化学加工业的工人也是如此,他认为,工人被赋权,是因为他们拥有

> **"**
> 当工人不能够控制他们的劳动过程时,异化就产生了。
> — 罗伯特·布劳纳
> **"**

汽车装配线中的自动化技术,应该以一种能够促使产业工人重获对其环境控制感的方式进行组织和配置。

相关专业技术知识,这反过来说明,通过增强对自己工作经历和工作环境的控制,他们能获得意义和满足。

相反,汽车生产和纺织厂中使用的自动化技术导致了程度相对较高的异化。这些发现似乎跟布劳纳所宣称的"自动化的增长减少异化"相矛盾。然而,他对此解释说,不是技术本身带来了工人的异化,异化产生于对技术的使用方式缺乏控制,对劳动的组织以及工人和管理层之间的关系性质缺乏控制。

布劳纳总结道,在适当的组织条件下,自动化能增加工人对于其劳动过程的控制,并能相应地消除其异化感。

布劳纳的研究对劳动社会学影响巨大,并在20世纪七八十年代被来自美国、英国及法国的社会学家不断地研究和验证。另外,布劳纳

罗伯特·布劳纳

罗伯特·布劳纳是美国加利福尼亚大学伯克利分校社会学荣休教授。他于1948年在芝加哥大学获得学士学位。

布劳纳是一名坚定的社会主义者,本科毕业之后,他在工厂工作了5年,致力于发起一场工人阶级革命。这些努力失败之后,他来到伯克利继续攻读硕士学位,并于1962年获得博士学位。他的博士论文于1964年出版,题为《异化和自由：工厂工人与其劳作》,为他的声望奠定了基础。除了对异化和劳动研究的贡献,布劳纳对美国的种族关系也有深刻的分析。他于2016年去世。

主要作品

1964年 《异化和自由：工厂工人与其劳作》
1972年 《美国的种族压迫》
1989年 《黑人生活,白人生活：美国种族关系三十年》

研究中的政治色彩意味着,关于异化劳动环境的研究深深影响着商业运作的方向和政策。例如,全球科技公司苹果以其对员工的人力资本投入而著称,它倡导培训,运用苹果的技术来提升员工的工作体验以及他们的个人生活水平。■

浪漫伦理促进了消费主义精神

柯林·坎贝尔（1940— ）

背景介绍

聚焦
浪漫伦理

主要事件

1780—1850年 欧洲浪漫主义运动是对启蒙时代过度的理性主义和抽象理想的回应。

1899年 美国社会和经济思想家托斯丹·凡勃伦在《有闲阶级论：关于制度的经济研究》中指出，消费是由为获得社会地位而相互竞赛的群体驱动的。

1904—1905年 马克斯·韦伯研究了"工作伦理"与资本主义兴起之间的关联。

当今 美国社会学家丹尼尔·贝尔和意大利社会学家罗伯塔·萨萨泰利等学者在其关于消费的研究中很大程度上借用了柯林·坎贝尔的思想。

为什么西欧和美国能发展出一种消费文化？约克大学荣休教授、英国社会学家柯林·坎贝尔在他的著作《浪漫伦理与现代消费主义精神》中讨论了这一问题，以期这本著作能作为马克斯·韦伯具有类似命名且影响巨大的《新教伦理与资本主义精神》一书的续篇。

韦伯宣称，现代资本主义社会的核心内涵，即自律和勤奋工作的价值观，是以16世纪和17世纪的新教"工作伦理"为基础的。受韦伯

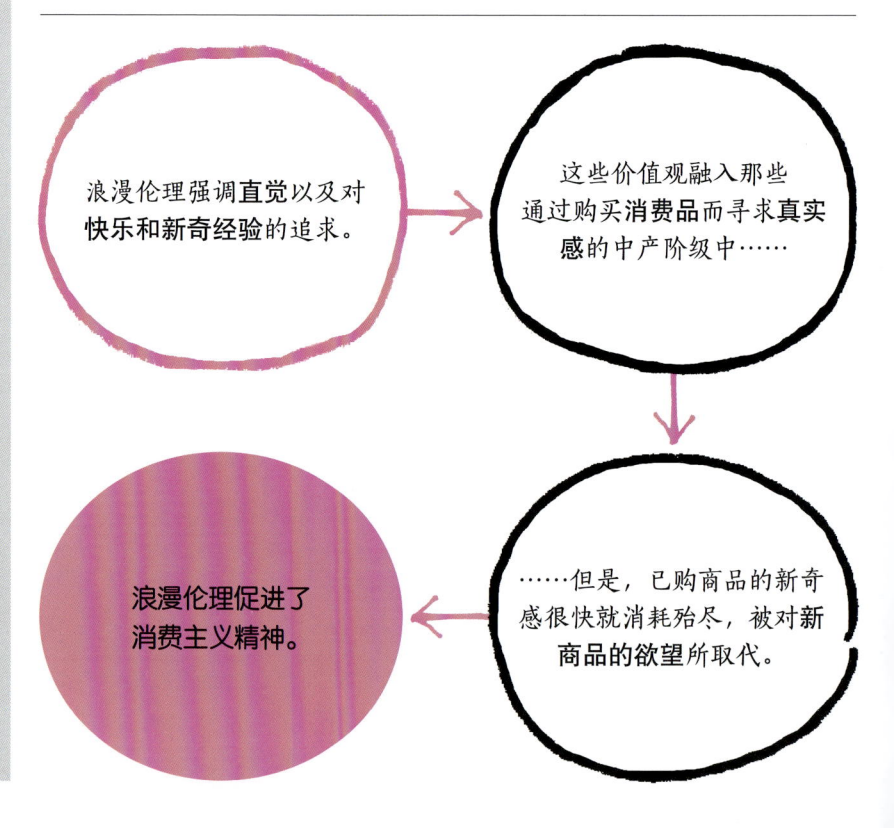

浪漫伦理强调**直觉**以及对**快乐和新奇经验**的追求。

这些价值观融入那些通过购买**消费品**而寻求**真实感**的中产阶级中……

……但是，已购商品的新奇感很快就消耗殆尽，被对**新商品的欲望**所取代。

浪漫伦理促进了消费主义精神。

劳动与消费主义

参见： 卡尔·马克思 28~31页，马克斯·韦伯 38~45页，赫伯特·马尔库塞 182~187页，让·鲍德里亚 196~199页，托斯丹·凡勃伦 214~219页，丹尼尔·贝尔 224~225页。

品牌商品刺激了人们购买和拥有的欲望，以及一种对远离世俗的存在现实的渴望。但欲望，就其本质而言，是贪得无厌的。

思想的影响，坎贝尔提出了自己的理论：驱动消费文化的情感和享乐欲望深深地植根于19世纪浪漫主义理想中，这种浪漫主义紧随启蒙运动和工业革命而来。

欲望、幻象和现实

启蒙运动认为个人应该是理性的、勤奋工作的以及自律的。然而，浪漫派将这看作对人性本质的一种否定。他们强调直觉高于理性，相信个人应该自由地去追求享乐的快感，以及新奇而激动人心的感觉。

坎贝尔指出，浪漫伦理被灌输到迅速成长的中产阶级中（特别是女性中），并由他们推动。在消费文化中，这一伦理被表述成一个自我持续的循环：个体将他们对于快感和新奇的渴求投射到消费品上；他们购买和使用这些物品；随着新鲜感和最初兴奋感的消退，这些物品的吸引力也很快消失；接着，他们将对兴奋、满足和新奇的欲望投射到新的消费品上，并再次获得刺激。因此，从消费到短暂的满足再到最终幻灭的循环不断重复着。

资本主义的引擎

坎贝尔所描述的这个循环对消费者来说是一种起起伏伏。消费者的欲望是资本主义的引擎，因为它刺激个人在新商品的无尽浪潮中找寻触不可及但令人激动的经历。这一过程对那种基于消费的经济影响巨大，因为消费者总是在不断地追求最新的商品。

坎贝尔的"浪漫伦理"概念对社会学和人类学影响巨大。他的研究不仅驱散了那种将人类看作因生存需要而获取物品的过于简单的观点，还试图阐明消费社会中的积极面向。

在坎贝尔看来，不应该将消费主义看作一种本质上的坏东西。相反，追求我们内心最深的渴望，把它投射到消费品上，构成了现代社会中自我实现的基础。

坎贝尔对那种消费主义经济还原论和讽刺看法的高度原创性的、有力的更正，为当代思想家提供了丰富的养分，使他们能够对现代消费社会提出更积极的、更有远见的评价。■

欺瞒大众的消费主义

坎贝尔将浪漫伦理看作现代消费主义之关键的观点的独特之处在于，它包含了长期的历史进程。他的思想与十多年前极具影响力的法国后结构主义和后现代思想家（如罗兰·巴特和让·鲍德里亚）的观点有很大不同。

与坎贝尔不同，对于他们来说，应该不惜一切代价地抵制消费文化的胜利。巴特对于符号语言学的研究指出，广告业在遮蔽消费者，使他们看不到自己真正的需求和欲望方面扮演了重要角色；而在鲍德里亚看来，媒体造就了庞大的消费者群体，掩盖了现代资本主义社会的空虚性质。

对人进行加工，
产品是一种
精神状态

阿利·霍克希尔德（1940—　）

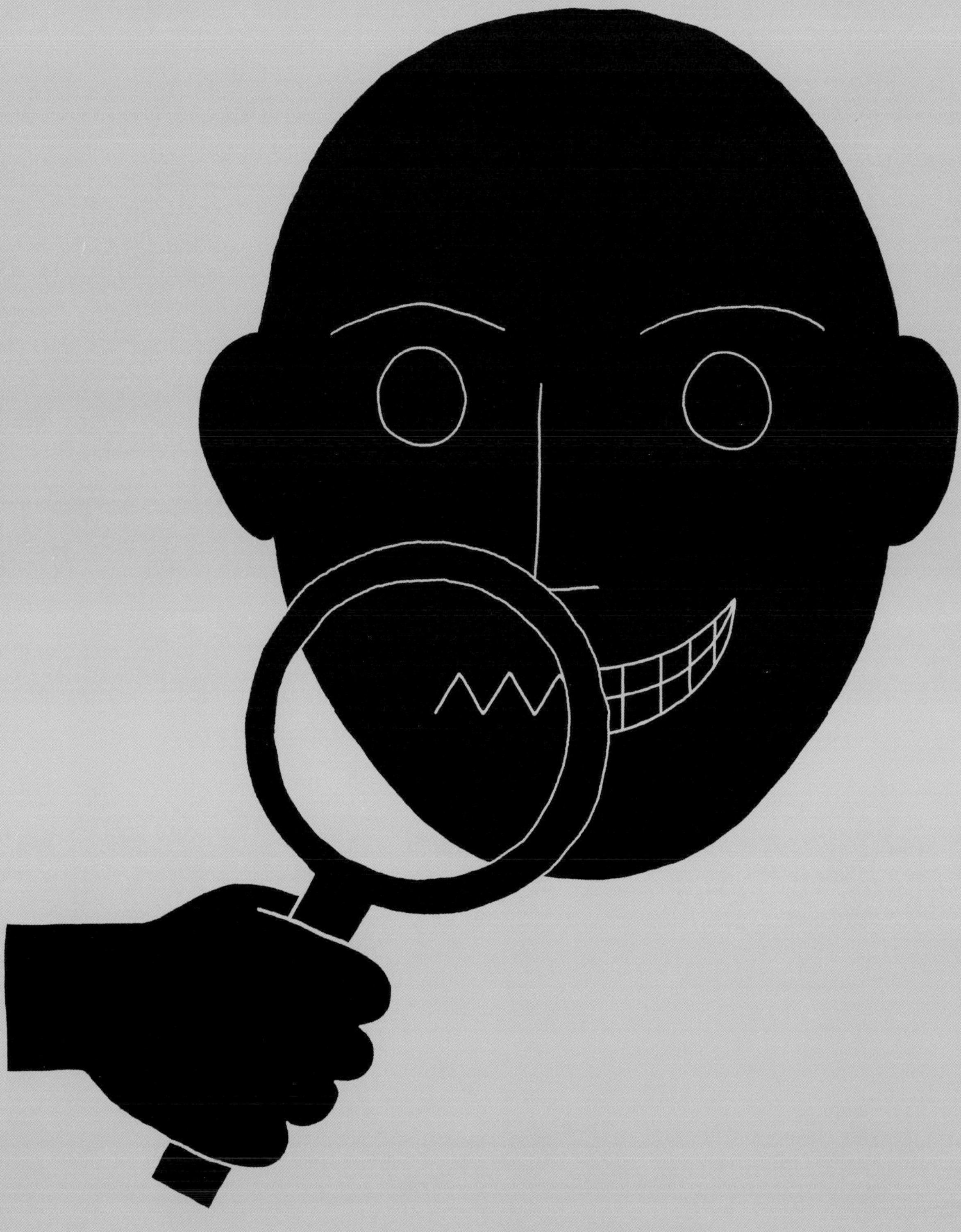

背景介绍

聚焦
情感劳动

主要事件

1867年 卡尔·马克思完成了《资本论》第一卷，它启发了霍克希尔德的"情感劳动"概念。

1959年 加拿大社会学家欧文·戈夫曼出版了《日常生活中的自我呈现》。

20世纪60年代 欧洲和北美迅速发展的服务业开始出现性别化，偏重于女性劳动力。

20世纪70年代 女性主义思想家开始将其注意力转向资本主义给女性带来的负面影响。

2011年 社会学家安·布鲁克斯和特丽萨·德维萨哈亚姆出版了《性别、情感和劳动力市场》，将霍克希尔德的思想与全球化理论结合起来。

卡尔·马克思在《资本论》中表达出了对于流水线工厂工人及劳动力的"人力成本"的关注，并指出，他们已经变成劳动力的"工具"。这一洞见以及残酷的物理工作环境，催生了他的异化概念，即缺少满足感和控制力使得工人感到隔离和疏远。

除了马克思的洞见，19世纪末和20世纪初还出现了两种情感模式。受查尔斯·达尔文、威廉·詹姆斯以及西格蒙特·弗洛伊德的影响，有机体模式将情感主要看作一个生物过程：外部刺激引发人们以相似方式表现的本能反应。自20世纪20年代起，约翰·杜威、汉斯·格斯、查尔斯·怀特·米尔斯以及欧文·戈夫曼创造了一种互动模式，他们认同情感包含一种生物成分，但坚持认为它更具有互动性，由一系列社会因素所区分：文化参与了情感的形成，人们主观地管理感情。

> '真诚'对一个人的工作是有害的，除非销售和商业中的规则变成了一个人'真正的'面向。
>
> 查尔斯·怀特·米尔斯

20世纪60年代，马克思的著作被翻译成英文之后，异化成了社会学家试图理解北美和西欧当时所发生的劳动条件变化的有力分析工具。

精神状态

受这些不同思想的启发，并借鉴女性思想家如西蒙娜·德·波伏娃等人的思想，美国女性主义者、

新兴服务业需要工人具有"情感资源"。 → 由于女性被刻板地认为更具情感性，因此这些产业更倾向于雇用女性劳动力。

↓

在资本主义之下，人类情感是商品化的：对人进行加工，产品是一种精神状态。 ← 女性就业者被要求产生一种积极情感状态，以确保潜在的客源。

劳动与消费主义 **239**

参见：卡尔·马克思 28~31页，乔治·赫伯特·米德 176~177页，欧文·戈夫曼 190~195页，哈里·布雷弗曼 226~231页，克里斯汀·德尔菲 312~317页，安·奥克利 318~319页。

霍克希尔德指出，儿童会受到"心灵的童年训练"——女孩学习关怀别人、控制攻击性和愤怒，而男孩则学习隐藏恐惧和弱点。

社会学家阿利·霍克希尔德在她一生的研究中分析了人类互动的情感维度。特别的是，她专注于分析在资本主义社会中，社会和文化因素是如何决定情感体验和表现的。

她的研究描述了20世纪60年代以来北美服务业的兴起，以及新的雇佣形式的出现：工人的情感成为市场化的商品被出售以换取工资，她将其称为"情感劳动"。

霍克希尔德说，她对于"人们是如何恰当地管理情感的"的兴趣可能起源于她成长的家庭。她的外交官父母经常在家里招待外国大使馆的工作人员，她总是好奇，这个人何时告辞，行动从哪里开始？后来，作为一名研究生，她受到怀特·米尔斯《白领》一书中"巨大的售货场"一章的启发：我们在出售商品和服务的同时，也在出售我们的人格。

霍克希尔德认为，这一观点是正确的，但它忽视了销售过程中包含的积极情感劳动。与19世纪的工厂劳动不同——在工厂里，产出可以量化，而你是否喜欢或讨厌你所生产的产品并不重要——服务业中的雇佣意味着"提供服务过程中的情感状况是服务本身的一部分"，这使得工人有必要保持某种外表以给他人创造一种合适的心境。对马克思来说，工厂中的个体与他们所生产的产品相异化，而霍克希尔德则认为，在以服务业为基础的经济中，"产品是一种精神状态"。

在霍克希尔德看来，越来越多的情感劳动而非体力劳动的使用对女性的影响较男性更大，因为女性自儿童时期就习惯于提供情感。但她认为，这可能会给个人带来损害，他们可能会变得异化于自己的情感，感到他们是属于工作的而非他们自己的。

管理互动

对霍克希尔德产生主要影响的是符号互动论者欧文·戈夫曼。他的研究的基本观点是，自我是在社会互动中创造的。只有通过与他人互动，以及管理我们呈现自我的方式，个人才能够获得一种自我认同感。本质上，我们内心的自我意识不可避免地与我们所牵涉的社会情景联系在一起。

霍克希尔德以一种批判的方式拓展了这一思想，指出情感作为某种外在的东西——存在于个体和群体的互动中——受制于自我管理。情感和感觉同样直接与行为相连，在准备行动和与他人互动的过程中被个体所体验。

霍克希尔德指出，与听觉感官类似，"情感可以沟通信息"。她把情感与弗洛伊德的"信号功能"联系在一起，如害怕或焦虑的信息能够被传递给大脑，指出危险的存在等。霍克希尔德说："从感觉中我们发现自己对于世界的看法。"情感产生一种精神元素，协调过往事件和我们所处的实际情境。

除了将情感维度放在社会互动的核心，霍克希尔德还强调更广泛的过程对于情感的众多调解和塑造方式。社会和文化通过社会化干预个体的情感经济。例如，在初级社会化过程中，人们学会解读自己的情绪，并在不同程度上成功操控和管理它们。霍克希尔德强调，情感不是人类简单的被动行为，相反，个体积极参与产生和创造他们自己的感觉和情感。

> 动作是肢体语言，伪装的冷笑，装腔作势的耸肩，可控的叹息，这些是'表层行为'。
> ——阿利·霍克希尔德

情感工作和规则

霍克希尔德指出，作为个体，我们可以"做出"情绪。感情用事或用情绪化的方式行动，是可以刻意为之的。她把这一过程称为"情感工作"，并用它来描述人们是如何改变和加强某种特殊感情，以及试图克服令人不愉快的情感的。她界定了人们产生情感的三种主要方式：认知情感工作、肢体情感工作及表达情感工作。

在认知情感工作中，个体利用影像、观念或想法来唤起或抑制各种与之相联系的情感。肢体情感工作指的是，试图控制与某种特定情感状态相连的身体反应的努力，例如紧张时流汗或生气时发抖。表达情感工作包括为了实现某一特定情感或情感集合而试图管理特定情感的公共表现。

霍克希尔德的情感类型学，强调了个体能在多大程度上积极参与塑造和管理他们的内在情感状态以唤起某种感知。这一领域的早期研究侧重于外在表现：我们用来沟通情感的身体行为和语言信号，霍克希尔德称之为"表层行为"。她将她的分析扩展到对"深层行为"的关注上，并将它解释为"表演方法"："这里，展示是调动感知的一个自然结果；行动者并不是努力使自己看起来高兴或悲伤，而是自发地表达情感，正如俄国戏剧导演康斯坦丁·斯坦尼拉夫斯基说的，那种自我诱发的真实情感。"

许多女性在服务业工作，雇主要求她们流露出真实情感以满足顾客。如同霍克希尔德所说，这就是"友好"。

霍克希尔德的目的并不是暗示人们有意地相互操控或欺骗，尽管这是有可能的。她试图展示人们是如何以及在何种程度上互动和合作以定义某一特殊社会情境的，反过来，这又是如何反馈到以及紧密地塑造他们的情感状态的。

霍克希尔德主张，理性以及人类行为中更多情感方面的边缘化，意味着支撑个人互动的那些隐性规则已经开始朝着新的方向发展。为了解释这一点，她引入了"感觉规则"的概念，它们是社会习得的特殊文化规范，个体用其来沟通和指导情感的展现和经历。现代资本主义社会存在两种类型：展示规则和情绪规则。展示规则，就如同"表层行为"，是人们相互沟通的外在语言和非语言信号。情感规则，指的是人们的情感水平、选取的方向以及维持的时间。例如,如果一个深爱的人死了,那么存在一种强烈的社会预期:悼念过程将会花上一些时间。本质上,情感规则影响着对死亡的合适反应,这种反应的力度如何,以及它应该持续多长时间。

达美航空

霍克希尔德在其最有名的《被管理的心灵:人类情感的商业化》一书中,探究了情感劳动和情感工作的相互关系。她的研究主要针对美国达美航空公司。她发现,航空公司一直雇用那些他们认为能够在身体上(个人外表)和情感上受到控制的人。达美航空倾向于雇用那些年轻、漂亮、单身的女性,尽管也有少量男性被雇用。女性的吸引力在于,她们被打造成公司想要投射给客户的某种特定理想和形象。尤其重要的是,当空乘人员展示情感时,她们不使用"表层行为"。为了确保乘客感受到他们所获得的情感体验是真诚的,空乘人员被教导如何践行"深层行为"。达美航空认为,"当感情被真实呈现时",情绪和情感的真实展现会更容易完成和维持。例如,发布培训手册和指南,使空乘人员能够表现情感劳动并产生真诚的表现。手册教授一系列精巧的策略,以体现出集体精心策划的情感状态和感情"剧目"。如果空乘人员是真诚的,乘客将会感到安心、愉悦和放

> **就空乘人员而言,情感风格就是服务。**
> 阿利·霍克希尔德

松。通过唤起乘客正面的情感状态和舒适的安全感,达美航空相信自己能获取乘客的忠诚度。

霍克希尔德指出,虽然这一公司哲学可能第一眼看起来巧妙而又创新,但对空乘人员"深层行为"

表层行为:我累了,倦了,我想回家。 香槟,先生?

深层行为:你是我的客人,我很乐意尽我所能来帮助你。

在霍克希尔德看来,**情感劳动**是"人类情感的商业化"。她指出,达美航空训练空乘人员,使其能够超越"表层行为",这种姿势和表情是骗人的,让人感到很假。公司敦促空乘人员将客舱想象成他们的家,欢迎乘客就如同迎接"私人贵客"一般。一旦空乘人员掌握了"深层行为"的真谛,真诚就不再需要假装,因为真实的情感是自我激发的。

和情感劳动的要求，最终会损害其心理健康。在不停地去控制、管理和颠覆她们自己的感觉的同时，空乘人员还要产生和展示一系列积极的真诚情感，这被证明是有害的。

霍克希尔德界定了长期情感劳动所产生的两种特殊负面后果。第一，空乘人员的私下自我感与其公共自我（她们所扮演的乘务人员角色）的融合容易导致情感和心理的倦怠。第二，往往产生一种自我异化感，试图管理她们的个人感觉与她们努力在乘客中唤起的情感状态二者之间存在的不一致，往往导致两种不同的结果——要么她们开始情绪性地厌恶自己，要么她们对工作产生愤恨。

霍克希尔德宣称，即使个体积极参与那些致力于自我保存的策略，最终结果也是一样的，其仍会愤恨工作、敌视工作。个体的情感和心理健康受到伤害，导致她们越来越感到与其内在的自我以及自己的情感相异化。

性别不平等

作为一名女性主义社会学家，霍克希尔德对达美航空的研究也为理解美国社会中的性别不平等打开了一扇窗户。自20世纪60年代起，越来越多的女性进入职场，其中有许多女性投入到了迅速发展的服务业中。对霍克希尔德来说，这并不必然是一种进步，因为它使得现代资本主义社会中的情感劳动的极度不平等分工更加朝着不利于女性的方向发展。为了论证这一观点，霍克希尔德宣称，女性更倾向于情感生产，她们随之又把它出售给男性。尽管职业女性数量的增加似乎

> **女性从事情感生产，并将产品提供给男性。**
> 阿利・霍克希尔德

证实了现代社会中女性职业地位的转变，但对统计数据的仔细分析表明，女性比男性更可能在服务业中工作——大多数营业员、电话服务中心接线员以及宾馆和酒吧职员是女性。

在现代资本主义社会中，整个情感劳动中绝大部分工作落在了女性身上。从长期来看，这是资本主义的一个负面和所料未及的后果，因为它使得女性在情感上更容易筋疲力尽，而心理上和社交上更容易感到自我疏离和异化。

永不满足的资本主义

霍克希尔德的"情感工作"概念以及其对空乘人员所表现的情感劳动的分析，标志着社会学历史中

许多护士声称，一些同事无视他们的情感劳动。他们付出爱心，每日照顾病人，往往是在努力弥补更资深员工的麻木。

劳动与消费主义 **243**

的一个关键时刻。对马克思而言，资本主义带来了工人身体和精神的恶化，因为工作的性质变得日益重复、枯燥和专业。社会思想家哈里·布雷弗曼指出，工作场所的自动化导致一个曾经高度熟练的劳动力的稳步解构。沿着马克思主义传统，霍克希尔德认为，即使个体自我中最个性的方面——我们的情绪、感觉以及情感生活——也都转变成了商品，并受资本主义的剥削，以产生利润。霍克希尔德的思想被许多其他与劳动和情感社会学相关的学者进一步发展，并被运用到许多职业中，从护士和看护者，到女服务员、电话行销员以及电话服务中心接线员。

霍克希尔德特别称赞一项关于日本和美国情感管理的跨文化研究，这一研究被记录在艾维尔德·拉兹于2002年出版的《工作中的情感》一书中。在其中，日本东京巨蛋公司经理们对那种"无力的、淡

荷兰社会学家丹尼尔·范·亚斯维尔德研究发现，电话服务中心接线员经历着由情感劳动导致的高度的情感衰竭和痛苦。

漠的、外部强加的微笑"感到不满意，他们认为那是美国经理们可能会接受的。相反，日本经理们认为有必要提升工人潜在的精神，他们通过关于羞耻的强大文化性力量将其从雇员中激发出来。摄像头被安放在不友好的售货员的收银台处，他们的行为会被记录下来，随后被播放给其同事观看。

"微笑"现在可能是一种全球时尚，但拉兹证实了霍克希尔德的洞见，即资本主义利用了文化的情感面向。■

> " 当一个工人抛弃了她的工作微笑后，她的微笑和她的自我之间还剩下怎样的联系呢？
>
> 阿利·霍克希尔德

阿利·霍克希尔德

阿利·霍克希尔德出生于1940年，是一位美国女性主义者和研究劳动与情感的社会学家。她的父母都是美国外交官。霍克希尔德声称，在她的成长环境中，人们总是微妙而有力地控制和管理着自己的情感，这启发了她对于现代社会生活中的情感维度的思考。

霍克希尔德在美国加利福尼亚大学伯克利分校获得硕士和博士学位。在此期间，她成为一名女性主义者，对资本主义社会中女性作为劳动者和主要照顾者的双重角色产生了持续兴趣。

霍克希尔德著作中明显的政治立场深深影响了美国和西欧的女性主义思想家。它也带来了业界巨头和高级政治家之间的不断对话。

霍克希尔德的研究不同程度地影响着社会政策，包括美国加利福尼亚儿童发展政策委员会以及美国前副总统艾伯特·戈尔的工薪家庭政策方针。

主要作品

1983年 《被管理的心灵：人类情感的商业化》

2003年 《私人生活的商业化：家庭和工作札记》

2012年 《外包的自己：市场主导型时代下的私人生活》

自发的同意中包含强制

麦克·布洛维（1947— ）

背景介绍

聚焦
制造同意

主要事件

1979年 全球石油危机影响了美国制造业，导致工人和管理层之间的紧张关系。

1981年 英国社会学家安东尼·吉登斯把麦克·布洛维的著作《制造同意：垄断资本主义劳动过程的变迁》称为"对工业社会学最重要的贡献之一"。

1998年 在《制造不同意？布洛维在法国-日本车间中》一文中，法国社会学家金-皮埃尔·杜兰德和英国社会学家保罗·斯图尔特将布洛维的"制造同意"概念运用到日产汽车工厂中。

通过玩职场"游戏"，管理层用**选择的错觉**安抚工人，如……

- ……"集体谈判"，拉拢而非离间工人。
- ……内部就业市场，通过允许内部流动以减少冲突。
- ……"计件工资制"，促使工人竞争，以提高生产。

工人参与这些"游戏"，以建立共识型职场关系。

同意和强制一起，确保了对工人的控制。

为什么资本主义社会中的工人会努力工作？工人和管理层是如何就利益进行协商的？英裔美国社会学家麦克·布洛维站在马克思主义的理论框架内对这些问题进行了分析。从这一视角出发，劳动力和资本的利益被认为处于基本的对立面。布洛维认为，现代管理正

参见： 卡尔·马克思 28~31页，米歇尔·福柯 52~55页，皮埃尔·布迪厄 76~79页，安东尼·吉登斯 148~149页，哈里·布雷弗曼 226~231页，罗伯特·布劳纳 232~233页。

引导工人同意更加努力地工作。

布洛维拒绝马克思那种"工人只不过是在剥削和压迫之下尽力工作"的观点。工会和工人集体的权力崛起对限制管理层的权力具有很大的作用，以前管理层的权力是通过恐吓工人得以施展的。布洛维承认，在任何一个组织中都存在强制和同意，但它们的构成比例和表达方式已经发生了变化。

他认为，管理正努力通过创造限制性的社会关系和组织结构来控制工人，它能给工人一种"选择错觉"，但最终是为了掩盖和维持不平等的权力关系。

工作场所中的"游戏"

布洛维研究了一家叫联合股份公司（Allied Corporation）的工厂。在那里，他考察了工作场所中的"游戏"，如集体谈判（协商工资和工作条件）、确保工人的内部职业流动，以及工人能多干多得的计件工资制。他指出，这一体系让人产生一种"工作是一个游戏"的错觉；工人是玩家，在相互竞争中追求"超额"——超出他们预期的生产量。通过掌握不同生产条件下工人所使用的那些复杂而又狡猾和非正式的超额策略，工人实现工作满意。布洛维宣称，工人玩"游戏"的目的并不是试图减少工作不满意或反对管理层，因为参与"游戏"和执行"游戏"规则的往往是基层管理者。玩"游戏"在工人中创造出一种共识——一种关于工厂"游戏"规则的共识，以及更重要的，关于制定这些"游戏"规则的社会关系格局（老板—管理者—工人）的共识。

另外，由于管理者和工人都参与了"游戏"，所以定义二者之间社会关系的众多对立利益就变得模糊了起来，以确保管理者与工人冲突的最小化。布洛维指出，这种制造和培育合作与共识的方法要比早期资本主义中的强制方法有效得多。

布洛维的研究对劳资关系社会学具有重大贡献，对于英国社会思想家保罗·布莱顿和史蒂芬·阿珂罗伊德关于工厂中抵制与强制的研究有重要启发。■

> " 冲突和共识不是工作组织的原始条件，而是其产物。
>
> 麦克·布洛维

麦克·布洛维

麦克·布洛维是美国加利福尼亚大学伯克利分校的一位英裔美国马克思主义社会学家。他于1968年在英国剑桥大学获得数学学士学位，之后前往芝加哥大学，并于1976年获得社会学博士学位。

布洛维在学术生涯中一直在不停改变方向和兴趣。他早期的研究包括一系列对于美国、匈牙利以及苏联工业工厂的民族志研究。在学术生涯后期，他将研究方向从车间转向运用社会学理论分析突出的社会问题，以提升社会学的公共形象。

2010年，为表彰他对这一学科的重要贡献，特别是在将社会学推向更广大公众方面，第17届世界社会学大会将布洛维选为国际社会学协会（ISA）主席。他是国际社会学协会杂志《全球对话》的编辑。

主要作品

1979年 《制造同意：垄断资本主义劳动过程的变迁》

1985年 《生产的政治：资本主义和社会主义体制下的工厂政体》

2010年 《马克思主义碰上布迪厄》

事物塑造我们，就如同我们制造它们一般
丹尼尔·米勒（1954— ）

背景介绍

聚焦
物质文化

主要事件

1807年 在《精神现象学》中，德国哲学家格奥尔格·黑格尔阐述了其"客体化"理论，描述了人们是如何将他们的劳动转化为物质客体的（例如，房子是集体劳动的结果）。

1867年 卡尔·马克思在《资本论》中介绍了其商品拜物教的观点。

1972年 法国社会学家皮埃尔·布迪厄出版了《实践理论大纲》，考察了阿尔及利亚的卡拜尔柏柏尔人的生活和物质文化。

2004年 芬兰社会学家卡吉·埃蒙纳考察了人们是如何将自我的一部分外化于他们所拥有的实物中的。

现代社会是物质的和消费主义的。

↓

消费主义常常被看作消极的，例如，作为**浪费**和**肤浅**的一个标志。

↓

然而，**实物**有助于塑造和加强人们的自我认同，以及其与他人的互动和关系。

↓

事物塑造我们，就如同我们制造它们一般。

在吸收19世纪末托斯丹·凡勃伦的开创性研究的基础上，社会学家传统地认为消费品是符号性的，是人们借以相互传达特定意义的东西，如反映他们的生活方式以及他们所拥有的社会地位。

然而，英国社会学家丹尼尔·米勒在其2010年出版的《材料》一书中指出，消费品展示个人身份、自我以及与他人互动的各种方式一直被看作负面的。

他认为，大多数评论者认为消费主义是浪费的和糟糕的，对消费品的渴求被看作肤浅的和应受到谴责的。消费主义是一种异化和社会分裂——它区分了富人和穷人，可能带来严重的社会问题，包括盗窃。

米勒从一个完全不同的视角来看待这一问题，强调实物以各种积极的方式帮助我们成就自己，并调和与他人的关系和互动。

参见：卡尔·马克思 28~31页，皮埃尔·布迪厄 76~79页，赫伯特·马尔库塞 182~187页，托斯丹·凡勃伦 214~219页，柯林·坎贝尔 234~235页，西奥多·W. 阿多诺 335页。

对房屋的再思考

米勒以他自己的住宅为例进行说明。他说，建筑风格和外形设计注入和塑造了他关于这一财产的认同，但是，它们也影响着他与家庭以及家庭成员之间的互动。

他说，他的房子保留了"许多原始特色"，包括橡木楼梯、壁炉以及窗棂，这些物理的和审美的特色透露着他对房屋的体验以及与房屋的关系。

例如，他对流行的瑞典家居品牌IKEA（宜家）的家具和设计的偏爱给他带来了内在的紧张：他感到他对于这一品牌的时尚、冷静和流线型特色的喜爱意味着他已经"贬低"和"背叛"了这个房子——它配得上一个拥有"更好品位"的人。

为了解决这一紧张，他描述了他是如何不断地与家庭成员讨论，以及他们是如何在布置家居和装潢方面达成妥协的。

米勒说，他和家人将房子想象成一名家庭成员，拥有特殊的认同和需求。他的论点是，房子的物质性并不必然是压迫的、异化的或分裂的；相反，它不仅积极地塑造家庭与它的关系，还有利于家庭成员间的互动和团结。

一种平衡

米勒的研究提供了一种不同于法兰克福学派思想家（如赫伯特·马尔库塞和西奥多·W. 阿多诺）关于消费主义的解释，这些思想家将大众消费文化看作"世界丧失深度的一个症状"。

每当全球经济和环境危机给物质主义消费文化的可持续性带来重大怀疑时，米勒的研究就被许多人——包括社会学家费尔南多·多明戈斯和伊丽莎白·席尔瓦——看作对那种贬低社会物质文化的观点的挑衅性反驳。

米勒的思想弥漫在社会学分析中，并在一定程度上揭示了对由法国社会学家布鲁诺·拉图尔所开创的物质对象研究（"文化形式的物质性"）日益增长的兴趣。

> "材料实现了它对于我们的精确掌控，因为我们一直没能留意它到底做了什么。"
> —— 丹尼尔·米勒

牛仔裤现象

自2007年起，英国社会学家索菲·伍德沃德与米勒及其他社会学家合作，对蓝色牛仔裤作为消费主义的一个现象产生了兴趣。

他们指出，尽管牛仔服装到处都有，但它们往往被视为高度私人的物品，它们的所有者与其有着亲密关系。

基于对牛仔裤作为全世界一种时尚元素的民族志研究，伍德沃德发现，牛仔裤的吸引力不可避免地与特定地方的文化风俗和意义框架联系在一起。

例如，在英国伦敦，许多不同类型的人通常使用牛仔裤来解决关于穿什么的焦虑——它们的匿名性和普遍性可以保护穿着者免受负面评价。而在巴西，女性通常穿着牛仔裤以突出她们的性感。

紧身蓝色牛仔裤在巴西受到欢迎，因为它们被认为能提升女性臀部的自然线条。

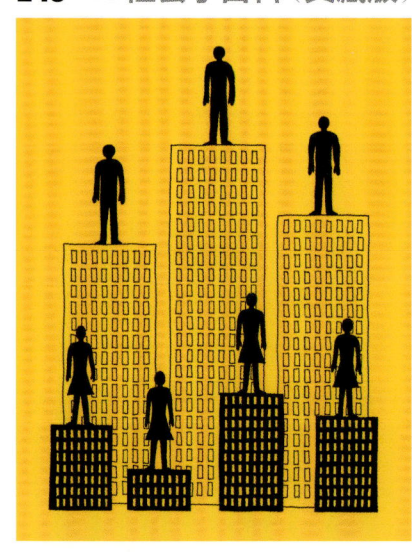

女性化在减少性别不平等方面只带来有限的影响

泰瑞·琳·凯拉韦

背景介绍

聚焦
工作的女性化

主要事件

自20世纪60年代起 全球化和工业化在发展中国家的兴起吸引了劳动女性主义学者的兴趣。

1976年 米歇尔·福柯在《性史》（第一卷）中宣称，性别角色和关系是社会性地建构的话语。

1986年 希尔维亚·沃尔比出版了《工作中的父权制：雇佣中的父权和资本主义关系》一书。

1995年 在《男性气质》一书中，R. W. 康奈尔表达了性别类型的流动概念，认为它具有灵活性，并可以被改变。

更多的女性进入**女性化**的职场。

↓

尽管全球化有助于削弱**男性**对经济的统治，但劳动力中性别分工的不平等**仍然存在**。

↓

工业化经济中的**显著女性化**可能发生，只有当……

↓   ↓   ↓

……劳动力需求超越可获得的男性劳动力容量时。

……女性获得更好的高等教育和儿童照料途径时。

……工会要么支持女性进入职场，要么**不能够**把她们排除出"男性"职位时。

参见：卡尔·马克思 28~31页，米歇尔·福柯 52~55页，R. W. 康奈尔 88~89页，罗兰·罗伯逊 146~149页，罗伯特·布劳纳 232~233页，杰弗瑞·威克斯 324~325页。

近几十年来，尽管东南亚劳动力市场见证了女性参与度的大大提高，但劳动力的性别分工仍未消除，且被重新划分。美国女性主义者、社会学家泰瑞·琳·凯拉韦在其《集合女性：全球制造的女性化》一书中，研究了印度尼西亚的工业。

受米歇尔·福柯思想的影响，凯拉韦认为，职场中的性别是流动的，并不断被重新商议，它甚至受到工厂经理人所持有的女性气质和男性气质思想的影响，这些人可能决定机器操作到底适合男性工人还是女性工人。

凯拉韦拒绝主流经济学理论，因为它将个人看作理性的、无性别的，反映了提出这一理论的那些人的男性、中产阶级特质。

她也反驳了马克思主义者的分析，因为他们优先考虑社会阶级而不是性别。尽管传统观点认为，雇主付给女性较低的工资，导致更多的女性进入全球劳动力，但凯拉韦认为，这低估了劳动力市场中性别的力量。相反，提供不同劳动力形式的关于男性和女性的思想和实践——她称之为"性别化话语"——在女性化过程中扮演了重要角色。

女性化的条件

凯拉韦指出，工业劳动力女性化的产生需要三个条件。第一，当劳动力的需求超过供给时（例如，当男性工人不足时），工业转向女性。第二，只有当家庭计划和大众教育普及时，女性才能进入劳动市场。第三，当如工会之类的障碍——它保护男性主宰的职场不受廉价女性劳动力的冲击——不再有效时，工作对女性才变得可能。

凯拉韦注意到那些基本假设，即一些雇主付给男性更高工资是因为他们认为男性的工作更优越，而另一些雇主则认为从长期来看，女性是不可靠的（归咎于生育或结婚）。

事实上，凯拉韦力争，两者都是复杂"性别化的成本收益分析"的例证；女性工人被如何看待和对待，以及为什么女性会被看作更适合某些特定劳动力类型，这些都能够通过关于某一社会中性别角色的更广泛的文化理想型、价值观和信仰来加以解释。■

印度尼西亚工厂中的女性工人，跟那些苏科哈蕉（Sukoharjo）的制衣工人一样，与男性同酬。根据凯拉韦的研究，在东亚地区，情况并非如此。

全球化和性别健康

全球化带来的经济变化以及劳动力市场中新的弹性需求被认为是有益于女性的。正如泰瑞·琳·凯拉韦所说，尽管女性化"为女性打开就业机会之门"，但结果是混杂的。凯拉韦、希尔维亚·沃比以及瓦伦蒂娜·穆哈丹都表示，女性工人更有可能生病。再者，女性在家务劳动中的超负荷意味着家庭之外的就业给她们带来了巨大压力。

德国社会学家克里斯塔·维奇特里奇在《全球化的女性》一书中主张，全球化孕育了一个新的下层阶级，而不是将女性解放到职场中。她展示了从金边到纽约，在不得不回应跨国公司的要求、从低薪岗位中设法生存，以及应对公共服务的流失的过程中，女性的生活是如何被摧毁的。

> 只有当雇主认为女性比男性更具生产力时，他们才会将其劳动力女性化。
>
> ——泰瑞·琳·凯拉韦

THE ROLE OF INSTITUTIONS

制度的角色

1844年 — 在《黑格尔法哲学批判》导言中，卡尔·马克思指出，宗教是"被压迫生灵的叹息……人类的鸦片"。

1904—1905年 — 在《新教伦理与资本主义精神》中，马克斯·韦伯解释了现代社会的世俗化和理性化过程。

20世纪30年代 — 安东尼奥·葛兰西使用"霸权"概念来解释统治阶级的观念是如何被社会其他成员看作"常识"而不容置疑的。

1961年 — 在《避难所》中，欧文·戈夫曼描述了总体机构是如何重新打造人们的个性和认同。

1897年 — 在《自杀论》中，埃米尔·迪尔凯姆引入"失范"概念来解释不同的自杀率，揭示了这一个体行为是一种社会现象。

1911年 — 在《政党》中，罗伯特·米歇尔斯指出，官僚制使得民主政府难以实现。

1949年 — 在《社会理论与社会结构》中，罗伯特·K.默顿提出失范是越轨行为的根源。

1963年 — 在《局外人》中，霍华德·贝克尔提出，如果社会对之贴上标签，那么任何行为都可能被看作越轨。

几个世纪以来，欧洲的统治机构是教会以及作为统治阶级的君主和贵族。直到文艺复兴时期，教会的权威才受到人文主义思想和科学发现的挑战，共和民主开始威胁君权神授的主张。启蒙运动进一步削弱了这些制度，到18世纪，美国和法国的政治革命推翻了旧秩序，工业革命开始从英国蔓延开来。

世俗化和理性化

受启蒙运动理性思想和工业经济需求的影响，一个显著的现代社会迅速形成。基于集体价值和共同信仰的社会聚合让位于新的世俗制度，政府转变成公民的代表。伴随世俗化过程而来的是适合现代社会日益增长的物质本性的理性化。工业化及其伴生的资本主义需要更高层次的行政体系，同时官僚制思想也从商业领域扩散到政府。

现代社会的制度从下面这些官僚体系中演化而来：金融和商业机构、政府部门、医院、教育、媒体、警察、军队等。这些新机构构成了现代社会结构的重要部分，而社会学家一直致力于界定它们在创造和维持社会秩序方面的作用。

然而，官僚制以效率为组织原则，相应地也带来一种等级制度。正如罗伯特·米歇尔斯所指出的那样，这导致少数精英的统治，即寡头的统治，它与遏制寡头统治的民主政府背道而驰。结果，人们处于这些新制度的控制之下，无异于以前教会和君主的统治。米歇尔·福柯随后考察了制度的权力（往往是隐形的）在塑造社会和个体行为中的作用——强加社会规范，扼杀个体性。尤尔根·哈贝马斯同样对制度权力持批判态度，但主张只有当人们信任这些制度时，权力才能得到行使。最近（有争议地），米歇尔·马费索利指出，随着对制度的幻想的破灭，人们开始按照部落形成新的社会群体和相应的新制度。

制度的角色 253

1966年 — 在《世俗社会中的宗教》中，布莱恩·威尔逊讨论了宗教日益衰减的社会作用。

1972年 — 在《民间恶魔与道德恐慌》中，斯坦利·科恩受到关于1964年"摩登派"和"摇滚派"之间暴力冲突的媒体报道的启发。

1975年 — 在《医学的范畴：征用健康》中，伊凡·伊里奇宣称，医疗体系的建立构成了"对健康的主要威胁"。

1977年 — 在《学做工：工人阶级子弟为何继承父业》中，保罗·威利斯描述了教育是如何再生产和延续阶级差异的。

1970—1984年 — 米歇尔·福柯讨论了政府是如何使用政策来塑造公民和社会的。

1973年 — 在《合法性危机》中，尤尔根·哈贝马斯解释了如果没有公众的信心，制度是如何丧失其社会控制权力的。

1976年 — 在《资本主义美国的学校教育：教育改革与经济生活的矛盾》中，塞缪尔·鲍尔斯和赫伯特·金蒂斯指出，教育通过隐性课程灌输态度和性格。

1988年 — 在《部落时代：个体主义在后现代社会的衰落》中，米歇尔·马费索利指出，随着人们试图创造新社会群体，个体主义日渐衰落。

宗教制度的社会影响，因卡尔·马克思将其描述为"人类的鸦片"而著名，也随着官僚制的增长而衰落。到20世纪，大多数国家已经（至少在名义上）建立了世俗政府。然而，现今世界上大约75%的人口仍然认为他们自己属于某一信仰群体，而在许多地方，宗教日渐成为一种社会力量。

个体主义和社会

除了研究社会中制度的性质和范围，社会学家在20世纪后半叶更多地采用一种解释的路径，考察这些制度对于社会中个体的影响。马克斯·韦伯已经警告了官僚制的矛盾作用——把人们困在理性化的"铁笼"中。随后，欧文·戈夫曼描绘了制度化的后果，当个体已经习惯于某种制度时，他们便再也离不开这种制度。正如伊凡·伊里奇所描述的，一个典型的例子就是作为一种治愈所有情况的基本方式，我们越来越依赖药物。同样，教育作为一种培育社会态度和维持某种预定社会秩序的制度手段，受到了人们的密切关注。

然而，埃米尔·迪尔凯姆注意到了个体主义和遵从的制度期望之间的冲突。他的"失范"概念，作为一种个体与社会之间在信仰和欲求上的不符，被罗伯特·K. 默顿所采用，以解释那些越轨行为。霍华德·贝克尔将其进一步发展，指出在制度的标签之下，任何行为都有可能被看作越轨；根据斯坦利·科恩的观点，现代媒体就是这样将事情妖魔化的。■

宗教是被压迫生灵的叹息

卡尔·马克思（1818—1883）

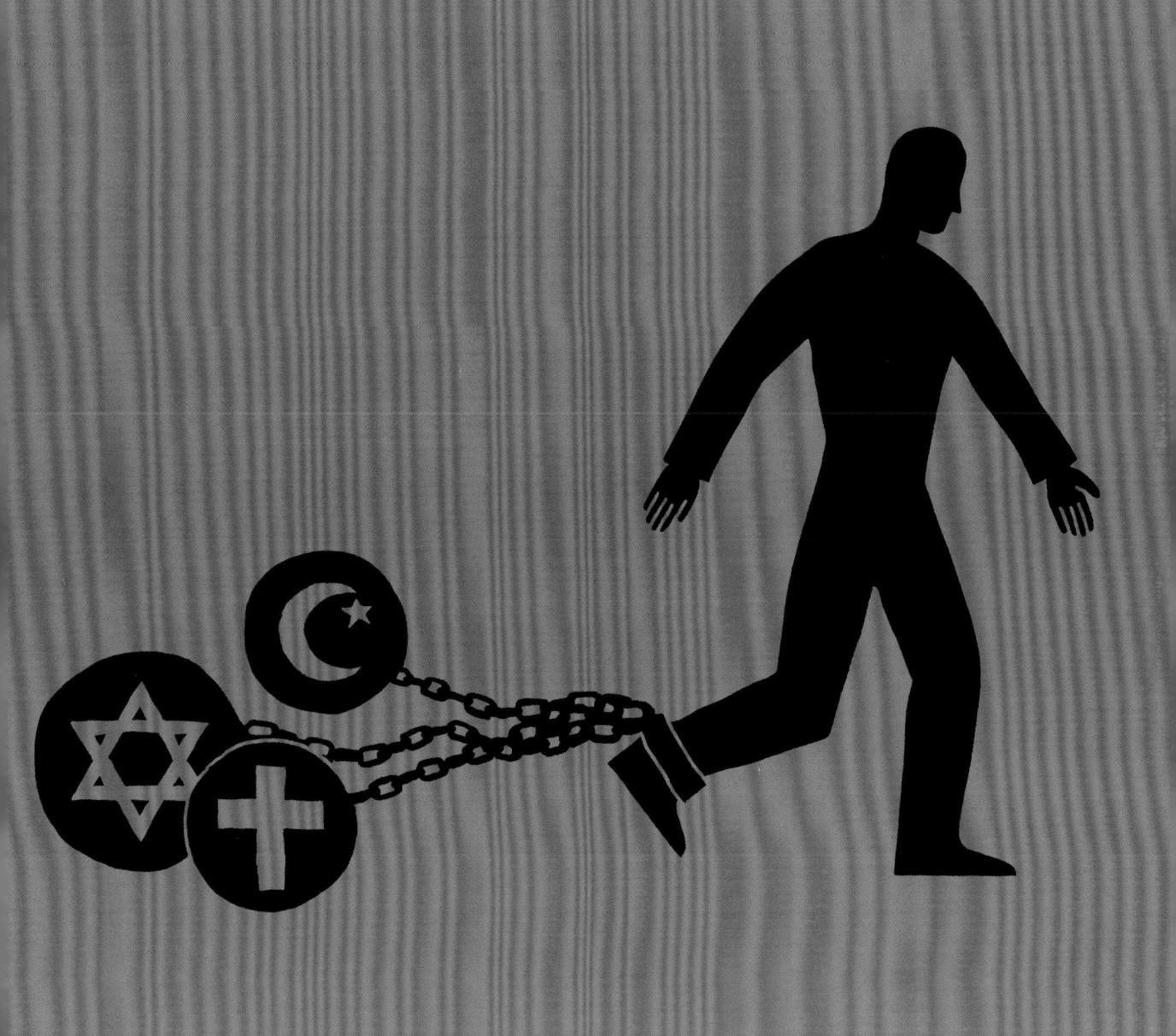

背景介绍

聚焦
宗教

主要事件

1807年 德国哲学家格奥尔格·黑格尔在《精神现象学》中介绍了异化的概念。

1841年 在《基督教的本质》中,德国哲学家路德维希·费尔巴哈借用黑格尔的异化思想,并将它批判性地应用到基督教中。

1966年 英国社会学家布莱恩·威尔逊在《世俗社会中的宗教》中认为,宗教已经丧失了其权威。

2010年 德国社会学家尤尔根·哈贝马斯在《缺失的意识:后世俗时代中的信仰与理性》中思考宗教为什么没有消失。

经济困难使世上的大部分人不能获得**舒适**和真正的**幸福**。

↓ ↓

宗教歪曲了现实,鼓励人们**努力工作**,顺从地**接受自己的命运**,忍受苦难。

宗教提供**虚幻的希望**,指出真正的幸福只有在来世才能获得。

↓ ↓

尽管它提供慰藉,但宗教是被压迫生灵的叹息。

在德国哲学家格奥尔格·黑格尔看来,完全意义上的自由应该与某种伦理制度联系起来。更令人诟病的是,他还认为,只有在国家中,"人才能成为理性的存在"。他相信,基督教是现代性萌芽时期的完美(consummate)宗教,因为它反映了现代性的灵魂或精神(geist)——信仰理性和真理。

然而,由于那种被称为"辩证法"的矛盾过程(由于其本身的性质,事物可以包含它的对立面),人们为服务自身而创造的社会结构和制度到头来反而会控制甚至奴役他们。这种理性的自我发现过程可能带来"异化"——持续对社会科学产生深远影响的"疏远"——的概念。

黑格尔从前的学生路德维希·费尔巴哈使用"异化"的概念来批评宗教。费尔巴哈争辩道,人赋予上帝人性,并因这些人性而崇拜他,因此他们是在不自觉地崇拜他们自己。这使他们不能完全意识到自己的潜力,神不过是异化了的人类意识的投射。

卡尔·马克思和其亲密战友弗里德里希·恩格斯承认,他们在19世纪40年代的思想都受费尔巴哈的《基督教的本质》的影响。

制度的角色 **257**

参见：奥古斯特·孔德 22~25页，卡尔·马克思 28~31页，弗里德里希·恩格斯 66~67页，希尔维亚·沃尔比 96~99页，马克斯·韦伯 220~223页，布莱恩·威尔逊 278~279页，尤尔根·哈贝马斯 286~287页。

> "宗教被那些掌管世俗权力的人用来增加自己的权威性。"
>
> 克里斯托弗·希钦斯
> 英裔美国作家

人创造宗教

卡尔·马克思的父亲从犹太教转向基督教，仅仅是出于保住工作的需要，但是他给自己的儿子灌输一种思想，即宗教对道德来说是非常重要的。

然而，卡尔·马克思年轻时就批判那种认为社会秩序的维持需要精神支柱的观点。他后来坚信，世俗化（宗教社会意义的衰落）将人从社会压迫的神秘形式中解放出来。在《黑格尔法哲学批判》导言中，他概述了其主要宗教思想。

在异化思想的基础上，马克思认为，"人创造了宗教，而不是宗教创造了人"。他指出，人类已经忘记了是他们创造了上帝，而上帝在开始有了生命之后，反过来控制了人类。人类创造事物，也能摧毁它们。

他相信，工人阶级将会意识到那些奴役他们的资本主义社会的意识形态和制度并不是天生的或必然的，是能够被推翻的。在此之前，宗教将仍然是物质剥削和人类异化所带来的病症；人类在这一过程中饱受苦难，以至于他们需要宗教的慰藉。

与法国哲学家奥古斯特·孔德认为宗教信仰是理性的婴儿期一样，马克思相信社会正科学地走向世俗主义。然而，马克思更批判性地将宗教看作社会的反映，而不是一套信仰体系。他的目标是把工人从资本主义压迫中解放出来，他指出，统治阶级的意识形态主宰着社会——传播这些思想的机构之一就是教会。

教会和国家

在18世纪的英格兰，有一个不知名的智者把英格兰教会描述成"祷告"的政党。对马克思来说，任何服务于资本主义利益的制度，包括宗教，都必须接受考验，并最终被淘汰。取而代之的将是一个基于社会主义和共产主义的人性社会。

在马克思看来，宗教是对现存国家和社会的"慰藉和修正"。教会宣称，统治阶级的权威是由超自然的权威授予的，因此，工人阶级的低等地位是不可避免的和合理的。当社会因不平等而分裂时，不公正就会永远存在而不是被消除。

马克思宣称："因此，反抗宗教就是间接反抗那个以宗教为精神食粮的世界。"这种看法在20世纪60年代的英国社会学家布莱恩·威尔逊那里得到回应，他宣称教会的作用在于教化每一代人接受他们自

天主教会的财富历来被许多人所诟病。在马克思看来，宗教为资本主义利益服务，是富有的精英用来控制和压迫工人阶级的工具。

马克思主张，宗教是统治阶级维持当下权力的一种信仰体系，他们向工人阶级许诺，来世将会更好。工人阶级则在这种道德教化中找到安慰，因为他们相信，最终他们的苦难将会换来回报；宗教通过稳定社会、维持现状，阻碍了社会变迁。

来世

今生

己的命运。

马克思旨在揭露宗教的幻象性质，揭示其为统治阶级的意识形态工具这一真相。由于对来世的信念成为穷人和被压迫者的一个安慰，马克思将宗教描述为"人类的鸦片"。事实上，宗教可以被看作一种有效的社会控制形式，让穷人安于现状，阻碍社会变迁。

宗教和激进主义

马克思没有忽视基督教是从压迫中成长起来的，它支撑和安慰着那些悲惨的、没有希望的人。宗教里的苦难既是"现实苦难的表现，又是对现实苦难的抗议"——它是被压迫者的"叹息"，这表明宗教有激进或者潜在革命性方面。例如，在17世纪的英格兰，清教运动导致国王被处决和一个共和政体的建立。

然而，马克思指出，面对现实快乐的要求，宗教就是"人类虚幻的幸福"："号召人们放弃对现状的幻想，就是号召他们打破一种需要虚幻的条件。"他认为，历史和哲学的任务是"在人类自我疏远的神圣形式被揭露后去揭露自我疏远的非神圣形式"。

马克思赞同德国社会学家马克斯·韦伯的假设，即新教运动在资本主义建立中扮演了重要角色，因为它更好地满足了16世纪商人以及后来工业家们的商业需求。努力工作以换取回报是新教哲学的核心，而加尔文教尤其将物质成功视作上帝宠儿的标志。

马克思将宗教改革描述为德国革命历史——一个在修道士大脑中开始的革命。他指出，路德"克服了忠诚的束缚，却用信念的束缚取而代之"。在马克思看来，新教运动没能提供真正的解决出路，但它提供了一种"真实环境"，人们现在不再与外部神职人员做斗争，而是与内在的"神职本性"较量。

同时，社会现状为真正的人类解放设置了进一步障碍。尽管地主和资本家变得更加富有，但对于那

女性主义和宗教

19世纪的美国作家——《女人的圣经》的作者伊丽莎白·卡迪·斯坦顿认为，上帝的话就是男性的话，被用来征服女性。从那以后，宗教的女性主义理论一直在回应这一关于性别主义和性别不平等的主题。

女性往往比男性更倾向于参加教会活动，但是她们通常是被边缘化和被歧视的，权利较少，惩罚更多。埃及作家纳瓦尔·艾·沙达威指出，宗教可以被用来实现压迫女性，但是根源在于社会的父权制结构，它重塑了宗教。英国社会学家琳达·伍德海德指出，许多穆斯林女性用宗教和服装来象征她们的自由。

在一些宗教内部，女性的地位发生了显著变化。1992年英国国教允许授予女性神职，到如今，女性已占神职人员总数的五分之一。

些长时间辛苦工作而收入微廉的工人阶级来说，回报他们的只是天堂里的一席之地；忍受苦难变成一种美德。

马克思关注19世纪教会作为地主和雇主的角色，并将其视为进一步的证据，证明宗教是统治阶级用来控制工人的意识形态工具。

无宗教的工作场所

在英国，既得利益者害怕工人日益与组织化的宗教失去联系，而转向其他基督教宗教群体或工人阶级政治运动，如宪章运动。

基于这个原因，1851年，英国进行了一项宗教崇拜普查。它反映了工人阶级在社会中的冷漠，以及保守的、既有的英国教会与诸如贵格会、唯一神教派主义之类的新型、大众宗教教徒聚会的礼拜堂或教堂之间的分化。

卫理公会——一个致力于帮助穷人的新教教派——在英国制造业聚集的工人阶级地区特别流行。它也吸引了新兴工厂主，他们既对工人明显的无宗教性感到不安，也对他们的堕落（如酗酒）感到震惊。一些工厂主强制工人参加教会奉献、圣经学习班、对谈以及兴趣小组，以试图"教育"他们成为"体面"、冷静的人，这能促使他们更

像贵格会这样的基督教团体被看作对宗教-政治现状的一种威胁。它们反对战争和奴隶制，拒绝向他人宣誓，反对教会中的等级制思想。

> 信仰会使人远离理性与科学。
>
> 理查德·道金斯

有效地工作。

这也再一次佐证了马克思主义者那种将宗教看作统治阶级的意识形态工具的观点。以这种方式消解他们的能量，能够挫败他们起来革命的可能性，从而确保他们成为工厂听话的"老黄牛"。

西方知识分子或者称为"新无神论者"，诸如A. C. 格莱林、克里斯托弗·希钦斯和理查德·道金斯，非常认同马克思关于宗教的看法。也就是说，正如最初哲学中所争议的，宗教很有意思，但是在情感上和理智上都是一种异化形式，是社会公正和幸福的低级替代品。

然而，马克思在他对宗教改革的观察中，承认了宗教在激进思想和社会行动方面的潜力，英国后来一个多世纪的社会改革进程中的非国教教派就证明了这一点。

为了解答为什么到了21世纪宗教还没有消失，尤尔根·哈贝马斯承认世界许多地方的宗教团体发挥了重要的公共作用。今天，尽管世俗化无处不在，但没人认为宗教或宗教人士会消失。■

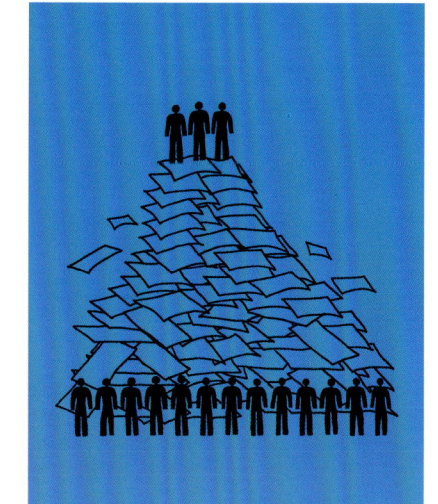

寡头统治铁律
罗伯特·米歇尔斯（1876—1936）

背景介绍

聚焦
寡头统治

主要事件

1904—1905年 马克斯·韦伯在《新教伦理与资本主义精神》中，将官僚制带来的合理性看作现代性不可避免的一个特色。

1911年 在《政党》中，德国社会和政治理论家罗伯特·米歇尔斯主张，组织内的民主是不可能的。

1916年 意大利社会学家维弗雷多·帕累托指出，民主是一种幻想，精英只会为自己服务。

2009年 就英国2003年入侵伊拉克而发起的柴考特调查（Chilcot Inquiry）表明了英国前首相托尼·布莱尔等政府官员是如何免于被公开问责的。许多人认为布莱尔应为发动战争而接受审判。

在罗伯特·米歇尔斯看来，官僚制是个人自由的敌人。早在20世纪初，他就指出了官僚制与政治寡头（少数人对多数人的统治）之间的联系。

在对政党和工会的观察中，他发现民主的规模和复杂性需要等级制。拥有一套清晰的控制链且与大众相分离的领导权很重要，这会带来一种金字塔式的结构，让少数领导者掌握巨大而重要的组织。

米歇尔斯采纳了马克斯·韦伯关于责任等级有助于提高效率的思想，但同时指出，这也带来了权力集中，有害于民主。尽管标榜民主的理想，但事实上占据核心地位的是统治精英的利益，而非普通大众的需求。

维护统治精英的权力地位变成了如政党之类的官僚机构的重要任务，这些机构通过复杂的选举制度维持一种神秘而优越的氛围，使用晦涩的语言以及通过下设机构来确保这一目标的实现。官员往往不受他们决策后果的影响——官僚制保护他们免受公共问责。

寡头统治在官僚制的等级结构中得以兴盛，并往往会削弱人们左右其所选领导的能力。■

> 言组织，必言寡头统治。
> ——罗伯特·米歇尔斯

参见： 卡尔·马克思 28~31页，马克斯·韦伯 38~45页，弗里德里希·恩格斯 66~67页，米歇尔·福柯 270~277页，尤尔根·哈贝马斯 286~287页。

健康的人结婚、生育和死亡不需要官僚机构

伊凡·伊里奇（1926—2002）

背景介绍

聚焦
医源性疾病

主要事件

约公元前460—公元前370年 古希腊医师希波克拉底认为，医护人员不应该给病人带来损害，医源性疾病成为一种应受到惩处的罪行。

1847年 匈牙利医学家伊格纳斯·塞麦尔维斯建议外科医生洗手，以减少感染带来的死亡。

1975年 伊凡·伊里奇在《医学的范畴：征用健康》一书中宣称，医疗机构对人类健康构成了重大威胁。

2002年 医学社会学教授戴维·克拉克认为，以人为本的治疗技术提供了虚假的希望，带来的结果是晚期癌症病人接受了杀伤力极大的化疗治疗。

社会已经深深地意识到医学所带来的危害。例如，怀孕期间对诊断性X射线的过度使用可能带来儿童癌症，以及有害的处方药相互作用。希腊词语"医源性疾病"——"由治疗者所带来的疾病"——被用来描述这些问题。

激进的奥地利思想家伊凡·伊里奇指出，医疗机构已经成为人类健康的一个严重威胁，因为在与资本主义的结合中，它成为一个利己的制度，创造了比治愈者更多的病人。

伊利奇认为存在以下三种主要的医源性疾病。临床型医源性疾病是指由医疗干预所带来的损害，如抗生素的过度使用导致的对细菌抵抗力的下降。社会型医源性疾病是指生活的医疗化，随着对非疾病的昂贵治疗技术的发展，越来越多的问题被认为适合进行医疗干预。例如，轻度抑郁症经常使用会产生依赖性的药物治疗。相关的行动方，如医药公司，在这一治疗过程中获得了巨大利润。

在伊里奇看来，更糟糕的是文化型医源性疾病——对待疾病、痛苦和死亡的传统方式的瓦解。过度医疗化意味着我们已经变得越来越不愿意面对死亡和疾病：医生扮演着神父的角色。■

20世纪之前，医院分娩是罕见的，现在它被一些人认为是社会型医源性疾病的例证——日益增长的、不必要的生活医疗化。

参见： 乔治·瑞泽尔 120~123页，罗伯特·D. 普特南 124~125页，乌尔里希·贝克 156~161页，欧文·戈夫曼 264~269页，米歇尔·福柯 270~277页，302~303页。

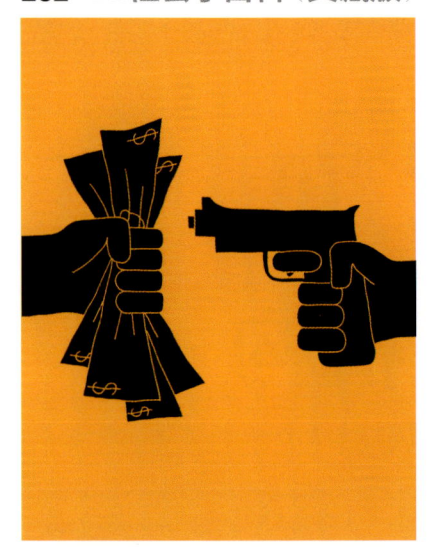

犯罪是某些人对某种社会情境的反应

罗伯特·K. 默顿（1910—2003）

背景介绍

聚焦
失范或紧张理论

主要事件

1897年 在《自杀论》中，埃米尔·迪尔凯姆使用"失范"的概念来解释城乡以及不同婚姻规范下不同的自杀率。

1955年 美国犯罪学家塔尔科特·帕森斯从前的学生艾伯特·科恩指出，下等阶层所面临的窘境导致身份挫折或紧张，进而带来越轨，这被看作寻求尊重的一种方式。

1983年 英国犯罪学家史蒂文·博克斯指出，一些对于越轨的解释，如来自艾伯特·科恩的观点，没能解释社会中有权者的犯罪。

1992年 美国社会学家罗伯特·阿格纽坚持认为，失范或紧张理论能够被用来解释犯罪和越轨，但不应该与阶级联系在一起。

社会为人们提供清晰的生活目标。

↓

并不是所有人都有途径实现这些目标。

↓

顺应和"成功"的压力带来越轨行为。

↓

犯罪是某些人对某种社会情境的反应。

在法国理论家埃米尔·迪尔凯姆看来，越轨是普遍的、正常的和功能性的。他指出，当人们觉得无法融入社会，对社会的规范和规则不再确信时——例如，在社会迅速变迁时代——他们更有可能采取越轨行为或自杀。这一状况被称作"失范"，希腊语的意思是"缺少法律"。在1938年发表的《社会结构与失范》一文中，美国社会学家罗伯特·K. 默顿接受了迪尔凯姆关于越轨的分析，并将它运用到当代美国社会中，指出此类行为的发生是紧张带来的一个直接后果。

美国梦

默顿指出，在美国，与个人"成功"联系在一起的理想和抱负——例如，物质富裕、有房有车的"美国梦"——是社会建构的。并非每个人都能够通过合法途径实现这些目标，因为一些限制因素，如社会阶层，阻碍了目标的实现。

参见：理查德·桑内特 84~87页，罗伯特·D. 普特南 124~125页，马克斯·韦伯 220~223页，霍华德·贝克尔 280~285页，塔尔科特·帕森斯 300~301页。

对许多人来说，一生顺遂、有房有车有存款的"美国梦"仅仅是一个梦想，特别是对于那些陷入贫困和失业中的人。

在默顿看来，越轨（同样也是社会建构的）容易发生在社会期望和实现它们的能力或欲望之间存在明显紧张或不一致的情况下。

对默顿来说，这一紧张理论解释了失业和犯罪之间的直接关联。例如，没钱意味着没法通过合法的方式购买汽车、住房或其他物品，但是符合期望的压力能把人们引向盗窃。

反叛论者或遵从论者？

默顿扩展了其理论，根据个体与文化上可接受的目标以及实现它们的手段的关系，将人们划分为五种类型。他指出，遵从论者全身心投入到"美国梦"中，并且通过教育和就业能够实现这一目标。仪式论者并不认可社会的文化目标，但是他们尊重实现那些目标的规则。例如，他们可能每天去上班，认真地履行自己的职责，但是他们没有更为远大的目标，不打算攀登"成功"的阶梯。

革新论者（往往指罪犯）深信社会目标，但是选择用非法的或非传统的方式实现它们。退却论者是社会的脱节者——他们不仅拒绝传统社会目标，也不接受社会认可的实现这些目标的手段。最后，反叛论者与退却论者相似，但是他们创造替代性的目标以及实现这些目标的替代性手段，并倡导一种反主流文化。在默顿看来，这一群体（往往包括恐怖分子和革命者）能带来社会变迁。

默顿的"紧张理论"一直被批判聚焦于个体越轨，而忽视了群体或帮派行为。也有批评指出，这一理论过于依赖官方的犯罪统计，而这些统计往往掩盖了中产阶级的犯罪。■

罗伯特·K. 默顿

罗伯特·K. 默顿于1910年出生在美国费城，当时叫迈耶尔·斯科尔尼克。他的父母属于俄国犹太移民工人阶级，他人生的最初几年生活在他们小卖部的阁楼上（后来被烧毁了）。14岁时，他取罗伯特·梅林为艺名并开始魔术表演，但是当他获得坦普尔大学奖学金之后，他改名为罗伯特·K. 默顿。

默顿创造了"自证预言"和"角色榜样"两个术语，从而被认为引领了焦点群体研究方法。他于1957年当选为美国社会学协会主席。

主要作品

1938年 《社会结构与失范》
1949年 《社会理论与社会结构》
1985年 《站在巨人的肩上》

> 当获取合法追求文化目标的被认可的机会存有差别时，反社会行为就有可能出现。
>
> 罗伯特·K. 默顿

总体机构剥夺了人们的社会支持系统以及他们的自我感

欧文·戈夫曼(1922—1982)

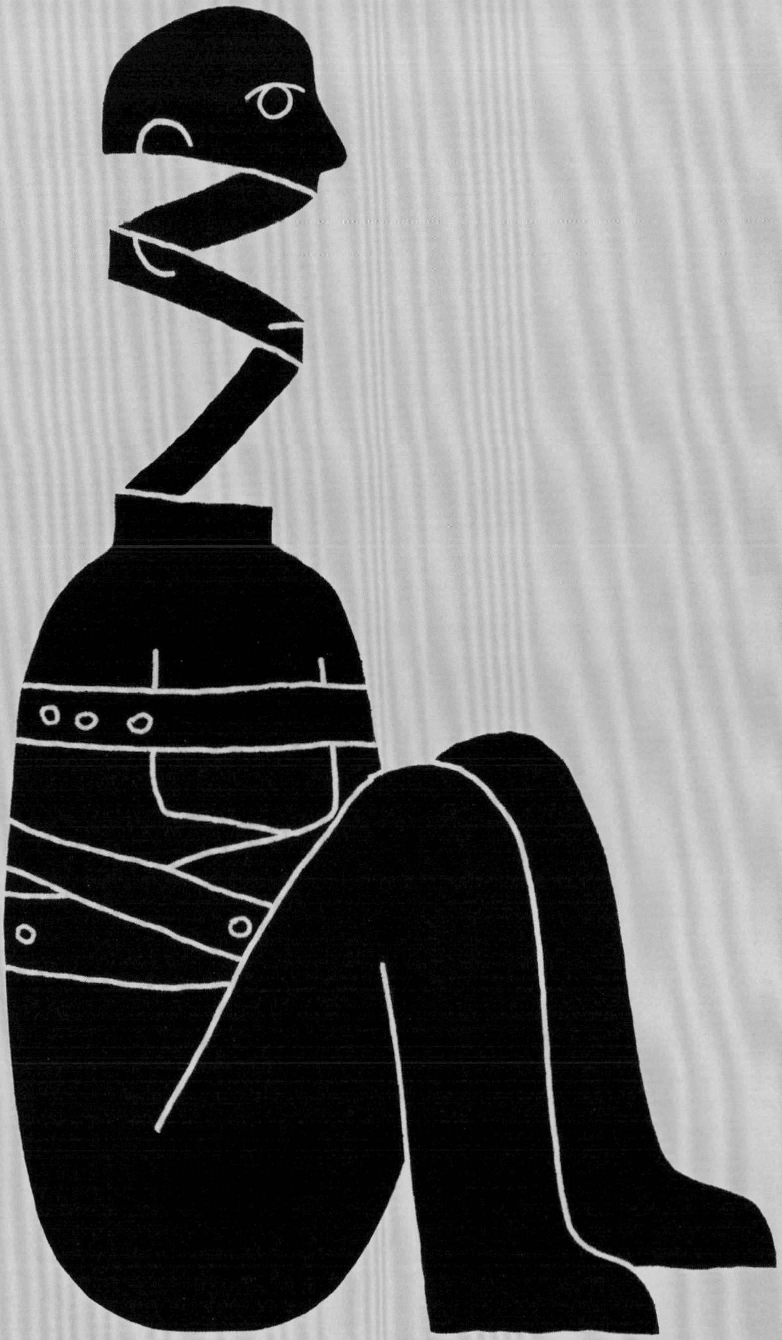

背景介绍

聚焦
制度化

主要事件

1871年 英国精神病学家亨利·莫兹利认为，精神病院不利于个体的自我感。

1972年 在《心理幸存者》中，斯坦利·科恩和劳里·泰勒关于英国达勒姆市男子监狱的一项研究表明，囚犯通过调节其行为和认同来获得生存。

1975年 法国思想家米歇尔·福柯在《规训与惩罚：监狱的诞生》中，探讨了监狱和精神病院维持社会秩序和遵从的方式。

1977年 在《取消监禁》中，美国社会学家安德鲁·斯卡尔认为，减少针对精神病人和囚犯的机构数量会带来一种更大的照料缺失。

当应对现代社会典型的官僚程序以及它们所产生的挫败时，大多数人选择逃避到私人生活中以维持一种平衡感。然而，对一些人来说，这不是一个选择，因为他们终其一生都在结构化的机构中，如监狱或精神病院。

美国社会学家欧文·戈夫曼想知道当人们无法逃避日常生活中的规则和管理时，他们是如何应对的。在他开创性的研究《避难所》中，戈夫曼考察了自我是如何进行调试以生活在一个永久的、无处不在的官僚体系中的。他认为，对处于精神病院的病人来说，最重要的因素不是疾病而是机构——受影响者所做的反应和调适也同样在其他类型机构的被收容者中出现过。

总体机构

那些与外部世界相隔离的机构——通常物质性地通过墙、围栏以及锁上的门来实现——就是戈夫曼所称的"总体机构"。避难所、监狱和集中营，甚至是寄宿学校和修道院，都是这种组织的极端形式的典范。

在总体机构中，居住者不仅在身体上处于与外界隔离的状态，而且他们往往还被孤立相当长的一段时间，有时是身不由己的。由于这

> **这些机构是改变我们社会中个体的温床。其中的每一个都是一个自然实验，在对于如何塑造自我方面，特别苛刻。**
>
> 欧文·戈夫曼

总体机构的目标是全面地影响个体的生活。→ 个人之前的认同和**自我感崩溃**……

总体机构剥夺了人们的社会支持系统以及他们的自我感。 ← ……他们被迫调整，开始去适应机构的目标。

制度的角色 267

参见：埃米尔•迪尔凯姆 34~37页，米歇尔•福柯 52~55页、270~277页，乔治•赫伯特•米德 176~177页，伊凡•伊里奇 261页，霍华德•贝克尔 280~285页。

些特殊情况，这些组织发展出特殊的运作方式。戈夫曼指出，在这些地方，相对人数较少的工作人员监视着一个人数较多的居住者群体。他们通过使用监视技术来使居住者服从——米歇尔•福柯在其1975年的研究中将监狱描述成一个全景式的、万能的机器。戈夫曼的另一个见解是，居住者通过塑造一种新的生活方式来回应总体机构。

功能主义理论认为，社会是由社会共识——一种共同的目标感——黏合在一起的。一个总体机构能运作是因为它有目标，它内部的一切都是趋向这些目标的。戈夫曼曾于1955—1956年在美国一所精神病院工作，他指出，在这一组织的官方目标之外，还存在着其他隐形的目标和实践，这些构成了机构运作的关键部分，他称之为

贝斯莱姆皇家医院，是伦敦臭名昭著的精神病院，成立于1247年，"疯人屋"（Bedlam）一词就由此而来。它现在是一家现代精神病机构。

"公共机构的私生活"。他集中考察了精神病人的世界以期理解这种"私生活"。

基于自己的观察资料以及大量出版物，例如关于相似机构的自传文学、小说，戈夫曼得出结论：认同是在与他人的互动中塑造和调适的。他指出，如果要实现总体机构的主要目标，有时候有必要将官方的活动和理想暂放一下，以给人一种"正在维护他们"的印象。

戈夫曼认为，病人进入精神病院之前所拥有的社会关系和认同让位于他们在适应新的机构生活的过程中所树立的全新认同。

瓦解自我

这一过程开始于旧的自我的瓦解。病人往往是在家庭成员和医护专业人员的强制或哄骗下进入机构

美国恶魔岛监狱，是机构统治的有力象征。福柯将监狱看作万能的，而戈夫曼认为，机构中的犯人试图改变生活以满足自己的需要。

中的，他们发现还是这帮人正在剥夺他们的权利。这样一来，他们便丧失了自主性，自身的行为和心智受到质疑，经历羞辱以及对自我认同的挑战。

医院的准入程序继续了这一瓦解过程：被拍照、个人物品被没收、采集指纹，以及被扒光衣服……所有这些程序击垮了旧的自我。戈夫曼指出，我们的自我感部分被投射到我们的外形、我们拥有的东西以及我们所穿的衣服上；如果这些改变了或者被夺去了，就会给我们传达一种信息：我们不再是原来的自己。一旦承认了这一点，这种感觉便会持续得到强化，如获

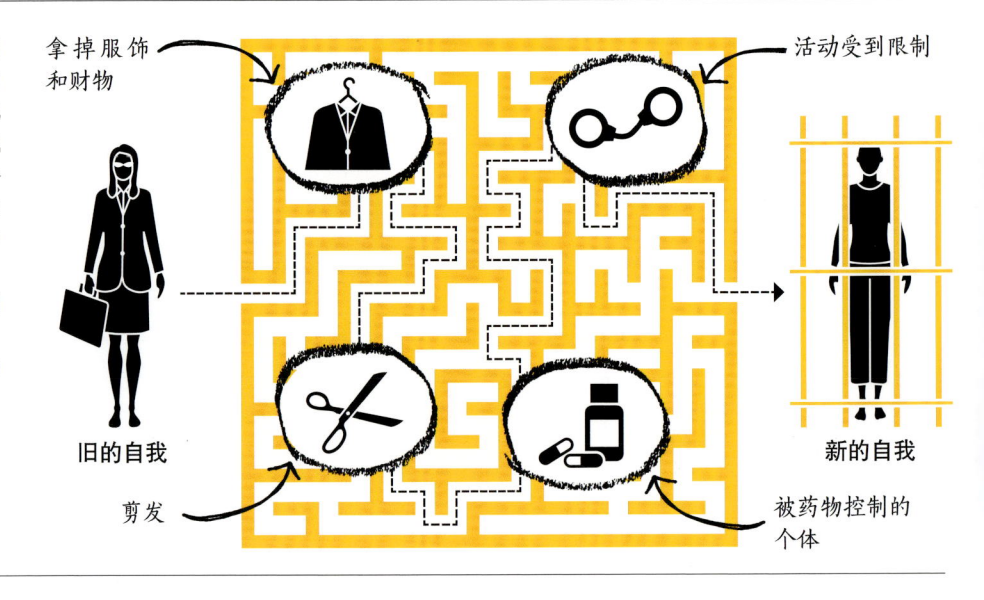

"自我的屈辱"是戈夫曼的用语，描述个体被剥去自我感的一种机构过程。个人认同转化为机构认同——作为病人或犯人。一开始，旧的自我是部分地确定的，如财产和服饰。在机构的迷宫中，个体成为其中一员，剪去头发或穿上制服，身体受到限制进而自由被剥夺。规则，或者可能是药品，改变着人的行为，一个顺从的新的自我被打造了出来。

旧的自我 → 拿掉服饰和财物 / 活动受到限制 / 剪发 / 被药物控制的个体 → 新的自我

得允许才能去上厕所。这验证了戈夫曼所称的"自我的屈辱"，它是由生活中的羞辱和堕落带来的。

应对这种情景的常规、保全面子的做法，如讽刺或亵渎，在总体机构中不可能发生，因为这一定会带来惩罚。病人不得不对这一组织要求做出重大调适——往往以一种平和的状态结束：他们被轻易控制住，使得机构得以有效运作。机构所用的特权和奖赏体系，作为对在厨房或其他地方工作的回报，在保持他们顺从的同时，还能有助于集中病人的注意力，使其产生一种新的目的感和意义感。

有时候，机构能够征服病人，带来"转换"或"殖民化"。在精神病院中，转换是指病人接受医院对他们的定义，如情绪混乱，然后努力遵照理想病人的行为模式行动。在戈夫曼看来，"殖民化"是指机构制度淹没了病人，机构之内的世界看起来比外面的更好，病人将没有能力在机构之外的世界中生存。

拯救认同

精神病人进入的第二个阶段是拯救某种意义上的个性。尽管总体机构致力于生产标准化行为，但许多病人能找到调适的方式。戈夫曼

> 许多总体机构看起来好像仅仅是堆积病人的储藏所，但是往往以理性组织的面目出现在公众的视野里。
>
> 欧文·戈夫曼

指出，面对这些机构的不同自我需求，人们可以发展出复杂的应对方式。他认为，二级调适过程使个体能够创造出一种以组织为中心的新的自我，它居住于那种没有规则和制度充斥的空间之中。

这些二级调适组成了机构的"私生活"，是病人在日常基础之上的权宜手段，从而使病人产生一定的自主性，保持某种个性。在戈夫曼看来，最普遍的方式是"耍酷"；通常在与工作人员交好的同时，分割出一种认同，在不公开与规则发生冲突的情况下保持系统运作。病人能够发现和利用组织中他所称的"潮湿角落"——诸如厨房、手工场、医务室之类的场所——为实现对自我和处境的控制提供机会。在这些地方，病人可以创造新的货币——例如，用烟草或糖果交易——或者通过创造性地使用语言来发展出沟通的特殊方式。

通过悄悄地把尿撒在散热器上而不是请示获批后去上厕所，一些人试着维系一种自主的反叛感，因为散热器能蒸发掉所谓不当行为的所有痕迹。机构往往对这些小动作睁一只眼闭一只眼，因为他们知道这些行为在大多数情况下反而会使病人易于管教。

并不是所有人都能够在总体机构的规范中成功地实现社会化。尽管戈夫曼并没有详细论述这一点，但一些病人可能保持一种抵抗和反叛精神，如蓄意破坏水管、集体拒绝某些特定的食物、闹事，或者给某个工作人员制造点"小意外"。

自利的机构

尽管戈夫曼一直用一种冷静、客观的写作语调，但一些人仍旧指责戈夫曼在他的研究中过度认同病人。还有一些人，如美国社会学家、犯罪学家约翰·埃尔文指出，戈夫曼的研究在范围上有点窄，只关注机构中的病人是有局限的。

然而，将总体机构看作一个并非以病人的最大利益为运作原则，而是有效地侮辱他们的场所，戈夫曼的研究被引用在促成精神健康病人的治疗变化中。他揭露了总体机构自我合法化的组织方式——通过定义他们的目标使其活动获得合法性，反过来又将他们为实现这些目标所采取的措施合法化。

他的研究同时也对社会身份认同理论具有重要影响，因为他认为名字、财产以及服饰是灌注了意义的符号，对认同的形成很重要。他强调自我的官方定义与个人所试图呈现的自我之间的显著差异。

戈夫曼的研究仍然具有社会意义。尽管事实上，英国的许多精神健康机构在20世纪60年代以来的去机构化和支持本地照料（"在社区中"）的过程中已经关闭，但仍

肯·克西的小说《飞越疯人院》，将场景设定在精神病院。它描述了病人如何采用应对策略，以及机构如何摧毁那些对于其权威的挑战。

有相当一部分人会在机构中度过晚年。人口老龄化意味着许多人可能不能生活自理，因此不得不选择护理或照料之家，这些可能印证了总体机构的某些负面特征。■

美国城市监狱关押着那些被逮捕但还没有被提出诉讼和被判决的人。有人认为，这种机构将囚犯文化暴露给正常市民。

监禁危机

与戈夫曼相比，约翰·基思·埃尔文拥有一种完全不同的第一手总体机构经历：1952年，他因抢劫罪而被判入狱5年。他利用那段时间学习，后来获得社会学博士学位，成为美国监狱系统和社会需要的社会控制形式方面的专家。

基于他自己的观察和对囚犯的访谈，埃尔文出版了《监狱：管理美国社会中的下层阶级》一书，以向欧文·戈夫曼致敬。他指出，城市监狱关押着那些被逮捕但还没有被提出诉讼、没有被判决的人，在那里，他们被侮辱，甚至丧失人权。监狱管理者向犯人灌输特殊的行为方式，而不是控制声名狼藉的人。

他宣称，这些监狱的设立是为了管理那些被看作对中产阶级具有价值威胁的下层阶级或下层民众。监狱被看作小偷、瘾君子以及性取向异常者的收留罐，这证实了他们的局外人地位。

治理是对事物的
正确处理

米歇尔·福柯（1926—1984）

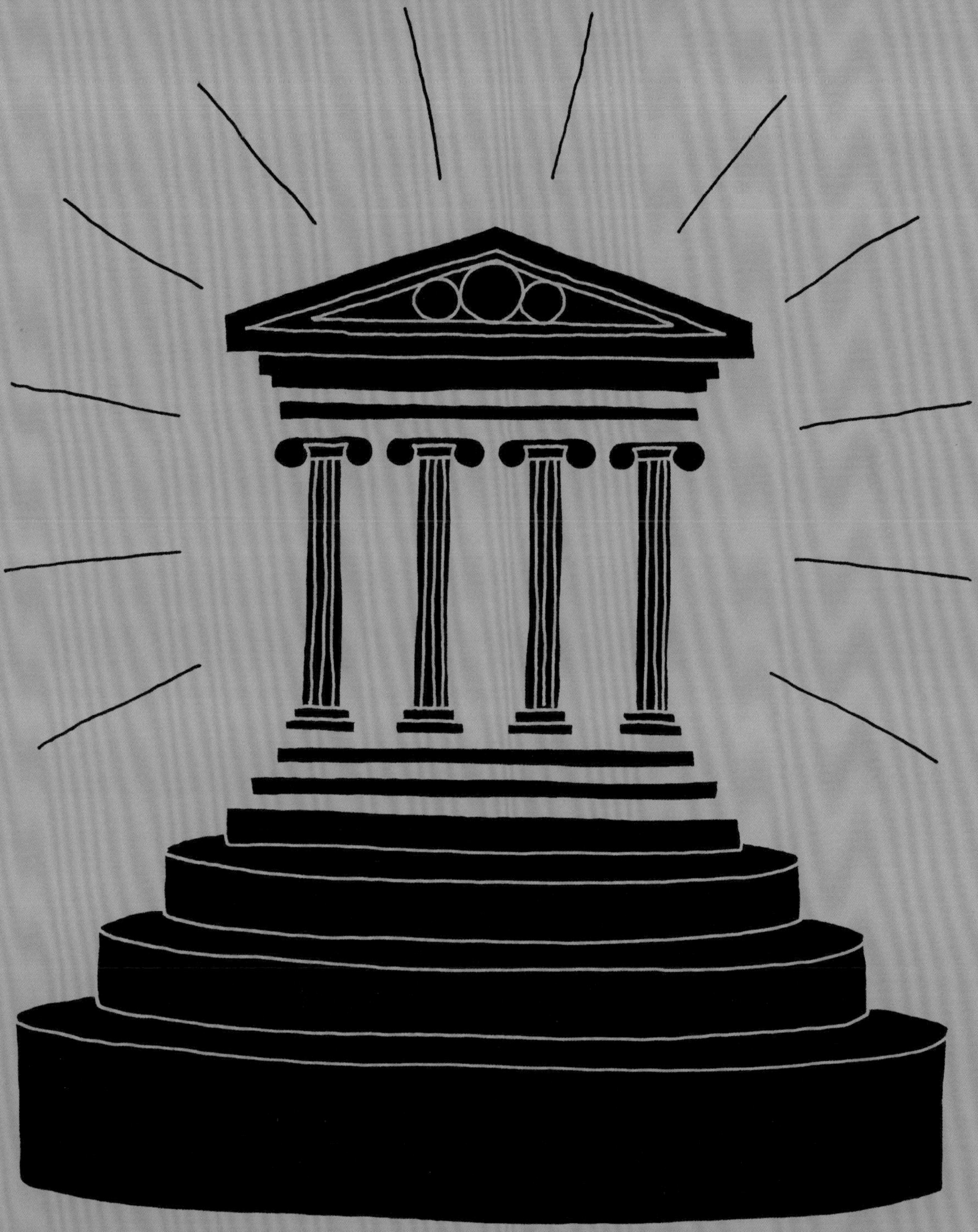

背景介绍

聚焦
治理术

主要事件

1513年 在《君主论》中，佛罗伦萨政治理论家尼可罗·马基雅维利就如何维持权力提出了建议。

1567年 法国作家纪尧姆·德·拉·佩里埃在《政治之镜》中指出，"统治者"一词可以运用到更广泛的人或群体中。

1979年 米歇尔·福柯发表一篇题为《治理术》的文章。

1996年 英国社会学家尼古拉斯·罗斯考察了如监狱和学校之类的社会制度塑造公民的行为。

2002年 德国社会学家托马斯·莱姆克将福柯的"治理术"概念运用到现代新自由主义社会中。

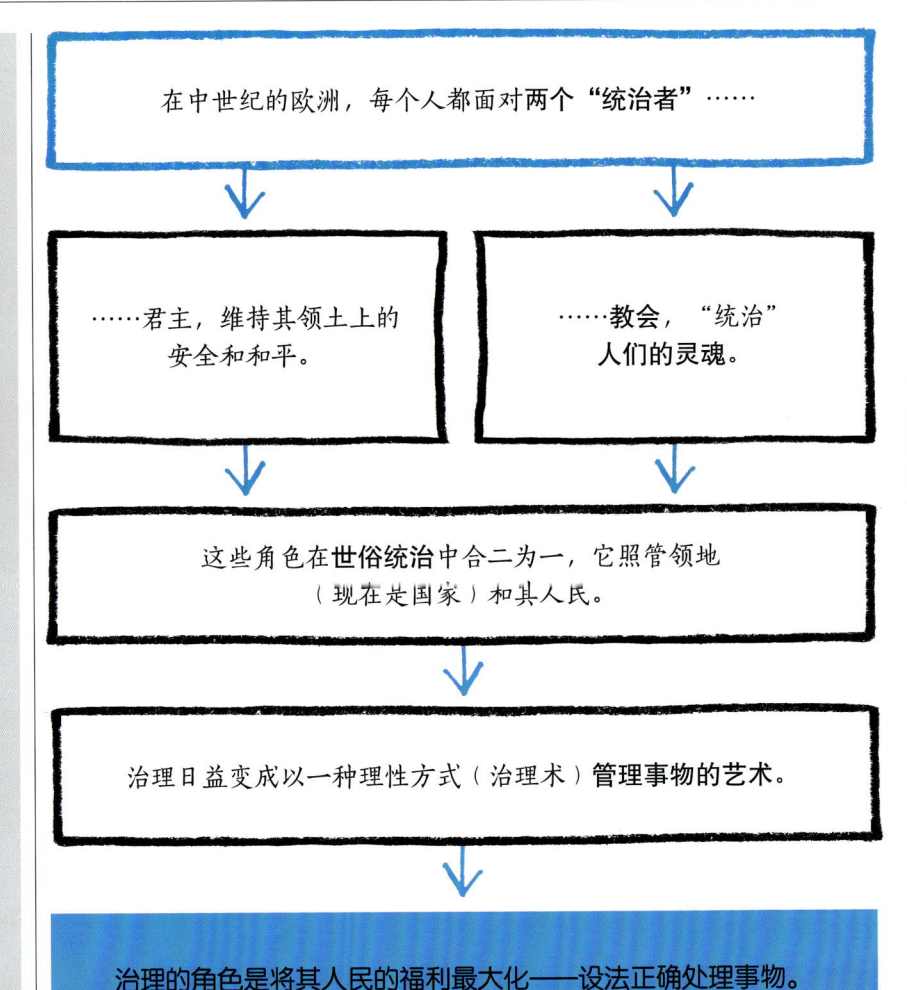

在中世纪的欧洲，每个人都面对两个"统治者"……

↓ ……君主，维持其领土上的安全和和平。

↓ ……教会，"统治"人们的灵魂。

↓ 这些角色在世俗统治中合二为一，它照管领地（现在是国家）和其人民。

↓ 治理日益变成以一种理性方式（治理术）管理事物的艺术。

↓ 治理的角色是将其人民的福利最大化——设法正确处理事物。

古至今，人们一直在关注治理的性质、何时、何地需要它，以及谁有权利去统治他人的问题。法国哲学家米歇尔·福柯将其研究焦点集中于权力的运作上，他对16—20世纪西欧社会中治理的过程和合法性问题尤其感兴趣。

1970—1975年，福柯进入巴黎法兰西学院，成为那里的一名教授；在此期间，他教授一系列课程，其中一讲后来在1979年以"治理术"的名字发表在颇具影响力的杂志《思想和意识》上。在这篇文章里，福柯指出只考察权力的形成而不考虑其统治人民的实践——各种技术和理性——是行不通的。这种理性不是以往大多数哲学家所宣称的那种能够通过纯粹理性而获得的绝对理性，它是一种随时间和地点而发生变化的东西。在某一地点和时间被认为是理性的，可能在其他时空中就被认为是非理性的。为

制度的角色 273

参见：米歇尔·福柯 52~55页，302~303页，戴维·麦克隆 163页，诺贝特·埃利亚斯 180~181页，马克斯·韦伯 220~223页，罗伯特·米歇尔斯 260页。

了总结这一概念，福柯结合法语单词governeur（总督）和mentalité（思想），创造出一个新词——governmentality（治理术），用于描述政府看待自己及其角色的方式（它的合理性）。

福柯的哲学分析方式集中在"主体的系谱"上，而不依赖传统的考察方式。其他哲学家寻找知识的普遍和不变基础，而福柯探究主体是如何在历史中构成的，以及这如何导致了它的现代形式。

福柯关于治理术的系列讲座考察了自主、独立的自我概念是如何与民族国家的思想相协调的。他特别的兴趣点在于这两个概念是如何相互决定彼此的存在，并随着当时的政治合理性而变化的。

> "我想去研究统治的艺术，也就是最佳统治的合理方式，同时，也去反思统治的最佳可能方式。
> ——米歇尔·福柯

中世纪统治

福柯的考察追踪了不同时代、不同地点所发生的统治方式的变化。回溯到中世纪的欧洲，他指出，我们现在所熟知的民族国家，在那个时候是不存在的，治理术也不存在。人们生活在一种"公正状态"中，通过直白的法律和习俗（如将犯人集中起来），把人民整合到其群体中。那是封建主义时代，君主作为尘世中上帝的神圣代表，依赖不同领主来维持对其臣民的控制。由忠诚于君主的领主组成的领主网络是在广阔领土上维持统治秩序的一种方式。

通过向君主提供武力服务以及支持，领主们赢得他们的封号、城堡以及土地权。最终这些特权变成世袭。农民或农奴有义务耕作土地，为他们的统治者创造丰厚利润。这种拥有清晰、明确的个人权

中世纪，农民在土地上耕作，为他们的领主创造了巨大财富。封建体系控制着人们，而非大一统的政府。

力运作的体系，意味着集权统治是没有意义的：不同的贵族有不同的统治方式。冲突和内战同样是家常便饭。君主的臣民并不认同他们的民族身份，相反，他们向其封建领主效忠，与他们的封建领主站在一起。

统治的新方式

在福柯看来，在16世纪中期封建主义开始衰落的时候，统治开始变成一个重要问题。随着帝国和领土的扩张，如何统治个体、家庭以及国家成为一个核心问题，治理术因此诞生了。

与封建制度的决裂，同时也增多了国家间的冲突。于是，对于一

德国牧师马丁·路德发起宗教改革，挑战天主教会的权威；福柯指出，这标志着治理转变的开始。

个国家来说，知道自己和对手的能力和实力变得日益重要。福柯宣称，这是16世纪会出现警察的原因。这些力量不仅给政府提供安全，也能够测量和评估国家的实力。警察的出现使得对于市民的治理变得很容易，从而确保处在监视下的个人保持持续的生产力和服从。

16世纪同样见证了欧洲宗教实践的巨大转变。始于1517年的宗教改革是对天主教会及其权力的重要挑战。在福柯看来，伴随着领土国家的崛起以及新教和天主教之间矛盾的激发，早期现代政治理论家将两种截然不同的思维方式结合在一起。神学家一直以来从精神的路径入手考察统治：牧师的终极责任是拯救灵魂，像牧羊人守护羊群一般守护着他自己的"羊群"。世俗政治家则以一种更世俗化的方式看待统治的艺术——他们认为自己的角色是管理冲突、保护领土和维护和平。福柯指出，这两种思维方式在16世纪末和17世纪融合在一起，形成了一种新的统治艺术。

君主之死

公民和他们的统治者首次有可能在一个互益的系统中走到一起。统治者的个人利益不再是统治的唯一指导原则，在这一转变下，"统治"的思想转变为"管治"。通过考察佛罗伦萨外交官尼可罗·马基雅维利《君主论》中的政治思想，福柯追踪了政府从至高无上的权力到作为有效运作方式的转变。在这部短篇著作中，君主主要关注其领土的维持和扩张，对生活在其土地上的臣民不感兴趣，只要他们安分守己。君主保持与其领土的道德疏离感——他不欠任何人的恩情。随着君主丧失他们至高无上的权力，以及教会丧失其权力，这种思维方式逐渐走到末路，新技术（如印刷术）使得革命思想的传播成为可能。

从中世纪末期到17世纪，文艺复兴引领一股重回自由和民主古典主义的思潮，带来了更具革命性的思想，威胁到君主的人身安全以及他们的统治权力。例如，在英国，国王查理一世对自己的神圣统治权力深信不疑，导致他在英国内战期间与议会产生冲突。1649年，查理一世被以叛国罪处死。

仁慈的统治？

福柯高度赞扬法国文艺复兴时期作家纪尧姆·德·拉·佩里埃在1567年对于统治的定义，其特殊之处在于没有提到领土。相反，在这里，统治被描述成对事物的正确处理，以达到一种适当的目的。在仁慈的理念下，统治的责任被扩展到包括其公民的福利，尽管在现实中，这种统治形式关注的是管理人的生命——以及他们奋斗而来的物质成果——以实现国家力量的最大化。确保财富的增长被认为是统治的关键，但是如果统治者想确保长久的繁荣和生产力，那么拥有成倍增长的健康人口也很重要。福柯指出，基于这一点，人和事物（人们与财富、环境、饥饿、繁衍、气候等的关系），而不是领土，需要用一种有效的方式进行管理。统治现在是一种艺术。

公民或者臣民？

福柯认为，18世纪约翰·洛克和亚当·弗格森所揭示的那种早期自由主义公民社会观，使得一种社会统治成为可能。这种自由主义统治艺术以"小政府的合理性"为组织原则。换句话说，它倡导最少的政府干预以及更多地关注公众。在这里，"公众"的概念以及对政府成功的重要性变得至关重要，这带来了将"公众中的个体成员"看作生活、工作以及社会存在的观点。

这种自主个体的新观点将会带来许多新的政治问题，包括个体和国家的权力和责任。如果一个人处于政府的统治之下，那么他将如何获得自由呢？"自主的"个体的自我控制与政治控制之间的联系成为一个重要问题，就如同统治的可能性与经济剥削之间的联系。

为了探讨这一阶段，福柯再次回到了他关于"被动的身体"的讨论上。在《规训与惩罚：监狱的诞生》中，他回溯了17—18世纪身体是如何被那些掌权的人看作一个（被使用和改造的）目标的。他同时还考察了寺院和军队中产生的监视技术是如何被用来控制人们的身体以生产出那些没有反抗能力的被动主体的。

在《规训与惩罚：监狱的诞生》这一早期著作中，福柯坚持认为规训产生顺从。但是，当谈及治理术时，他则认为这过于重视统治，论辩过于简单。他现在指出，个体比他以前所认为的要拥有更多的机会去改变和建构他们自己。治理术指的是社会去中心化的方式以及公民在自我治理方面所扮演的积极角色，而其中的核心问题是公共权力与个体自由之间的关系。

> 让我们不要质疑为什么一些人想要统治，相反，让我们问一问，我们的身体是如何被支配的，我们的姿势是如何被控制的，以及我们的行为是如何接受命令的。
>
> 米歇尔·福柯

减肥者根据大众标准和文化要求而不是基于个人选择来管理和规训自己。

管理身体

减肥机构，如减肥中心或纤体中心，反映了福柯的"自我治理"概念与当今时代所标榜的"正常"理念相一致。当这些组织帮助个人发展出一种自我和价值感时，他们同时也将这些人裹挟在一个最终会使许多公司获益的权力网络中。

许多女性主义者，如美国作家金·彻宁力争，通过节食获得完美身体的追求将女性放在了一个"纤细暴政"中。纤体公司和节食组成规训实践，许诺了一个"改善的自我"，但是他们也将女性置于父权制（男性主宰的）关于女性"应该"是什么样的、应该如何举止的思想之下。这种遵守"正常"标准的必要性，将节食从一种饮食行为转变为道德命令。美国女性主义者桑德拉·巴特基和苏珊·博尔多认为，这是一个暗示过程，其中，女性既是主体又是服从者。

> 如果想要分析西方文明中的主体系谱，就不能只考虑统治的技术，还要将自我的技术纳入考虑范围。
>
> 米歇尔·福柯

统治的艺术

福柯认为，治理术之所以重要，是因为它在他所称的"自我的技术"（个体主体的创造）与"统治的技术"（国家的形式）之间提供了一种联系。在福柯看来，这是由于统治没有一个纯粹的政治意义。从18世纪起直到较为近期的时间，统治都是一个广泛的概念，包括引导家庭、家庭管理、心灵手则以及传统政治。福柯将这种全包式的治理形式描述为"行为引导"。福柯认为，在现代世界中，治理并非一种简单的从上而下的权力关系，它基于一个多层网络。那些曾经基于暴力或由暴力维系的治理，现在只是控制的一个元素。在现在的治理形式中，掌握主导权的其他体系包括强制策略，以及那些建构和塑造公民可能采取的行动形式的策略。与通过恐吓和暴力的治理相比，这些运用更为隐秘的控制形式的治理要有效得多，如给定有限的选择或者使用如学校之类的规训制度来指导个体的行为。这样一来，自我控制就与政治规则和经济剥削联系了起来。看起来好像是个人选择的结果，但这也"恰好"符合国家利益。因此，福柯指出，现代民族国家与现代自主性个人相互依赖而存在。

行动中的治理术

许多当代学者进一步发展了福

> 国家这头'冰冷的怪兽'……为人们所规划的美梦或噩梦远不足以解释生活在其中的人们所被统治的方式。
>
> 尼古拉斯·罗斯
> 英国社会学家

柯的观点，将治理术看作一种塑造和指导群体及个体的选择和生活方式的努力。例如，美国人类学家马修·科曼将治理术运用于考察医生的吸烟情况中。他考察了医护人员的吸烟状况是如何被看作公共人群中高吸烟率原因的。公共健康运动以这些医生为目标，谴责他们应对烟草相关疾病负责，呼吁他们管理自己的身体并且停止吸烟。

个体与国家

福柯认为，当君主的神圣权力和天主教会的权力遭到挑战时，个体会被看作政治的重要部分。政府的任务变成如何寻找一种一方面明显是在为公众服务，而另一方面又能继续巩固其力量的方式。

由君主和教会所统治
（大约6—16世纪）

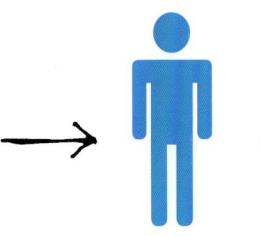

→

个体的崛起
（16世纪晚期—17世纪）

→

公民参与到治理中
（18世纪以来）

福柯关于将现代民族国家看作一个治理化的整体观点也遭到了批评。例如，他被指责在定义治理术时概念模糊和前后矛盾。哲学家德里克·科尔指出，通过消灭自由的、主观的选择，福柯的定义"砍掉了社会主体性"。加拿大社会学家丹妮卡·杜邦和弗兰克·皮尔斯指责福柯过于简单化和理想化地理解西方政治历史，将它看作"由种子生长而成的植物"，应当克服障碍，发挥它真正的潜力（在某种程度上，好像它总是隐含的）。

新自由主义

然而，福柯的治理术思想仍然是改变和批判新自由主义的一个有力工具。第二次世界大战后以及20世纪末的后福利政治和经济时期，政府在许多方面将其责任转嫁给了公民。在讲座中，福柯讨论了三个战后国家的新自由主义：西德、法国和美国。这种治理形式被描述成资本主义战胜国家或"反人道主义"，强调个体以及集体纽带的摧毁。在新自由主义看来，工人被看作一个自我拥有的单位，需要具有竞争性。

新自由主义依赖负责任、理性的个体，因为这些个体能够对他们自己、他们的生活以及他们的环境负责，特别是通过"技术的常规化"——社会中一致认可的目标和程序是如此的"一目了然"，以至于它们被看作"常规的"。21世纪，这包括如废物回收、减肥、参加"邻里守望计划"以及戒烟等行为。

福柯认为，人们关于健康、工作、家庭等的思考和谈论方式鼓励他们以特殊的方式行动。人们根据自己信以为真的东西管理自己和他人。例如，许多社会认为一夫一妻制的异性婚姻是养育孩子的"正确"环境，并通过许多方式强化这一观点，从文学作品到关于家庭价值的政府话语。政治政策同样可以

> " 福柯的研究永久地改变了人们对于现代社会中人是如何被治理的理解。"
> 布伦特·皮克特
> 美国政治科学家

在2008年的美国总统竞选中，巴拉克·奥巴马的支持者高呼"我们一定能！"，暗指民治政府。这一策略回应了福柯的"自我治理"概念。

被用来支持某一特定理念，例如通过减税政策来影响家庭。

英国学者尼古拉斯·罗斯吸收了福柯的主要思想，围绕"社会之死"撰写作品，试图解释新自由主义国家中的个体是如何在几乎没有任何帮助的情况下去探索通往公共服务之路的。福柯认为，只有通过这种视角，我们才能发现权力是压迫性的，即使它看起来好像是为着每个个体的利益服务的。福柯力争，当"自由选择"掩盖一切行为时，政治控制——治理的艺术——最为有效。现代新自由主义政府已经发现了或许最危险的统治方式——让人根本觉察不到统治的存在。■

宗教已经丧失了其合理性和社会意义

布莱恩·威尔逊（1926—2004）

内容提要

聚焦
世俗化

主要事件

1904—1905年 马克斯·韦伯宣称，理性化和世俗化之间存在着密切关系。

1966年 奥地利裔美国社会学家皮特·伯格和托马斯·卢克曼指出，宗教权威的丧失已经带来一种合法性危机。

1978年 英国社会学家戴维·马丁称，所谓宗教的衰落不能以数字统计的方法来测量。

1985年 美国社会学家罗德尼·斯达克和威廉姆·本布里奇宣称，宗教是不变的永恒，因为人类需要超自然力量的慰藉。

1992年 在英国社会学家史蒂夫·布鲁斯看来，传统宗教不得不进行适当的调整，变得不那么"宗教"，以便生存下去。

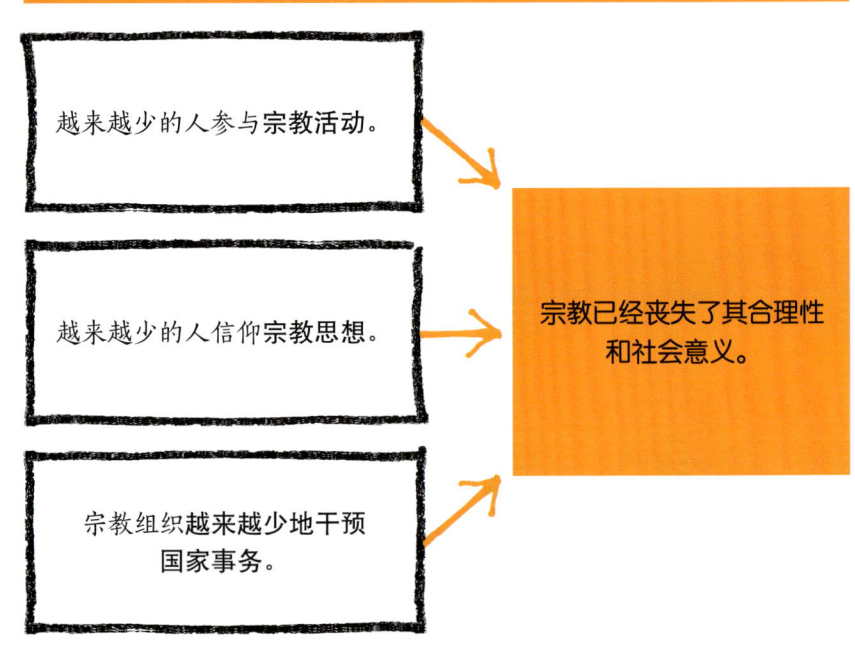

越来越少的人参与宗教活动。 →

越来越少的人信仰宗教思想。 →   宗教已经丧失了其合理性和社会意义。

宗教组织越来越少地干预国家事务。 →

在英国许多小镇和城市中，曾经的教堂和礼拜堂已经变成了酒吧、展示厅和公寓。英国社会学家布莱恩·威尔逊指出，世俗化过程正在发生。在他看来，宗教超自然和神圣的重要性正在下降，它对社会生活、制度以及个体的影响力越来越小。在研究了关于宗教生活的不同方面的统计数据后，他注意到，从调查结果来看，越来越少的儿童在英国教会受洗，越来越少的人参加复活节活动，而越来越多的人承认他们不信仰上帝。

威尔逊指出，现代性——工业化、国家的发展以及伴随而来的科学和技术的进步——导致了社会中

参见： 奥古斯特·孔德 22~25页，卡尔·马克思 28~31页，254~259页，埃米尔·迪尔凯姆 34~37页，马克斯·韦伯 38~45页，220~223页，尤尔根·哈贝马斯 286~287页，米歇尔·马费索利 291页，米歇尔·福柯 302~303页。

宗教思想的重要性减弱。

他指出，起初，宗教在现代世界中并未被完全打败，只是不得不与其他真理主张相竞争。但是最终，科学战胜了其他对手。与中世纪的紧密关系相反，国家和教会逐渐分道扬镳，愈行愈远，成为相互独立的领域。学校中宗教的重要性微不足道，就如同在职场中一般，在那里，组织原则并未给宗教神话留下太多空间。

上帝已死？

和卡尔·马克思一样，威尔逊相信，如基督教、犹太教之类的世界宗教通过对下一代进行社会化来让他们接受社会分化，从而在维持现状方面发挥作用。但是，伴随着现代性的到来，宗教在教化人们相信什么以及如何行动方面已经丧失了权威。他指出，教会意识到它们的边缘地位，不得不进行调整以适应变化中的道德价值。随着旧秩序的崩溃，人们转而寻求新的支撑。

社会碎片化带来了文化多元主义：替代性信仰相互竞争，宗教变得更加私人化。在这种意义上，对威尔逊而言，世俗化与社区的衰落联系在一起。他将如科学教派之类的新宗教运动（NRM)看作"反文化的"，而不是宗教延续的一种表现：它们象征着社会的解体，对控制和维持社会秩序毫无帮助。它们无法将其宗教表达转化为一种在现代社会中会引起显著反响的形式。

19世纪的许多主要思想家，如马克思、迪尔凯姆和孔德，相信随着工业化的到来，宗教会丧失其重要性。但是近年来，这种观点尽管拥有一些支持者，如英国社会学家史蒂夫·布鲁斯，但仍受到了尖锐的批评。例如，英国记者迈克尔·普劳斯指出，这一观点已经过时了，有证据表明宗教仍然充满活力。去教堂做礼拜在美国的流行和非基督教宗教在英国的发展，特别是伊斯兰教的发展，无疑是普劳斯观点的有力证明。■

根据威尔逊的观点，统一教是几种新宗教运动中的一种，反映了现代世界的碎片化和世俗化。

> 教会试图宣扬的教义内容，以及它试图倡导的态度和价值，不再体现我们的国家生活。
>
> 布莱恩·威尔逊

布莱恩·威尔逊

布莱恩·威尔逊于1926年出生在英国利兹。他在伦敦政治经济学院获得博士学位之后，成为利兹大学的一名讲师，并在那里工作了7年。随后他前往牛津大学，在那里待了30年，直至1993年退休。威尔逊是1971—1975年国际宗教社会学会的主席。尽管是一位不可知论者，但他一生热衷于新宗教运动和教派，并且是自由宗教信仰的忠实倡导者。除了对宗教的着迷，他在青年文化和教育方面也广泛著书。威尔逊多年来饱受帕金森病折磨，于2004年去世，终年78岁。

主要作品

1966年　《世俗社会中的宗教》
1979年　《魔法与千禧年》
1990年　《教派主义的社会维度》

我们的身份和行为是由他人对我们的描述和分类来决定的

霍华德·贝克尔（1928—2023）

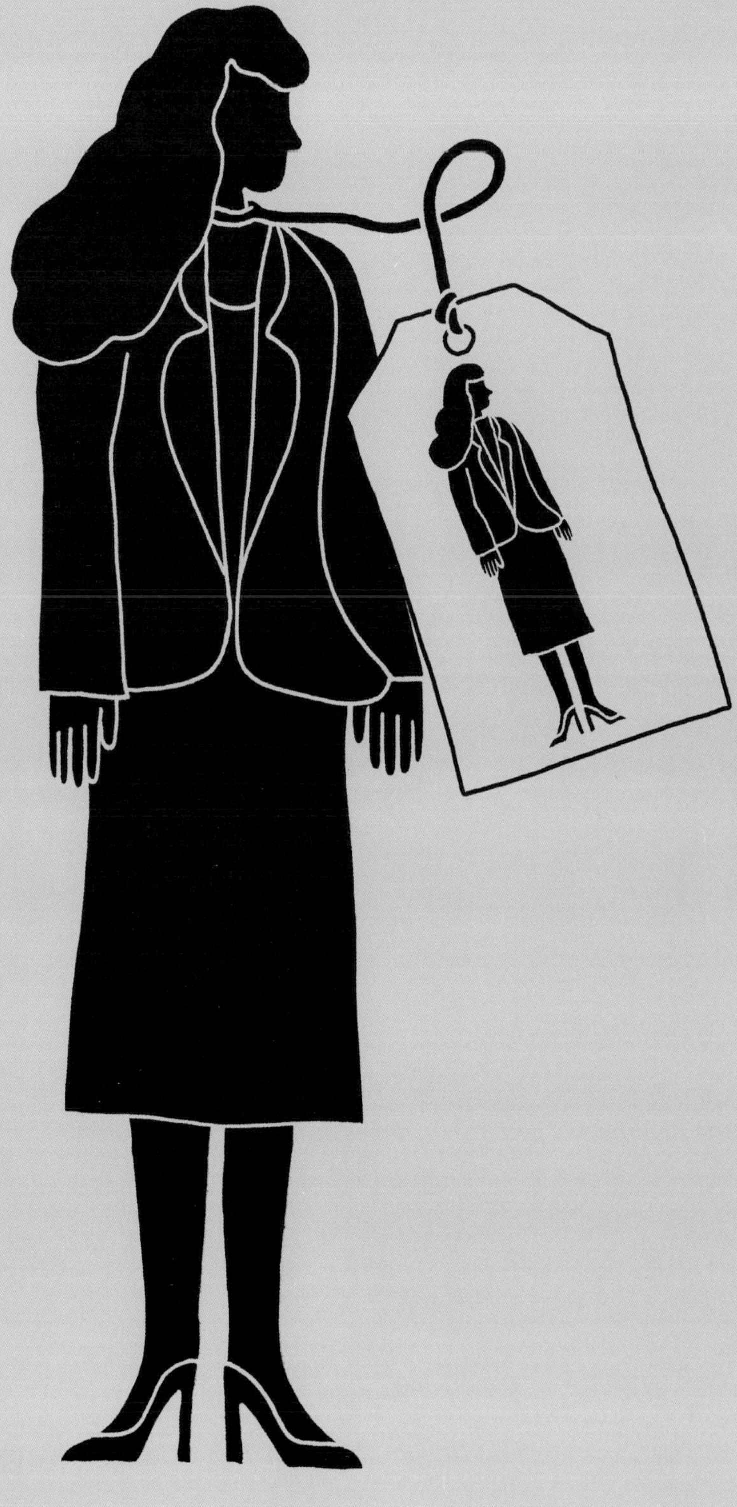

背景介绍

聚焦
标签理论

主要事件

1938年 奥地利裔美国人弗兰克·坦南鲍姆指出,犯罪行为是群体与周围社区之间冲突的结果。

1951年 爱德华·拉默出版了《社会病理学》一书,他在书中引入了"初级越轨"和"二级越轨"的概念。

1969年 大卫·马察在《走向越轨》一书中指出,权威创造了偏差身份。

1976年 美国社会学家阿隆·西库雷尔指出,警察有一种将越轨者等同于工人阶级年轻男性的刻板印象。因此,相较于犯罪的中产阶级年轻人,这些青年更容易被判获罪。

社会中有权势的人将某些行为定义为偏差。

→ 拥有这些行为的人被判有罪,并被标记为**局外人**。

→ 他们以后所有的行动都**被贴上这一标签**。

→ 因此他们将标签内化,并采取相应的行为。

→ **我们的身份和行为是由他人对我们的描述和分类来决定的。**

尽管社会中许多人违反法律,例如超速或偷拿办公文具,但只有一部分人被看作真正的犯人。于20世纪六七十年代英国和美国社会中对于政府权力的不信任环境中产生的标签理论,考察了这一现象产生的原因。

标签理论的支持者认为,犯罪学家曾经试图将罪犯概念化为人口类型,考察为什么特定个人或人群会犯罪。相反,标签理论回答为什么一些行为被看作越轨,以及谁有权将他人的行为标记为越轨;它还考察了这种标记行为对社会和个体的影响。

看看下面的案例。如果一群中产阶级年轻男性在一个单身汉派对后醉醺醺地出现在闹市,警察往往会将他们的行为看作年轻人精力充沛的表现。但是,如果同样的混乱出现在工人阶级年轻男性中,他们就更有可能被标记为小流氓或罪犯。

在标签理论家看来,这是由于规则的制定者,如法官或政治家们,往往是中产阶级或上层阶级,对待他们同类的偏差行为要比对待工人阶级的越轨行为更加宽容。这些理论家指出,我们的越轨概念并非来自人们做了什么,而来自其他人是如何对此回应的——标签是一种政治行动。这一学派——与埃米尔·迪尔凯姆、乔治·赫伯

参见：费迪南·滕尼斯 32~33页，埃米尔·迪尔凯姆 34~37页，爱德华·萨义德 80~81页，以利亚·安德森 82~83页，乔治·赫伯特·米德 176~177页，欧文·戈夫曼 190~195页，塞缪尔·鲍尔斯和赫伯特·金蒂斯 288~289页，斯坦利·科恩 290页。

> **偏差行为就是人们被标记的行为。**
> 霍华德·贝克尔

的东西：我们如何回应行动取决于某种特定的行为是否能够在既定的社会中被认可。例如，恐怖分子被指控为谋杀，但是军队有权杀死恐怖分子。20世纪90年代以来，在西方国家，根据法律，丈夫的婚内强迫性交并不算强奸。贝克尔指出，越轨的不是行为本身；社会的反映塑造了现状；更重要的是，权势阶层的回应决定了社会将如何看待这些行为。只有那些有权的人才能够贴标签，如刑事司法系统之类的制度能够确保某一越轨标签与个体如影随形。越轨是相对的，而不是普遍的——它取决于当事人以及它是如何被回应的。

道德企业家

在创造了"标签"这一社会学中极其重要的概念后，贝克尔称那特·米德以及美国芝加哥学派颇有渊源——的代表人物是美国社会学家霍华德·贝克尔以及爱德华·拉默。

越轨的类型

拉默区分了初级越轨和二级越轨的概念。在他看来，初级越轨是指犯罪或其他行为发生时，并没有被正式地定义为越轨，要么是因为它没被注意到，要么是因为它被认为是由肇事者的性格导致的。不管是哪一种，它都没给个体贴上"越轨"的标签。二级越轨指的是社会反映对个体的影响。如果一个人犯了某种罪行，被逮住并标记为犯罪或越轨，那么他们可能会在未来改变自己的行为，以迎合这一标签。

在《局外人》中，贝克尔进一步发展了拉默的许多观点，奠定了所谓"标签理论"的基础。他指出，不存在那种叫作"偏差行为"

一群有特权的大学生在餐馆里捣乱，饮酒纵火，可能被控诉为年轻人的狂欢作乐，而一群工人阶级年轻人有同样的作为，就可能被贴上"越轨者"的标签。

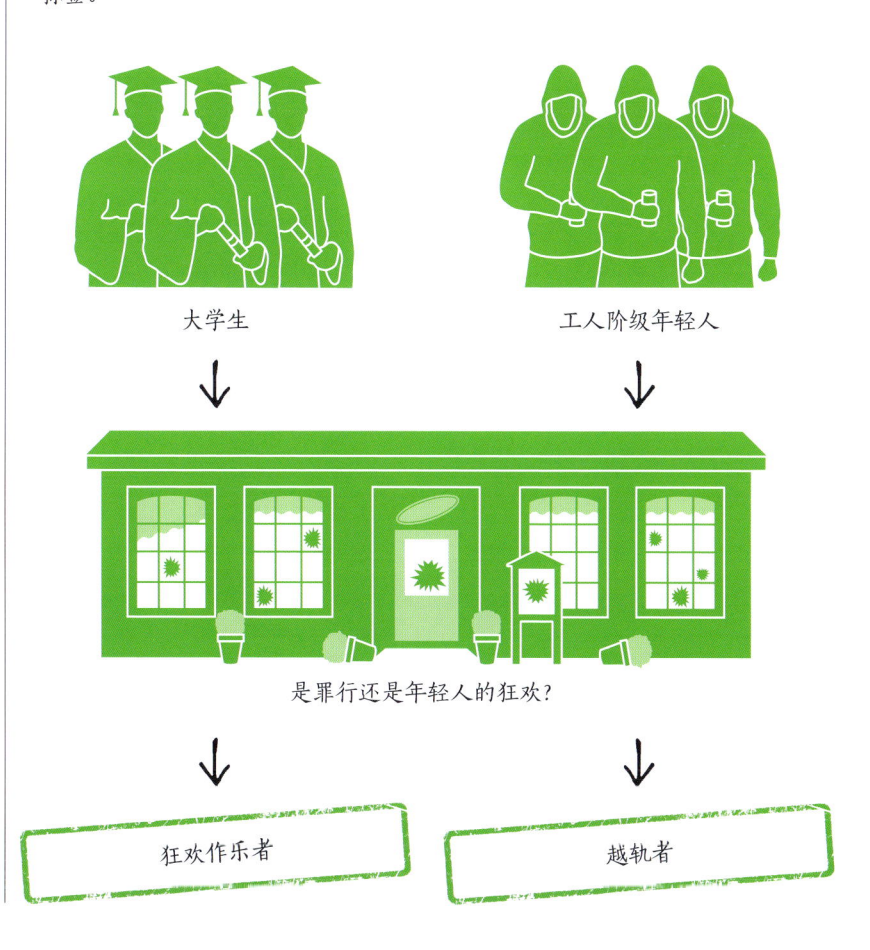

大学生　　　　　　　　　工人阶级年轻人

↓　　　　　　　　　　　↓

是罪行还是年轻人的狂欢？

↓　　　　　　　　　　　↓

狂欢作乐者　　　　　　　越轨者

电影《大麻狂热》（1936）就是一种不加掩饰的宣传。影片描述了一群高中生因为吸食大麻而堕落的故事。

些在社会中有权力给他人贴标签的人是"道德企业家"。他们认为自己有责任说服他人按照适合自己的道德信仰看待世界。他们有两种类型：规则的制定者和规则的执行者。不同社会中"道德企业家"的地位和身份各不相同，但他们总是在社会中拥有相对权力的那些人；他们使用权力达成自己的目的，要么是通过将自己的意愿强加给他人，要么是通过与他人协商。

贝克尔通过1937年美国联邦调查局（FBI）进行的一项宣传活动的个案研究，展示了"道德企业家"的行动。道德企业家对公开展示愉悦或狂喜的厌恶，以及新教徒对名声和自制的关注，推动了法律变革。在贝克尔看来，联邦调查局采取各种不同策略以实现他们的目标，包括如电影《大麻狂热》的宣传，以及公共讨论和政治游说。

越轨"生涯"

贝克尔尤其对那些将越轨标签内化的人感兴趣，这些人使这一标签成为他们的标志性特征，并坚持以越轨为他们的主要生活方式。他研究大麻吸食者，调查他们是如何经历越轨"生涯"的不同阶段的，并发现大麻的首次吸食者们不得不学习如何理解并进而享受毒品的影响。他指出，离开了这一学习过程，吸毒可能并不是令人愉快的，或者可能并不那么有效。学习是偏差行为意义的重点——人们只愿意学习那些对他们有用的事物，只有当个体学会如何向"正统"或"规矩"世界隐瞒这种习惯时，他们才能变成合格的"瘾君子"。如果"瘾君子"被抓住、指控或逮捕，那他们的越轨身份就很可能被坐实。贝克尔推断，伴随越轨"生涯"而来的是它的"奖励"，尽管这并非来自外部的社会；相反，它们来自一种从属于某一群体的归属感，这一群体通过对整个世界的对抗而获得团结。

对标签理论的批评

尽管它收获了影响力和持续好评，但许多批评也对准了标签理论。例如，英国社会学家乔克·杨指出，大部分标签理论聚焦于边缘越轨行为而非那些更加严重的罪行，因此，它忽视了这样一个事

> **犯罪的过程是一个贴标签、下定义、做识别、相隔离的过程。**
>
> 弗兰克·坦南鲍尔
> 奥地利籍美国历史学家

> **规则破坏者可能觉得他的裁判是局外人。**
>
> 霍华德·贝克尔

制度的角色　**285**

> "社会群体通过规定谁的违规构成了越轨，创造了越轨。"
>
> —— 霍华德·贝克尔

实：一些如谋杀之类的罪行几乎无一例外地受到了谴责，而不受到偏差的其他定义的影响。美国社会学家阿尔文·古尔德纳就曾抱怨，贝克尔的越轨者被动地接受了那些强加给他们的标签，而不是努力反抗。古尔德纳挑战贝克尔的理论，认为人们经常出于自卫而反击：自由意志要远比贝克尔的研究发现强大得多。

贝克尔之类的学者往往被指责将弱者浪漫化。作为回应，贝克尔声明，"非常规的多愁善感不是最邪恶的"。贝克尔的研究迫使我们探究权力关系和社会公正中的重要问题，对研究越轨的众多社会学家具有重要意义。例如，美国社会学家戴维·马茨阿通过论证犯罪之所以成为犯罪，是政府和政府代理人做决定和采取行动的结果，这一观点发展了贝克尔的许多思想。在这一过程中，罪犯和他们的行动都被看作异常的，而站在越轨者的立场上，这是完全正常的行为。■

在对爵士音乐家的一项研究中，贝克尔指出，他们的越轨生活方式使他们与社会相脱离，并发展出一种强化其偏差行为的价值观。

霍华德·贝克尔

社会学家霍华德·贝克尔于1928年出生在美国芝加哥，在幼年时期就混迹在音乐界。15岁时，他作为准职业的钢琴师在酒吧和俱乐部工作，经常接触毒品文化，这成为他后来的研究主题。在芝加哥大学攻读社会学之后，他的大部分学术生涯是在美国的西北大学度过的。在职业生涯中，贝克尔获得了众多奖项，包括1998年美国社会学学会的学术成就卓著奖。贝克尔以其学术慷慨而著称，尽管已经退休了，但他仍继续帮助博士生学习，指导他们如何发表论文。音乐，特别是爵士乐，一直是他个人和研究兴趣的一个主题。2023年8月16日，贝克尔在旧金山的家中去世。

主要作品

1963年　《局外人》
1982年　《艺术世界》
1998年　《行业秘诀》

经济危机随即转化为社会危机

尤尔根·哈贝马斯（1929— ）

内容提要

聚焦
合法性危机

主要事件

1867年 在《资本论》中，卡尔·马克思指出，资本主义社会易发生经济危机。

1929年 美国纽约华尔街的证券交易危机引发了一场影响整个西方的、为期十年的经济衰退。

1950—1960年 塔尔科特·帕森斯讨论了合法性和社会秩序，宣称社会化能使人们习得价值观，促使他们遵守社会规范。

2007年 全球经济衰退带来欧洲向政治右翼政党的摇摆。

2009年 智利社会学家罗德里戈·科尔德罗·维加指出，与哈贝马斯的观点相反，马克思对当代社会仍有影响。

晚期资本主义社会经历周期性经济衰退。

↓

应对这一状况的**政策**对大多数选民似乎是**不公平**的。

↓

遇到这种情况时，公民会质疑政府的权威。

↓

抗议和示威威胁政府的合法性。

↓

经济危机随即转化为社会危机。

卡尔·马克思认为，资本主义社会易发生经济危机，且经济危机随着频率的增加而不断恶化，最终带来工人革命。但是，为什么一个社会发生这种危机时，往往会伴随着不同程度的政治气候的变化呢？

这是德国社会学家尤尔根·哈贝马斯在20世纪70年代初提出的问题。他对资本主义与危机之间的关系很感兴趣，他也见证了这一体系在一系列重大事件之后仍幸存，如美国1929年华尔街股灾以及随之而来的大萧条、欧洲法西斯主义运动的起落，以及第二次世界大战和冷战。

哈贝马斯指出，传统马克思主义关于危机及其趋势的理论并不适合西方晚期资本主义社会。这是因为这些社会已经变得更加民主，并且在福利国家政策的影响下已经发生了翻天覆地的变化。例如，提供免费医疗服务，以弥补经济不平等。另外，他指出，集体认同已经碎片化，个人主义增加，以阶级为

制度的角色 **287**

参见：亚当·弗格森 21页，卡尔·马克思 28~31页，赫伯特·马尔库塞 182~187页，丹尼尔·贝尔 224~225页，米歇尔·福柯 270~277页，斯坦利·科恩 290页。

合法性危机

尽管经济繁荣和衰退的交替仍在继续，但民族国家的政策措施已经能够使他们避开主要危机。与早期资本主义社会不同，在国家治理的晚期资本主义社会中，危机和冲突主要发生在文化和政治领域。

在哈贝马斯看来，现代西方社会的危机之一是合法性。合法性已经变成关注的焦点，因为国家作为自由市场经济的管理者，同时也在解决经济问题，确保民主制度以及取悦选民。如果公众感到政府政策是不公平的，那他们就不会支持政府。因此，政府的一大难题就是在追求资本和维持公众支持之间取得平衡。换句话说，国家政策必须一方面迎合商业和资本家，一方面要看起来像是代表所有人的利益。这意味着政府机构的存在条件承受着合法性的大范围丧失。

如果公民认为政府是公正的和仁慈的，他们就会支持它。然而，如果他们觉得政策有悖他们的利益，那么他们就会表现出政治冷漠，甚至是大规模的不满和抗议。如果出现对现状的威胁，政府可能采取短期的社会福利措施以取悦其公民。

哈贝马斯指出，民主资本主义是一项"未竟的事业"，意味着社会系统有望被进一步改造。2007年全球金融危机以来的西方政府行动，已经展示了狭隘的资本主义利益与公众利益、大众民主之间的紧张关系，以及确保制度合法性的必要。■

2011年，希腊雅典防暴警察与示威者的对峙，表明政府应对国家债务的财政紧缩政策以牺牲大部分人的利益为代价而迎合了极少数人。

尤尔根·哈贝马斯

尤尔根·哈贝马斯于1929年出生在德国杜塞尔多夫，他的政治觉悟来自其青少年时期在希特勒青年团中的经历，他目睹了第二次世界大战的创伤和对犹太人的大屠杀——这影响了他的大部分作品。

哈贝马斯是最重要的当代社会思想家之一。他的许多作品关注知识沟通和公共及私人领域的变迁性质。他生来就有腭裂，这影响了他的演讲，同时也使得他在青年阶段处于社会孤立中。这一经历影响了他的沟通理论。

他在法兰克福社会研究所学习社会学和哲学，师从马克斯·霍克海默和西奥多·W. 阿多诺，二者共同开创了批评理论。20世纪60年代末，他成为社会研究所所长。

主要作品

1968年 《知识和人类旨趣》
1973年 《合法性危机》
1981年 《交往行为理论》

学校教育可以被看作一种社会控制形式

塞缪尔·鲍尔斯（1939— ）
赫伯特·金蒂斯（1940—2023）

内容提要

聚焦
隐性课程

主要事件

1968年 在《课堂生活》中，美国社会学家菲利普·杰克森指出，儿童在课堂中通过隐性课程实现社会化。

1973年 在皮埃尔·布迪厄看来，"文化资本"（认识文化参考的能力，知道如何在不同社会情境下做出合适的行动等）的再生产解释了中产阶级的成功。

1978年 凯瑟琳·克莱里柯蒂斯的英国研究表明，性别不平等是隐性课程的一部分，不利于女孩。

1983年 美国文化评论员亨利·吉鲁指出，隐性课程是多元的，沿着性别、种族以及社会阶层运作。

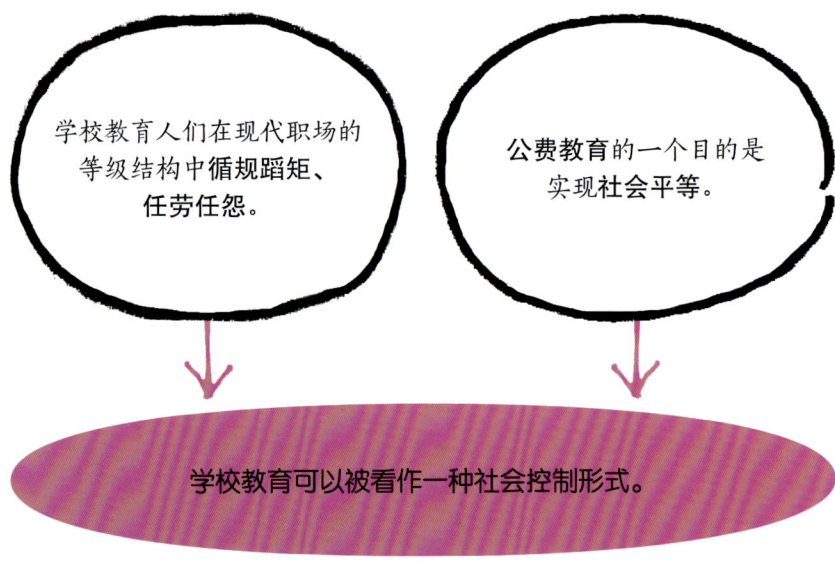

> 学校教育人们在现代职场的等级结构中循规蹈矩、任劳任怨。

> 公费教育的一个目的是实现社会平等。

↓ ↓

学校教育可以被看作一种社会控制形式。

学校的存在是为了教育儿童以使其适应社会，但是在20世纪60年代，关于现代生活的这一美好共识开始瓦解。到60年代末，菲利普·杰克森创造了"隐性课程"一词，宣称社会化的基本元素并非发生在学校的正式教育课程中。尽管埃米尔·迪尔凯姆早在几十年前就已经观察到这一点，但直到60年代末才有人给出一个不太受欢迎的解释，并由此发展出社会学的若干解释路径。

最激进的视角来自美国经济学家塞缪尔·鲍尔斯和赫伯特·金蒂斯，他们在《资本主义美国的学校教育：教育改革与经济生活的矛盾》一书中指出，教育不是一个中立的领域，而是一个资本主义需求的再生产领域，通过隐性地培育青年人的态度来使他们在未来的生活

参见：埃米尔·迪尔凯姆 34~37页，皮埃尔·布迪厄 76~79页，欧文·戈夫曼 264~269页，保罗·威利斯 292~293页，塔尔科特·帕森斯 300~301页。

中能适应那些异化他们的工作。在鲍尔斯和金蒂斯看来，学校教育的存在是为了再生产社会不平等。因此，对儿童未来最好的预测是其父母的经济地位，而非他的学业成就或智力。尽管显性的课程内容是关于机会的平等，但教育的主要功能不是教授职场中所需的技能，而是给儿童灌输隐性课程的内容。

工人阶级的孩子习得他们的社会地位，知道如努力工作、遵从、守时以及服从命令之类的品质是值得嘉奖的，而创造性和独立思想是不受重视的。这维持了经济现状——因为它需要的是勤奋而无批判精神的劳动者。

鲍尔斯和金蒂斯宣称，美国19世纪初学校教育的建立是本着将移民者同化到"美国人"的工作伦理中的理念的。更重要的是，学校体系内的等级社会关系与经济体系内的等级关系之间存在某种"类似"。工作的性质也有相似之处：学生对于学习什么以及是否学习知识的内在价值毫无发言权；与工人一样，他们是"异化的"。学校教化学生，让他们知道社会不平等是公正的和不可避免的，因此学校教育可以被看作一种社会控制形式。

阶层的重要性

在法国，皮埃尔·布迪厄具有不同的观点，认为隐性课程是通过知识的文化再生产实现的。主流阶层有能力将其文化和价值定义为优

> **教育中的社会关系结构有助于学生适应职场中的纪律。**
> 塞缪尔·鲍尔斯和赫伯特·金蒂斯

越的，这造就了学校中教什么，因此人们学会尊重那些被认为是上层阶级的东西，鄙视工人阶级的所有。例如，工人阶级的孩子可能会被教导古典音乐优于流行音乐，对他们来说要欣赏前者太难了，而中产阶级孩子则会被教导如何欣赏它。类似地，中产阶级的孩子被灌输那些如何成为一个领导者的品质。因此，工人阶级的孩子在这一体系中面临着一种针对他们的系统偏见。

许多社会学家，如英国学者戴恩·雷主张，学校并没有沦为经济机会的工具。但是，鲍尔斯和金蒂斯的著作仍然引发了很多人的共鸣，因为在过去的一个世纪中，工人阶级的境况基本没有得到改善。工人阶级只是比过去获得了更好的教育。在整个西方社会中，最贫困者的"实际"收入一直在减少，不平等正逐渐加大，低收入工作中的大学毕业生随处可见。■

塞缪尔·鲍尔斯和赫伯特·金蒂斯

塞缪尔·鲍尔斯出生在美国康涅狄克特州的纽黑文，赫伯特·金蒂斯出生在宾夕法尼亚州的费城，他们都从哈佛大学获得了博士学位，并一起密切合作多年。他们受美国民权运动领袖马丁·路德·金的邀请，为1968年"穷人进军"撰写教育背景论文。他们的大多数作品认为社会制度，如学校，反映了权力的运作。

1973年，他们加入了马萨诸塞大学的经济系。金蒂斯一直在那里工作；而鲍尔斯于2001年离开，加入圣菲研究所，成为研究教授和行为科学主任，同时也是锡耶纳大学经济学教授。二人的合作主要集中在文化和基因演变方面，讨论为什么一大群毫不相干的个体会聚集起来相互合作。金蒂斯于2023年1月5日因病去世。

主要作品

1976年 《资本主义美国的学校教育：教育改革与经济生活的矛盾》

1986年 《民主与资本主义：财产、共同体以及现代社会思想的矛盾》

2005年 《不平等的机会：家庭背景与经济成功》（主编）

社会时不时地遭遇道德恐慌

斯坦利·科恩（1942—2013）

背景介绍

聚焦
道德恐慌

主要事件

1963年 在《局外人》一书中，通过讨论人们的行为是如何与社会规范发生冲突的，霍华德·贝克尔的标签理论为道德恐慌理论奠定了基础。

1964年 媒体渲染的"摩登派"和"摇滚派"青年亚文化之间的冲突引发了一场道德恐慌。

1971年 在《吸毒者：毒品使用的社会意义》一书中，斯坦利·科恩的朋友、苏格兰学者乔克·杨讨论了道德恐慌思想与吸毒的社会意义的关系。

1994年 美国社会学家埃里希·古德和以色列学者纳赫曼·本-耶胡达在其《道德恐慌：越轨的社会建构》一书中发展了科恩的思想。

"道德恐慌"这一社会学概念如此重要，以至于它如今被记者和政治家广泛运用。这一概念产生于20世纪70年代，部分出自南非出生的社会学家斯坦利·科恩所著的《民间恶魔与道德恐慌》一书，其灵感来自被媒体夸大渲染的英国1964年"摩登派"和"摇滚派"青年群体之间的冲突。

科恩考察了群体和个人是如何被定义为主流社会价值观的一种威胁的，以及媒体是如何放大它，并以一种负面或刻板印象的方式呈现它们，由此创造了一种国家恐慌的。媒体是一种具有重要影响的机构，往往反映有权势者的价值观，呈现问题以引导公众在问题的最佳解决上迎合"专家"（如政治家和警察）。

那些备受指责的人变成了替罪羊，或者是科恩所称的"民间恶魔"，因为问题往往取决于政府；道德恐慌反映了一种根深蒂固的紧张。通过鼓励其所报道的行为，媒体关注可能创造出一种"自我实现的预言"。道德恐慌可能是短暂的，在被解决的过程中逐渐消失；也可能成为一种更大的、持续的恐慌的一部分。

道德恐慌的概念继续被英国社会学家安吉拉·麦克罗比等学者使用，以描述在创造越轨行为和为加强对边缘群体的社会控制而辩护的过程中，媒体所扮演的角色。■

美国纽约的"9·11"袭击，激起了民众对恐怖主义的道德恐慌，导致了普遍的"伊斯兰恐惧症"——对穆斯林或被当作穆斯林的人的偏见。

参见：哈罗德·加芬克尔 50~51页，爱德华·萨义德 80~81页，赫伯特·马尔库塞 182~187页，斯图尔特·霍尔 200~201页，霍华德·贝克尔 280~285页。

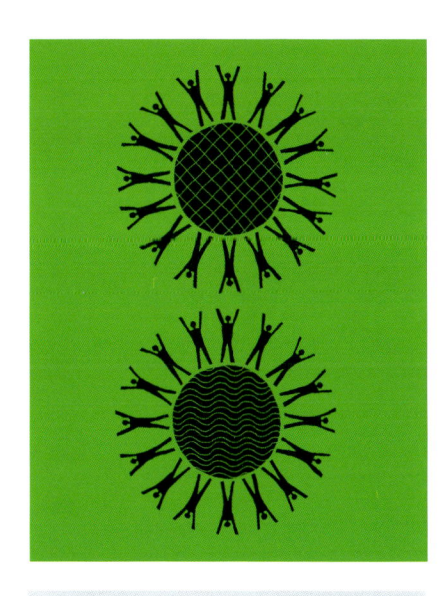

部落时代

米歇尔·马费索利（1944— ）

背景介绍

聚焦
新部落主义

主要事件

1887年 费迪南·滕尼斯界定了一种从共同体到社会的社会联结的重要转变。

20世纪70年代和80年代 基于美国社会学家罗伯特·默顿的研究，亚文化理论家们指出，年轻人基于阶级和性别形成联结。

1972年 法国社会学家皮埃尔·布迪厄出版了《实践理论大纲》，考察了阿尔及利亚的卡拜尔柏柏尔人的生活和物质文化。

1988年 法国社会学家米歇尔·马费索利出版了《部落时代：个体主义在后现代社会的衰落》一书。

1998年 英国社会学家凯文·贺瑟林登扩展了马费索利的概念，指出新部落作为一种对后现代社会中碎片化的回应，是感觉的共同体。

在法国社会学家米歇尔·马费索利看来，我们生活在部落时代。在一个迅速变迁、充满风险和不确定性的世界中，个体需要新的方式来发现他们生活的意义。马费索利指出，新的集合体或部落已经出现：它们是动态的、短暂的，以及"狂欢的"（以希腊之神狄俄尼索斯命名）。一种共同的社会经历或集体审美对部落要比对个人重要得多，共同仪式的重复是打造强烈集体团结的一种方式。

20世纪80年代和90年代初的锐舞运动，以"锐舞"（具有节奏性的音乐和独特舞蹈方式）为特色，更多地以一种共同的意识（对狂野舞蹈和音乐的热爱）为特征，而非一种共同身份。不像以阶级为基础的如朋克之类的亚文化那般固定，这一运动丰富了马费索利所描述的团结的部落形式。与传统的制度和纽带不同，这些归属和共同体的新形式是后天积极获得的，而不是某种先赋的。

马费索利认为现代部落是短暂的、多变的以及流动的，而不是固定的，因此一个人在日常生活中能在不同群体之间流动，实现多样化的存在。马费索利指出，部落成员必须具有一种共享的信仰或意识来维持聚合。■

> 部落隐喻使我们能够解释每个人在部落中被要求扮演的角色。
>
> 米歇尔·马费索利

参见：费迪南·滕尼斯 32~33页，皮埃尔·布迪厄 76-79页，齐格蒙特·鲍曼 136-143页，本尼迪克·安德森 202~203页。

工人阶级子弟为何继承父业

保罗·威利斯（1950— ）

背景介绍

聚焦
文化再生产和教育

主要事件

1971年 英国社会学家巴兹尔·伯恩斯坦在其颇有影响力的研究中指出，工人阶级的子女在教育体系中处于劣势。

1976年 美国学者塞缪尔·鲍尔斯和赫伯特·金蒂斯指出，学校是向人们灌输他们的社会地位的制度。

1979年 英国记者保罗·科里根在《教育街头男孩》一书中指出，工人阶级拒绝那种"努力工作取得成功"的中产阶级价值观。

1994年 英国社会学家马丁·麦克·安·盖尔在《制造男性》一书中，部分回应了保罗·威利斯的发现，展示了"男子汉"是如何抵制学校的。

工人阶级的反文化拒绝中产阶级价值观。
↓
正式的学院知识被嘲笑是女人的。
实践工作被认为是男人的。
↓
这些信仰在工厂车间和其他低收入工种中作用巨大。
↓
工人阶级子弟继承父业。

一个被不断重复的论调是，社会遵守精英制度：人们有多大本事，就能站多高。但是，保罗·威利斯通过对20世纪70年代英国一个工业城镇中工人阶级年轻人的研究，揭示了为什么工人阶级子弟会继承父业。通过对12个男孩在学校最后两年以及就业的第一年的追踪研究，威利斯发现，是这些年轻人周围的文化和价值影响了他们的生活选择。他们发展出一种反文化，抵制用功读书就能够获得成功的学校哲学。通过语言、穿着和如吸烟、喝酒之类的行动，他们明确

制度的角色 293

参见：米歇尔·福柯 52~55页，弗里德里希·恩格斯 66~67页，皮埃尔·布迪厄 76~79页，R. W. 康奈尔 88~89页，斯图尔特·霍尔 200~201页，塞缪尔·鲍尔斯和赫伯特·金蒂斯 288~289页。

表达他们对中产阶级典范的拒绝，并强调他们对于实践技能和生活经验的信仰，形成一种威利斯认为是沙文主义或父权制的态度。

学校出局

这些男孩认为学院知识是"女人的"，那些努力学习的学生——"呆瓜"（遵从者）——是"娘娘腔"和低人一等的。威利斯指出，工厂工作以及类似职业被认为是适合男人的。许多男孩兼职工作，如当上货员或车间工人，习得这种工作的价值以及与之相关的文化。

他们对待女孩的态度是剥削性的和伪善的（渴望性感女孩，但同时蔑视她们）。威利斯指出，这基于劳动的性别分工观念。他们文化的另一个挑战性方面是种族主义，这被用来区分他们的白种工人阶级群体身份。工厂或车间文化影射了男孩的学校经历——这两个地方都强调开玩笑以及反对过多的工作。

只能到工厂干活？

威利斯称，事实上，通过提供低收入（男性）职位，男孩的工人阶级男子气概"表现"支持了父权制。然而，这些小伙子在就业的过程中认为这是他们自由选择的结果，而非剥削。威利斯指出，这不是简单的弗里德里希·恩格斯所称的"虚假意识"，从马克思主义视角看，更重要的是它支持了资本主义，凭借后者，主流意识形态得以自上而下地强加下去。相反，关于阶级、性别以及种族的思想也产生于他们文化内部；他们明确意识到为了在社会阶梯上向上移动，他们得牺牲自己的阶级身份。而老师们往往对这些男孩不抱太高的期望，以至于逐渐放弃了教育他们的想法。学校因此在复制文化价值、经济分工以及工人阶级轨迹方面扮演了至关重要的角色。

新问题

威利斯的研究一度被批评没有基于足够的样本。例如，英国社会学家戴维·布莱基和巴里·亨特就对其持批判态度。然而，20世纪90年代，英国社会学家英格·贝茨重新界定了威利斯的问题，探究了为什么工人阶级女孩最终从事工人阶级和女性化的工作。她的其中一项研究表明，想要从事儿童照料方面

在英国，工人阶级子弟所展现的对学校的强烈反抗，明确体现在他们"努力在规则之下赢得象征性和实质性空间"中。

工作的女孩选择接受照顾老人的培训；另一项研究聚焦于那些想要进入女性化的时尚世界的女孩。贝茨指出，这些"理想抱负"证明工人阶级女孩的视野有限。总之，贝茨指出，受约束的劳动力市场、有限的资历以及朝着"选择"性别化工作而努力的社会化，意味着社会流动几乎不存在。■

保罗·威利斯

作为一名文化理论家、社会学家以及民族志学者，保罗·威利斯出生在英国伍尔弗汉普顿（Wolverhampton）。在剑桥大学毕业获得文艺批判学位之后，他前往位于伯明翰大学的当代文化研究中心攻读博士学位。

1989—1990年，威利斯是工党青年政策工作小组成员。他近期的大多数研究聚焦于文化的民族志研究。2000年，保罗·威利斯与他人共同创立了杂志《民族志》。他曾经是基尔大学社会和文化民族志教授，现在是美国普林斯顿大学社会学系教授。

主要作品

1977年 《学做工：工人阶级子弟为何继承父业》
1978年 《世俗文化》
2000年 《民族志的想象》

FAMILIES AND INTIMACIES

家庭与亲密关系

20世纪30年代和40年代
玛格丽特·米德的跨文化研究挑战了关于性别角色和性取向的传统西方概念。

1974年
在《家务社会学》中，安·奥克利描述了女性是如何被家务劳动异化的。

1980年
在《强迫性异性恋与女同性恋的存在》一文中，艾德里安娜·里奇描述了在异性恋被看作正常的社会中存在的女性压迫。

1955年
在《家庭、社会化和互动历程》中，塔尔科特·帕森斯指出，家庭承担着向子女灌输社会文化规范的社会功能。

1976年
在《性史》（第一卷）中，米歇尔·福柯考察了控制社会规范的权力关系。

1984年
在《家里家外：对女性压迫的唯物主义分析》中，克里斯汀·德尔菲考察了资本主义在女性被作为二等公民来对待的过程中所扮演的角色。

长久以来，社会学家使用科学的方法来研究社会制度和社会结构。然而，20世纪中期见证了一场向理解个体的社会行动的重心转变——研究理由和意义，而非数量和相关度。这被社会学家称为"解释范式"。

20世纪50年代以来，这一解释范式的范围进一步扩大到对于家庭的研究中，后者或许可以被看作介于个体和制度之间的社会单位。如此一来，这不仅可以界定个体和其家庭之间的关系，也可以寻找家庭和更大社会之间的联系。研究领域拓展到考察人际关系以及它们是如何被社会形塑的。

家庭角色

第一批研究家庭的社会学家包括美国学者塔尔科特·帕森斯，他将德国社会理论家马克斯·韦伯的解释范式与功能主义的概念联系起来。对帕森斯而言，家庭是社会的基石之一，对于社会的整体运作具有特殊的功能。他指出，家庭的主要功能是向儿童灌输社会规则和社会规范，为他们习得将来的社会角色提供一种环境。成年人也同样从家庭的另一个功能中获益——提供一种他们可以发展稳定关系的框架。

其他人对传统家庭概念持更加批判的态度。传统上，家庭反映了更广阔社会中的规范——拥有父权制结构，男人负责养家糊口，女人负责照料孩子和做家务。但是，第二次世界大战以后，社会态度发生了迅速转变。居家主妇的观念越来越多地被看作一种压迫形式，女性主义社会学家如安·奥克利和克里斯汀·德尔菲描述了这些女性所经历的异化。

家庭中的性别角色及社会整体中的性别角色开始受到挑战，同样，那种认为存在一种所谓"典型"或"正常"家庭的观念也受到挑战。传统父权制家庭模式的衰落带来的一个结果是，家庭和职场中的矛盾性压力如今同时影响着夫妻

1989年

在《性别、政治和社会》中，杰弗瑞·威克斯提出，性别既是由生物学决定的，也是社会建构的。

20世纪90年代

朱迪斯·斯泰西的研究展现了对于老套的"正常"家庭的传统西方理解的激进替代物。

1997年

在《区分麻烦：酷儿社会理论和性政治》中，史蒂文·赛德曼拒绝接受"正常"行为和性别认同的观念。

1990年

在《性别麻烦：女权主义与身份的颠覆》中，朱迪斯·巴特勒通过挑战关于稳定性别和性别身份的传统观念引领了酷儿理论。

1995年

在《爱情的正常性混乱》中，乌尔里希·贝克和伊丽莎白·贝克-格恩斯海姆考察了现代社会中维持亲密关系的问题。

双方，使他们的关系变得紧张。在朱迪斯·斯泰西看来，家庭的性质处在不断的变动中，以迎合时代的需求，并响应和塑造社会规范。如今，单亲家庭和同性家庭在西方社会中不再被看作异常的。

人际关系

然而，西方关于性关系和性取向的认知解放进展缓慢。在20世纪30年代和40年代，人类学家玛格丽特·米德用她关于世界各地不同文化中的性别角色和性取向研究指出，性行为更多是一种社会建构而非生物性的客观事实。在西方，尽管世俗化不断增加，但宗教道德仍继续影响着婚姻中异性关系的社会规范。

20世纪60年代，人们对于关系的态度发生了显著改变。一种反制度青年文化打破了围绕性别的禁忌，它倡导享乐主义的自由恋爱和一种轻松的同性恋观。这种文化上的变迁在学术著作中得到法国学者米歇尔·福柯以及其他人的回应。

福柯认为，对各种亲密关系的开放态度是对社会强加的性别规范的一种挑战，他的思想为对性别的社会学研究铺平了道路。

20世纪80年代，杰弗瑞·威克斯将性别规范的社会建构观应用到他对于性取向的研究中；而克里斯汀·德尔菲描述了在一个异性恋主宰的社会中女同性恋者的经历。然而，在这一研究领域中最具影响力的社会学家或许是朱迪斯·巴特勒，她倡导不仅要挑战性取向观念，还要挑战性别和性别身份的整体概念。她开创了一个被称为"酷儿理论"的全新的、激进的研究领域，该理论质疑关于正常性别行为的传统思想。■

性别差异是文化的产物
玛格丽特·米德（1901—1978）

背景介绍

聚焦
不同文化之间的性别角色的差异

主要事件

1820年 美国妇女被赋予了选举权。

1939—1945年 第二次世界大战期间，英国以及美国社会中的妇女陆续证明她们能胜任"男人的工作"。"柳丁工人罗西"是美国女性能力和经济潜力的一个象征。

1972年 英国社会学家安·奥克利在《性别、性属与社会》一书中指出，性属是文化性的。

1975年 在《女人交易：性的"政治经济学"初探》一文中，美国文化人类学家盖尔·卢宾指出，异性恋家庭制度给予男人权力并压迫女人。

男性和女性通过奖惩制度学习他们的性别角色……

↓

但是，关于男性和女性"自然"倾向的定义在不同文化间存在差异。

↓　　　　　　　　　　↓

女性不必是儿童的养育者。　　　男性不必是性别的主宰者。

↓　　　　　　　　　　↓

性别差异是文化的产物。

在20世纪初的美国社会中，男人的角色是挣钱养家，而女人被限制在私人领域，负责照料儿童和做家务，因为她们被认为天生适合这些角色。然而，玛格丽特·米德认为，性别并非基于两性的生物学差异，它反映了不同社会中的文化条件。

米德在20世纪三四十年代对非西方社会中的亲属生活的调查，明确了她对自己所处的社会的批判。她宣称，美国社会表达性别和性取向的方式限制了男性和女性的可能性。米德指出，女性和男性通过奖

参见：朱迪斯•巴特勒 56~61页，R. W. 康奈尔 88~89页，塔尔科特•帕森斯 300~301页，安•奥克利 318~319页，杰弗瑞•威克斯 324~325页。

励和惩罚实现着性别遵从，那些被看作具有男子气概的"东西"处于支配地位。

比较不同文化

米德采用比较研究的方式考察了新几内亚三个部落的性别差异。她的发现挑战了关于人类行为决定论的传统西方观点。阿拉佩什的男人和女人是"温柔的、负责任的和合作的"，他们都承担照料儿童的职责——这些特性在西方被认为是"阴性的"。

同样，蒙杜古马的女人以一种"阳刚的"方式行事，她们像男人一样富有暴力性和攻击性。而对传统西方性别角色的更进一步反转是在德昌布利社会中，女性处于主导地位，而男性是依赖者。

某种行为在一个社会中被定义为阳刚的，而在另一个社会中则可能被看作阴柔的，这一事实促使米德主张，气质态度并不必然与性别联系在一起。

她的理论主张性别角色不是天生的，而是由社会创造的，从而将性别作为一个关键概念；它使得我们能够探究男性气质、女性气质以及性取向历史的和跨文化的观念建构方式。

改变的发生

米德的研究为妇女解放奠定了基础，并启发了20世纪60年代后所谓的"性革命"。她的思想向性别角色和性取向严格的社会理解提出了挑战。

米德之后，女性主义者（如美国文化人类学家盖尔•卢宾）指出，如果社会性别不同于性别，而是一种社会建构，那么女性仍然受到不平等的对待就没有理由了。这种社会性别的文化决定论使我们能够意识到并进而挑战那些诸如法

在米德看来，性别差异是文化的产物。没有证据表明女性在做家务或照料儿童方面天生比男性具有优势。

律、婚姻以及媒体之类的社会结构因素所鼓吹的践行亲密关系的行为方式。

与20世纪初相比，21世纪的性别角色已经较少具有限制性了，女性更多地参与公共领域。■

玛格丽特•米德

玛格丽特•米德于1901年出生在美国费城。她的父亲是一名金融学教授，母亲是社会学家，她自己则成为美国自然历史博物馆荣誉馆长。

1929年，米德在哥伦比亚大学获得博士学位，后来成为一名杰出的文化人类学家，以对大洋洲部落的研究而闻名。她关于性别和性取向的早期研究被认为是"可耻的"，她则被谴责为一个"肮脏的老女人"。然而，她成为一名公众人物，就妇女权利、性别角色以及家庭等关键社会议题广泛发表意见。米德撰写了20多部著作，其中许多致力于将人类学推向公众。她于1978年卒于纽约。

主要作品

1928年 《萨摩亚人的成年》

1935年 《三个原始部落的性别与气质》

1949年 《两性之间》

家庭是生产人的性格的工厂

塔尔科特·帕森斯（1902—1979）

背景介绍

聚焦
儿童的社会化和成人的稳定化

主要事件

1893年 在《社会分工论》中，社会学家埃米尔·迪尔凯姆指出，劳动分工对维持经济、道德和社会秩序至关重要。

1938年 美国社会学家路易斯·沃思宣称，工业化正在破坏扩展的家庭和社区。

1975年 受女性主义理论影响，英国社会学家戴维·摩根在《社会理论与家庭》一书中指出，重视核心家庭具有潜在的危害性。

1988年 在《性契约》一书中，英国政治科学家卡罗尔·帕特曼指出，"分离但平等"的概念隐藏了男性在私人和公共领域中的权力。

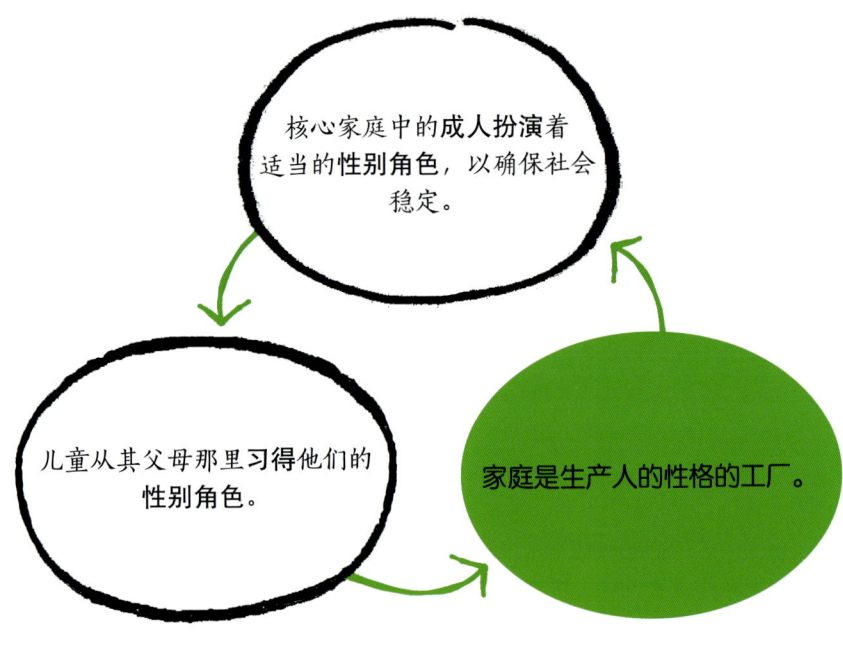

核心家庭中的成人扮演着适当的性别角色，以确保社会稳定。

儿童从其父母那里习得他们的性别角色。

家庭是生产人的性格的工厂。

社会学家塔尔科特·帕森斯的许多作品聚焦20世纪四五十年代的美国社会。帕森斯（受埃米尔·迪尔凯姆和马克斯·韦伯思想的影响）宣称，美国经济秩序需要一个更小的家庭单位。帕森斯相信，家庭与教育体系和法律一样，是诸多制度中的一种，它们相互支撑，使社会作为一个整体稳定运行。

从帕森斯的视角来看，现代核心家庭——丈夫、妻子和他们的孩子生活在一起，相对远离他们的扩展家庭和社区——是社会化的主要场所。人们从他们在家庭中的不同位置推论出地位和角色。尽管

参见：埃米尔·迪尔凯姆 34~37页，马克斯·韦伯 38~45页，玛格丽特·米德 298~299页，朱迪斯·斯泰西 310~311页，乌尔里希·贝克和伊丽莎白·贝克-格恩斯海姆 320~323页。

在第二次世界大战期间，妇女展示出她们完全能够胜任那些以前属于"男人的工作"，许多非女性主义作家仍典型地假设男人和女人之间存在天生的劳动分工，帕森斯也不例外。

快乐家庭

在帕森斯看来，家庭生活和雇佣劳动应该分离，而女人待在家里是天经地义的，因为女人是天生的照顾者。男人在养家糊口方面责无旁贷。这一分工相当有效，因为这样使得家庭在工资方面的竞争性较小。远离雇佣劳动使女人能够专注于她们的照料角色：养育儿童和使成人性格稳定化。

除了做饭和打扫，这一角色还要求进行心理管理，以确保有一个快乐家庭。帕森斯坚信这一观点，认为性格不是天生的，而是造就的，而家庭就是人们性格形成的首要场所。他指出，女性能够利用她们与儿童的情感纽带来引导他们慢慢成为社会化的人。例如，通过认同同性父母，儿童习得他们的性别角色。这些角色经过内化，使女孩成为"温柔的"女性，而男孩成为相应"阳刚"男人，为他们在异性恋家庭生活中承担相应角色做好准备。因此，就像工厂生产产品一样，每个稳定的家庭单位生产出适当的个体，他们被训练成对社会有益的人。

核心权力

对帕森斯来说，这种简洁划分避免了家庭受到理性而又充满竞争的外部世界的干扰，当儿童做好准备时，父亲能够提供外部世界和家庭的联结。站在帕森斯主义者的立场，核心家庭可以被看作文明的关键，对社会的道德健康至关重要。这种对家庭的理解方式一直是社会学的主流，直到20世纪七八十年代，女性主义者和其他一些人开始质疑它。他们认为，核心家庭只适合享有特权的西方中产阶级白人家庭，它忽视了社会中许多其他群体的不同现状。它同时也为性别不平等找到借口并使其得以持续。■

核心家庭一度被看作传统家庭单位。但是，不同家庭类型的存在逐渐得到承认，包括同性家庭和单亲家庭。

> 家庭的重要性及其对社会的功能是性别角色差异存在的主要原因。
> ——塔尔科特·帕森斯

塔尔科特·帕森斯

塔尔科特·帕森斯于1920年出生在美国科罗拉多，其家族是美国最古老的家族之一。他的父亲是一名自由主义学者和公理会牧师。

帕森斯在安默斯特学院学习哲学和生物学，并取得学士学位，随后进入英国伦敦经济学院以及德国海德堡大学继续学习。他是美国社会的忠实倡导者。他大部分的学术生涯是在哈佛大学度过的，直到1973年退休。之后，他继续发展理论和讲学。帕森斯于1979年在德国慕尼黑死于中风，当时他正在那里做讲座。

主要作品

1937年　《社会行动的结构》
1951年　《社会系统》
1955年　《家庭、社会化和互动历程》

西方人变成了一种忏悔的动物

米歇尔·福柯（1926—1984）

背景介绍

聚焦
真理意志

主要事件

1782年 瑞士政治哲学家让-雅克·卢梭出版了《忏悔录》，该书成为首批聚焦世俗生活，而非宗教体验和内在情感的自传作品之一。

1896年 奥地利精神病学家西格蒙德·弗洛伊德引入了"精神分析"这一术语。

1992年 社会学家安东尼·吉登斯在《亲密关系的变革》一书中指出，男性不愿意公开表露情感，在交往关系中依靠女性来完成情感工作。

2003年 弗兰克·富里迪在《治疗文化：不确定年代中的脆弱培育》一书中提到了谈话和揭露的意志所具有的潜在危害。

为什么如今人们更多地谈论性？这是影响巨大的法国哲学家米歇尔·福柯在其《性史》（第一卷）中提出的主要问题之一。福柯宣称，忏悔、"真理"和性之间存在着重要关系。他提出，要理解西方的性，我们必须考虑知识是如何运作的以及特定的知识形式，如性科学（scientia sexualis）和心理学，是如何日益主宰我们思考性别和性取向的方式的。

这些知识是一种"话语"形

基督教会需要忏悔来赦免"肉体的罪恶"。

精神病学和心理学需要通过对**性欲**和**性饥渴**的忏悔来**揭示真实的自我**。

⬇ ⬇

我们被告知，说出一切以揭露"真理"将会治愈我们。

⬇

西方人变成了一种忏悔的动物。

家庭与亲密关系 303

参见: 米歇尔·福柯 52~55页、270~277页,诺贝特·埃利亚斯 180~181页,阿利·霍克希尔德 236~243页,卡尔·马克思 254~259页,杰弗瑞·威克斯 324~325页。

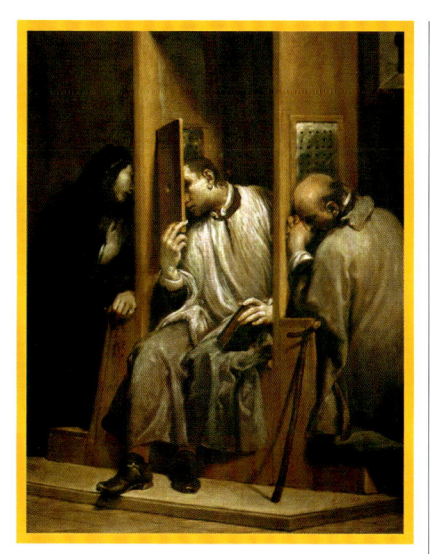

在忏悔中,我们赋予"专家"(牧师、治疗师、医生等)权力,让他们判断、惩罚和纠正我们。忏悔者陷入一种羞愧、内疚和进一步忏悔的无限循环中。

式——建构创造它们自己"真理"的知识世界的方式。福柯指出,西方对话语的兴趣开始于4个世纪之前。17世纪基督教会对"肉体的罪恶"的强调引起了人们对性取向的广泛关注,并带来了18世纪"丑闻"图书的增多——关于不正当性行为的虚幻解释。这一话语在19世纪的性科学中达到顶峰,创造了现代性取向——从原先的一种行为转变为一种身份认同。

忏悔

随着19世纪末精神病学和心理学的出现,忏悔的基督教仪式——在牧师面前坦白罪行和告解以重新获得上帝的恩典——以科学的形式重新建构。揭示性习惯和性欲被当作发掘"真实"自我的方式。

在福柯看来,忏悔已经变成揭示我们社会中的"真理"的最有价值的方式之一。从作为一种仪式开始,它逐渐传播开来,现在已经成为家庭生活、社会关系、工作、医疗及治安的一部分。匈牙利社会学家弗兰克·富里迪提出,忏悔如今主宰私人、社会及文化生活,这在电视真人秀节目及诸如脸书、推特之类的社交媒体平台上显而易见。

一直以来我们都相信,健康的关系需要讲出"真理"。因此,"专家"(如治疗师或医生)有责任揭示"真实的"我们。忏悔的妙处在于,它越详细,我们对自我了解得就越多,我们就越有可能获得自由。一个经历精神创伤的人经常被告知,重述这一经历将带来治疗的效果。然而,福柯指出,这种"真理意志"是一种权力策略,它能变成一种监视和规训的形式。他宣称,忏悔没有揭示"真理",它生产"真理"。

福柯的研究对20世纪80年代以来的女性主义和性研究产生了重要影响。他的思想特别影响了英国社会学家杰弗瑞·威克斯,后者借用福柯来揭示立法和法律规训社会中的性别和性取向的方式。■

治疗文化

英国肯特大学社会学荣休教授、匈牙利社会学家弗兰克·富里迪指出,在现代社会,我们沉迷于情感。曾经被看作正常的经历和情感,如沮丧和无聊,现在则被认为需要治疗和药物干预。

我们不断接触到关于明星吸毒成瘾或社会名流性生活的新闻。为了治愈,这些情感受伤者被鼓励与他人分享他们的痛苦,从而忽视了公与私的界限。公开寻求帮助,如通过自传,在治疗文化中被看作一种美德。情感已经被视为认同的标志性特征,我们被鼓励将它们理解为疾病的预兆。弗兰克·富里迪指出,这种现象一无是处。讽刺的是,这种传说中的"治疗文化"使人们感到更脆弱。

> 一切都必须被告知,性处于被监管、被追查中。
>
> 米歇尔·福柯

异性恋必须被当作
一种制度来
认识和研究

艾德里安娜·里奇（1929—2012）

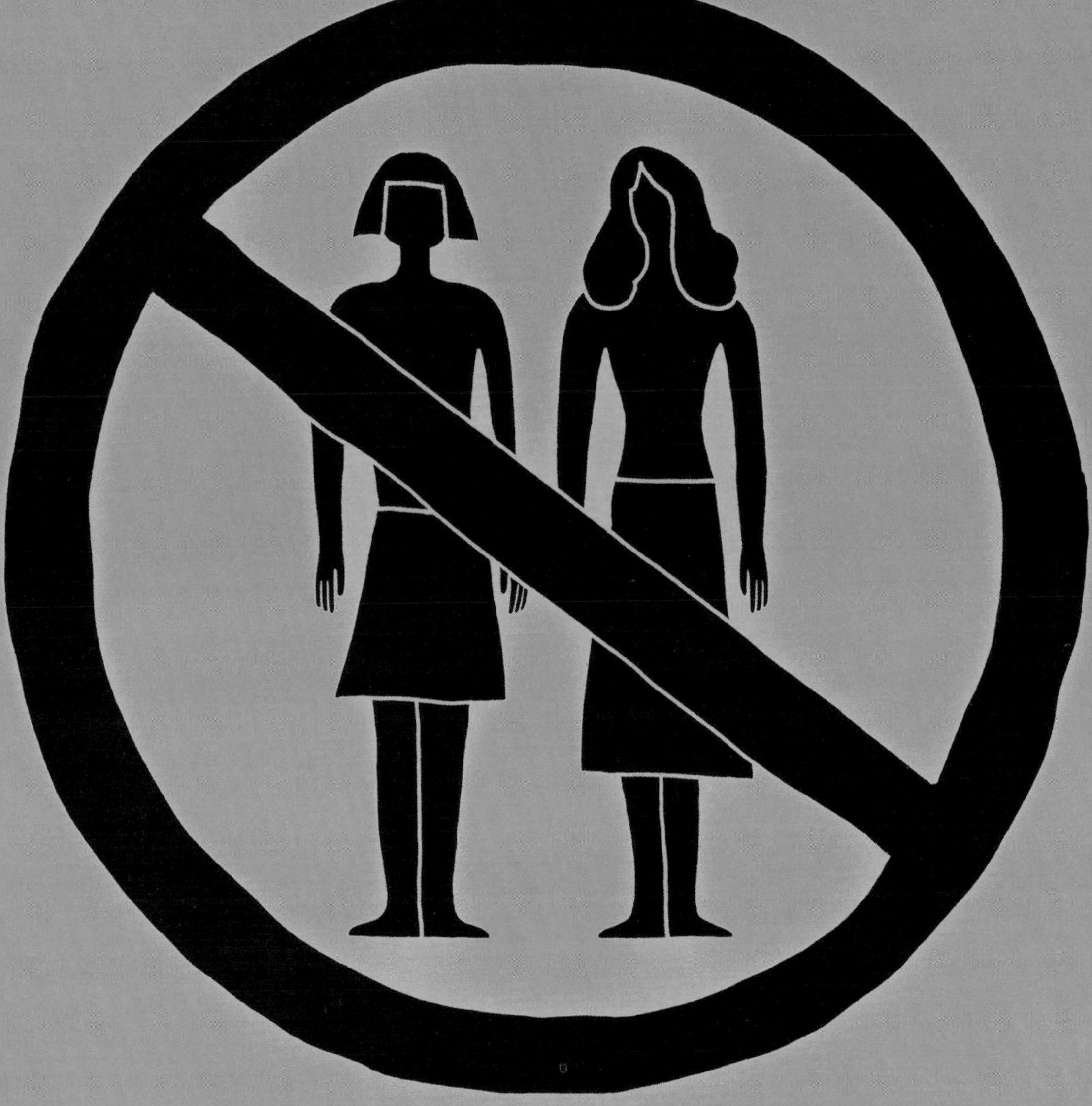

背景介绍

聚焦
强迫性异性恋

主要事件

1864年 英国《接触传染病法》惩治患有传染病的妓女。

1979年 美国律师凯瑟琳·麦金农在《职业女性性骚扰》一书中指出，女性在职场中明显处于劣势，被性别化是其工作的一部分。

1993年 婚内强奸作为一种罪行最终在美国所有州获得承认。

1996年 在《论异性恋：直话直说》一书中，英国社会学家戴安·理查森推出一系列重要论文，批判异性恋制度。

如果异性恋不是天生的或者唯一"正常"的性取向，那将会怎样？异性恋往往被看作社会的"自然"基础，然而，艾德里安娜·里奇在她重要的一篇文章《强迫性异性恋与女同性恋的存在》中挑战了这一思想。里奇受到法国思想家西蒙娜·德·波伏娃的影响，后者指出一直以来女性被敦促着接受社会赋予她们的角色，并将自身看作弱者。

里奇指出，异性恋绝非天生的，而是强加给女性的，必须被视为一种鼓励错误二元思维的权力体系——异性恋/同性恋，男性/女性——其中，异性恋和男性拥有高于同性恋和女性的特权。

她指出，强迫性异性恋对我们来说是"脚本"，展示了我们如何定位关系以及"扮演"我们的角色。例如，我们习惯性地认为男性在性行为中是主动的，而女性则是被动的，尽管并没有研究能证明这一点。

> 色情作品所传递的最恶劣的信息是，女人是男人天生的性猎物，并乐此不疲；性行为和暴力是一致的。
>
> 艾德里安娜·里奇

因此，在里奇看来，女性的行为受到更多的限制，被动和依赖男人。有违这些期望的行为被视为越轨的和危险的。例如，性行为主动的女性被看作变态的和淫乱的。父权制（主张男性至高无上的权力体系）是里奇用来解释女性长期受压迫的重要概念工具。她提议，有必要将男性对女性的控制看作理解女性从属地位的关键。

异性恋被建构为正常的，男人是主动的；女人是被动的。 → 异性恋通过意识形态和强迫手段而获得推广和维持；女同性恋则受到质疑和诋毁。 → 异性恋必须被承认为一种制度和权力体系，它有利于男性，却制约了女性。

家庭与亲密关系 **307**

参见：卡尔·马克思 28~31页，朱迪斯·巴特勒 56~61页，R. W. 康奈尔 88~89页，贝尔·胡克斯 90~95页，希尔维亚·沃尔比 96~99页，史蒂文·赛德曼 326~331页。

意识形态的力量

里奇讨论了强迫性异性恋意识形态"迫使"女性走进两性关系的不同方式。例如，劳动力市场中男性和女性的不平等地位可能导致女性在经济上依赖男性。

女性在公共场所总是面临男性暴力的风险，因此她们应该限制自己的活动并寻求男性庇护，这是女性如何被胁迫着进入异性恋关系中的另一例证。

在性方面，女性被鼓励作为牺牲者，而男性则作为"天生的"掠夺者（被诸如陌生人危险之类的观念所强化），因此进入一段异性恋关系能给女性带来一种（虚假的）安全感。

尽管选择推迟结婚的人在增多，但许多年轻女性仍然将结婚视作她们生活中正常和不可避免的部分：这一预期是里奇关于强制性异性恋论断的重要方面。同样，意识形态通过电影中的浪漫桥段支持异性恋，如《泰坦尼克号》和诸如《灰姑娘》之类的童话故事。

社会中异性恋思想如此盛行，以至于人们都被默认为异性恋，除非他们宣称自己不是。讽刺的是，一旦男性或女性"出柜"，与那些不"出柜"的人相比，他们会被认为性欲更强。因此，异性恋就暗含了一种"正常"的状态。

压迫性策略

卡尔·马克思指出，资本主义在一定程度上是通过诸如征服和奴役之类的暴力行为来维持的。里奇指出，异性恋与之具有相似性。在强迫性异性恋中，男性和女性对于异性恋和同性恋的选择并不比工人对于工资的选择具有更多的自由性。

除了意识形态的符号性暴力，身体暴力也经常被用来控制女性的行为，如将通奸的女性或女同性恋者的生殖器切除以否定女性性取向等。

包办婚姻、将女性描绘成享受性暴力和羞辱的色情形象、儿童性虐待、乱伦都强调男性对女性的性

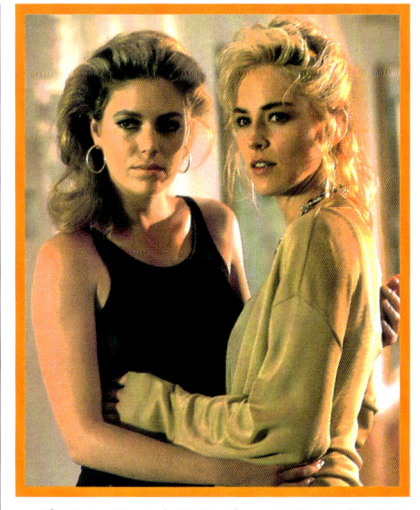

好莱坞电影《本能》将女同性恋者描绘成杀手，提供了一种意识形态暗示，即女同性恋是危险的和越轨的，而异性恋则是正常的。

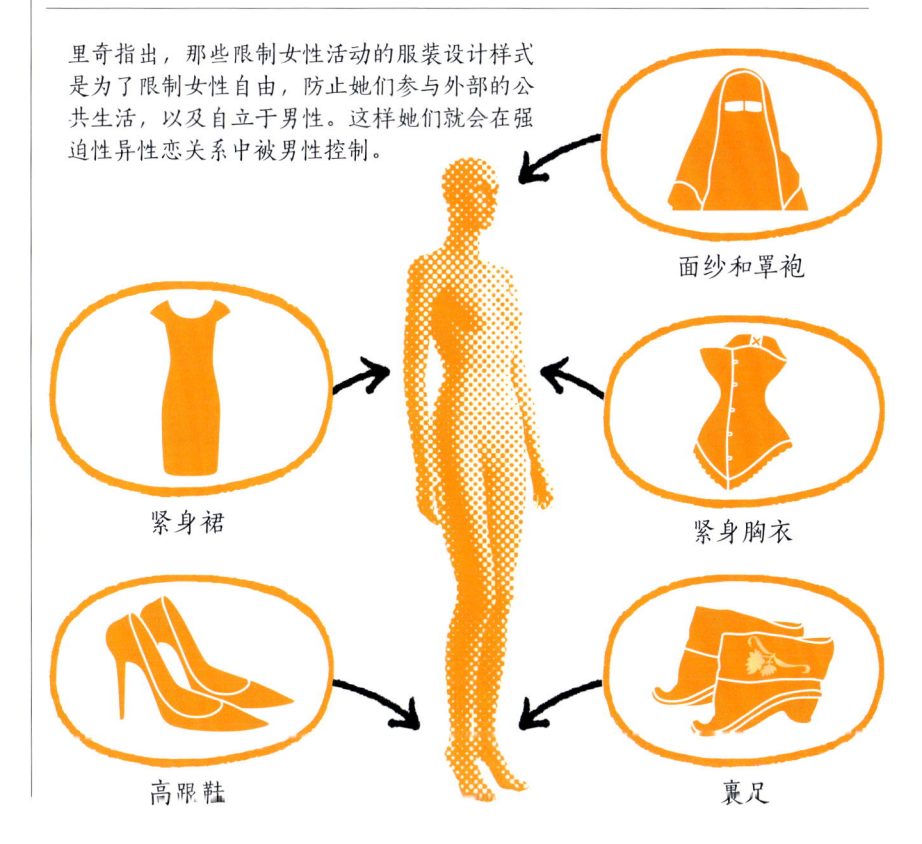

里奇指出，那些限制女性活动的服装设计样式是为了限制女性自由，防止她们参与外部的公共生活，以及自立于男性。这样她们就会在强迫性异性恋关系中被男性控制。

- 面纱和罩袍
- 紧身裙
- 紧身胸衣
- 高跟鞋
- 裹足

主宰。强奸是另一种暴力手段。直到20世纪90年代，许多西方国家才承认婚内强奸——这反映了一种妇女必须在性上服从于其丈夫的观念。

里奇指出，"男性交易中将女性作为目标"是强迫性异性恋的另一种压迫性策略。例如，在性剥削中贩卖女性或嫖娼以获得性愉悦。

在一些文化中，送儿子去学校接受教育被认为更划算，因为儿子将来会留在家里，而女儿则会在婚后与丈夫的家庭生活在一起。这一观念使得全球范围内只有30%的女孩接受了初等教育。低教育水平不可避免地意味着糟糕的就业前景。

男权得以维持的另一种方式是通过限制女性进入俱乐部，或者进入如高尔夫之类的休闲活动中，这些都是谈生意的重要场所。

通过这些不同的方式，异性恋被理解为一种通过对性别和性取向的严格社会建构来运作的制度。一定的社会控制，包括暴力，被用来加强这些性别观念。后果是将女性限制在异性恋内，确保她们在其中处于从属地位。

在里奇看来，异性恋的一个直接后果就是压迫女性。抹去和否认历史和文化中的女同性恋是异性恋得以维持的一个方式。里奇认为，社会是由男权定义的，意味着它将男性和他们的需求置于女性和女性需求之上。女性感到有必要在男性面前展露美貌，相对于女性彼此间的友谊，她们更重视男女之间的浪漫关系。

里奇呼吁女性尝试重塑女人世界的生活——换句话说，由女性来定义。这并不意味着她呼吁所有女性放弃男性，寻找女性伴侣；相反，她希望所有女性能体验那些只在女同性恋群体中才可能有的经历，即去爱其他女性。

女同性恋连续体

里奇挑战了关于女同性恋的偏见——它不是指憎恨男性或与女性上床，而仅指爱上女性的女人。这一思想被称为政治女同性恋：里奇将它看作对父权制的一种反抗形式，而不单是一种性取向选择。那么，女同性恋可以被置于一个连续体中，其中包括对女性有性吸引力的人和政治上与其他女性相连的异性恋群体。

这并不意味着女同性恋经历有程度之分，尽管那些有"较少"女同性恋倾向的人更容易被社会所接受。相反，里奇提出，社会中总是

> "异性恋已经通过强迫手段被强加、管理、组织、宣传和维持。"
> —— 艾德里安娜·里奇

艾德里安娜·里奇

艾德里安娜·里奇于1929年出生在美国马里兰州，是一名女性主义者、诗人和散文家。由于父母在宗教和文化方面的差异，她的家庭关系颇为紧张。

尽管里奇后来成为一名女同性恋者，但她结过婚，部分地脱离其家庭。在此期间，她在哥伦比亚大学找到了一份教职工作。母亲和妻子的角色阻碍了她的才智潜能，并激化了她的政治立场。她致力于反战抗议，同时也积极投身于女性主义政治和民权运动。

1997年，为抗议美国的社会不平等，她拒绝接受克林顿政府颁发给她的国家艺术勋章。

主要作品

1976年《生为女人：作为经验和制度的母亲》

1979年《论谎言、秘密和沉默：1966—1978散文选集》

1980年《强迫性异性恋与女同性恋的存在》

女巫总是因她们的"另类"而遭受迫害。在15世纪末,人们相信女巫拥有能导致男人阳痿和不育的神力。

会学家史蒂菲·杰克森,基于里奇的研究成果,对异性恋进行了剖析。法国女性主义者莫里克·维蒂格在1992年指出,异性恋是一种政治制度,依赖女性的服从和对女性的占有。

关于英国社会名流对女孩的性虐待,以及非洲尼日利亚伊斯兰博科圣地组织绑架200多名女学生的披露,都是异性恋如何仍强加于妇女和女孩之上的典型例子。因此,里奇提出的论断仍在不断激发着对异性恋作为一种社会和政治结构的重要探索。■

存在拒绝这种强迫式生活的女性,几百年来她们存在于这个连续体内外——欧洲许多女性,特别是在16和17世纪,经常因为生活在父权制之外而被当作女巫绞死或烧死。到了19世纪末,"维冈坑的眉毛小妞"——一群矿工女孩,因坚持在开采煤矿工作中穿着裤子而在英国引发了丑闻。

里奇的女同性恋连续体思想引发了一系列争论,在某种程度上是因为它被看成女同性恋的去性别化过程,使女性主义者能够宣称自己是这一连续体的一部分,而不去考虑其自身的性取向。

英国激进女性主义者希拉·杰弗瑞斯指出,它使得异性恋女性一方面维系着与男性的关系,另一方面感到自身在政治上是合法的。但是,里奇的研究意义不在于批判异性恋女性,它批判的是作为一种制度的异性恋。

里奇的思想也挑战了异性/同性的二元划分,并启发了酷儿理论家们,如美国学者伊芙·可索夫斯基·赛菊寇,后者指出性别身份是西方文化的建构。赛菊寇同样反对性关系的社会建构仅仅是诸如男同性恋或女同性恋之类的少数群体所存在的问题的假定。

概念的转换

里奇在1980年的文章中所提出的观点或许为性别研究提供了最重要的概念工具,因为她提议将异性恋作为制度来检视。这是前所未有的,因为正如英国社会学家卡罗尔·斯马特所说,异性恋如同白人身份一般,不费吹灰之力便可一直处于优势地位,潜移默化,因为它把自己建构成正常的。

异性恋女性主义者,如英国社

> 父权制下的母性,与强奸、卖淫以及奴隶制一样,都不是'人的境况'。
>
> 艾德里安娜·里奇

西方家庭设置是多元的、流动的和没有定论的

朱迪斯·斯泰西（1943— ）

背景介绍

聚焦
后现代家庭

主要事件

1970年 美国激进女性主义者凯特·米利特指出，核心家庭是女性处于从属地位的场所。

1977年 在《无情的世界里的避风港》一书中，美国社会评论家克里斯多夫·拉斯奇对于现代世界中传统家庭价值是如何被侵蚀的，给出了一种反女性主义的解释。

1997年 在《女同性恋的生活方式：女性工作与性别政治》一书中，英国学者吉利安·邓恩争辩道，女同性恋关系比异性恋关系更平等。

2001年 在《同性亲密关系：选择家庭和其他生活实验》一书中，杰弗瑞·威克斯等指出，家庭日益变成一种选择。

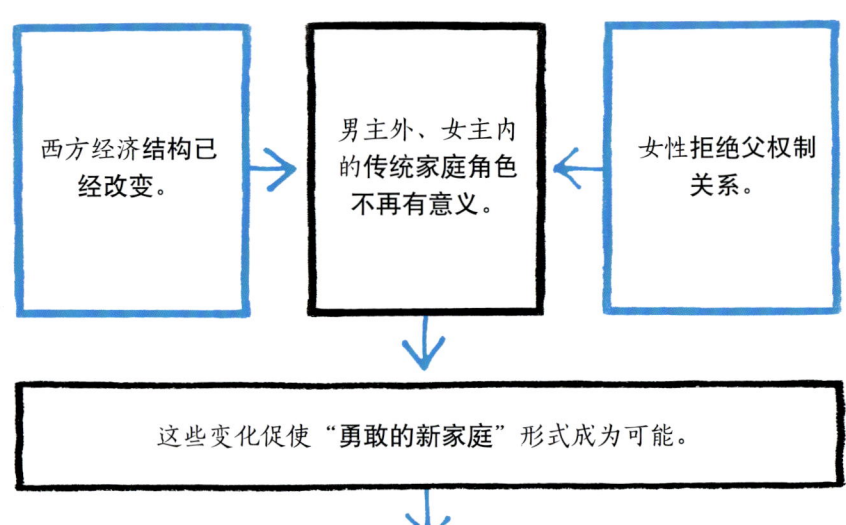

```
西方经济结构已经改变。  →  男主外、女主内的传统家庭角色不再有意义。  ←  女性拒绝父权制关系。
                              ↓
            这些变化促使"勇敢的新家庭"形式成为可能。
                              ↓
            西方家庭设置是多元的、流动的和没有定论的。
```

"**现**代"美国家庭单位，受到诸如塔尔科特·帕森斯之类的称赞，是一种过时的以及具有潜在压迫性的制度。这是美国纽约大学社会和文化研究荣休教授朱迪斯·斯泰西的观点。她的研究主要集中在家庭、酷儿理论、性取向和性别等方面。基于对加利福尼亚硅谷家庭的详细研究，斯泰西提出，随着带来贫困和失业的经济结构的变迁，家庭也经历了一场剧烈转变。婚姻被弱化，因为女性拒绝父权制关系。取而代之的是一种向混合家庭、女同性恋和男同性恋

参见：希尔维亚·沃尔比 96~99页，塔尔科特·帕森斯 300~301页，艾德里安娜·里奇 304~309页，乌尔里希·贝克和伊丽莎白·贝克-格恩斯海姆 320~323页，杰弗瑞·威克斯 324~325页。

家庭、同居家庭以及单亲家庭转变的趋势——所有这些都是她所称的"后现代"家庭的一部分（尽管许多人争辩道，这些形式一直都存在，但帕森斯的核心家庭只与少数特权中产阶级家庭相关）。为了反映这一新事实，斯泰西坚持认为，职场结构应当男女同酬，并且应提供普遍的健康和儿童照料。

一种先驱精神？

斯泰西指出，家庭的经济功能已经减弱，而亲密关系和爱则变得更重要。尽管结婚率下降了，但斯泰西不相信个体不再构建有意义的社会联结，相反，离婚和再婚带来了更复杂的纽带。

由于家庭的传统功能以及法定和血缘纽带没有过去那么有价值了，因此家庭成员现在拥有更多的选择，并创造了更多试验性亲密关系。她指出，异性恋/同性恋的二元划分正变得越来越不稳定，正逐渐被"酷儿的"家庭关系所取代。这些"勇敢的新家庭"正努力拥抱变迁和多元化，打造更多非传统的和平等的关系。

斯泰西与其他主要思想家，如杰弗瑞·威克斯和英国社会学家吉利安·邓恩都认为，女同性恋和男同性恋家庭站在创造更民主和平等关系的前沿。对她而言，这些关系代表了一种理想的后现代亲属关系，而其中传统角色不再那么适用。

> 家庭事实上已经死了，我们所说的是现代家庭体系。
>
> 朱迪斯·斯泰西

平等的爱？

英国社会学家安东尼·吉登斯同意斯泰西的观点，认为当代家庭形式给亲密关系带来了更大的平等，削弱了刻板印象和传统性别角色。相反，英国近期研究表明，在异性恋夫妻中，女性仍然承担了大部分的家务劳动。

一些人对于同性关系究竟在多大程度上能够带来平等提出了质疑。例如，加拿大学者珍妮丝·里斯托克提出了同性夫妻中家庭暴力的普遍存在。社会学家贝克和贝克-格恩斯海姆，则强调去传统化的家庭生活中的各种困难。然而，斯泰西坚信，爱情纽带的社会试验正在继续。■

同性恋父母

斯泰西指出，美国压力团体宣称，因为父亲角色的缺失，这个国家正面临着危机：异性恋男人抛弃怀孕的伴侣或选择根本不生育子女。新技术和避孕药的唾手可得已经使得性和生育分离开来。养育子女不再确保父母未来的收益。因此，斯泰西指出，为人父母如今更多的是关于情感而非物质的。

然而，越来越多的男同性恋选择成为父母，尽管他们比女同性恋或异性恋夫妻面临更多的挑战，包括获得生殖工具（卵子和子宫）。当异性恋夫妻选择领养时，他们通常被给予健康的婴儿；而男同性恋夫妻则往往被给予年龄稍长的儿童或者那些不太健康或在某方面被认为是"困难的"孩子。因此，斯泰西认为，是男同性恋者，给予了社会中某些最需要帮助的儿童一个家。

选择成为父亲的男同性恋者挑战了社会中许多关于男子气概、父亲角色以及同性恋滥交等的刻板印象。

婚姻契约是
一种工作契约

克里斯汀·德尔菲（1941— ）

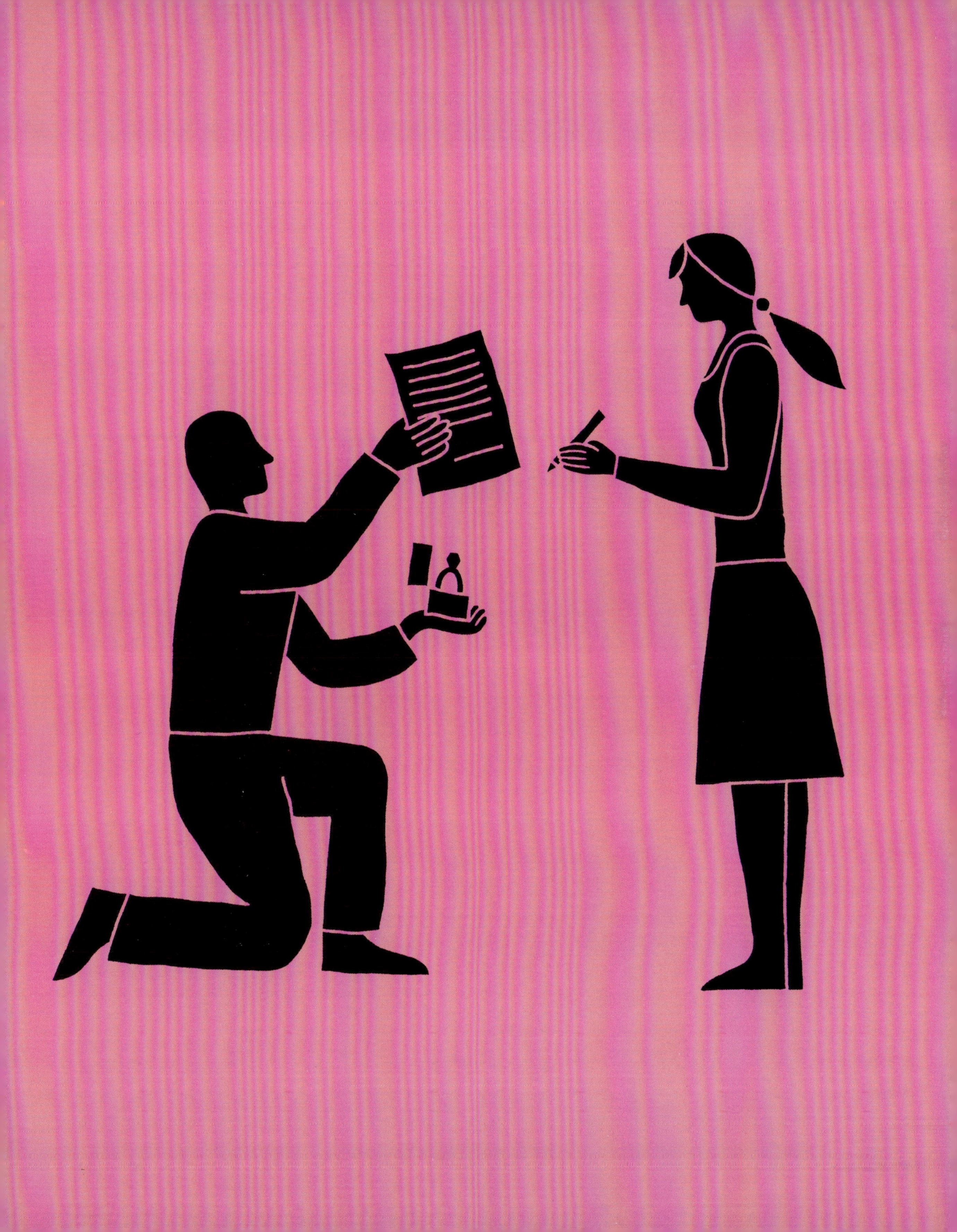

背景介绍

聚焦
唯物主义女性主义

主要事件

1974年 在《家务社会学》中，英国社会学家安·奥克利将家务置于女性主义审视之下。

1980年 美国作家和女性主义者艾德里安娜·里奇指出，异性恋是一种政治制度，它维持了男权并控制了女性。

1986年 在英国社会学家希尔维亚·沃尔比看来，家务中的劳动性别分工是维系社会中父权制的主要结构之一。

1989年 法国唯物主义女性主义者莫里克·维蒂格出版了《社会契约论》一书，指出异性恋契约是一种关于性和劳动的契约。

1992年 克里斯汀·德尔菲与戴安娜·伦纳德合著了《熟悉的剥削》一书。

在父权制体系中，异性恋是一种社会建构的制度，它鼓励婚姻。

↓

婚姻使得作为一家之主的丈夫能够从妻子的**无偿劳动**中获益，从而实现**对她的剥削**……

↓ ↓ ↓

……家里家外。 | ……支持他的工作。 | ……生育和照料儿童（他的合法继承人）。

↓ ↓ ↓

婚姻契约是一种工作契约。

在大多数社会中，几百年来，婚姻一直是每个年轻女孩的归宿和梦想。无数的文化作品——从童话故事到小说和电影——都强化了这一观点。然而，20世纪80年代，女性主义者（如安·奥克利和克里斯汀·德尔菲）指出，在现实中，婚姻是一种极其恶劣的制度，它从根本上助长了男性对女性的持续压迫。

克里斯汀·德尔菲是一位马克思主义理论家，她主张，探究任何形式压迫的唯一方法是通过马克思主义分析，考察各方所获的物质利益。但是，马克思是通过阶级结构来考察压迫的，德尔菲则是通过父权制（男人的权力和权威）权力结构来考察女性压迫的。她指出，在一个父权制体系内，异性恋（以及由此产生的男女夫妻）不是一种个体的性偏好，而是一种社会建构的制度，目的是维护男权统治。她认

参见 : 朱迪斯·巴特勒 56~61页, 弗里德里希·恩格斯 66~67页, 希尔维亚·沃尔比 96~99页, 阿利·霍克希尔德 236~243页, 泰瑞·琳·凯拉韦 248~249页, 艾德里安娜·里奇 304~309页, 安·奥克利 318~319页, 史蒂文·赛德曼 326~331页。

电影叙事，如改编自简·奥斯汀同名小说的《傲慢与偏见》，强化了那种认为"每个女人的梦想就是找到一个'黄金'单身汉并嫁给他"的观念。

为，女性被引导着进入婚姻和母亲的角色，男性便可以因此而剥削她们的劳动力。

家务生产

德尔菲指出，马克思的概念能够应用在家庭环境中，她将家庭环境作为生产父权制的一个场所。在这种场所中，男性系统地利用女性的劳动并从中获益；在这种条件下，女性为一家之主劳作，承担可能永无休止的工作。她指出，这一角色没有具体的工作内容，没有协议的工作，也没有劳动时间限制。而对其他任何工作职位而言，这种条件都可能被视为剥削。已婚妇女即使从事着家庭之外的雇佣劳动，也同样被期待承担家务和照料儿童的责任。根据德尔菲的观点，如果从唯物主义的角度看待家务情况，那么很明显，已婚妇女是在无偿劳动。

德尔菲指出，对马克思主义者而言，阶级只存在于彼此的相互关系中：没有无产阶级（工人），也就没有所谓的资产阶级（生产资料的占有者）。弗里德里希·恩格斯的著作大量涉及阶级社会的发展是如何成为压迫女性的基础的。他指出，随着19世纪私有财产的增加，不平等也相应加剧，因为男人越来越多地控制公共生产领域，并因此变得越来越富有和越来越有权势。此外，男人热衷于确保他们的财富将来被其男性合法继承人继承，而做到这一点的最有效方式是通过一夫一妻的父权制家庭制度。这样一来，婚姻便变成了一种财产关系。

无偿的助手

随着工业革命期间及其以后对劳动力的需求增加，女性被要求生育更多的子女以满足这一需求。但是，女性生育的子女越多，她就越被紧紧地捆绑在家庭中而无法从事其他工作。德尔菲同时指出，未婚女性也变成了"妻子"，因为她们的劳动往往被其兄弟、父亲或雇主占有。这一观点在一定程度上受到了英国社会学家珍妮特·芬奇的《嫁给工作》一书的影响。该书记录了老板是如何将女性指派到其男性亲属的工作中，而不付任何报酬。这可能是通过间接帮助来进行的，如款待（商业伙伴或政治家）、直接参与、充当助手（为店主或学者）、提供福利等。

德尔菲指出，家庭中的女性剥削，是父权制和资本主义共同作用的结果，两者的目的都是维持男权统治和控制。

2009—2011年，经济合作与发展组织（OECD）的调查显示，家庭中存在巨大的劳动分工不平等，女性比男性花费更多的时间照料家庭成员和做家务。

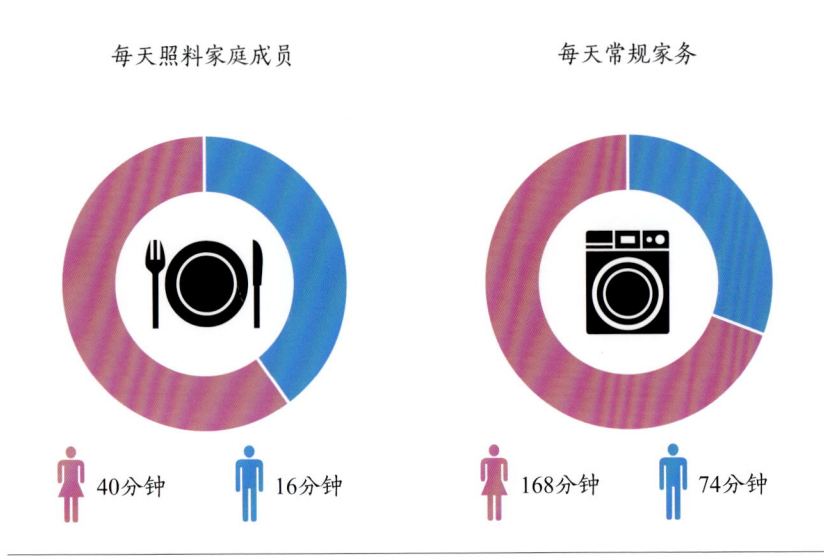

每天照料家庭成员

40分钟　16分钟

每天常规家务

168分钟　74分钟

唯物主义女性主义

德尔菲将资本主义和父权制看作两个不同的社会体系，它们都占有劳动力、相互影响、相互形塑。她看待家庭的唯物主义女性主义视角标志着她与早期女性主义背离，后者没有考虑到资本主义的角色。然而，德尔菲指出，妻子承担家庭义务已经通过进入婚姻而被制度化，这使得婚姻变成一种工作契约。

这一观点存在争议，但受到了来自其他学者，包括英国政治理论家卡罗尔·帕特曼的支持。通过借鉴英国哲学家约翰·洛克的思想，以及想象存在一种社会契约，其中个体扮演好公民的角色以换取来自政府的保护，帕特曼得以从一种性契约的角度看待异性恋关系。女性可能被认为通过婚姻换取男性的保护，而男性则拥有了支配女性劳动和身体的权利（当1988年帕特曼创作其《性契约》一书时，婚内强奸在英国还未被定罪）。

德尔菲宣称，这并非如某些女性主义者所指出的那样，仅是关于女性劳动被低估的简单问题。支付女性更高的工资并不能解决问题。这是因为——正如马克思主义的阶级分析所展现的——只有存在被剥削群体时，这一体系才能运作。没有被剥削群体，就没有利益。反过来，一个被剥削群体的产生依赖于存在一个贯串社会的主流意识形态，不断地以某种方式定位某一人群。在资本主义、父权制社会中，这种意识形态是性别偏见（因为其性别而针对女性的偏见）。

一项对德尔菲理论的批判指出，它忽视了这样一种事实，即一些女性从婚姻中受益，不论是经济上还是性上。德尔菲并没有否认这一点，然而，她认为，同时存在着一种不平等的交换。妻子们出于自身的需要，可能会享受她们所承担的部分工作，以及她们深爱自己的丈夫，但这不能掩盖这样一个事实：她们被期望承担大量的无偿劳动。德尔菲提出，已婚夫妻可能会彼此相爱——但"爱上女人并不能阻止男人剥削女人"。

女人是造就的，而非天生的

德尔菲争辩道，人的性别绝不是不证自明的。例如，男性并不完全由阴茎或胸毛的存在决定，女性也不是只承担生育的职责。社会中强调性别，是因为我们生活在一个基于性别的简单二元划分的世界中——男性优于女性，异性恋优于同性恋。这样一来，性别支配、性别优先、性以及基于性的人口分类维护着等级结构及权力结构。

> 家庭劳动是无偿的这一事实，并不是父权制体系固有的，因为如果这些劳动是在家庭之外完成的，它们就是有偿的。
>
> 克里斯汀·德尔菲和戴安娜·伦纳德

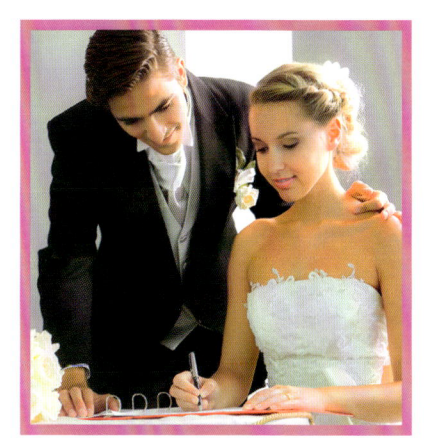

签署婚姻契约意味着进入一种法定伙伴关系。它在不同国家具有不同意义，但是德尔菲指出，它总是有利于男人。

德尔菲认为，使用性来划分人口是被误导的，会带来思考中的严重错误。为什么一个人的性别应该比其他同样具有区分度的生理特征更重要？为什么生物性别会成为将世界人口划分为两大类的唯一身体特征，并进而承载着明显的"天生"特征和角色？这种将性别看作一种完全错误分类的思想是德尔菲关于父权制激进评价中的关键概念，因为它低估了将性别用来区分主宰者（经济、社会和性方面）与被主宰者的观念。

在发展其理论的过程中，德尔菲深受法国女性主义者西蒙娜·德·波伏娃作品的影响，后者指出，男性制造了女性"形象"，以支持一种不平等的父权体系。通过挑战"男性"和"女性"的划分，德尔菲的思想可以被看作酷儿理论的先驱。该理论质疑现存的关于性别、性取向及性的观点，以及它们在建构认同中的角色。

女性主义和马克思主义

德尔菲的思想一问世就在女性主义中引起了轰动。当时，女性主义的兴趣在于家庭劳动以及如何理解它，而对于女性主义和马克思主义的关系则存在争议。一些马克思主义女性主义者，如英国学者米歇尔·巴雷特和玛丽·麦克因托什，完全反对那种认为男性受益于妻子的劳动并因此直接剥削她们的指控。还有人争辩道，在一个特定社会中，两种剥削模式（父权制和资本主义）的共存是不可能的。

持续的不平等

20世纪80年代以来，德尔菲和许多女性主义者吸收了这些批判，并仔细推敲它们，使得德尔菲的研究在世界范围内对女性主义产生了持久影响。例如，美国哲学家朱迪斯·巴特勒在其研究中广泛使用德尔菲的概念，特别是其对于性别/社会性别区分的质疑。在发展德尔菲的理论时，法国女性主义者莫里克·维蒂格指出，社会中的两性划分是不平等的结果，而不是其原因。在《平等的终结》一书中，记者和社会运动家比阿特丽斯·坎贝尔描绘了女性在亲密关系中的被剥削方式。例如，世界上很少有男性和女性平摊照料子女的工作。在坎贝尔看来，当代全球资本主义的加剧更加深化了男性对女性的统治。

经济剥削之外的客观压迫形式，如在某些国家对于堕胎的持续讨论，同样受到德尔菲的启发。她指出，如果生育和抚养子女被看作对女人劳动的压榨，那么男人可能会担心女人通过限制生育来逃避这种剥削。因此，北爱尔兰等国家对堕胎权利的取消，以及美国关于堕胎的激烈争论，可以被看作男性控制女性选择的一种形式，使她们一直处于被剥削地位以维持资本主义和父权制。■

克里斯汀·德尔菲

克里斯汀·德尔菲于1941年出生在法国，并在法国巴黎和美国加利福尼亚伯克利大学接受教育。受1968年巴黎政治风暴的启发，她成为一名法国妇女解放运动的积极分子。1977年，她和法国哲学家西蒙娜·德·波伏娃共同创立了杂志《新女性主义议题》。

德尔菲是Gouines Rouge的一员，该组织是一个通过革命性立场试图改变指代女同性恋的侮辱性词语"dykes"的群体。最近，她投票反对要求穆斯林女孩在法国学校戴面纱的法律，称这一举措是一种种族歧视立法。

主要作品

1984年 《家里家外：对女性压迫的唯物主义分析》

1992年 《熟悉的剥削》（与戴安娜·伦纳德合著）

1993年 《性与性别再思考》

家务劳动与自我实现直接对立

安·奥克利（1944—　）

背景介绍

聚焦
作为异化的家务劳动

主要事件

1844年　卡尔·马克思引入了工人异化劳动的理论。

1955年　社会学家塔尔科特·帕森斯将家务劳动看作女性角色中不可或缺的一部分。

1985年　在《当代家务劳动及家务劳动者角色》一书中，英国社会学家玛丽·梅纳德指出，职业妇女比她们的丈夫承担更多的家务劳动。

1986年　英国社会学家琳达·麦基和柯林·贝尔宣称，当男人失业时，他们更不怎么从事家务劳动：此时他们的男子气概被认为受到了威胁，而妻子们不愿意用要求他们承担更多家庭责任的方式进一步削弱它。

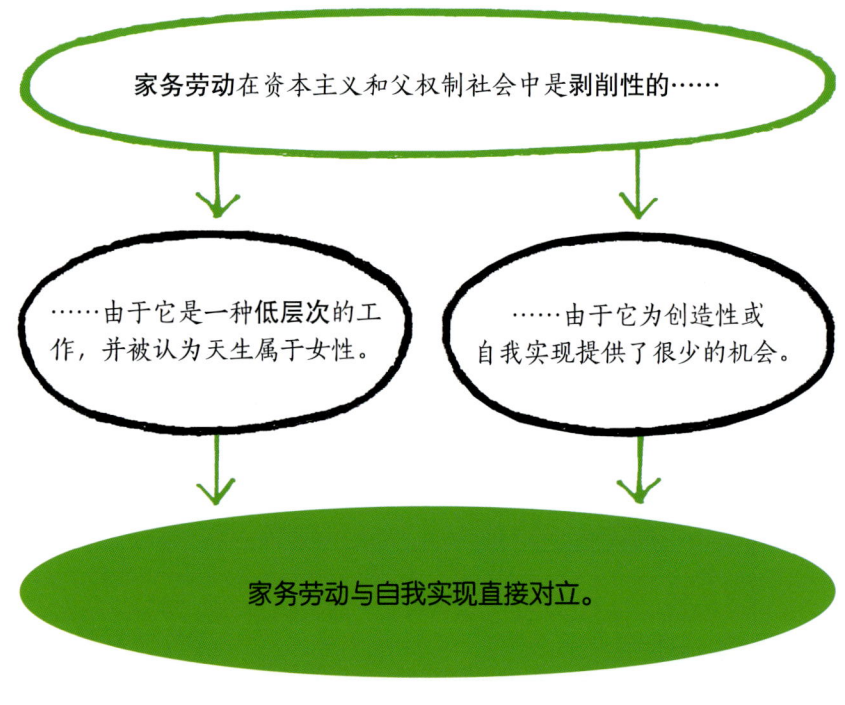

家务劳动在资本主义和父权制社会中是剥削性的……

……由于它是一种低层次的工作，并被认为天生属于女性。

……由于它为创造性或自我实现提供了很少的机会。

家务劳动与自我实现直接对立。

大部分女性工作仍然是发生在家庭中的家务劳动。1974年，社会学家安·奥克利开始了对于家务劳动的女性主义社会学研究，她访谈了40名年龄在20～30岁且至少有一个5岁以下孩子的伦敦家庭主妇。这项先驱性研究通过这些妇女的视角来看待家务劳动。

奥克利指出，家务劳动应该被看作一个有独立权利的工作，而非作为妻子或母亲的女性角色的自然延伸。在家务劳动并未被承认是"真正的劳动"的那个时代，这是一种充满争议的观点。女性被迫无

参见：希尔维亚·沃尔比 96~99页，哈里·布雷弗曼 226~231页，罗伯特·布劳纳 232~233页，阿利·霍克希尔德 236~243页，塔尔科特·帕森斯 300~301页，克里斯汀·德尔菲 312~317页。

偿承担家庭责任——一种使得资本主义运作和成功的核心的剥削形式：通过满足男性"工人"的需求，家庭主妇确保男性"工人"能够满足她们的经济需求。

女性的角色？

生育能力和家庭责任往往被看作女性的天职，但我们还不清楚为什么这种能力就意味着女人在烫平衣服的褶皱方面能做得更好。而且，可以说大多数女人不会要求男人对这种"免费"的劳动付工资。

卡尔·马克思关于男性工人在雇佣劳动中处于被剥削地位的论断同样也适用于家庭中对女性的剥削。将家务劳动看作女人的天职，并认为它一文不值的观念，掩盖了这一事实。然而，奥克利指出，性别和性别角色应该被看作文化和历史进程的反映，而不应局限在生物学中。

20世纪50年代以来的家用产品广告将女性刻画成幸福的主妇，对洗涤剂有情感依恋。

异化

马克思宣称，在私有制中，工人经历着异化或者与他们劳动的分离，因为他们并不拥有其劳动成果。类似地，奥克利主张，大多数家庭主妇对自己的命运感到不满，认为她们的工作没有任何内在满足感，是孤独的、单调的、无聊的。她们憎恨与家庭主妇相连的低层次地位。与工厂工人一样，她们发现自己的工作是重复的、碎片化的以及有时限的。

奥克利的研究揭示出，相较于工厂工人，妇女对自己的工作更多地表达出一种异化感。这在某种程度上源自其作为家庭主妇的社会孤独感——她们中很多人在结婚之前是有工作的，婚后就辞职了。奥克利指出，这些妇女没有自主权或控制权，家务劳动完全是她们的责任，如果没有做好，就可能招致丈夫的愤怒或导致孩子生病。

> **女性的家庭生活是一个习得性剥夺和诱发性服从的循环。**
> 安·奥克利

站在这一角度上，家务劳动妨碍了女性发挥真正的潜力。奥克利的发现至今仍有意义，英国社会学家卡罗琳·加特莱尔的研究表明，40年后，女性仍然承担着大部分的家务劳动，尽管她们更多地参与有偿工作。■

安·奥克利

社会学家、女性主义者安·奥克利于1944年出生在英国。她是伦敦大学社会学教授。在牛津大学获得学士学位并成为第一批选修社会学的学生之后，她创作了两部小说，却没能找到出版社出版。她随后继续攻读博士学位，并在她的第一本学术著作《性别、社会性别与社会》一书中，将"社会性别"概念引入日常使用。1988年，奥克利出版第一本小说《男人的房间》。该小说于1991年被改编成由比尔·奈伊主演的BBC系列剧。奥克利一直致力于女性主义，她的大部分作品围绕性别议题展开。她同时也对发展环境无害型清洁产品感兴趣。

主要作品

1972年　《性别、社会性别与社会》
1974年　《家务社会学》
1974年　《家庭主妇》

当爱情最终取得胜利时,它不得不面对各种挫折

乌尔里希·贝克(1944—2015)

伊丽莎白·贝克-格恩斯海姆(1946—)

背景介绍

聚焦
爱情的混乱

主要事件

1992年 安东尼·吉登斯在《亲密关系的变革》一书中,对反身性(自我意识)社会中的平等主义关系持乐观主义观点。

1994年 美国右翼思想家查尔斯·默里宣称,必须加强传统家庭观念以阻止社会的解体。

1998年 英国社会学家林恩·贾米森指出,亲密是用来描述私人关系组织的最有用词语。

1999年 英国学者卡罗尔·斯马特和布伦·尼尔指出,父母与子女的关系比脆弱的亲密关系持久得多。

参见：乌尔里希·贝克 156~161页，戴维·赫尔德 170~171页，柯林·坎贝尔 234~235页，塔尔科特·帕森斯 300~301页，艾德里安娜·里奇 304~309页，朱迪斯·斯泰西 310~311页。

家庭与亲密关系　321

- 当今**不断增加的社会自由****意味着**人们比以往任何时候都更有机会塑造自己的生活。
- 他们仍然渴望稳定和情感满足型关系。
- ……然而，社会变迁弱化了性别类型，带来了爱情与自由之间的利益冲突。
- 如今家庭单位更加脆弱，分居、离异以及再婚日益常见。

当爱情最终取得胜利时，它不得不面对各种挫折。

伊丽莎白·贝克-格恩斯海姆

伊丽莎白·贝克-格恩斯海姆于1946年出生在德国弗莱堡，是一名社会学家、哲学家和心理学家。她的部分犹太血统意味着她的大多数家庭成员在20世纪30年代逃离了纳粹德国，其中一些叔叔们搬到了英国伦敦。

她与丈夫乌尔里希·贝克合作出版了一系列重要作品，同时也广泛涉猎许多议题，从社会变迁到生物技术。最近，她对跨国婚姻、移民以及种族认同产生了兴趣。她目前是慕尼黑大学全球研究所的高级研究员。

主要作品

1995年　《爱情的正常性混乱》
2002年　《个体化》（与乌尔里希·贝克合著）
2002年　《再造家庭》

> 人们因爱而结合，也因爱而分道扬镳。
> ——乌尔里希·贝克和伊丽莎白·贝克-格恩斯海姆

维持一种愉快而亲密的关系可能是一件困难又辛苦的事，但同时也很有诱惑。在《爱情的正常性混乱》一书中，德国夫妻组合乌尔里希·贝克和伊丽莎白·贝克-格恩斯海姆试图解释这一原因。他们追踪了那种改变我们个人生活方式的新社会秩序的发展，指出这一新秩序的一个主要特征是，"爱情、家庭以及个人自由之间的利益冲突"。传统核心家庭"建立在性别基础之上"，在面对"解放和平等权问题"时不断瓦解。传统社会认同的逐渐消失意味着，男人和女人在性别角色上的对立体现在"私人领域的核心问题上"，其结果是更多的夫妻离异或分居，不同的家庭形态正在形成。这些都是"爱情的正常性混乱"的一部分。

个体化的生活

贝克在早期的《风险社会》中提到，女性在"解放"与传统性别角色的延续之间不断转换。此后，贝克夫妇又指出，新的"反身性现代性"时代的到来带来了新的风险和机遇。全球资本主义的特殊社会

对爱情和婚姻的向往仍然是现代社会的一个特征,尽管我们生活的压力意味着婚姻比以往更可能以离婚收场。

和经济条件带来了一种更大的个体认同感,生活更加不可预测,个体故事更多带有一种DIY性质。

贝克夫妇解释道,个体化与19世纪末德国《民事诉讼法》中的精神相反,后者确立了"婚姻应该是一种独立于夫妻意志的道德和法律秩序"。而个体化促进了个人和社会实验的新形式。他们的观点回应了安东尼·吉登斯的观点,后者在《亲密关系的变革》一书中指出,在当代社会,我们创造认同而不是继承它。他认为,这一变化改变了我们体验家庭和性别的方式。

在吉登斯看来,过去,当婚姻是一种经济合作关系而不是爱的结合时,人们的期望较低而失望较少。如今,既然男人和女人通过日常决策,越来越不由自主地、反思性地创造他们的认同,那么他们能够基于一种相互理解来选择伴侣,从而形成他所描绘的"纯粹关系"——基于自己的考量而走进婚姻,也只有当双方都愉悦时婚姻才能维系。这种关系带来了个体间更高程度的平等,并挑战了传统性别角色。

亲密但不平等

尽管贝克夫妇同意吉登斯的观点,认为现代世界中男人和女人比以往有更多的机会塑造他们自己的生活,并因此弱化了性别类型,但他们也并非完全乐观。

个体受制于他们无法控制的力量,生活可能是自主的,但并不是随心所欲的。贝克夫妇指出,女人和男人"不由自主地寻求生活的正确方式"——试图找寻一种能提供一个"在……富裕而冷漠的社会中提供庇护"的家庭模式。个体化可能已经将人们从工业社会的性别角色中解放出来,但是现代生活的实际需求是,他们被迫建立一种适应劳动力市场需求的生活。贝克夫妇说,家庭模式能够融合"劳动力市场和全职家务劳动,而非两种劳动力市场",因为他们的内在逻辑是"双方都将自己放在第一位"。不平等将一直存在,除非男人更多地接受女人进入职场工作,或者男人承担更多的家务劳动。

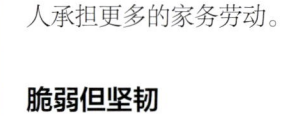

脆弱但坚韧

贝克夫妇主张,在大多数情况下,亲密关系不可能是平等的;如果追求平等,那么这种关系就必须解除,"爱情已变得冷淡"。

男人和女人如今面临的选择和约束与以前大不相同,这归因于各种关系(家庭、婚姻、母亲、父亲)需求与职场对于流动的、灵活的雇员需求之间的矛盾。这些选择和约束要对家庭的分崩离析负责。贝克夫妇指出,与以前受规范、传统和仪式的塑造相比,当代家庭单

> "社会环境创造了个体,对个体而言,爱情成为赋予其生活意义的核心。"
>
> 乌尔里希·贝克和
> 伊丽莎白·贝克-格恩斯海姆

位正经历着从"集体需求"（在亲密关系中，纽带和责任将人们联结在一起）到基于选择和个体意愿的"选择性亲密关系"的转变。尽管转变的过程艰难，但浪漫关系的诱惑仍然强烈。正如贝克夫妇所说，在一个不确定的社会中，"除去传统因素及各种可能的风险机会"，爱情"比以往变得更重要，同时也更不可企及"。

人们现在更深地渴望情感满足型关系，这推动了如夫妻治疗和自助出版等行业的发展。然而，这种联系纽带是脆弱的，一旦不完美，人们便倾向于一拍两散。他们指出，即使某人真的陷入爱情（"爱情最终获得胜利"）中，接下来也会有很多挑战，如吵架、憎恨、离婚。

贝克夫妇指出，增进个人关系与应对快速变迁的经济世界的需求之间需要一种精心调节的平衡，结果是离婚率的增加。然而，人们对于幸福的期望是如此的强烈，以至于许多离异者仍会再婚。

子女的重要性

贝克夫妇指出，我们已经不可能再回到从前，况且不管是男人还是女人，也都不希望如此，个体化生活的压力意味着它可能带有怀旧色彩，渴望着或许根本不存在的确定性——那种政府常常提倡的"家庭价值"。我们的关系越脆弱，我们就越热切盼望真爱。

这种向往过去的状态在当代社会中是对子女的重视。成人间的爱恋可能是短暂而脆弱的，而对子女的爱则变得更加重要，父母双方都毫无保留地疼爱着他们的子女。在这一点上，贝克夫妇指出，男人可能挑战了女人在家庭中作为情感管理员的角色。因此，你会发现，越来越多的父亲在离婚后要求得到子女的监护权，以及各种倡导父亲的平等权利的组织兴起，如"为公平而战的父亲"（Fathers4Justice）。

女性主义学者戴安娜·伦纳德支持这一观点，她指出父母用小礼物来"宠溺"其子女，使他们与自己亲近。在这种情况下，与孩子的连接变成一种强烈的自我驱动行为，这是与那种成人关系的混乱完全不同的持久情感体验。

贝克夫妇的论断不可避免地受到了批评。一些理论家，如瑞典学者戴安娜·木里纳瑞和科尔斯汀·桑德尔，反对那种认为女性应该对离婚率上升负责的观点。然而，《爱情的正常性混乱》转变了对于家庭的学术研究——从作为一种回应社会变迁的制度，到成为变迁的实际推动力。■

> " 子女是一种纽带，比社会中的任何其他关系都更深远和持久。"
>
> 乌尔里希·贝克和伊丽莎白·贝克-格恩斯海姆

西方世界的结婚率和离婚率在过去50年中经历了显著的改变。结婚率下降，而离婚率上升。尽管这一模式看起来已经稳定了，但家庭如今更加脆弱。

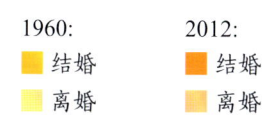

1960:
结婚
离婚

2012:
结婚
离婚

*直到1981年，西班牙才宣布离婚合法，其最早的数据始于1990年。

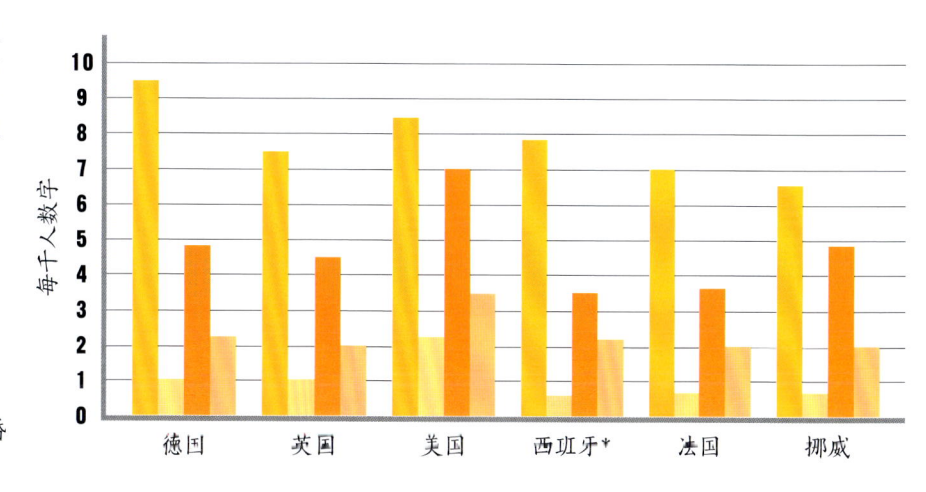

性就像关乎肉体那般关乎信仰与意识形态

杰弗瑞·威克斯（1945— ）

背景介绍

聚焦
性别的社会建构

主要事件

1885年 英国通过的《刑法修正案》，将同性恋重新入罪，并加强了对卖淫的处罚。

1968年 英国社会学家玛丽·麦克因托什的一篇名为《同性恋角色》的小文推广了这样一种观点：性别是由社会性决定的，而不是由生物性决定的。

1976年 在《性史》（第一卷）中，法国哲学家米歇尔·福柯考察了在性别分类中"专家"的角色。

2002年 同性夫妻在英国有领养孩子的合法权利。

2014年 同性婚姻在英国合法化。

杰弗瑞·威克斯在性问题上或许是最具影响力的英国作家，他在为回答性关系是如何被社会形塑和规训的问题上提供了详细的历史解释。他认为性并非植根于身体中，而是一种由意识形态决定的社会建构。受英国社会学家玛丽·麦克因托什的启发，他指出，工业化和城市化巩固了性别划分，增加了男性同性关系的污名。

威克斯考察了维多利亚社会是如何使用心理学和性科学（对性的研究，它宣称自己是一门科学，但通常由富裕业余者从事）这类新科

性科学创造了同性恋和异性恋这两个范畴。

婚姻被鼓吹为一个健康而稳定的社会的必需品。

法律通过决定谁能做什么事情来管理性别。

↓

同性恋被建构成异常，异性恋被建构成正常。

↓

性就像关乎肉体那样关乎信仰与意识形态。

家庭与亲密关系 325

参见：希尔维亚·沃尔比 96~99页，玛格丽特·米德 298~299页，米歇尔·福柯 302~303页，艾德里安娜·里奇 304~309页，史蒂文·赛德曼 326~331页。

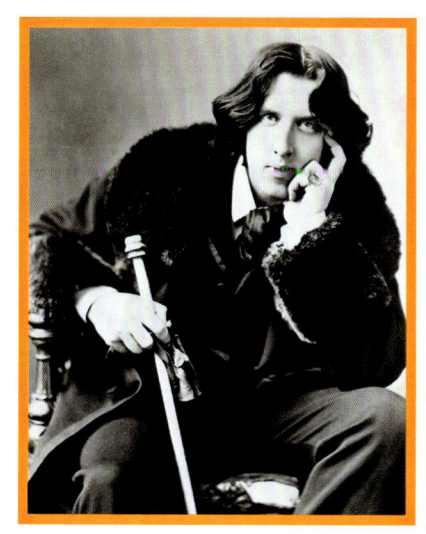

奥斯卡·王尔德在19世纪末被指控与其他男人"发生有伤风化的行为"。在对这位爱尔兰作家审判的推动下，同性恋被建构为一个社会问题。

学来对同性恋者定罪的。

对性关系的分类假设女性天生性被动，而男性天生性主动，但是没有任何证据证明这种假设。任何与这类"本质主义"观点（性别是生物学的反映）相反的事物往往被认为是变态的。因此，新科学坚定地支持着现存的父权制思想。

威克斯发现，越来越多的人认为，婚姻制度是维持社会稳定、健康发展的必要条件。因此，也存在一种通过引导男人走向婚姻来规训其"天生"的色欲的关注。当婚姻被宣告是社会中的常态和根本时，同性恋也被创造出来。那些可能是同性恋的行为曾一度被视为犯罪，但是在历史上，性科学家第一次界定了一种新的人群：同性恋者（随后同性恋类型被创立）。许多关于性别的研究受到基督教教义的影响。

性作为一种社会控制

男同性恋被看作一种性变态，并逐渐被视为一种社会问题，从而招致更多的法律和社会控制。例如，英国1885年的《刑法修正案》扩大和重新定义了同性恋行为。它确立了将同性恋建构成变态，以及关于女性气质和男性气质的"本质主义"思想，支持异性恋是正常的且是性行为的唯一合法形式。

威克斯指出，可以将这一关于性的定义同时看作一种社会建构和一种社会控制形式。法律能够决定谁被允许结婚、谁可以收养儿童，以及在什么年龄可以开始性生活。宗教能够告诉社会，任何不会带来生殖的性都是有罪的。

但是，关于谁应该以及谁不应该有性生活的文化观念可能具有负面影响。例如，在英国，50岁以上人口中与性传播相关的疾病显著增加，因为人们在观念上认为，与其他事物相比，老年人之间的性行为更加令人反感，这导致少有老年人寻求医疗帮助。■

杰弗瑞·威克斯

社会历史学家杰弗瑞·威克斯于1945年出生在英国威尔士的朗达镇。他的研究深受其早期作为一名同性恋权利活跃分子参与"同性恋解放阵线"（GLF）经历的影响。

威克斯是杂志《同性恋左派》的创始人之一，他的作品持续受到来自女同性恋和男同性恋政治、社会主义及女性主义思想的启发。他在性别和亲密生活领域出版了20多本著作，发表了众多文章。他是英国伦敦南岸大学威克斯社会和政策研究中心的研究教授。2012年，因对社会学的贡献，他被授予大英帝国勋章（OBE）。

主要作品

1977年《出柜：从19世纪到现在的英国同性恋政治》
1989年《性、政治和社会》
2001年《同性亲密关系：选择家庭和其他生活实验》

> 社会过程不仅在范畴类型之中，也在个体欲求层次上建构主体性。
>
> 杰弗瑞·威克斯

酷儿理论质疑认同的基础

史蒂文·赛德曼（1948— ）

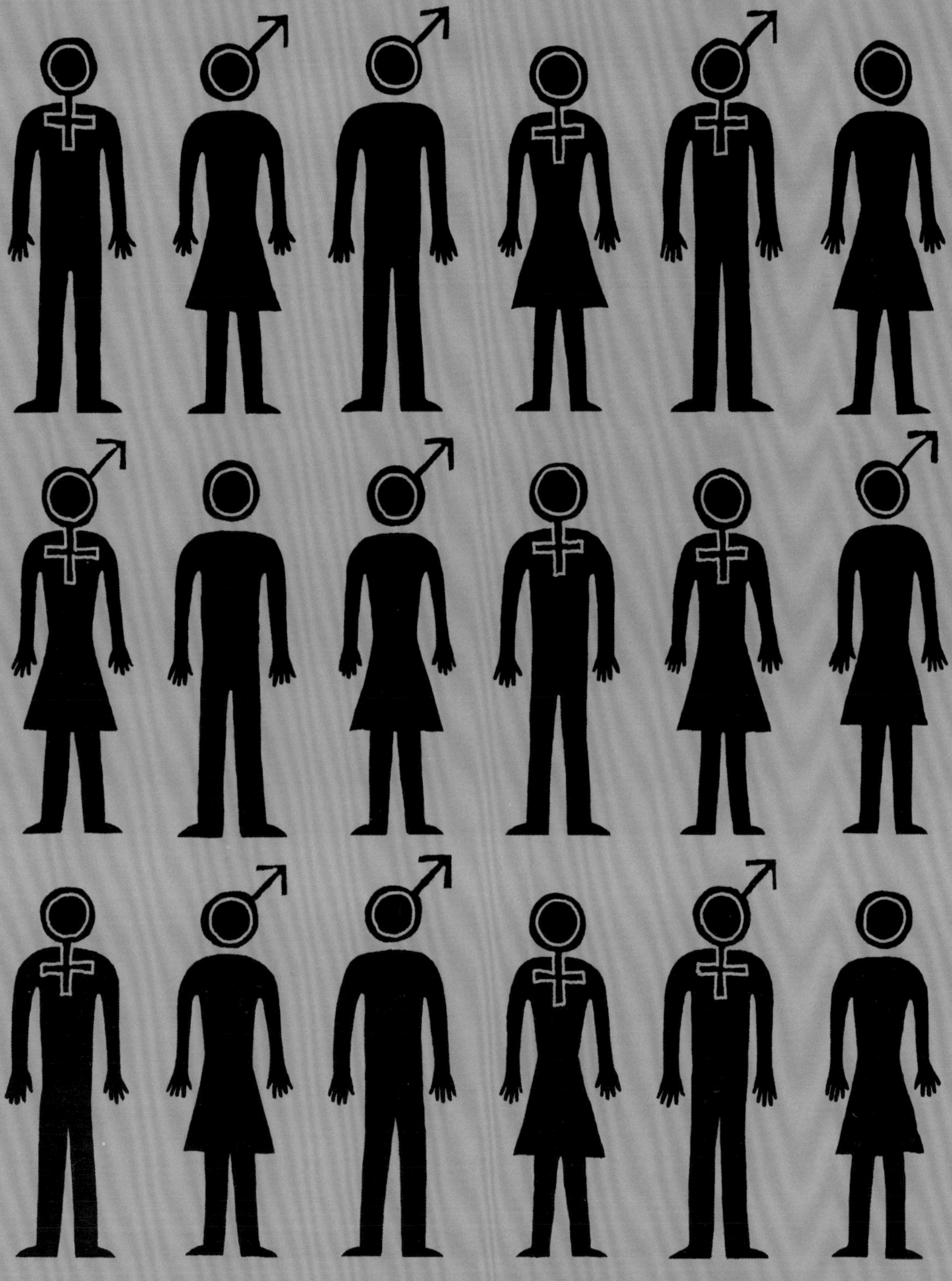

背景介绍

聚焦
酷儿理论

主要事件

1976年 米歇尔·福柯在《性史》（第一卷）中，追述了性的社会建构。他将性身份看作历史的产物，是由权力产生的，因此并非基于天生或生物学基础。

1987年 ACT UP（艾滋病解放动力联盟）在纽约成立，作为对艾滋病恐同运动的一个回应。

1990年 在《性别麻烦》一书中，朱迪斯·巴特勒提出，性别是社会建构的，是行动和行为不断重复的结果。

1998年 美国学者朱迪斯（"杰克"）·哈伯斯塔姆在《女性阳刚》一书中考察了男性之外的男子气概。

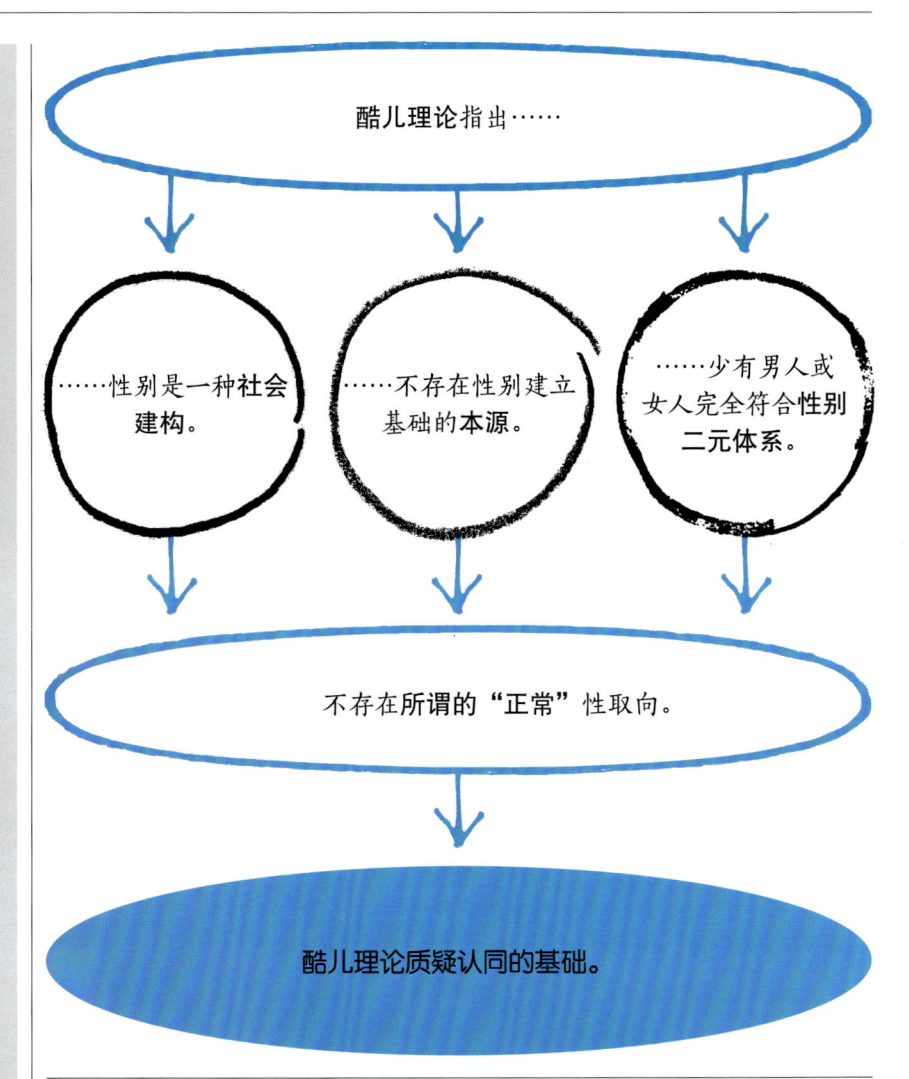

酷儿理论指出……

……性别是一种社会建构。

……不存在性别建立基础的**本源**。

……少有男人或女人完全符合性别二元体系。

不存在所谓的"正常"性取向。

酷儿理论质疑认同的基础。

20世纪80年代初，在公众的眼中，艾滋病被错误地认为等同于一种主要影响男同性恋者的传染病。随之而来的健康恐慌和恐同情绪的增长使得女同性恋和男同性恋群体被孤立和边缘化。

作为回应，男同性恋和女同性恋政治活跃分子创立了酷儿理论，试图除去"酷儿"这一词的贬义方面。作为一个贬义词的反面证实，对一些人来说，"酷儿"仍然是一个有争议的概念。从广义上来说，它包括任何反对异性恋男-女"自然"模式的类型——不仅是男同性恋和女同性恋，还包括变性、异装癖，以及那些拒绝"正常"的异性恋。

酷儿理论及其政治路径来自女性主义、女同性恋和男同性恋理论。受米歇尔·福柯和朱迪斯·巴特勒的影响，主要的酷儿理论家，如伊芙·可索夫斯基·赛菊寇、盖尔·卢宾，以及史蒂文·赛德曼，打破了传统统一的身份（或社会）

参见： 朱迪斯·巴特勒 56~61页，R. W. 康奈尔 88~89页，米歇尔·福柯 302~303页，艾德里安娜·里奇 304~309页，克里斯汀·德尔菲 312~317页，杰弗瑞·威克斯 324~325页。

类型，认为女性或同性恋等种类的内部差异削弱了它们的有用性。酷儿理论与一些女性主义类似，最初都批判女同性恋和男同性恋群体，认为它们是一种同化主义——通过为诸如婚姻权之类的目标而抗争来试图进入主流。

建构的性关系

基于对其他酷儿理论家的解读和批判，史蒂文·赛德曼被认为是酷儿思想史上的一位重要人物。与福柯和英国社会学家杰弗瑞·威克斯一样，赛德曼指出，性关系是"被建构的"。工业化和城市化通过创造公共的男性职场世界和私人的女性家庭世界，将社会空间性别化，也在我们如何理解男性气质和女性气质以及性取向管理方面带来了显著变化。许多我们现在认为是正常（"异性恋主流价值观"意味着异性恋注定是正常的性取向）的性别和性关系内容是在这一时期确立的。例如，女性被赋予照料和养育责任，男性被看作性活跃群体，以及同性恋被看作性变态。

赛德曼指出，直到20世纪末，性取向研究仍等同于一部同性恋史。对19世纪的科学、性学和弗洛伊德心理学来说，异性恋是正常且毋庸置疑的。事实上，历史上的这一时期为许多当今社会仍然存在的不平等奠定了基础，如男性和女性之间的分工。

质疑认同

酷儿理论家（如赛德曼）认为身份认同是社会建构的，是不稳定的，缺少连贯性；甚至连生物性性别这种看似稳定的对象也受到了质疑。很少有个体完全适合于男人或女人的划分——当测试染色体、荷尔蒙、基因或者解剖时，大部分人将落在一个连续体上的某处。一些男性可能看起来非常具有男子气概，但具有高度的"女性"荷尔蒙或小阴茎，而一些女性可能看起来非常高或毛发旺盛——我们认为这是男子气概的表现。

当新生儿性别不清时，外科手术往往会进行干预，切除"他"的小阴茎，宣告这是个女孩——这是一个矛盾的选择，一方面是本质主义的，假设"真"汉子的一个特征是拥有巨大的生殖器，而另一方面是社会建构主义的，指出身份认同实际上是社会条件的产物。通过质

> "让我们以差异的名义向中心，所有的中心以及所有的权威宣战。"
>
> 斯蒂文·赛德曼

疑单一认同的思想，如直男，反对如男人/女人的二元划分，赛德曼从根本上批判了认同理论和政治。

女性主义和同性恋运动作为一种认同政治形式挑战了父权制和异性恋主流价值观社会。然而，批评家指出，这些运动迅速被白人中产阶级（就女同男同政治来说，是男性）所主导。同时，这些群体也采用本质主义者的路径来看待认同，这意味着他们认为认同植根于生物学，因此是天生的或正常的。正如巴特勒指出，在这种情况下，被边缘化的认同本身，通过生产不变的意义，成为重申二元划分体系的共谋。赛德曼指出，酷儿理论对传统的男同女同政治提出了必要的挑战，因为这些性别认同再现了他们试图挑战的权力过程。

挑战规范

在颇具影响力的《正常的麻烦：性别、政治以及酷儿生活的

印度最高法院于2014年支持印度"海吉拉斯"的权利，肯定他们对其性别的自我认同，因此在法律上创造了第三种性别身份。

伦理》一书中，迈克尔·沃纳指出，"酷儿"概念不仅抵制正常，还挑战所谓的正常行为。由于"酷儿"是关于态度而非认同的，所以任何挑战常态或社会期望的人都可以是"酷儿"，如决定不生育的夫妻。在《区分麻烦：酷儿社会理论和性政治》一书中，赛德曼承认酷儿理论对现代政治和文化的重要贡献，探究了那些为差别政治而斗争的人们可能会碰到的困难。社会思想家如何将差别（如性别或种族差异）概念化，而不掉入将其简化为从属地位的陷阱呢？

他的实用主义回答是主张其所谓的"关于差异的较少压迫性观点"——一种社会后现代主义，其中"酷儿"是一个动词，描述行动，而不再是一个名词。他的目的是通过承认差异和采用"积极的差异政治"而非一种"狭隘的认同政治"，如"差异和民主可能共存"来挑战现存规范。赛德曼坚持认为，与其他社会思想家一样，酷儿理论家们必须考虑社会理论的其他形式，并继续批判主要社会制度，考察人们是如何生活的。

对于"酷儿"的概念及其理论

> 酷儿从定义上是指与正常、合法以及主流相异的一切。
>
> 大卫·霍尔柏林
> 美国学者

路径存在着诸多批评。尽管它反对"认同"的概念，但它已经变成一种统称，尤其泛指男同性恋、女同性恋、双性恋以及跨性别人群。事实上，"酷儿"可以被看作一个新瓶装旧酒的概念。它被用来囊括许多不同种类的人群，也被指责忽视了关键的差异和不平等。

一个有瑕疵的路径？

酷儿理论家（如美国人大卫·霍尔柏林）将酷儿理解为一种任何因其性取向而感到自己被孤立的人都可以采取的立场，因此，澳大利亚学者伊丽莎白·格罗兹警告说它可能被用来论证那些存在伦理争议的实践，如"性虐者、恋童癖……皮条客"。

酷儿理论被指责专注于性取向而忽视了其他类型。沃纳指出，色情作品是"酷儿"，因为（作为随心所欲的性想象展现的结果）它是"正常"的反面，但他忽视了诸多色情作品中对待女人的方式依赖于

那些主张性取向的自我认同的群体近年来挑战着将异性恋看作正常性取向的假设。下面的符号只是现在被用来向主流宣示存在着不同性别认同的诸多符号中的一部分。

自我认同符号

符号	取向	灵感
⚢	女女夫妻	通常被用来代表女性性别
⚣	男男夫妻	通常被用来代表男性性别
○	双性人或无性别的人	男性和女性标志中的圆圈部分，没有定义性别的元素
⚥	变性人	男性和女性性别标志的结合
☽	双性人	双月标志在北欧国家被广泛采用

对"正常"男性气质的使用。在《酷儿种族》中,南非学者伊恩·巴纳德指出,酷儿理论创造了一种洗白了的西方版"酷儿",它忽视了种族。英国历史学家杰弗瑞·威克斯谴责它忽视了物质限制。例如缺钱,这意味着并非所有人都能做到越界。那么,也可以说酷儿理论已经变成一种为白人中产阶级男同性恋服务的理论。

酷儿理论也宣称是第一个挑战性/性别区分的社会理论。但是,正如英国社会学家戴安·理查森指出的那样,这一说法太夸张了:激进女性主义者,如《主要敌人》的作者克里斯汀·德尔菲,早在20世纪70年代就开始了这项工作。

尽管存在着这些批评,但酷儿理论仍影响了一系列学术领域,特别是对男子气概的研究方面。例如,美国学者朱迪斯·哈伯斯塔姆的研究借用了"酷儿"的概念,指出如果要理解男子气概,就必须考察诸如女性男子气概之类的边缘或从属形式。赛德曼指出,酷儿理论范式也被广泛应用在小说和电影中。他争辩道,当代文学批评的目标是解构大多数文学作品中的二元对立——酷儿使这一点成为可能。

对于那些性取向被边缘化以及表现形式有限的人来说,对叙事进行再诠释的酷儿式解读打开了作者或制片人原本未预见到的可能性。例如,柯南·道尔的小说《福尔摩斯探案全集》可能暗示了福尔摩斯和华生之间的浪漫友谊;莎士比亚戏剧中的男女变装也能够用酷儿来解释;电影《异形》系列开启了一个"掠夺性女性"的转折。酷儿也充斥在电视节目中,如美国真人秀系列《粉雄救兵》。■

酷儿解读如今被用在许多电影中。在《异形:浴火重生》中,艾伦·蕾普利——一半地球人,一半外星人——与一个女机器人之间有一种微妙的肉欲联系。

美国"变装国王"默里·希尔被哈伯斯塔姆描述为"改造男子气概,展示出其戏剧性"。

女性男子气概

朱迪斯("杰克")·哈伯斯塔姆指出,男子气概同样存在于非男人中,并质疑人们对于女汉子以及假小子的诬蔑。女性特征并不必然带来女子气质,男性特征也不总是产生男子气概。

这一思想从根本上挑战了性别/性的区分,其中社会建构的性别(男子气概)被看作生物上的性别(男性)的自然表达。从事酷儿研究的哈伯斯塔姆指出,存在一种将所有性别"古怪"的女性纳入女同性恋的大旗;但是,诸如女同性恋或男同性恋之类的词并不足以解释一切非传统异性恋的爱欲活动。女性化的男性成为一种性别而非一种模仿。

"变装国王"(女扮男装)凸显了男性的男子气概并非建立在真我的本质上,而是通过日常行为的重复产生的。

DIRECTORY

人名录

人名录

尽管直到相对近期社会学才被看作一门科学，但它可以追溯到古代哲学家，如柏拉图，尤其是他对理想社会的思考。它的主题一直让统治者感兴趣，后者从理解人们形成较大群体（社会）的方式，以及他们如何散布信息和文化价值、获取财富和权力中获益良多。社会改革者意识到，这些理论可以被用来改造世界，随着社会学成为一门科学，他们的声音变得更加振聋发聩。这一领域中的领袖已经涵盖在本书的主体部分，本节将介绍对这一学科以及理解我们的社会生活做出重要贡献的其他思想家。

赫伯特·斯宾塞
1820—1903

英国社会学家、哲学家赫伯特·斯宾塞是最早期的进化论理论家之一。他创造了"适者生存"一说，并指出社会和人的身体一样，遵循着同样的进化规律：它们自然地发生改变，从简单阶段进化到较高的复杂形式，只有更强的社会才能够生存和成长。这一观点被称作"社会达尔文主义"。

参见：哈丽雅特·马蒂诺 26~27页，卡尔·马克思 28~31页。

查尔斯·霍顿·库利
1864—1929

查尔斯·霍顿·库利出生于美国密歇根，创立了"镜中我"理论，认为我们的自我意识主要来自对别人是如何看待我们的感知，因此依靠社会互动。这一概念形成了"社会化"的社会学理论基础。

参见：乔治·赫伯特·米德 176~177页，欧文·戈夫曼 190~195页。

罗伯特·帕克
1864—1944

罗伯特·帕克是美国社会学家，以研究集体行动、种族关系和人类生态学（认为人类的功能和动植物类似）而广为人知。他对城市社会学的研究——将城市看作一个"研究试验场"——开创了后来著名的社会学芝加哥学派。

参见：乔治·齐美尔 104~105页，乔治·赫伯特·米德 176~177页。

齐格弗里德·克拉考尔
1889—1966

齐格弗里德·克拉考尔出生于德国法兰福，以其关于现代文化的理论及技术威胁并取代记忆的思想而广为人知。克拉考尔与瓦尔特·本雅明、恩斯特·布洛赫一道，作为《法兰克福报》的电影和文学编辑，从广告到电影，开始分析社会的文化产品。1933年，他从纳粹威胁中逃脱，辗转到达巴黎再到美国。克拉考尔主要影响了西奥多·W. 阿多诺。

参见：瓦尔特·本雅明 334页，西奥多·W. 阿多诺 335页。

瓦尔特·本雅明
1892—1940

瓦尔特·本雅明出生于德国柏林，是一位著名的文化理论家。1919年，他从瑞士伯尔尼大学获得文学博士学位，之后回到德国，并于1933年逃离纳粹。流亡期间，他在法兰克福社会研究所发表艺术和文化论文。1939年，他被关押在法国的一个集中营，获释后试图经比利牛斯山脉逃往西班牙。在被拒入境后，他选择了自杀。

参见：尤尔根·哈贝马斯 286~287页，齐格弗里德·克拉考尔 334页。

卡尔·曼海姆
1893—1947

卡尔·曼海姆是知识社会学的创立人之一，该学科主要探究"认识世界"的过程。他指出，我们透过文化和意识来"看待"这个世界，并受到社会地位的影响；真理是相对的，依赖主观建构。曼海姆在德国柏林师从乔治·齐美尔。1933年，他加入伦敦经济学院。

参见：卡尔·马克思 28~31页，马克斯·韦伯 38~45页，乔治·齐美尔 104~105页，诺贝特·埃利亚斯 180~181页。

芭芭拉·亚当·伍顿
1897—1988

社会学家芭芭拉·亚当·伍顿以《犯罪与刑法》一书而著名，颠覆了关于"犯罪型人格"的一般观点。1919年，她在英国剑桥大学学习经济学，并于1920年攻读硕士学位，但在当时，女性并未被正式接纳为学生，因此她没有被授予学位。她随后在伦敦和贝德福德的大学教授社会学。

参见：希尔维亚·沃尔比 96~99页，安·奥克利 318~319页。

阿尔弗雷德·舒茨
1899—1959

阿尔弗雷德·舒茨在奥地利维也纳大学获得法学博士学位，对马克斯·韦伯和哲学家埃德蒙德·胡塞尔的作品很感兴趣。1938年，他搬到巴黎，随后又前往纽约。沿着胡塞尔的现象学路径及其对个体主观意识是如何感知世界的分析，舒茨奠定了现象社会学新领域的基础，该领域聚焦于社会现实的本质。

参见：马克斯·韦伯 38~45页，彼得·路德维希·伯格 336页。

赫伯特·布鲁默
1900—1987

赫伯特·布鲁默在美国芝加哥大学社会学系获得博士学位，并在那里执教了27年。1952年，他担任美国加利福尼亚大学伯克利分校社会学系主任。在其著名的《符号互动论》一书中，他指出，个体和集体行动反映了人们赋予事物的意义，这些意义产生于人类群体生活情境内部。

参见：乔治·赫伯特·米德 176~177页，霍华德·贝克尔 280~285页，查尔斯·霍顿·库利 334页。

西奥多·W. 阿多诺
1903—1969

西奥多·W. 阿多诺是新马克思主义"批判理论"的支持者。他出生在德国法兰克福，师从齐格弗里德·克拉考尔，并于1924年在法兰克福大学获得哲学博士学位。1931年，他和马克斯·霍克海默共同创立了社会研究所（也被称为"法兰克福学派"）。随着纳粹的崛起，他搬到英国，而研究所也搬往海外。他在美国回归研究所，并助其成为反对美国资本主义虚假繁荣的主要声音。1949年，研究所和阿多诺回到德国（西德）。阿多诺在瑞士度过余生。

参见：赫伯特·马尔库塞 182~187页，尤尔根·哈贝马斯 286~287页，齐格弗里德·克拉考尔 334页。

安塞尔姆·斯特劳斯
1916—1996

美国社会学家安塞尔姆·斯特劳斯和巴尼·格拉斯共同提出了一种定性研究的创新性方法，即"扎根理论"，试图从研究中建构一种理论，而非通过研究去证明某种理论。斯特劳斯在芝加哥大学师从赫伯特·布鲁默，随后和阿尔弗雷德·林德史密斯合著《社会心理学》。他是"第二芝加哥学派"中的一员，该学派的成员还有霍华德·贝克尔和欧文·戈夫曼。

参见：欧文·戈夫曼 264~269页，霍华德·贝克尔 280~285页，赫伯特·布鲁默 335页。

路易·阿尔都塞
1918—1990

法国马克思主义哲学家路易·阿尔都塞是20世纪60年代结构主义运动的主要人物，主张通过符号研究来分析社会（符号语言学）。他对马克思的重新解读指出了"意识形态国家机器"的角色。他出生于阿尔及利亚，于1930年搬到法国。第二次世界大战期间，他大部分时间是在德国战俘集中营中度过的，在此期间他患上了伴随其后半生的心理疾病。1945年，他在著名的巴黎高等师范学院开始研究哲学，住院治疗期间坚持写作散文和书籍，并获得极大的赞誉。1980年，他杀害了自己的妻子，最后他死于精神病院，享年72岁。

参见：卡尔·马克思 28~31页，安东尼奥·葛兰西 178~179页。

帕博罗·冈萨雷斯·卡萨诺瓦
1922—2023

帕博罗·冈萨雷斯·卡萨诺瓦是墨西哥历史学家和社会学家，他于1965年发表了一篇令人耳目一新的文章，名为《内部殖民主义和民族发展》。"包含于一个民族"中的民族的观点最早由W. E. B. 杜波伊斯于20世纪30年代提出，而卡萨诺瓦揭示了实践中这一思想的结构基础。他对于墨西哥政治和社会结构的深层分析为发展中国家带来了启发。2003年，联合国教科文组织（UNESCO）表彰他的研究，并授予他著名的荷塞·马蒂国际奖章。

参见：E. B. 杜波伊斯 68~73页，戴维·麦克隆 163页。

多萝茜·E. 史密斯
1926—2022

多萝茜·E. 史密斯来自英国约克郡。她提出一种"女性社会学"，采用现象学的视角，使用生活中主观的日常经历，而非那些由男性主宰的理论知识。史密斯在伦敦经济学院学习社会学，并于1955年就读于美国加利福尼亚大学伯克利分校。随后，她来到英属哥伦比亚大学教授第一批女性研究课程。

参见：卡尔·马克思 28~31页，阿尔弗雷德·舒茨 335页。

罗伯特·内利·贝拉
1927—2013

美国社会学家罗伯特·内利·贝拉是20世纪具有争议的宗教社会学家。《美国公民宗教》一文考察了宗教符号主义的政治运用，并为他首次带来了赞誉。贝拉出生于美国俄克拉何马州，毕业于哈佛大学社会人类学系，并在塔尔科特·帕森斯的指导下获得博士学位。在加拿大蒙特利尔麦吉尔大学学习了两年的伊斯兰研究之后，他回到哈佛大学执教。1967年，他成为加利福尼亚大学伯克利分校的社会学教授。

参见：布莱恩·威尔逊 278~279页，尤尔根·哈贝马斯 286~287页，塔尔科特·帕森斯 300~301页。

戴维·洛克伍德
1929—2014

英国社会学家戴维·洛克伍德是社会分层理论中具有影响力的人物。10岁时，他的父亲去世，母亲经济拮据，他被迫早早地离开学校开始工作。在武装部队服役期间，他偶然接触到马克思主义，并继续在伦敦经济学院学习社会学。洛克伍德曾执教于剑桥大学和埃塞克斯大学。1998年，他因对社会学的贡献而获得了大英帝国司令勋章（CBE）。

参见：卡尔·马克思 28~31页，埃米尔·迪尔凯姆 34~37页。

彼得·路德维希·伯格
1929—2017

彼得·路德维希·伯格出生于奥地利，在其与托马斯·卢克曼合著的《现实的社会建构》一书中，其最著名的论断是，现实是通过一种社会共识建构的。17岁时，伯格移居到美国，并从纽约社会研究新学院获得硕士和博士学位。他成为波士顿大学社会学和神学教授，并于1985年担任波士顿经济文化研究所主任，考察经济发展与社会文化变迁的关系。

参见：卡尔·马克思 28~31页，卡尔·曼海姆 335页，阿尔弗雷德·舒茨 335页。

费尔南多·恩里克·卡多佐
1931—

1986年，费尔南多·恩里克·卡多佐成为巴西圣保罗议员，并于1995年和1998年当选为巴西总统。他宣称要给巴西带来经济稳定和社会改革。卡多佐在圣保罗大学学习社会学，并于1958年成为那里的一名教授。他的左翼思想使他在群众中拥有广泛的基础，但是他反对军人政权，这使他于1964年被迫流亡海外。在重返巴西之前，他一直在拉丁美洲、欧洲以及美国的大学执教。

参见：卡尔·马克思 28~31页，伊曼纽尔·沃勒斯坦 144~145页。

克里斯托弗·拉什
1932—1994

美国政治理论家和历史学家克里斯托弗·拉什是一对左翼知识分子夫妇的独子。1954年，他毕业于哈佛大学，并在哥伦比亚大学获得历史学硕士。在英国休假期间，他写出了《美国新激进主义》一书。该书将知识分子描述成放纵的奋斗者，一面宣称要提供指引，另一面对地位和权力感兴趣。反传统者试图打破共识思考，其工作包括对于民主公民权、精英群体、消费主义、大众文化、美国制度以及那种认为西方社会带来某种"进步"的观点的强烈批评。

参见： 卡尔·马克思 28~31页，尤尔根·哈贝马斯 286~287页，西奥多·W. 阿多诺 335页。

约翰·戈德索普
1935—

约翰·戈德索普出生于英国约克郡，就读于伦敦经济学院。作为一名社会流动和阶级分层的专家，他提出了"戈德索普量表"，这是一种如今在欧洲、大洋洲和北美洲使用的七层结构。他是"文化资本""惯习"概念的批评者，特别是皮埃尔·布迪厄提出的概念。1969—2002年，他任职于牛津大学，曾是美国康奈尔大学访问教授。

参见： 马克斯·韦伯 38~45页，皮埃尔·布迪厄 76~79页。

迈克尔·罗伊
1938—

法裔巴西社会学家和教授迈克尔·罗伊成长于巴西圣保罗一个奥地利移民家庭。他以发展乔治·卢卡奇的"浪漫主义的反资本主义"思想而著称，试图通过一种对前工业历史和思考方式的回归来打破资本主义。罗伊阅读马克思主义思想家罗莎·卢森堡的著作，并在圣保罗大学师从费尔南多·卡多佐和安东尼奥·坎迪多学习社会学。他从法国索邦大学获得博士学位，主攻马克思主义理论。

参见： 卡尔·马克思 28~31页，皮埃尔·布迪厄 76~79页，瓦尔特·本雅明 334页。

乔恩·埃尔斯特
1940—

挪威社会学家乔恩·埃尔斯特聚焦于理性选择理论——认为人们基于对事实的理性思考（尽管他后期的研究揭露了他对理性能力的失望）做出选择。埃尔斯特的思想对政府、经济学家、社会学家以及心理学家都有影响。他曾执教于英国、美国和法国的大学。1995年，他成为美国哥伦比亚大学首位社会科学罗伯特·K. 默顿教授。

参见： 卡尔·马克思 28~31页，马克斯·韦伯 38~45页，塔尔科特·帕森斯 300~301页。

朱莉娅·克里斯蒂娃
1941—

朱莉娅·克里斯蒂娃出生于保加利亚。她关于语言学、符号学、心理分析学以及女性主义的著作广受赞誉。从索菲亚的大学毕业后，她获得奖学金留学巴黎。她成为与圣日耳曼（巴黎"左岸"）相关的左翼思想家群体中的一员，而她对语言和语言学的研究则深受其同龄人如米歇尔·福柯和罗兰·巴特的著作的影响。她成为一名心理分析学家，并逐渐对语言和身体之间的关系的本质产生兴趣。

参见： 米歇尔·福柯 52~55页，302~303页，伊丽莎白·格罗兹 339页。

南希·乔多罗
1944—

南希·乔多罗出生于美国纽约，是一位杰出的女性主义理论家。她在马萨诸塞州的拉德克利夫学院学习人类学，随后在旧金山接受心理分析学家训练。1975年，她从波士顿布兰迪斯大学获得博士学位。采用交叉学科视角，她提出了一种女性主义的心理分析理论，开创了女性主义心理学领域。她执教于加利福尼亚大学伯克利分校。

参见： 哈丽雅特·马蒂诺 26~27页，朱迪斯·巴特勒 56~61页，埃里希·弗罗姆 188页。

唐娜·哈拉维
1944—

"技术科学"专家唐娜·哈拉维来自美国科罗拉多,在巴黎学习进化哲学和神学,最后回到美国学习动物学、哲学和文学三学位课程。她在耶鲁大学攻读动物学博士学位期间考察了实验过程中隐喻的使用——她将生物看作政治、宗教和文化的一部分。作为加利福尼亚大学圣克鲁兹分校意识史系的荣休教授,哈拉维是人与技术亲密关系领域的重要权威。她在《赛博格宣言》一文中指出,人类已经是半人、半机器的混合体,这种混合使得女性在"赛博格女性主义"时代能够重构崭新的自我。

参见:卡尔·马克思 28~31页,米歇尔·福柯 52~55页、302~303页,布鲁诺·拉图尔 338页。

舒拉米斯·费尔斯通
1945—2012

革命女性主义者舒拉米斯·费尔斯通出生于加拿大渥太华。她在美国圣路易斯的华盛顿大学学习艺术,接着去往芝加哥艺术学院,在那里,她成为芝加哥妇女解放联盟中的一员。在其颇具影响力的著作《性的辩证法:女权革命实例》中,费尔斯通指出,女性是一个受压迫的阶级……对女性来说,答案是要掌握人类繁殖的工具(通过新的避孕方式而成为可能)。之后她只出版了一本书,但她对于女性主义的影响一直都在。

参见:哈丽雅特·马蒂诺 26~27页,卡尔·马克思 28~31页。

沃尔登·贝罗
1945—

沃尔登·贝罗出生于菲律宾马尼拉。20世纪70年代,在费迪南德·马科斯颁布戒严法之后,贝罗成为一名政治活动家。贝罗的官方职位包括菲律宾、美国以及加拿大大学的社会学教授,绿色和平南亚董事会主席,以及菲律宾众议院议员。贝罗是全球化的批评家。

参见:罗伯特·内利·贝拉 336页,迈克尔·罗伊 337页。

布莱恩·S. 特纳
1945—

出生于英国伯明翰的布莱恩·S. 特纳是一位宗教社会学的权威人士。他的第一部著作《韦伯和伊斯兰教》非常经典。1998年,他成为剑桥大学社会学教授,并一度在澳大利亚、荷兰和美国的大学担任教授职位。他的兴趣包括全球化和宗教、宗教权威和电子信息、宗教消费主义和青年文化,以及人权和宗教。在《身体与社会》一书中,他指出,身体与阶级之类的抽象概念不同,应该成为社会学分析的焦点。

参见:爱德华·萨义德 80~81页,马克斯·韦伯 220~223页。

布鲁诺·拉图尔
1947—2022

布鲁诺·拉图尔出生在法国勃艮第,先后接受哲学和人类学训练。20世纪80年代,他与米歇尔·卡龙、约翰·劳一道创立了"行动者网络理论"(ANT)——认为知识并不依赖等待被发掘的真理,而是通过分析行动者与网络之间的互动而获得的。其中,参与创造意义的行动者既是客观的又是符号化的。拉图尔是巴黎政治学院的教授。

参见:哈罗德·加芬克尔 50~51页,米歇尔·福柯 302~303页,唐娜·哈拉维 338页。

西达·斯考切波
1947—

美国社会学家、政治理论家西达·斯考切波是哈佛大学管理与社会学系维克托·S. 托马斯教授。她的研究集中在美国社会政策、健康改革以及美国民主的公民参与方面。她的职业生涯开始于其对于法国、俄国的研究。20世纪70年代,她成为国家自主性理论的主要倡导者。她的主要贡献在于创造了一种新的范式:制度(包括国家)被看作政治生活的结构性因素,体现着意识形态,因此,适用于因果分析。她1992年的著作《保卫士兵与母亲:美国社会政策的政治起源》为她带来了五项大奖。

参见:马克斯·韦伯 38~45页,戴维·麦克隆 163页,阿尔君·阿帕杜莱 166~169页。

贝弗利·斯凯格斯
1950—

贝弗利·斯凯格斯最初在约克

大学和基尔大学学习社会学，后来成为兰卡斯特大学女性研究的主任（与西莉亚·卢瑞一道）。在《阶级和性别的形成》一书中，她指出，阶级应该是性别、认同以及权力理论的显著特点。斯凯格斯是伦敦金史密斯学院的社会学教授。

参见： 卡尔·马克思 28~31页，皮埃尔·布迪厄 76~79页，安·奥克利 318~319页。

安吉拉·麦克罗比
1951—

文化理论家安吉拉·麦克罗比是英国伦敦金史密斯学院的教授。她宣称，尽管在"性别平等已经实现"这一点上存在共识，但20世纪90年代仍然存在一种对女性主义的集体抵制。在其2009年的著作《女性主义的后果》中，她采用乌尔里希·贝克和安东尼·吉登斯的研究，并指出，"女性个体化"是一种后女性主义的伪装，加强了男性霸权。

参见： 安东尼·吉登斯 148~149页，斯图尔特·霍尔 200~201页，贝弗利·斯凯格斯 338页。

伊丽莎白·格罗兹
1952—

伊丽莎白·格罗兹是文化和女性主义理论家，出生在澳大利亚悉尼，在那里她开始学习哲学。受后结构主义思想家，如法国哲学家雅克·德里达的影响，她的研究聚焦于性别研究（特别是性的差异、女性性取向以及女性主义视角下的时间本质）。她是美国北卡罗来纳州达勒姆市杜克大学的女性研究教授。她最有名的著作是《破灭》，其中，她概括了一种后现代达尔文主义的女性主义理论。

参见： 米歇尔·福柯 52~55页，302~303页，朱莉娅·克里斯蒂娃 337页。

塔里克·莫多德
1952—

塔里克·莫多德出生在巴基斯坦的卡拉奇，但成长于英国。他先后就读于杜伦大学和斯望西大学。1997年，他创立英国布里斯托大学种族和公民权研究中心，并担任主任。同时，作为该大学社会学、政治学以及公共政策教授，他是种族主义、多元文化主义以及世俗主义领域的专家。莫多德是国际杂志《种族关系》的创始人兼编辑之一。

参见： 斯图尔特·霍尔 200~201页，布莱恩·S.特纳 338页。

哈特穆特·罗萨
1965—

德国社会学家哈特穆特·罗萨因其"社会加速"理论而广为人知，这同时也是其2013年著作的名字。这一理论指出，社会以三种方式（技术革新、社会变迁和生活步伐）加速，但有些领域在减速，其中大型人口群体可能会衰落。他同时也指出，世界正处于一个"狂热的停滞点"上，没有什么能保持原状，同时也没有什么真正发生了改变。罗萨是德国耶拿大学一般社会学和理论社会学教授。

参见： 卡尔·马克思 28~31页，马克斯·韦伯 38~45页，尤尔根·哈贝马斯 286~287页。

汤姆·莎士比亚
1966—

汤姆·莎士比亚就读于剑桥大学，随后在位于瑞士日内瓦的世界卫生组织（WHO）工作了五年。作为一名有残疾的医学社会学家，他是差异社会学中的重要声音。他的研究兴趣在于遗传学的伦理方面以及残障研究，特别是在性别政治和人权领域。如今，作为英国东英吉利亚大学医学社会学的讲师，他宣称，人们"因社会以及他们的身体而成为残疾"。

参见： 乔治·赫伯特·米德 176~177页，欧文·戈夫曼 190~195页，霍华德·贝克尔 280~285页。

术语表

能动性 Agency
在社会学中，自主决定或自由意志。

异化 Alienation
卡尔·马克思认为，由于缺乏权力、控制、实现以及满足，工人往往觉得疏离于他们自己或社会。马克思将这一点归咎于资本主义社会中生产资料的私人占有。后来，众多思想家，包括罗伯特·布劳纳，进一步发展了这一概念。

失范 Anomie
由迅速社会变迁带来的一种迷茫或"无序"状态。当控制日常行为的社会规范和价值突然发生变化时，人们容易感到迷失方向和漫无目的，直到一种新的社会秩序重建。参见越轨。

资产阶级 Bourgeoisie
在马克思主义者看来（参见马克思主义），它是指占有工业生产资料的社会阶级。

官僚制/科层制 Bureaucracy
马克斯·韦伯将其定义为以具有细致分工和分层、与规则相联系的官僚等级体系为特征的组织体系。

资本 Capital
使用经济资产（如机器）或经济资产的价值（如现金）来创收。它是经济活动中除土地、劳动力以及企业外的又一个关键要素。

资本主义 Capitalism
一种基于财产和生产资料的私人占有的经济体系，企业出售商品以盈利，工人出卖劳动力以换取工资。

资本家 Capitalists
在工业社会中占有生产资料的社会阶级。

芝加哥学派 Chicago School
不能混同于提倡自由市场经济的思想流派，这一社会学学派发展于20世纪二三十年代。尽管它的兴趣不拘一格，但它通常被看作城市社会学的起源。

社会冲突 Class conflict
由相互竞争的社会-经济利益所带来的不同社会阶级之间的紧张。

殖民主义 Colonialism
一个国家控制另外一个国家，以实现经济剥削。这一术语通常指欧洲列强对世界其他地区的征服、占领和剥削。

共产主义 Communism
一种基于财产和生产资料的集体所有制的经济体系。

社会建构 Construct
社会中创造出来的一种概念或观念。

消费主义 Consumerism
一种高级资本主义社会形态，由购买和出售各种商品和服务而定义的时代。这一术语还用来指个体通过商品来建构自我认同。

炫耀性消费 Conspicuous consumption
由托斯丹·凡勃伦提出，描绘了富裕的有闲阶级中的成员使用奢侈品来显示他们的身份。参见物质文明。

文化 Culture
任何社会中构成生活方式的语言、习俗、知识、信仰、价值和规范的结合。它也用来指艺术（如音乐、戏剧、文学等）。

行为不良 Delinquency
青年人犯的小罪行，这一术语同样可以指代那些不被社会规范所"接受"的行为。

决定论 Determinism
相信一个人的行为是由某种外部力量形式（如上帝、遗传或环境）决定的，因此真正的自由选择是不可能的。参见经济决定论。

越轨 Deviant
就一个特定社会或社会群体的规范而言，某种行为或某个人被认为"打破了规则"。

话语 Discourse
一般意义上指语言或文字交流；在社会学中，它是指看待生活的一种视角框架或思想体系，支配着其被讨论的方式。话语传达事件的意义，并依不同的时代、地理区域以及群体而不同。

家务劳动 Domestic labour
在家庭中的无偿劳动，如烹饪、清洁、儿童照料以及照顾病人和老人。

经济决定论 Economic determinism
一种历史唯物主义观点，认为经济力量

决定社会现状以及人类社会的演进。

精英 Elite
一小部分人，占有了大量的社会财富和权力。

情感劳动 Emotional labour
由阿利·霍克希尔德提出，要求被雇者展现出某种情感，以达到某一预期的回应。

经验证据 Empirical evidence
能够通过感官观察到并以某种方式测量的证据。

启蒙运动 Enlightenment
17—18世纪欧洲的一场文化和思想运动，融合神学、理性思想和自然，形成一种赞赏逻辑及理性而非情感和直觉的世界观。

本质主义 Essentialism
相信事物或人拥有天生的特征、属性或者本质以定义他们是谁或是什么。这一思想进而认为，特定的人口类型拥有本质特征。

种族 Ethnicity
一个社会群体共有的文化（如语言或宗教信仰），给予其成员一种共同认同，并与其他群体区分开来。

人种志 Ethnography
对于人种和文化的研究。

人种学 Ethnology
不同人种和文化之间差异的比较研究。

女性主义 Feminism
一种倡导性别间社会、政治和经济平等的社会运动。女性主义通常被认为有若干"波"或若干时代，其议题设置各不相同。

封建主义 Feudalism
历史上一种主要的社会体系，武士贵族向其君主提供军事服务，以换取封地；他们统治这些封地，占有奴隶或农民提供的劳动力和产品。作为交换，他们为奴隶或农民提供保护。

法兰克福学派 Frankfurt School
一个跨学科的社会理论学派，由社会研究所演化而来，隶属于法兰克福大学。这一学派在20世纪促进了新马克思主义思想的发展。

功能主义 Functionalism
认为社会就如同一个生物有机体，不同部分具有各自不同的功能。社会中的各个部分相互依赖，共同促进整体运作和稳定。

性别 Gender
男性和女性之间的差异是社会建构的，而非生物性的。

性别认同 Gender identity
在性别角色和生物性别方面，个体和他人如何看待自己的方式。

性别角色 Gender role
男性和女性被预期的社会行为。

绅士化 Gentrification
一个破败城市社区的转变，地价和租金明显上升，富裕人口不断涌入。

全球化 Globalization
随着媒体、文化、消费品以及经济利益的全球扩展，世界各地的联系和彼此依赖不断加强。

全球本土化 Glocalization
通过与本土社区和个体的联系来对全球形式进行改进——从流行时尚到音乐类型。

惯习 Habitus
基于托马斯·阿奎那的观点，我们每个人都认为自己属于某一类人。皮埃尔·布迪厄的概念指涉一系列习得的性情，同一社会阶层的人共享文化价值。

霸权男性气质 Hegemonic masculinity
某一社会中的理想男子气概。在西方国家中，这与异性恋、坚韧、财富以及女性的从属地位联系在一起。这一思想强调男性气质是一种后天的认同。

霸权 Hegemony
居统治地位和主导性的权力以及在这个过程中社会群体的形成。安东尼奥·葛兰西认为，霸权就是统治阶级维持其统治地位的方式。

异性恋 Heterosexuality
不同性别的人彼此吸引。

同性恋 Homosexuality
同一性别的人彼此吸引。

超现实 Hyperreality
正如鲍德里亚所指出，图形和符号所指代的并非一个单独的现实，而是一种仿真的现实，然而后者看起来似乎比任何物质世界中的存在都更加真实。

医源性疾病 Iatrogenesis
由医疗体系带来的威胁，比起治愈的人，它伤害的人可能更多。

认同 Identity
个体如何看待和定义他们自己，以及其他人如何定义他们。

意识形态 Ideology
一种思想框架，为某一社会群体提供观念和信仰。

工业革命 Industrial Revolution
起源于18世纪英国的一个发展阶段，机械化的新形式使得经济从农业经济转向城市工业化经济。

诠释 Interpretive
考察社会的一种主观方式，它与客观、科学的实证主义范式相反。

左翼 Left-wing
在政治系谱中，支持改革或社会主义思想的人。

边缘化 Marginalization
一个人或一群人被排斥在主流或统治群体之外的过程，进而导致权力、地位和影响力的丧失。

马克思主义 Marxism
由卡尔·马克思和弗里德里希·恩格斯提出的关于社会的理论，宣称历史是由不同时代组成的，社会阶级——生产资料的所有者和被剥削的工人——之间的冲突带来社会变迁。

大众文化 Mass culture
面向一般公众出售的娱乐产品（书籍、电视节目等）。

物质文明 Material culture
物质的历史和哲学，人和物之间的关系。

生产资料 Means of production
生产社会商品所需要的主要资源（如土地、工厂、原材料和机器）。

生产方式 Mode of production
马克思主义的一个概念，指生产商品和服务的社会组织方式，它包括生产资料以及劳动力之间的关系。

现代性 Modernity
17世纪以来的社会状况，特别是由工业革命和城市化带来的社会变迁。

民族 Nation
由文化、历史或语言连接起来的一群人，往往基于某一特定地理位置。

民族主义 Nationalism
与一个国家相关的认同感，产生于对一种共同意识和文化的忠诚。

新自由主义 Neo-liberalism
根植于对自由市场和有限政府的信仰的政治和经济哲学，认为个体行动能比国家行为带来更好的解决问题的方案。

新部落主义 Neo-tribalism
在迅速变迁的世界中，短暂的、多变的以及流动的群体找寻他们生活的意义。

规范 Norms
在一个特定社会或情境中，定义个体的预期行为（正常）的社会规则。

核心家庭 Nuclear family
父母和子女组成的两代家庭——社会化的主要原动力。

他者 Other
由西蒙娜·德·波伏娃提出的概念，用来解释一个群体（在她的举例中，是指男性）如何将自己看作规范，用自己的标准和特征来判断群体之外的任何人（女性），而不是独立看待那个群体，认可它的实际特征。

父权制 Patriarchy
一种社会分层体系，男性主宰、剥削和压迫女性。

实证主义 Positivism
由奥古斯特·孔德最早提出，在社会学中，它指有可能以一种可测量的、可检验的以及科学的方法观察社会生活，建立关于社会的知识。这一信念带来实证主义观点，即科学能够建设一个更好的世界。

后现代主义 Postmodernism
否认事物存在一个绝对的真理，相反，认为我们可以根据看待不同真理的不同视角去解构任何一个文本、个体或社会。从本质上说，后现代主义理论拒绝被定义，也很难进行定义。

贫困 Poverty
西博姆·朗特里将贫困定义为一种收入不足以提供维持生命的必需品的状态。绝对贫困指的是一种基于提供维持生命的必需品（如食品、住房、燃料和衣服）的生活水平。在当今的富裕国家，贫困通常是根据当时普遍认可的生活标准测定的，即相对贫困。如今，贫困的一些定义还考察了如技能或健康之类的因素，以及其可能带来的社会排斥。

无产阶级 Proletariat
在马克思主义理论中（参见马克思主义），出卖劳动力以换取工资的社会阶级。

酷儿理论 Queer theory
一种挑战性别二元划分的文化理论，相

反，它提出性别受时间和空间的影响，是文化建构的结果。

种族主义 Racism
指在所谓生物学差异的基础上，特别是基于肤色而针对人的歧视；事实上，科学证明，这种生物学差异并不存在。

右翼 Right-wing
在政治系谱中，处于保守派或支持传统社会设置和价值的人。

角色 Roles
社会中对个体的行为模式的期待。参见性别角色。

世俗化 Secularization
宗教及其制度丧失社会意义的过程。

自我疏离 Self-estrangement
自我异化感，来自对自己的否定，或者感到自己的劳动属于他人或其他组织。

性别主义 Sexism
因为某人的男性或女性性别而产生的偏见、歧视或刻板印象。

性取向 Sexual orientation
对某一特殊生物性别的个体吸引。

拟像 Simulacra
在现实中没有原型，但是似乎可以反映物质世界的图像。

社会阶级 Social class
社会系统中的一种身份等级，反映权力、财富、教育和声望。尽管不同社会中阶级不同，但在西方，它大体可以分为三种。上层阶级是一个小社会群体，占据最高的地位，拥有大量的社会财富。中产阶级指受过良好教育，从事非体力劳动和办公室工作的人。工人阶级指那些从事体力劳动的人，如工厂劳动或农业劳动。

社会流动 Social mobility
人口或人群的移动，如家庭，从一个社会阶级到另一个阶级。

社会网络 Social networks
具有相似兴趣的个体、家庭和群体的连接。

社会结构 Social structure
形成社会框架的社会制度和关系。

社会主义 Socialism
一种政治信念，致力于建立社会和经济平等。社会主义者指出，如果经济处于大多数人的控制之下，就将带来一个更平等的社会结构。

国家 State
有组织的权威体系，拥有对某一领土的合法控制，以及对于领土之上暴力使用的垄断。

地位 Status
在社会其他成员的眼中，一个人所拥有的声望或重要性。

刻板印象 Stereotype
关于人或社会群体众所周知但过于简单的印象。

污名 Stigma
一种耻辱标记或不良特征，物理性的或社会性的，使得个体难以被社会完全接受。社会中个体的边缘化，源于他们的某种污名化身份，在某种意义上使他们丧失尊严，激起他人的负面反应。

结构主义 Structuralism
认为我们必须通过考察其结构中的要素或关系模式来理解事物，如文本、人类思维或社会。

亚文化 Subculture
主流社会中独特而又独立的部分，因为其成员既可能认同社会中绝大部分的价值、信仰和习俗，又有自己与众不同之处。

符号互动主义 Symbolic interactionism
认为个体是一个在社会互动中产生的实体的理论。

城市化 Urbanization
人们从农村地区涌入城镇和大城市生活的过程，以及随之而来的社会变迁。如今，世界变得越来越城市化。

价值 Values
关于事物、过程或行为的价值的思想和信念。一个人的价值决定其行为方式，一个社会的价值决定什么是重要的或不重要的，以及什么是可以接受的或不能接受的。

原著索引

Main page references are in **bold**.

A

Adorno, Theodor W 59, 139, 247, 287, **335**
Agnew, Robert 262
Alexander, Jeffrey 175, **204–09**
alienation 40–45, 87, 122, 123, 155, 186, 213, 228–230, **232–33**, 236, 239, 242, 259, 293, 297
   and Marxism 155, 232, 238, 319
   and religion 256, 257
   of self 188
Althusser, Louis **335–36**
Anderson, Benedict 175, **202–03**
Anderson, Elijah 65, **82–83**
anomie 29, 30, 31, 34, 37, 188, 252, 253
   and strain theory **262–63**
Appadurai, Arjun 135, **166–69**
asabiyyah (solidarity) **20**
Atkinson, Will 138

B

Barthes, Roland 235
Bates, Inge 293
Baudrillard, Jean 126, 175, 189, **196–99**, 235
Bauman, Zygmunt 105, 134, **136–43**, 155, 222
Beck, Ulrich
   chaos of love 297, **320–23**
   risk society 134, 135, **156–61**
Beck-Gernsheim, Elisabeth 297, **320–23**
Becker, Howard S 252, 253, **280–85**
Bell, Daniel 212, 213, **224–25**, 234

Bellah, Robert N 118, 207, **336**
Bello, Walden **338**
Benjamin, Walter **334**
Berger, Peter L 278, **336**
Bernstein, Basil 292
Blauner, Robert 212, 213, **232–33**
Blumer, Herbert **335**
Bourdieu, Pierre 14, 65, **76–79**, 195, 208, 213, 219, 288, 289
Bowles, Samuel 253, **288–89**
Braverman, Harry 212, 213, **226–31**, 243
Bryman, Alan 103, **126–27**
Burawoy, Michael 213, 231, **244–45**
bureaucracy **40–45**
   and political oligarchy **260**
Butler, Judith 19, 54, **56–61**, 297, 317, 329

C

Calvin, John 222, 223
Campbell, Colin 212, 213, 219, 223, **234–35**
capitalism 174–75
   and alienation of self 188
   and cognitive justice **150–51**
   commodities and value 198
   and competition 33
   and consumer desire 235
   cultural hegemony **178–79**
   and dehumanization 42–43
   digital technology **152–55**
   emotional labour **236–43**
   and gentrification **128–31**
   hierarchy 93
   historical materialism 29–31
   and individualism 21, 43–45, 94, 321–22, 337
   industrious and leisure classes 216–17, 219

   legitimation crisis **286–87**
   marriage as labour contract 316
   and Marxism 18, 107, 134, 145, 221, 307
   medieval 223
   monopoly and de-skilling **226–31**
   neo-liberalism 277
   and patriarchy 98
   and pecuniary emulation 218–19
   pre-industrial past, disruption by return to 337
   Protestant work ethic 41–42, **220–23**, 258
   pursuit of profit 221–22, 231
   rational modernity **38–45**
   and religion *see* religion
   and self-interest 21, 30–31
   social class and de-skilling 230–31
   workforce oppression 47
   world-system theory **144–45**
   see also consumerism; work and consumerism
Caraway, Teri Lynn 213, **248–49**
Cardoso, Fernando Henrique **336–37**
Casanova, Pablo González **336**
Castells, Manuel 135, **152–55**
Chicago School 102, 104, 105, 128, 164, 334
Chodorow, Nancy **337–38**
Cicourel, Aaron 282
civic spirit **21**
civilizing process **180–81**
class
   class structure, levelling of 186–87
   conflict **28–31**
   consciousness 30, 64
   and cultural hegemony **178–79**
   cultural reproduction and education **292–93**
   and de-skilling 230–31
   exploitation **66–67**
   and feminism 95, 338
   and gender 339
   habitus **76–79**
   identification 181

inequality **84–87**
leisure, and capitalism 216–17, 219
and Marxism **28–31**, 64, 315, 316
and pecuniary emulation 218–19
and queer theory 331
stratification 336
see also culture and identity
climate change **148–49**
Cobb, Jonathan 64, 84, 87
cognitive justice **150–51**
Cohen, Stanley 253, 266, **290**
colonialism 94, 95
and Orientalism **80–81**
and world-system theory **144–45**
communication systems **110–11**, **152–55**
communitarianism **112–19**
community 12, 13, 20, 21, 108–09, **112–19**, **124–25**
neo-tribalism 291
and society **32–33**
competition, and capitalism 33
compulsory heterosexuality 308
Comte, Auguste 18, **22–25**, 29, 35, 36
confession 302–03
Connell, R W 65, **88–89**
conspicuous consumption **214–19**
consumerism
and advertising industry 235
conspicuous consumption **214–19**
consumer credit 143
and gentrification 131
globalization and modernity 168
and liquid modernity 141–42
and self-identity 142, 143, 201
see also capitalism; work and consumerism
Cooley, Charles H 176, **334**
Cooley, Michael 231
Crenshaw, Kimberlé 92–93
crime **282–85**
criminal personality 335
strain theory/anomie **262–63**
culture and identity
alienation of self **188**
civilizing process **180–81**
cultural capital and class habitus 78, 79
cultural exchange, and globalization **170–71**

cultural hegemony **178–79**
cultural identity **200–01**
cultural reproduction and education **292–93**
cultural sociology **204–09**
culture, independent nature of 207–08
culture industry **182–87**
culture and reality, lack of gap between 186–87
culture and social order 174–75
development of self **176–77**
emotional labour **236–43**
"false needs", government imposition of 185–86
gender performativity **56–61**
gender roles across different cultures **298–99**
globalization and modernity **166–69**
nationalism and imagined communities **202–03**
sacred nature of 207
secularization 279
simulacra **196–99**
stigma **190–95**
structure 44–45, 208–09
structure of feeling **189**
symbolic interactionism 192
virtual and actual social identity 193
working-class integration 184–85
see also class

D

Darwin, Charles 35, 217
de Beauvoir, Simone 58, 59, 306, 317
de Sousa Santos, Boaventura 134, **150–51**
de-skilling **226–31**
Deagan, Mary Jo 192
Declaration of Independence, US **26–27**
Delphy, Christine 296, 297, **312–17**, 331
democracy, and political oligarchy **260**
Devasahayam, Theresa 238

deviance
labelling theory 282–83, 284
stigma **190–95**
strain theory/anomie **262–63**
Disney 126–27, 199
Disneyization **126–27**
division of labour 13, 19, 33, 35–37, 102, 212, 238, 243, 248, 293, 300, 301
domestic violence 98–99
Du Bois, W E B 64, 65, **68–73**, 82
Dunne, Gillian 311
Durkheim, Émile 13, 19, 24, 31, 33, **34–37**, 44, 77, 102, 206, 207, 209, 220, 252, 253, 262

E

education
communitarian school 118
compulsory heterosexuality 308
and cultural reproduction **292–93**
de-skilling 229
hidden curriculum **288–89**
liquid modernity 141
and Marxism 293
"separate but equal" schools, US 70
standardization of 123
efficiency 31, 40–45, 122–23, 221, 228–31
Elias, Norbert 174, **180–81**
Elster, Jon **337**
emotional labour **236–43**
Engels, Friedrich 18, 64, **66–67**, 134, 212, 256, 315
Enlightenment, the 12, 21, 23, 24, 54, 64, 139–40
environment
climate change and Giddens paradox **148–49**
and neo-liberalism 277
risk assessment 160, 161
waste and conspicuous consumption 217–18
epistemologies of the South **150–51**
ethnomethodology **50–51**
etiquette, and civilizing process 181
Etzioni, Amitai 21, 103, **112–19**, 188

F

families and intimacies 296–97
  chaos of love 320–23
  children in contemporary society 323
  communitarianism 117–18, 119
  compulsory heterosexuality 304–09
  confessions and truth 302–03
  family roles 296–97
  gay parenthood 311
  gender roles across different cultures 298–99
  housework as alienation 318–19
  and industrialization 300
  interpersonal relationships 297
  marriage and divorce rates 323
  marriage as "healthy" 325
  material feminism 312–17
  men as breadwinners, women as carers 301
  nuclear family 300, 301, 311, 320–21
  postmodernism 310–11
  queer theory 326–31
  same-sex relationships 311, 324
  social construction of sexuality 324–25
  socialization of children and stabilization of adults 300–01
  therapy culture 303
Featherstone, Mike 200
feminism
  and class 95, 338
  and communitarianism 119
  compulsory heterosexuality 304–09
  feminist psychology 337–38, 339
  feminization of work 248–49
  "first-wave" 97–98
  housework as alienation 318–19
  and intersectionality 90–95
  and Marxism 92, 97–98, 319
  material feminism 312–17
  and queer theory 329, 331
  and religion 258
  "second wave" 26, 58, 65, 92, 98
  and slimming and dieting 275
  and social justice 26–27
  "third wave" 98

women's liberation movement 299
  see also gender; patriarchy; sexuality
Ferguson, Adam 18, **21**
Feuerbach, Ludwig 256
Finch, Janet 315
Firestone, Shulamith **338**
Foucault, Michel
  governmentality 252–53, **270–77**
  power/resistance 15, 19, **52–55**, 267
  sexuality 19, 302–03
  will to truth 58–59, 296, 297, **302–03**
Frankfurt School 31, 44, 232, 247
French Revolution, effects of 24–25
Fromm, Erich 174, **188**
functionalism **34–37**, 267, 296
Furedi, Frank 303

G

G-7 formation 150
Garfinkel, Harold 19, **50–51**
gender
  cultural reproduction and education 292–93
  inequalities and emotional labour 242–43
  performativity **56–61**
  queer theory 58, 61, 297, 309, 310, 311, 317 **326–31**
  roles across different cultures **298–99**
  see also feminism; sexuality
gentrification and urban life **128–31**
Gerth, Hans Heinrich 19, 44
ghetto, iconic **82–83**
Giddens, Anthony 44, 135, **148–49**, 195, 311, 322
Giddens paradox **148–49**
Gilroy, Paul 65, **75**
Gintis, Herbert 253, **288–89**
Glassner, Barry 158, 335
global warming **148–49**, 160
  see also environment
global world 15, 134–35
  climate change and Giddens paradox **148–49**
  cognitive justice **150–51**

  cosmopolitanism and risk 161
  and culture see culture and identity
  digital technology **152–55**
  downsizing of firms 141
  epistemologies of the South **150–51**
  feminization of work **248–49**
  financial risk 161
  gender wellbeing 249
  global cities **164–65**
  globalization **170–71**
  globalization and modernity **166–69**
  glocalization **146–47**
  hyper-globalism 171
  liquid modernity **136–43**
  mobilities 162
  neo-nationalism 163
  network society **152–55**
  and patriarchy 317
  post-industrialism 153
  risk society **156–61**
  sceptics 171
  solid modernity, move from 138–40
  terrorism risk 161
  transformationalist 171
  world-system theory **144–45**
  see also modern living
glocalization **146–47**
Goffman, Erving
  institutionalization 252, 253, **264–69**
  stigma 174, **190–95**
Goldthorpe, John **337**
Gouldner, Alvin 285
governmentality **270–77**
Gramsci, Antonio 174, 175, **178–79**, 252
Green, Gill 195
Grosz, Elizabeth 330, **339**
grounded theory 335

H

Habermas, Jürgen 253, 259, **286–87**
habitus **76–79**
Halberstam, Judith 328, 331
Hall, Stuart 175, **200–01**
Haraway, Donna **338**

health and medicine, iatrogenesis 261
Hegel, Georg 29, 111, 246, 256
   dialectic view of history 29
hegemonic masculinity **88–89**
Held, David 135, **170–71**
hidden curriculum **288–89**
Hochschild, Arlie Russell 213, **236–43**
hooks, bell 65, 89, **90–95**
housework as alienation **318–19**
hyperreality 199

I

iatrogenesis **261**
Ibn Khaldun 18, **20**
Ichijo, Atsuko 163
Illich, Ivan 253, **261**
imagined communities **202–03**
imperialism *see* colonialism
individualism
   and capitalism 21, 43–45, 94, 321–22, 337
   and communitarianism 114, 116, 118–19
   and institutionalization 268–69
   institutions 253
   and social interaction 239–40
industrial relations, workers' consent, managing **244–45**
Industrial Revolution 12, 13, 15, 66, 196
industrialization 102–03
   automation and alienation **232–33**
   class exploitation **66–67**
   and de-skilling **226–31**
   division of labour 33, 36–37, 293, 300, 301
   and families and intimacies 300
   female unpaid labour 315
   and sexuality 329
inequalities *see* social inequalities
Inglis, David 150
innovation, technological *see* technological innovation
institutions 14–15, 37, 252–53
   anomie/strain theory **262–63**
   causal analysis 338–39
   cultural reproduction and education **292–93**
   education and the hidden curriculum **288–89**
   female domestic duties 316
   governmentality **270–77**
   iatrogenesis **261**
   individualism and society 253
   institutionalization **264–69**
   labelling theory **280–85**
   legitimation crisis **286–87**
   moral panic theory **290**
   neo-tribalism **291**
   oligarchy **260**
   religion **254–59**
   secularization 252–53, **278–79**
   surveillance and control 54
intersectionality **90–95**

JKL

Jackson, Philip W 288
Jacobs, Jane 102, 103, **108–09**
job satisfaction, and workplace "games" 245
knowledge
   actor–network theory (ANT) 338
   as "law of three stages" 24
   and power 55
   sociology of 335
Kracauer, Siegfried **334**
Kristeva, Julia **337**
labelling theory **280–85**
Lasch, Christopher 310, **337**
Latour, Bruno 247, **338**
Lefebvre, Henri 103, **106–07**
legitimation crisis **286–87**
leisure classes, and capitalism 216–17, 219
Lemert, Edwin 283
Lemke, Thomas 272
Leonard, Diana 316, 323
liquid modernity **136–43**
Lockwood, David **336**
love, chaos of **320–23**
Löwy, Michael **337**
Luckmann, Thomas 278, **336**
Luhmann, Niklas 103, **110–11**
Lutz, Helma 92

M

McCrone, David 135, **162**
McDonaldization **120–23**
McGrew, Anthony 135
McRobbie, Angela 290, **339**
Maffesoli, Michel 253, **291**
management
   empowerment, and worker productivity 230
   workers' consent, managing **244–45**
Mannheim, Karl 181, **335**
Marcuse, Herbert 175, **182–87**, 247
Marron, Donncha 143
Martineau, Harriet 18–19, 25, **26–27**, 64–65
Marx, Karl 13, 14, 22, **28–31**, 40, 41, 45, 64, 138, 144, 189, 220, 228, **254–59**
   see also Marxism
Marxism
   and alienation 155, 232, 238, 319
   and capitalism 18, 44, 107, 134, 145, 184, 221, 307
   and class **28–31**, 64, 66–67, 315, 316
   and economics 25, 31, 178, 179, 286
   and feminism 92, 97–98, 319
   and religion 252, 253, **254–59**, 279
   see also Frankfurt School; Marx, Karl
material culture **246–47**
material feminism **312–17**
materialism, historical 29–30
Matza, David 285
Mead, G H 174, **176–77**, 201
Mead, Margaret 13, 58, 296, 297, **298–99**
media
   and class conflict 187
   and consumerism 235
   and globalization 168
   moral panic theory **290**
   public anxieties, feeding on 160
mental life of the metropolis **104–05**

meritocracy, and cultural reproduction 292
Merton, Robert K 252, 253, **262–63**
Michels, Robert 252, **260**
Miller, Daniel 213, **246–47**
mobilities **162**
modern living 134–35
    bureaucracy restrictions 42–43, 45, 139
    civic engagement 125
    communication systems **110–11**
    communitarianism **112–19**
    Disneyization **126–27**
    emotional labour 127
    gentrification and urban life **128–31**
    globalization and modernity **166–69**
    liquid modernity **136–43**
    McDonaldization **120–23**
    rational modernity **38–45**
    right to the city **106–07**
    sidewalks, importance of 109
    social capital **124–25**
    see also global world; urbanization
Modood, Tariq **339**
moral panic theory **290**
morality
    and communitarianism 117, 118, 119
    moral entrepreneurs 283–84
    and religion 256–57
Morgan, David 300
multiculturalism **200–01**
multinational urban culture, and global cities 165

N

nationalism
    and imagined communities **202–03**
    neo-nationalism **163**
Neale, Bren 320
neo-liberalism 277
neo-nationalism **163**
neo-tribalism **291**
network society **152–55**
nuclear family 300, 301, 311, 320–21

OPQ

Oakley, Ann 296, **318–19**
oligarchy **260**
Orientalism **80–81**
Park, Robert E 102, **334**
Parsons, Talcott 44, 50, 111, 207, 296, **300–01**
Pateman, Carole 316
patriarchy **96–99**
    domestic violence 98–99
    and gender equality 65
    and global world 317
    hegemonic masculinity **88–89**
    and lesbianism, political 308–09
    and material feminism **312–17**
    rules of 94, 95
    and slimming and dieting 275
    see also feminism
pecuniary emulation, and class 218–19
Perrow, Charles 158
Peterson, Richard 219
phenomenological sociology 335, 336
Pickett, Kate 65
positivism **22–25**, 36, 40, 44
post-industrialism **224–25**
postmodern family **310–11**
poverty, relative **74**
power, political and social, sociological imagination **46–49**
power/resistance **52–55**
Protestant work ethic 41–42, **220–23**, 258
Putnam, Robert D 20, 103, 115, **124–25**
queer theory 58, 61, 297, 309, 310, 311, 317, **326–31**

R

race and ethnicity **68–73**
racism 64–65, **75**, 92–93
    iconic ghetto **82–83**
radicalism, and religion 258–59

rational modernity **38–45**
rational-choice theory 337
rationalization 40–45, 228–31
    and McDonaldization **120–23**
    and social control 240–41
    sociological imagination **46–49**
Raz, Aviad 243
reality
    hyperreality 199
    and simulacra **196–99**
    social construction of 336
religion
    and identity politics 339
    and Marxism 252, 253, **254–59**, 279
    political use of religious symbolism 336
    Protestant work ethic 41–42, **220–23**, 258
    and secularization 252–53, **278–79**
    and social inequalities 257–58, 259
    sociology of 338
Rich, Adrienne 296, **304–09**
Richardson, Diane 306, 331
right to the city **106–07**
risk society **156–61**
Ritzer, George 103, **120–23**, 127
Robertson, Roland 134, **146–47**
Romantic ethic **234–35**
Rosa, Hartmut **339**
Rose, Nikolas 277
Rousseau, Jean-Jacques 29, 302
Rubin, Gayle 299
Rubio, Fernando Dominguez 247

S

Said, Edward 65, **80–81**
Saint-Simon, Henri de 13, 18, 23, 24
Sassatelli, Roberta 234
Sassen, Saskia 134, **164–65**
Savage, Mike 219
Schütz, Alfred **335**
Scull, Andrew T 266
secularization 252–53, **278–79**
    and Protestant work ethic 223
Sedgwick, Eve Kosofsky 309

Seeman, Melvin 188
Seidman, Steven 297, **326–31**
self-identity
  alienation of **188**
  and consumerism 142, 143, 201
  cultural identity **200–01**
  development of **176–77**
  and globalization 147
  and institutionalization 267–69
  looking-glass self 334
  self-respect and class inequality 84–86
  sexuality symbols 330
self-interest, and capitalism 21, 30–31
semiotics 235, 335–36
Sennett, Richard 64, **84–87**, 119, 141
service industries, and post-industrialism 225
sexuality
  compulsory heterosexuality **304–09**
  and confession 302–03
  feminism and social justice **26–27**
  gender performativity **56–61**
  gender roles across different cultures **298–99**
  hegemonic masculinity **88–89**
  and industrialization 329
  lesbianism, political 308–09
  masculinity and queer theory 331
  and patriarchy 98–99
  and power 55
  queer theory 58, 61, 297, 309, 310, 311, 317, **326–31**
  same-sex relationships 311
  self-identification symbols 330
  social construction of **324–25**
  women's liberation movement 299
  see also feminism; gender
Shakespeare, Tom **339**
Siisiäinen, Martti 124
Silva, Elizabeth B. 247
Simmel, Georg 102, **104–05**
simulacra **196–99**
Skeggs, Beverley **339**
Skocpol, Theda **338–39**
slavery 27, 71–72
Smart, Carol 309, 320
Smith, Dorothy E **336**
social acceleration theory 339
social capital **124–25**
  and class habitus 70, 79

  decline 116
social change, and dehumanized society 47–48
social Darwinism 334
social inequalities
  abortion 317
  class consciousness 64
  class exploitation **66–67**
  class habitus **76–79**
  class inequality **84–87**
  double-consciousness of African-Americans 71
  education and the hidden curriculum **288–89**
  education of working classes, effects of 86–87
  feminism *see* feminism
  and gentrification 130–31
  global patterns of wealth 145
  hegemonic masculinity **88–89**
  iconic ghetto **82–83**
  immigration and unskilled labour 85–86
  and liquid modernity 142–43
  Orientalism **80–81**
  patriarchy **96–99**
  patriarchy and gender equality 65
  poverty, relative **74**
  public space in cities, loss of 107
  race and ethnicity **68–73**
  racism *see* racism
  and religion 257–58, 259
  and risk society 160
  self-respect and class inequality 84–86
social mobility, and cultural capital 79
social movements 49, 160
social science, sociology as 13–14, 18–19
social solidarity 20, 26
society
  communitarianism **112–19**
  development as historical process 29–30
  and modernity 12–13
  risk **156–61**
sociological imagination **46–49**
sociology of difference 339
sociology foundations
  civic spirit **21**

  class conflict **28–31**
  community and society **32–33**
  ethnomethodology **50–51**
  feminism and social justice **26–27**
  French Revolution, effects of 24–25
  functionalism **34–37**, 267
  gender performativity **56–61**
  industrialization and division of labour 33, 36–37, 293, 300, 301
  positivism **22–25**
  power/resistance **52–55**
  rational modernity **38–45**
  science of society 24–25, 35–36
  social solidarity (*asabiyyah*) **20**
  sociological imagination **46–49**
  verifiability of observation 24
solidarity (*asabiyyah*) **20**
sovereignty, and nationalism 203
Spencer, Herbert 18, 19, 34, 35–36, **334**
Spencer-Brown, George 111
Stacey, Judith 297, **310–11**
stigma **190–95**
strain theory **262–63**
Strauss, Anselm L **335**
structuration theory 195
surveillance techniques 273–74, 275
symbolic interactionism 192, 239, 335

T

Taylor, Laurie 266
technocrats, and post-industrialism 225
technological innovation 15
  and alienation **232–33**
  and alienation of self **188**
  class conflict, disappearance of 187
  and de-skilling **226–31**
  and global cities 164
  and globalization 168
  hierarchies of exclusion 151
  information excess 199
  and memory 334
  mobilities **162**
  online communities 117
  post-industrialism **224–25**

and risk 158–59, 160
technoscience 338
virtual worlds and simulacra 198–99
terrorism
and cultural structures 209
moral panic theory **290**
and risk 158, 161
therapy culture 303
Thorpe, Christopher 206
Tomlinson, John 123
Tönnies, Ferdinand 18, **32–33**, 102, 105, 114, 115–16
tourism, and liquid modernity 142–43
Townsend, Peter 65, **74**
transnational companies, and global cities 165
Turner, Bryan S **338**

UV

UK
Chilcot Inquiry 260
Clean Air Act 148
industrialism 66, 67, 144
Poverty and Social Exclusion survey 74
same-sex marriage 324
UN
Kyoto Protocol 148
Universal Declaration of Human Rights 64
urbanization 102–03, 145, 181, 325
class inequality **84–87**
and gender 329
gentrification and urban life **128–31**
global cities **164–65**
mental life of the metropolis **104–05**
public and private spaces 107
rational modernity **38–45**
right to the city **106–07**
sidewalks, importance of 109
stranger, social role of 104, 105
urban community **108–09**
urban regeneration 129–30
see also modern living
Urry, John 135, **162**

USA
black ghettos 82–83
Civil Rights Act 64, 70
Continental Congress 27
Declaration of Independence **26–27**
double-consciousness of African-Americans 71
female emancipation 26–27, 298
Freedmen's Bureau 71–72
McCarthyism 46
marital rape as crime 306
New Left 49
racial segregation and violence 72–73
"separate but equal" schools 70
slavery history 27, 71–72
Veblen, Thorstein 212, 213, **214–19**, 246
Vega, Rodrigo Cordero 286
voluntarism 124–25

W

Walby, Sylvia 65, **96–99**, 213, 249
Wallerstein, Immanuel 134, **144–45**, 150–51
Warner, Michael 329–30
waste, and conspicuous consumption 217–18
Weber, Max 13, 14
class conflict 31, 64
Protestant work ethic 19, 102, **220–23**, 234–35, 258
rationalization 19, 37, 38–45, 47, 122–23, 252
Webster, Frank 155
Weeks, Jeffrey 297, 303, 311, **324–25**, 329, 331
welfare state, and liquid modernity 141
White, Harrison 152
Wichterich, Christa 249
Wilkinson, Richard 65
Williams, Raymond 174, **189**
Willis, Paul 253, **292–93**
Wilson, Bryan 253, 257, **278–79**
Wittig, Monique 309, 317

Woodhead, Linda 258
Woodward, Sophie 247
Wootton, Anthony 195
Wootton, Barbara Adam **335**
work and consumerism 212–13
alienation 40–45, 87, 122, 123, 213, 228–230, **232–33**, 236, 239, 242
American Dream 262–63
capitalism and consumer desire 235
conspicuous consumption **214–19**
consumer society 212–13
consumerism as mass deception 235
de-skilling **226–31**
denim phenomenon 247
emotional labour **236–43**
feminization of work **248–49**
labour unions and workers' collectives 245
material culture **246–47**
pecuniary emulation 218–19
post-industrialism **224–25**
Protestant work ethic 41–42, **220–23**, 258
pursuit of profit 221–22
Romantic ethic and consumer culture **234–35**
social prestige and cultural omnivores 219
taste and material culture 247
workers' consent, managing **244–45**
workplace "games" 245
worldly success and salvation 222–23
see also capitalism; consumerism
worker empowerment, automated work processes 232
workforce mobility 33
World Social Forum 150, 151
world-system theory **144–45**
Wortham, Anne 74
Wright Mills, Charles 14, 19, 44, **46–49**, 131, 238, 239

YZ

Young, Jock 284–85, 290
Zukin, Sharon 103, **128–31**

致 谢 351

Dorling Kindersley would like to thank John McKenzie for his contribution to chapter 3, Christopher Westhorp for proofreading the book, and Margaret McKormack for providing the index.

PICTURE CREDITS

The publisher would like to thank the following for their kind permission to reproduce their photographs:

(Key: a-above; b-below; c-centre; l-left; r-right; t-top)

20 Corbis: Frans Lemmens (br). **23 Getty Images:** Apic/Contributor (tr). **25 Corbis:** Leemage (br). **27 Corbis:** Bettmann (tr). Francis G. Mayer (bl). **30 Corbis:** (bl). **31 Corbis:** Michael Nicholson (tr). **33 Alamy Images:** Mary Evans Picture Library (bl). **35 Corbis:** Bettmann (tr). **41 Corbis:** Bettmann (br). **42 Dreamstime.com:** Delstudio (bl). **44 Corbis:** Bettmann (bl). **45 Corbis:** George Steinmetz (tr). **Alamy Images:** Everett Collection Historical (bl). **48 Getty Images:** The Washington Post/Contributor (tr). **49 Corbis:** Bettmann (tc). **51 Corbis:** Dave & Les Jacobs/Blend Images (br). **53 Corbis:** Bettmann (tr). **55 Getty Images:** Otto Stadler (tr). **59 Alamy Images:** epa european pressphoto agency b.v. (tr). **Corbis:** Andrew Holbrooke (bl). **61 Alamy Images:** Pictorial Press Ltd (tr). **67 Corbis:** Hulton-Deutsch Collection (cr). Michael Nicholson (bl). **72 Corbis:** (tr). **73 Corbis:** Bettmann (bl). **74 Getty Images:** Design Pics/John Short (bc). **77 Corbis:** Karen Kasmauski (br). **78 Getty Images:** Les and Dave Jacobs (tl). **79 Getty Images:** Ulf Andersen/

Contributor (tr). **81 Getty Images:** Ionas Kaltenbach (tr). **Corbis:** Bettmann (bl). **83 Alamy Images:** Image Source (tl). **85 Alamy Images:** Archive Pics (br). **87 Corbis:** Colin McPherson (tr). **Getty Images:** Alfred Eisenstaedt/Contributor (bc). **89 Corbis:** Jen Rosenstein (bl). **93 Getty Images:** Spencer Grant/Contributor (tl). **94 Corbis:** Christie's Images (tl). **95 Getty Images:** The Washington Post/Contributor (bl). **97 Alamy Images:** Pictorial Press Ltd (br). **99 Getty Images:** Nikki Bidgood (tl). **105 Alamy Images:** INTERFOTO (bl). **107 Dreamstime.com:** Özgür Güvenç (tl). **109 Alamy Images:** Chris Brown (tr). **Topfoto:** The Granger Collection (bl). **111 Corbis:** Amy Scaife/Demotix (tr). **114 Alamy Images:** Agencja Fotograficzna Caro (bl). **115 Corbis:** Fine Art Photographic Library (br). **116 Alamy Images:** Stuart Black (b). **117 Corbis:** Colleen Cahill/Design Pics (br). **118 Alamy Images:** dpa picture alliance archive (tl). **119 Corbis:** KidStock/Blend Images (bl). **121 George Ritzer:** (tr). **122 Corbis:** Danny Lehman (tl). **123 Alamy Images:** Maurice Crooks (br). **125 Corbis:** David Muench (tl). **127 Alamy Images:** imageBROKER (tr). **129 Corbis:** Peter Cook/VIEW (br). **130 Chris Yuill:** (tl). **139 Getty Images:** isifa/Contributor (tr). Scott Barbour/Staff (bl). **140 Corbis:** Bettmann (bl). **141 Dreamstime.com:** Photka (tc). Damiano Poli (tr). Ekays (tr). Flynt (br). **142 Corbis:** Juice Images (tl). **143 Getty Images:** Brand New Images (br). **147 Corbis:** Steven Limentani/ISI (tl). **151 Getty Images:** Scott Wallace/Contributor (bl). **153 Alamy Images:** paulo fridman (br). **155 Alamy Images:** epa european pressphoto

agency b.v. (tr). **159 Dreamstime.com:** Markwaters (bl). **161 Corbis:** Jon Feingersh/Blend Images (tl). Rainer Hackenberg (br). **163 Corbis:** HO/Reuters (br). **164 Dreamstime.com:** Viewapart (bc). **167 Alamy Images:** Alexander Pylyshyn (tr). **168 The Kobal Collection:** UGC / STUDIO CANAL+ (br). **171 Getty Images:** DreamPictures (tl). **177 Corbis:** 237/Paul Bradbury/OJO Images RF/Ocean (tr). **179 Getty Images:** DEA PICTURE LIBRARY/Contributor (bl). **181 Bridgeman Art Library:** Bourne Gallery, Reigate, Surrey, UK (tr). **184 Dreamstime.com:** Stephen Troell (tr). **185 Dreamstime.com:** Georgerudy (br). **186 Bridgeman Art Library:** Private Collection (tr). **Corbis:** Bettmann (bl). **193 Getty Images:** Digital Vision (tl). **194 Dreamstime.com:** Erikthered (bl). **197 Corbis:** Sergio Gaudenti/Kipa (tr). **198 Alamy Images:** Friedrich Stark (tl). **199 Alamy Images:** Andre Jenny (br). **201 Alamy Images:** blickwinkel (tl). **203 Getty Images:** Mail Today/Contributor (tr). **209 Corbis:** Elio Ciol (tr). Bettmann (bl). **217 akg-images:** (br). **218 Dreamstime.com:** Americanspirit (t). **221 Alamy Images:** Kathy deWitt (br). **222 Dreamstime.com:** Llareggub (tr). **225 akg-images:** Armin Pongs (tr). **Dreamstime.com:** Lyinker (bl). **229 Alamy Images:** INTERFOTO (br). **231 Corbis:** Bettmann (tl). **233 Corbis:** George Steinmetz (tc). **235 Alamy Images:** M.Flynn (tl). **239 Corbis:** Barry Austin/Moodboard (tr). **240 Getty Images:** Flying Colours Ltd (tr). **241 Dreamstime.com:** Robseguin (bl). Robseguin (bc). **242 Dreamstime.com:** Monkey Business Images (bl). **243 Corbis:** Sven Hagolani (tc).

247 Corbis: ZenShui (bl). **249 Getty Images:** Bloomberg/Contributor (bl). **257 Corbis:** Godong/Robert Harding World Imagery (br). **259 Getty Images:** Egbert van Heemskerk the Elder (br). **261 Corbis:** Ariel Skelley/Blend Images (cr). **263 Bridgeman Art Library:** Peter Newark American Pictures (tl). **267 Corbis:** Cameron Davidson (tr). **Getty Images:** Stock Montage/Contributor (bl). **269 Alamy Images:** Moviestore collection Ltd (tr). **Dreamstime.com:** Photographerlondon (bl). **273 akg-images:** British Library (tr). **274 Corbis:** Fine Art Photographic Library (tr). **275 Corbis:** 68/Ocean (bl). **277 Dreamstime.com:** Walter Arce (tr). **279 Getty Images:** Chung Sung-Jun/Staff (tr). **283 Dreamstime.com:** Ayse Ezgi Icmeli (bc). Ayse Ezgi Icmeli (br). **284 The Kobal Collection:** G&H PRODUCTIONS (tl). **285 Corbis:** Sophie Bassouls/Sygma (tr). 13/Nick White/Ocean (bl). **287 Dreamstime.com:** Markwaters (tr). **Getty Images:** Milos Bicanski/Stringer (bl). **290 Corbis:** Neville Elder (tr). **293 Getty Images:** Evening Standard/Stringer (tr). **299 Corbis:** Mika (tr). Bettmann (bl). **301 Alamy Images:** ClassicStock (tr). **303 Corbis:** Leemage (tl). **307 Alamy Images:** Carolco Pictures (tr). **Dreamstime.com:** Zakaz (br). **308 Corbis:** Christopher Felver (br). **309 Alamy Images:** SuperStock (tl). **311 Corbis:** Nick Cardillicchio (br). **315 The Kobal Collection:** WORKING TITLE (tl). **Getty Images:** Mel Yates (br). **317 Alamy Images:** Wavebreak Media ltd (tl). **319 Getty Images:** Heritage Images/Contributor (bl). **322 Dreamstime.com:** Rolfgeorg Brenner (tr). **325 Corbis:** Bettmann (tl). **329 Alamy Images:** epa european pressphoto agency b.v. (bl). **331 Alamy Images:** Photos 12 (tr). WENN Ltd (bl).

All other images © Dorling Kindersley. For more information see:

www.dkimages.com